BERLIN

Libre Expression

Une compagnie de Quebecor Media

Libre Expression

Une compagnie de Quebecor Media

DIRECTION
Nathalie Pujo

DIRECTION ÉDITORIALE
Cécile Petiau

RESPONSABLE DE COLLECTION
Catherine Laussucq

ÉDITION
Émilie Lézénès et Adam Stambul

TRADUIT ET ADAPTÉ DE L'ANGLAIS PAR
Dominique Brotot, Kelly Rivière et Florence Paban
avec la collaboration de Virginie Mahieux et Caroline Bon

MISE EN PAGES (PAO)
Anne-Marie Le Fur

CE GUIDE VOIR A ÉTÉ ÉTABLI PAR
Malgorzata Omilanowska, Jürgen Scheunemann,
Christian Tempel

Publié pour la première fois en Grande-Bretagne en 2000,
sous le titre *Eyewitness Travel Guides: Berlin*

© Dorling Kindersley Limited, Londres 2011
© Hachette Livre (Hachette Tourisme) 2011
pour la traduction et l'édition française
Cartographie © Dorling Kindersley 2011

© Éditions Libre Expression, 2011
pour l'édition française au Canada

Aussi soigneusement qu'il ait été établi,
ce guide n'est pas à l'abri des changements de dernière heure.
Faites-nous part de vos remarques, informez-nous de vos
découvertes personnelles : nous accordons la plus grande
attention au courrier de nos lecteurs.

IMPRIMÉ ET RELIÉ EN CHINE

Les Éditions Libre Expression
Groupe Librex inc.
Une compagnie de Quebecor Media
La Tourelle
1055, boul. René-Lévesque Est, Bureau 800
Montréal (Québec) H2L 4S5
www.edlibreexpression.com

DÉPÔT LÉGAL : Bibliothèque et Archives nationales du Québec
et Bibliothèque et Archives Canada, 2011

ISBN 978-2-7648-0548-0

SOMMAIRE

COMMENT UTILISER CE GUIDE **6**

La Fernsehturm, la Siegessäule
et la Funkturm vues et dessinées
par un enfant

PRÉSENTATION DE BERLIN

La Kaiser-Wilhelm-Gedächtnis-Kirche
bombardée en 1943 (*p. 152-153*)

◁ La Berliner Dom vue du Schlossebrücke

Au bord de la Spree dans l'ancien Nikolaiviertel (p. 88-89)

Sélection de saucisses allemandes
(p. 232-233)

Immeuble moderne près
de Checkpoint Charlie (p. 141)

La Berliner
Dom (p. 76-77)

COMMENT UTILISER CE GUIDE

C e guide a pour but de vous aider à profiter au mieux de vos séjours à Berlin. L'introduction, *Présentation de Berlin,* situe la cité dans son contexte géographique et historique, et décrit la vie de la capitale au fil des saisons. *Berlin d'un coup d'œil* offre un condensé de ses richesses. *Berlin quartier par quartier,* qui commence en page 52, est la partie la plus importante de ce guide. Illustrations, textes et plans y présentent en détail tous les principaux sites et monuments. *Les environs de Berlin* invite à faire trois promenades à pied dans les faubourgs et à découvrir la ville historique de Potsdam. *Les bonnes adresses* vous fourniront des informations sur les hôtels, les restaurants, les marchés ou les théâtres, tandis que les *Renseignements pratiques* vous faciliteront la vie quotidienne, que ce soit pour téléphoner ou utiliser les transports publics.

BERLIN QUARTIER PAR QUARTIER

Nous avons divisé le cœur de la ville en huit quartiers, dotés chacun d'un code de couleur. Chaque chapitre débute par un portrait du quartier et une liste des monuments présentés. Des numéros, qui restent constants de page en page, situent clairement ces monuments sur le plan *Le quartier d'un coup d'œil.* Un plan « pas à pas » développe ensuite la partie du quartier la plus intéressante.

Des repères colorés aident à trouver le quartier dans le guide.

1 Présentation du quartier
Signalés par des numéros sur le plan Le quartier d'un coup d'œil, *les principaux centres d'intérêt sont classés par catégories. Le plan situe aussi les parcs de stationnement, les stations de U-Bahn et de S-Bahn et les arrêts de bus et de trams les plus utiles.*

Carte de situation

Une carte de situation montre où se trouve le quartier dans la ville.

Un itinéraire de promenade emprunte les rues les plus intéressantes.

2 Plan du quartier pas à pas
Il offre une vue aérienne de la partie la plus intéressante du quartier. La numérotation des sites correspond à celle du plan Le quartier d'un coup d'œil *et à celle des descriptions détaillées des pages suivantes.*

Des étoiles signalent les sites à ne pas manquer.

PLAN GÉNÉRAL DE BERLIN

Chacune des zones colorées
de ce plan *(voir rabat avant de
couverture)* correspond à
l'un des huit quartiers décrits
en détail dans un chapitre de
*Berlin quartier par quartier
(p. 52-213).* Ces couleurs
apparaissent sur d'autres plans
tout au long de ce guide
pour vous aider, par exemple,
à repérer les sites les plus
importants dans *Berlin d'un
coup d'œil (p. 31-47),* à situer
les restaurants conseillés dans
Les bonnes adresses (p. 214-275)
ou à choisir un itinéraire de
promenade à pied *(p. 206-213).*

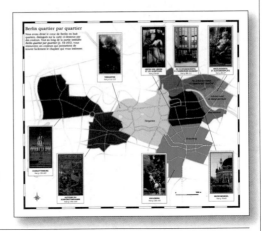

Les numéros renvoient
à ceux des plans où est
situé le monument.

Les informations pratiques fournies en tête
de rubrique comprennent la référence
cartographique aux plans de l'atlas des rues
(p. 300-323).

3 Renseignements détaillés
*Les sites les plus importants de
Berlin sont décrits individuellement
dans l'ordre de leur numérotation
sur le plan* Le quartier d'un coup
d'œil. *Chaque rubrique donne
aussi des renseignements utiles tels
que les heures d'ouverture ou les
numéros de téléphone. Un tableau
des symboles figure sur le rabat
arrière de couverture.*

Le mode d'emploi fournit
toutes les informations
pratiques nécessaires.

Des encadrés
approfondissent des
sujets historiques et
culturels particuliers.

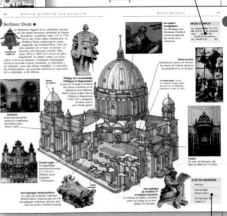

4 Les principaux monuments
*Deux pleines pages
ou plus leur sont réservées.
La présentation des bâtiments
historiques en dévoile l'intérieur.
Les plans des musées vous aident
à localiser les plus belles
expositions.*

Des étoiles signalent les œuvres
ou éléments remarquables.

PRÉSENTATION DE BERLIN

QUATRE JOURS À BERLIN

Berlin étant une ville étendue, ces quatre jours sont organisés pour que vous tiriez le meilleur parti de votre séjour. Au fil de nos itinéraires, vous découvrirez les principaux monuments et musées. Nous vous proposons également une journée pour vous divertir en

famille et un circuit shopping. Ce programme est bien rempli, mais tous les sites mentionnés sont présentés dans nos pages et rien ne vous empêche de l'alléger selon votre énergie ou vos envies. Les prix indiqués comprennent le transport, la nourriture et l'admission aux musées.

Statue, Sanssouci

HISTOIRE ET CULTURE

- **La Brandenburger Tor**
- **Promenade sur Wilhelmstrasse**
- **Déjeuner dans une brasserie**
- **Zeughaus/Île des Musées**
- **Checkpoint Charlie**

DEUX ADULTES
prévoir au moins 89 €

Matinée
Commencez par Unter den Linden et le plus célèbre emblème de Berlin, la **Porte de Brandebourg** (*p. 67*). Continuez sur l'avenue et tournez à droite dans Wilhelmstrasse, où se tenaient la **Chancellerie du Reich** et le **bureau d'Hitler** (*p. 66*) à votre gauche, au 77 Voss Strasse. Autre vestige

Enfants et animaux au Zoologischer Garten, Berlin

sinistre de l'Allemagne nazie, la **Topographie des Terrors** (*p. 140*), à l'angle de la rue, sur le site de l'ancien quartier général SS et de la Gestapo, présente sur les crimes nazis. Tout près, vous découvrirez une partie du mur de Berlin qui passait sous l'immeuble du **Martin-Grospius-Bau** (*p. 140*). De là, reprenez Unter den Linden jusqu'au n° 39 pour un déjeuner à la brasserie **Dressler** (*p. 236*).

Après-midi
Découvrez l'histoire de l'Allemagne au **Zeughaus (Deutsches Historisches Museum)** (*p. 58-59*), puis longez le canal au nord vers **Museumsinsel** (*p. 71-85*). Visitez l'Altes Museum ou le Pergamonmuseum. Bifurquez au sud vers Kreuzberg en empruntant Friedrichstrasse jusque **Checkpoint Charlie**, l'ancien point de contrôle des Alliés et terminez par une visite du musée **Haus am Chekpoint Charlie** (*p. 141*).

Rotonde de l'Altes Museum, Museumsinsel

UNE JOURNÉE EN FAMILLE

- **Visite du zoo**
- **Déjeuner rapide au self-service**
- **Jeux interactifs**
- **Le tour des studios de Filmpark**

FAMILLE DE QUATRE
prévoir au moins 197 €

Matinée
Commencez par une visite du **Zoo Berlin** (*p. 150*). Prenez la sortie Hardenbergplatz pour rejoindre Kaiser-Wilhelm-Gedächtnish-Kirshe en traversant la Breitscheidplatz. Admirez un instant les jongleurs et artistes de rue. Puis déjeunez au Marché Mövenpick, un restaurant conçu tel un marché, sur l'élégant **Kurfürstendamm** (*p. 147-155*).

Après-midi
Attrapez un bus sur le Kurfürstendamm pour le **Deutsches Technikmuseum**

(p. 144) : avions, voitures anciennes, trains, bateaux et supports interactifs vous y attendent. Reprenez le bus jusqu'au Zoologischer Garten puis le S-Bahn et descendez à Postdam-Babelsberg pour une visite de **Filmpark Babelsberg**, les plus grands studios d'Allemagne *(p. 205)*. Vous pourrez dîner en toute simplicité dans Kreuzberg.

UNE JOURNÉE DE SHOPPING

- **Shopping au KaDeWe**
- **Flânerie sur la Savignyplatz**
- **Snack sur le pouce**
- **Friedrichstadtpassagen**

DEUX ADULTES prévoir au moins 43 € (déjeuner et transport)

Matinée
Commencez au **Kaufhaus des Westens**, grand magasin surnommé KaDeWee *(p. 155)* par les Berlinois. Poursuivez votre shopping sur la Tauentzienstrasse, une artère populaire et continuez sur le Kurfürstendamm – plus on va vers l'ouest, plus les boutiques sont luxueuses. Bifurquez ensuite dans des rues encore plus chic – **Fasanen, Meineke, Uhland, Bleibtreu** et **Schlüter Strasse** – pour rejoindre la **Savignyplatz** *(p. 154)* et ses nombreuses boutiques et petits restaurants.

Après-midi
Prenez le S-Bahn sur la Savignyplatz et descendez à

Le magnifique hall des Galeries Lafayette de Berlin

Friedrichstrasse. Au nord, vous découvrirez l'immense complexe commercial de **Friedrichstadtpassagen** où se trouvent les **Galeries Lafayette** ainsi que le luxueux **Quartier 206** et ses boutiques de grands couturiers. Remontez au nord sur la Friedrichstrasse et suivez l'Oranienburger Strasse à gauche, jusque **Hackescher Markt**, un quartier branché réputé pour ses night-clubs, pubs et bars.

BERLIN CÔTÉ VERDURE

- **Promenade jusqu'à Grunewald**
- **Sur le bac pour Pfaueninsel**
- **Le Tiergarten**
- **Schloss Bellevue**

DEUX ADULTES prévoir au moins 100 €

Matinée
Depuis la station de S-Bahn Grunewald, marchez au sud (environ 1 h) jusqu'au **Jagdschloss Grunewald**

Jardins du Neues Palais, dans le Park Sanssouci

(p. 212-213), un pavillon de chasse et sa galerie d'art. Longez de somptueuses villas et traversez la forêt jusqu'au **lac Wannsee** *(p. 181)* ou reprenez le S-Bahn et sortez à la station Wannsee. De là, prenez le bus qui mène au bac pour une promenade sur l'île de la **Pfaueninsel**, une réserve naturelle *(p. 208-209)*. Reprenez le S-Bahn jusqu'à Postdam-Hauptbahnhof pour admirer le parc Sanssouci et son palais rococo *(p. 192-196)*.

Après-midi
Depuis Postdam, prenez le métro jusqu'au poumon vert de Berlin, l'immense **Tiergarten** *(p. 113-135)*. Suivez la Strasse des 17. Juni et montez en haut de **Siegessaüle** *(p. 132-133)*, la colonne de la victoire. Allez ensuite au **Schloss Bellevue** *(p. 133)*, résidence officielle du président. Terminez par le **Neuer See**, un joli lac au sud du parc. Louez une barque et dînez sur place.

Berlin dans son environnement

Capitale de la république fédérale d'Allemagne depuis 1991, Berlin possède une population d'environ 3,4 millions d'habitants. Située dans l'ancienne RDA, au cœur de la province du Brandebourg, la ville occupe une superficie de 889 km². La Havel et la Spree, qui se rejoignent dans l'arrondissement de Spandau, traversent la cité dans de nombreux canaux.

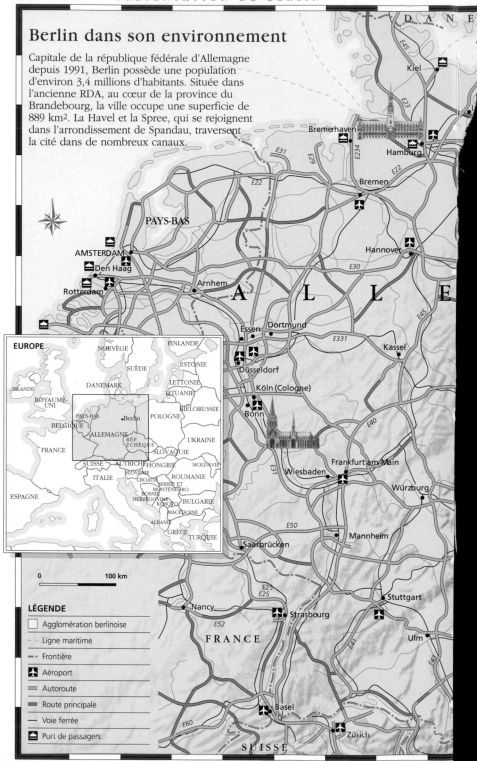

LÉGENDE

- ☐ Agglomération berlinoise
- - - Ligne maritime
- - • - Frontière
- ✈ Aéroport
- ═ Autoroute
- ═ Route principale
- — Voie ferrée
- ⛴ Port de passagers

0   100 km

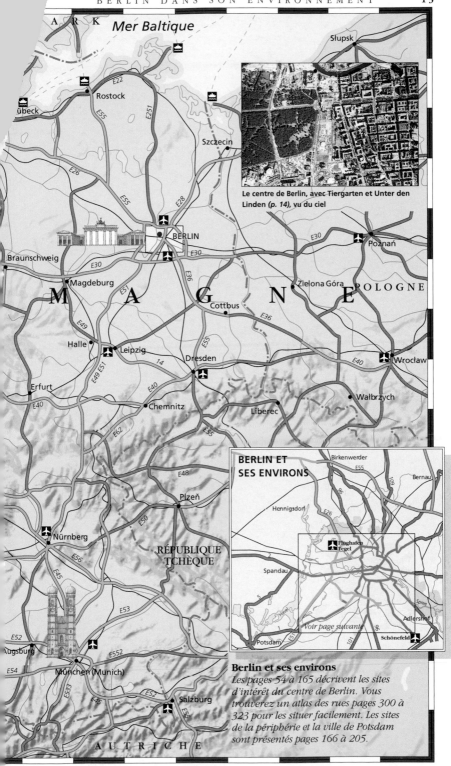

Le centre de Berlin, avec Tiergarten et Unter den Linden *(p. 14)*, vu du ciel

BERLIN ET SES ENVIRONS

Voir page suivante

Berlin et ses environs
Les pages 54 à 165 décrivent les sites d'intérêt du centre de Berlin. Vous trouverez un atlas des rues pages 300 à 323 pour les situer facilement. Les sites de la périphérie et la ville de Potsdam sont présentés pages 166 à 205.

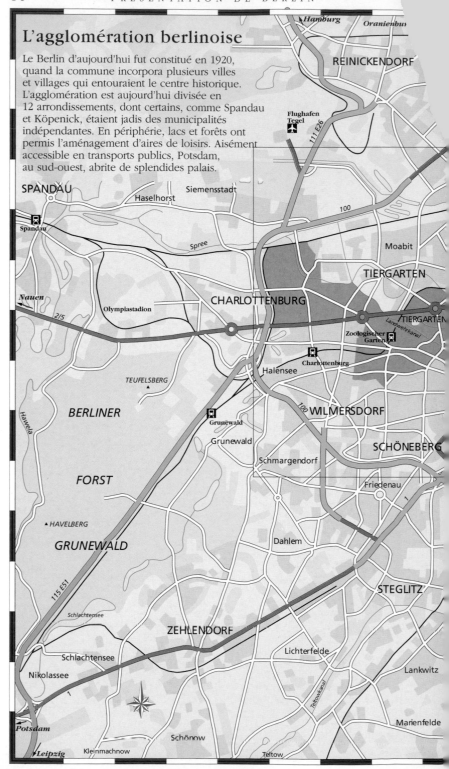

L'agglomération berlinoise

Le Berlin d'aujourd'hui fut constitué en 1920, quand la commune incorpora plusieurs villes et villages qui entouraient le centre historique. L'agglomération est aujourd'hui divisée en 12 arrondissements, dont certains, comme Spandau et Köpenick, étaient jadis des municipalités indépendantes. En périphérie, lacs et forêts ont permis l'aménagement d'aires de loisirs. Aisément accessible en transports publics, Potsdam, au sud-ouest, abrite de splendides palais.

Hamburg

Oranienbu

REINICKENDORF

Flughafen Tegel

111 E26

SPANDAU

Spandau

Siemensstadt

Haselhorst

100

Moabit

Spree

TIERGARTEN

Nauen

2/5

Olympiastadion

CHARLOTTENBURG

TIERGARTEN

Landwehrkanal

Zoologischer Garten

TEUFELSBERG

Charlottenburg

Halensee

BERLINER

Grunewald

100

WILMERSDORF

Grunewald

SCHÖNEBERG

Schmargendorf

FORST

Friedenau

1

▲ HAVELBERG

GRUNEWALD

Dahlem

115 E51

STEGLITZ

Schlachtensee

ZEHLENDORF

Schlachtensee

Lichterfelde

Lankwitz

Nikolassee

Teltowkanal

Potsdam

Leipzig   Kleinmachnow

Schönow

Teltow

Marienfelde

Hawela

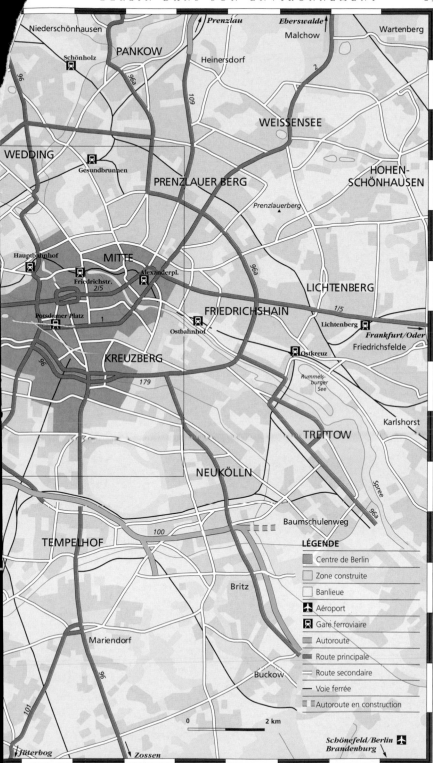

Niederschönhausen
Schönholz
PANKOW
Prenzlau
Eberswalde
Malchow
Heinersdorf
Wartenberg
WEISSENSEE
WEDDING
Gesundbrunnen
PRENZLAUER BERG
Prenzlauerberg
HOHEN-SCHÖNHAUSEN
Hauptbahnhof
MITTE
Friedrichstr.
2/5
Alexanderpl.
LICHTENBERG
Potsdamer Platz
1
FRIEDRICHSHAIN
Ostbahnhof
1/5
Lichtenberg
Frankfurt/Oder
Friedrichsfelde
KREUZBERG
179
Ostkreuz
Rummels-burger See
Karlshorst
TREPTOW
NEUKÖLLN
Baumschulenweg
Spree
TEMPELHOF
100
Britz
Mariendorf
Buckow
Jüterbog
Zossen
0 2 km

LÉGENDE

Centre de Berlin
Zone construite
Banlieue
Aéroport
Gare ferroviaire
Autoroute
Route principale
Route secondaire
Voie ferrée
Autoroute en construction

Schönefeld/Berlin Brandenburg

Le centre de Berlin

Nous avons divisé le centre-ville en huit zones
de visite. Le cœur historique comprend la
Museumsinsel (l'île des Musées) et
ses environs au bord de la Spree et autour de
la grande avenue appelée Unter den Linden.
Au sud, Kreuzberg possède une atmosphère
particulière avec ses lieux alternatifs et ses
cafés turcs. À l'ouest, Tiergarten offre à
la ville un poumon de verdure jusqu'au
Kurfürstendamm, le pôle de l'ancien Berlin-
Ouest. Le château de Charlottenburg était
la résidence d'été des rois de Prusse.

Charlottenburg
*Nommé d'après
Sophie-Charlotte,
l'épouse de
Friedrich III, le
château baroque
de Charlottenburg
abrite des pièces
somptueuses
décorées
de nombreux
objets d'art*
(p. 156-165).

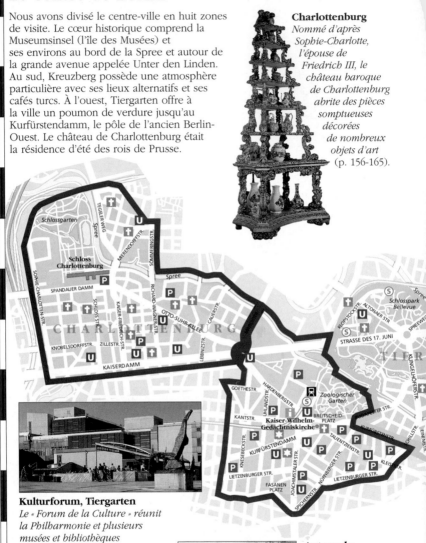

Kulturforum, Tiergarten
*Le « Forum de la Culture » réunit
la Philharmonie et plusieurs
musées et bibliothèques*
(p. 112-135).

LÉGENDE

▨	Site principal
🚉	Gare ferroviaire
U	Station de U-Bahn
S	Station de S-Bahn
P	Parc de stationnement
✝	Église
✡	Synagogue
ℹ	Information touristique

Autour du Kurfürstendamm
*Le Kurfürstendamm,
grande artère souvent
appelée Ku'damm,
traverse, dans la
partie ouest de Berlin,
un quartier riche en
boutiques, en
restaurants et en
cinémas* (p. 146-155).

**Rotes Rathaus,
Nikolaiviertel**
*Orné de reliefs en
terre cuite, cet hôtel
de ville monumental
occupe l'emplacement
de son prédécesseur
médiéval. Il date de
1870* (p. 90).

Berliner Dom, Museumsinsel
*Sur l'île des Musées, la cathédrale
protestante de Berlin possède
un intérieur néobaroque*
(p. 76-77).

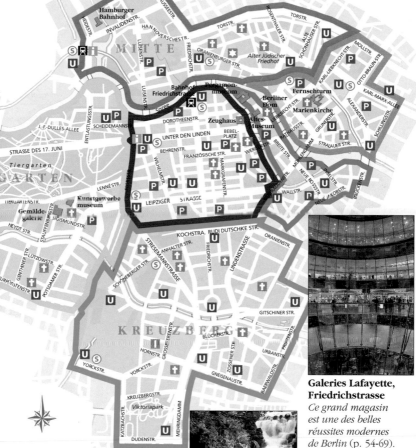

**Galeries Lafayette,
Friedrichstrasse**
*Ce grand magasin
est une des belles
réussites modernes
de Berlin* (p. 54-69).

Viktoriapark, Kreuzberg
*Ce parc est situé sur une colline
dominant l'arrondissement de
Kreuzberg, où vit une importante
communauté turque* (p. 136-145).

0   500 m

HISTOIRE DE BERLIN

Berlin a pour origine deux villages fondés au bord de la Spree : Berlin et Cölln. Réunis en 1307, ils forment une cité que le commerce rend prospère sous l'autorité des margraves du Brandebourg. La dynastie des Hohenzollern en fait son lieu de résidence puis, à la création de l'Empire allemand en 1871, la capitale du plus puissant État européen. Ravagé pendant la Seconde Guerre mondiale, Berlin devient un haut lieu de la guerre froide jusqu'à la chute du Mur en 1990. Le Parlement décide l'année suivante d'en faire la capitale de l'Allemagne réunifiée.

PREMIÈRES COLONIES

Au début de l'ère chrétienne, des tribus d'origines variées, dont les Semnones germains, vivent sur les rives de la Spree et de l'Havel. À la fin du VIᵉ siècle, des Slaves construisent des places fortes aux emplacements des actuelles banlieues de Köpenick *(p. 175)* et Spandau *(p. 185)*. Cinq cents ans plus tard, des immigrants venus de régions comme les montagnes du Harz, la vallée du Rhin et la Franconie, peuplent les rives de la Spree. Le Saxon Albrecht l'Ours, de la dynastie des Ascaniens, soumet définitivement les Slaves. Il devient le premier *Markgraf* (comte) du Brandebourg.

Statue d'Albrecht l'Ours

LES ORIGINES DE LA VILLE MODERNE

L'histoire écrite de Berlin commence au début du XIIIᵉ siècle, quand deux villages, Berlin et Cölln, se développent de part et d'autre de la Spree aux environs de ce qui est actuellement le Nikolaiviertel *(p. 90)*. Ils font le commerce du poisson, du seigle et du bois. Ils s'allient en 1307, et l'union est célébrée par l'édification d'un hôtel de ville commun en 1345.

Après la mort du dernier Ascanien en 1319, les maisons de Luxembourg et de Wittelsbach se disputent le Brandebourg, une querelle qui a des effets dévastateurs pour ses habitants. En 1359, Berlin et Cölln adhèrent à la Hanse, la ligue des villes marchandes du Nord de l'Europe. En 1411, pour protéger la région, l'empereur Sigismond envoie son conseiller Frédéric VI de Hohenzollern. Ce dernier prend en 1415 le titre d'électeur du Brandebourg, et fonde, sous le nom de Frédéric Iᵉʳ de Hohenzollern, une dynastie qui va régner cinq siècles. Il laisse toutefois aux communes les privilèges qu'elles ont acquis.

CHRONOLOGIE

1134 Investiture d'Albrecht l'Ours	**1197** Première mention de Spandau	**1237** Première mention écrite de Cölln	**1307** Signature du traité entre Cölln et Berlin	**1359** Berlin et Cölln adhèrent à la Hanse	**1415** Frédéric de Hohenzollern devient électeur du Brandebourg
1100	**1150**	**1200**	**1250**	**1300**	**1350**	**1400**

1157 Albrecht l'Ours, vainqueur des tribus slaves, devient margrave du Brandebourg	**1209** Première mention de Köpenick	**v. 1260** Agrandissement de Berlin
		1244 Première mention écrite de la fondation de Berlin

Denier d'argent de 1369

◁ Peinture symbolique de la *Prusse* (1868) par Adolf von Menzel au palais Ephraim

Déposition de croix (v. 1520), panneau d'un polyptyque gothique du début de la Réforme

LES PREMIERS HOHENZOLLERN

En 1432, Berlin et Cölln renforcent leur association en unifiant leurs conseils municipaux. En 1443, Frédéric II entreprend la construction d'un château, le futur Stadtschloss *(p. 71),* une forteresse qui lui donnera les moyens de réduire les privilèges dont jouit la commune. L'opposition des habitants se transforme en une révolte générale. Elle est écrasée en 1448, et l'édifice, inauguré en 1451, devient la résidence de l'électeur du Brandebourg. L'ours, qui symbolise la ville sur les armoiries, porte désormais une chaîne et un cadenas autour du cou.

Le successeur de Frédéric II, son neveu Jean Cicéron, fait de Berlin-Cölln la capitale de la Marche du Brandebourg.

LA RÉFORME ET LA GUERRE DE TRENTE ANS

Pendant la première moitié du XVIe siècle, la doctrine de Martin Luther (1483-1546) se répand rapidement dans le centre et le nord de l'Europe, notamment au Brandebourg où la Réforme connaît un réel succès populaire. L'électeur Joachim II se convertit en 1539, suivi par la majorité des conseillers municipaux de sa capitale.

La cité connaît une période de rapide croissance, favorisée par l'arrivée de réfugiés des Pays-Bas et d'artistes italiens venus travailler à la cour. Elle subit toutefois des épidémies de peste bubonique en 1576, 1598 et 1600. La guerre de Trente Ans (1618-1648), qui transforme toute l'Allemagne en champ de bataille, en aggrave encore les conséquences.

En 1627, l'électeur du Brandebourg déplace sa cour à Königsberg, une ville moins exposée. En 1648, Berlin-Cölln ne compte plus que 6 000 habitants. Les épidémies, les exactions et l'entretien des troupes en cantonnement ont décimé sa population.

LE GRAND ÉLECTEUR

La chance sourit à Berlin quand Frédéric-Guillaume de Hohenzollern monte en 1640 sur le trône du Brandebourg. Dès la fin de la guerre, le souverain s'emploie à renforcer l'autorité de l'État.

Fauconnier sur un carreau

Pendant son règne, la ville se dote de fortifications modernes et le Lustgarten *(p. 74)* est aménagé en face du Stadtschloss. Les tilleuls plantés le long de l'allée menant au domaine de chasse de Tiergarten *(p. 112-*

CHRONOLOGIE

Chope berlinoise en forme d'ours (1562)

1432 Unification de Cölln et de Berlin

1486 Jean Cicéron fait de Berlin sa résidence permanente

1539 Joachim II se convertit au protestantisme

| 1415 | 1465 | 1515 | 1565 |

1447-1448 Révolte de Berlin contre l'électeur

1442 La construction d'un château débute à Cölln

1594 Achèvement de la citadelle de Spandau

L'ancien Stadtschloss (château royal) et le Lange
Brücke peints vers 1685

135) donneront son nom à l'avenue Unter den Linden *(p. 60)*. Le percement du canal reliant l'Oder à la Spree fait de Berlin le nœud des échanges commerciaux dans le Brandebourg.

L'agglomération s'étend avec la fondation de villes satellites – d'abord Friedrichswerder, puis Dorotheenstadt et Friedrichstadt, toutes entre 1650 et 1690. En 1709, elles fusionneront avec Berlin et Cölln pour ne former qu'une seule cité.

Après sa victoire sur les Suédois à Fehrbellin, Frédéric-Guillaume prend le surnom de Grand Électeur. Il favorise l'immigration et, dès 1671, autorise le retour des juifs, interdits au Brandebourg depuis deux siècles. Plusieurs familles riches chassées de Vienne s'installent dans sa capitale. Par l'édit de Potsdam, il facilite en 1685 la venue de huguenots fuyant la France après l'abrogation de l'édit de Nantes par Louis XIV. En 1688, à la mort de Frédéric-Guillaume, ils représentent près du tiers de la population de Berlin, qui compte désormais 20 000 habitants.

LA CAPITALE DE LA PRUSSE

Le successeur du Grand Électeur, Frédéric III, aime le luxe et le pouvoir, mais aussi les arts et le savoir. Il fonde en 1696 l'Académie des beaux-arts, et soutient en 1700 la création de l'Académie des sciences par le philosophe et mathématicien Leibniz. Il obtient en 1701 de l'empereur Léopold Ier qu'il érige en royaume une possession du Brandebourg : le duché de Prusse. Couronné sous le nom de Frédéric Ier, il fait transformer le Stadtschloss en un palais baroque, commande la construction du Zeughaus *(p. 58-59)* et achève celle du palais d'été de Lietzenburg, rebaptisé Charlottenburg *(p. 160-161)*.

Son fils, Frédéric-Guillaume Ier (1713-1740), le Roi-Sergent, décide de se doter d'une puissante armée. Mal payés et souvent enrôlés de force, ses soldats ont une vie misérable. La nouvelle enceinte dont il dote Berlin n'a pas une fonction défensive mais sert à empêcher les désertions. L'aménagement de places comme Parizer Platz *(p. 67)*, Leipziger Platz *(p. 131)* et Mehringplatz *(p. 144)* facilite l'entraînement.

Frédéric II (1740-1786) utilise dès le début de son règne la puissance militaire que lui a léguée son père. Il profite d'une faiblesse temporaire de l'Autriche pour envahir la Silésie, et sème ainsi les ferments de la guerre de Sept Ans (1756-1763) pendant laquelle les troupes russes et autrichiennes occupent Berlin. La ville continue de se développer sous l'autorité d'un souverain qui agit en despote éclairé et invite Voltaire à sa cour. Elle compte 150 000 habitants en 1786.

**Frédéric II
(1740-1786)**

La période baroque

La vogue de l'architecture baroque a duré à Berlin du milieu du XVIIᵉ siècle à la fin du XVIIIᵉ. C'est l'époque où la cité, décimée par les épidémies et la guerre de Trente Ans, se métamorphose en une métropole riche et cosmopolite. La population croît rapidement, en partie grâce à l'intégration des communes de Dorotheenstadt, Friedrichstadt et Friedrichswerder. À l'intérieur des nouveaux remparts, la capitale de l'électorat du Brandebourg devient aussi celle du royaume de Prusse et se pare de monuments tels que l'Akademie der Künste, la Charité et le Schloss Charlottenburg.

BERLIN

◼ 1734   ☐ Aujourd'hui

Concert de flûte
Cette peinture d'Adolf von Menzel montre le roi Frédéric II (1740-1786) jouant pour ses invités dans la salle de musique du Schloss Sanssouci.

Nikolaikirche

Frédéric le Grand
Œuvre du peintre d'origine française Antoine Pesne, ce portrait du prince héritier, le futur roi de Prusse Frédéric II, date de 1739.

Soupière rococo
Cette pièce d'argenterie produite par l'atelier de Georg Wilhelm Marggraf und Müller donne une idée du style en vogue à Berlin en 1765.

Stadtschloss
(palais royal)

L'Amour au Théâtre-Italien (1714)
Frédéric II appréciait beaucoup le peintre français Watteau (1684-1721), et Berlin conserve plusieurs de ses œuvres majeures.

Zeughaus (ancien arsenal)
Ce splendide édifice baroque achevé en 1730, et peint ici par Carl Traugott Fechhelm en 1786, servit à entreposer des armes jusqu'en 1875. Il abritera le Deutsches Historisches Museum.

Rondell
(actuelle
Mehringplatz)

Oktogon
(actuelle
Leipziger
Platz)

Frédéric Ier
Sculpté par l'artiste et architecte Andreas Schlüter (1660-1714), ce portrait du premier roi de Prusse (1688-1713) orne son tombeau

Quarré (actuelle
Pariser Platz)

BERLIN EN 1740

La ville conservait à l'époque un centre fortifié. Ce plan donne une idée de la façon dont elle s'est développée. Il n'obéit par aux conventions actuelles : il est orienté le sud vers le haut.

Unter
den
Linden

L'ARCHITECTURE BAROQUE À BERLIN

Berlin a perdu la majorité de ses édifices baroques, mais il en subsiste quelques-uns dans le centre. Ne manquez pas le Zeughaus *(p. 58-59)*, la Deutscher Dom et la Französischer Dom, les deux églises du Gendarmenmarkt *(p. 64-65)*, ni la Parochialkirche *(p. 97)* et la Sophienkirche *(p. 104)*. Un autre fleuron de l'époque, le Schloss Charlottenburg *(p. 158-159)*, a subi une importante reconstruction.

Schloss Charlottenburg

L'avenue Unter den Linden en 1821

LES DÉBUTS DE L'ÈRE MODERNE

À l'approche du XIXe siècle, de fortes personnalités telles que les écrivains Gotthold Ephraim Lessing (1729-1781) et Friedrich von Schlegel (1772-1829) renouvellent le débat d'idées. Le romantisme gagne de plus en plus d'adeptes. Frédéric-Guillaume II (1786-1797) n'a pas les qualités de son prédécesseur.

Plus que Frédéric-Guillaume III (1797-1840), c'est son épouse, la reine Louise, qui est restée dans l'histoire. Vainqueur de la Prusse à Iéna (Jena) en 1806, Napoléon Bonaparte entre dans Berlin. La cour est obligée de se réfugier à Königsberg. La présence de ces troupes étrangères et les contributions imposées par l'envahisseur suscitent un intense sentiment nationaliste.

Les Français partent enfin en 1808, mais la cour ne rentre à Berlin qu'à la fin de 1809. Au congrès de Vienne, réuni en 1815 après la défaite de Napoléon à Waterloo, la Prusse récupère la Rhénanie et la Westphalie. La richesse de leur sous-sol, le formidable réservoir de main-d'œuvre qu'a créé l'abolition du servage en 1807 et les progrès de la machine à vapeur vont favoriser une rapide croissance industrielle, notamment à Berlin. August Borsig inaugure en 1837 son usine de locomotives, et une ligne de chemin de fer Berlin-Potsdam ouvre en 1838. Le style néoclassique de Karl Friedrich Schinkel *(p. 187)* séduit et l'architecte fait construire de nombreux bâtiments, dont le Neue Wache *(p. 60)* et le Schauspielhaus, devenu aujourd'hui le Konzerthaus *(p. 64).* Fondée en 1810, l'université, l'actuelle Humboldt Universität, attire des professeurs prestigieux tels les philosophes Hegel (1770-1831) et Schopenhauer (1788-1860).

La récession qui frappe l'Europe en 1844 a de graves conséquences en Prusse, dont un quart des habitants se retrouvent dans la misère. Lors d'une émeute provoquée par la faim, en 1848, l'armée tue 250 manifestants.

CONSTRUCTION D'UN EMPIRE

En 1861, une crise de folie contraint Frédéric-Guillaume IV (1840-1861) à céder le trône à son frère Guillaume Ier (1861-1888). Celui-ci prend comme chancelier Otto von Bismarck, un homme qui a pour ambition de ravir à l'Autriche sa suprématie sur les États de langue

Portrait de Frédéric-Guillaume IV

CHRONOLOGIE

1791 Achèvement de la porte de Brandebourg

1799 Fondation de la Bauakademie

1810 Fondation de l'université

1831 Épidémie de choléra

1844 Ouverture du zoo (Zoologischer Garten)

1785   **1800**   **1815**   **1830**   **1845**

Boîte émaillée du milieu du XVIIIe siècle

1806 Début de l'occupation française de Berlin

1830 Ouverture de l'Altes Museum

1838 Ouverture de la liaison ferroviaire Berlin-Potsdam

allemande. En 1864, la Prusse déclare la guerre au Danemark et obtient le duché du Schleswig-Holstein. Après avoir vaincu l'Autriche en 1866, elle fonde une Confédération d'Allemagne du Nord qui réunit vingt-deux États et villes libres. Inquiet de cette puissance grandissante, Napoléon III déclare la guerre en 1870. Le conflit ne fait que resserrer les liens entre États germaniques. La France perd l'Alsace et la Lorraine, et doit verser une lourde indemnité. L'Empire allemand est proclamé le 18 janvier 1871 au palais de Versailles. La ville profite du tribut en francs-or versé par la France et de l'ouver-

Affiche par Wilhelm Schulz pour l'exposition organisée par la Sécession de Berlin en 1900

ture des barrières douanières. Elle compte un million d'habitants en 1877, le double en 1905.

TRIOMPHE ET DÉSASTRE

La cité se modernise à grands pas. En 1876, un nouveau système d'égouts améliore les conditions d'hygiène. Des lampes électriques éclairent les rues à partir de 1879, et les

Le premier Reichstag (Parlement) de Berlin, construit en 1894

premiers téléphones apparaissent en 1881, un an avant qu'entre en service la première ligne du réseau de trains de banlieue, le S-Bahn. Animée par des personnalités comme l'écrivain Theodor Fontane, le peintre Adolf von Menzel et le bactériologiste Robert Koch, la vie culturelle et scientifique est florissante. En 1898, Max Liebermann (p. 67) prend la tête de la Sécession berlinoise, un mouvement artistique qui comptera parmi ses membres Max Slevogt et Käthe Kollwitz. En Europe, les patriotes s'exaspèrent. En 1914, tout le monde se lance dans la guerre, espérant une victoire rapide. La vie des Berlinois change peu au début, mais la nourriture est rationnée dès 1915. La défaite entraîne en 1918 l'abdication de Guillaume II.

Le Congrès de Berlin de 1878 par Anton von Werner

1871 Berlin devient la capitale de l'Empire allemand	**1878** Congrès de Berlin	**1888** Couronnement de Guillaume II	**1902** Première ligne de métro (U-Bahn)	**1914** Début de la Première Guerre mondiale
1860	1875	1890	1905	1920
1879 Fondation de la Technische Universität			**1907** Achèvement du Kaufhaus des Westens (KaDeWe)	
1882 Ouverture de la première ligne de trains de banlieue			**1918** Abdication de Guillaume II	

Mosaïque du Martin-Gropius-Bau

Berlin, capitale impériale

Le 18 janvier 1871, Berlin devient la capitale de l'Empire allemand dont la politique expansionniste du chancelier prussien Otto von Bismarck a permis la création. Le Reich réunit des provinces de langue germanique jusqu'alors indépendantes, et s'étend au-delà des frontières qui séparent aujourd'hui l'Allemagne de la France, de la Pologne, de la Russie et du Danemark. Il comprend notamment l'Alsace et la Lorraine. Les lourdes indemnités imposées à la France après sa défaite alimentent la croissance industrielle de la ville. Elle possède en 1900 une population de près de deux millions d'habitants. Ils n'étaient que 300 000 en 1850.

BERLIN

■ 1800   □ Aujourd'hui

Maison des Hohenzollern
La Kaiser-Wilhelm-Gedächtnis-Kirche (p. 152-153), achevée en 1895, conserve les portraits en mosaïque des membres de la dynastie des Hohenzollern.

Stadtschloss
Le château de Berlin était toujours la résidence royale à la proclamation de l'empire en 1871. La statue du Grand Électeur qui ornait le Rathausbrücke se trouve aujourd'hui dans la cour du Schloss Charlottenburg.

Aristocrates prussiens

Membres du Parlement

Riehmers Hofgarten
La fin du XIXe siècle vit la construction de nombreux immeubles d'habitation, dont cet élégant complexe résidentiel.

Neptunbrunnen
Le sculpteur Reinhold Begas exécuta en 1891 cette fontaine néobaroque offerte à Guillaume II par le conseil municipal (p. 92)

Gare du Hackescher Markt
Bâtie par l'architecte Johannes Vollmer, l'ancienne Bahnhof Börse, l'une des premières gares du S-Bahn, ouvrit en 1902.

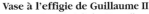

Vase à l'effigie de Guillaume II
La Königliche-Porzellan-Manufaktur fabriqua en série des porcelaines comme ce vase dessiné par Alexander Kips. Elles servaient souvent de présents aux chefs d'État en visite.

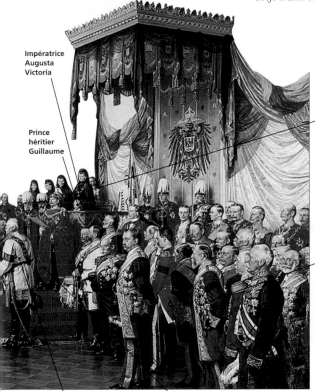

Impératrice
Augusta
Victoria

Prince
héritier
Guillaume

La tenue de deuil, pour les femmes, et le brassard noir, pour les hommes, furent obligatoires après les décès de Guillaume Ier et Frédéric III en 1888.

Corps
diplomatique

Chancelier prussien
Otto von Bismarck

Empereur Guillaume II

INAUGURATION DU REICHSTAG

L'immense tableau peint par Anton von Werner en 1893 montre Guillaume II en train de prononcer un discours devant les membres du Parlement, la noblesse prussienne et des représentants étrangers lors de l'inauguration officielle du Reichstag. Cet important événement eut lieu à peine onze jours après son accession au trône.

Charlotte Berend
Berlin eut une vie culturelle florissante au début du XXe siècle. Ce portrait d'actrice par Lovis Corinth date de 1902.

Les nazis incendièrent des milliers d'édifices appartenant à des juifs lors de la Kristallnacht (9-10 novembre 1938)

LA RÉPUBLIQUE DE WEIMAR

Guillaume II abdique le 9 novembre 1918 et, le même jour, le social-démocrate Philipp Scheidemann et le spartakiste Karl Liebknecht annoncent chacun la naissance d'une république allemande différente. Une âpre rivalité oppose ces deux tendances politiques, et les spartakistes fondent en janvier 1919 le parti communiste allemand, puis tentent de prendre le pouvoir par la force. La répression est sanglante. Les chefs de l'insurrection, Karl Liebknecht et Rosa Luxemburg, n'y survivent pas.

Élu en février 1919, le gouvernement, dirigé par le social-démocrate Friedrich Ebert, siège à Weimar, loin des problèmes qui règnent dans la capitale.

En 1920, la réforme urbaine qui donne jour au Groß Berlin (Grand Berlin) en fait la plus grande cité industrielle d'Europe, avec une population de 3,8 millions d'habitants. Si une crise économique provoque chômage et inflation, la ville connaît toutefois une intense vie culturelle. Les auteurs dramatiques Max Reinhardt et Bertolt Brecht acquièrent une renommée internationale. Les studios cinématographiques UFA produisent des classiques tels que *Le Cabinet du Dr Caligari* et *Metropolis*. Les scientifiques Albert Einstein, Carl Bosch et Werner Heisenberg obtiennent le prix Nobel.

LE IIIe REICH

Les Allemands n'ont jamais accepté la défaite de la Première Guerre mondiale. Or, c'est la République qui a signé l'armistice et le traité de Versailles qui en fixe les conditions. La crise mondiale déclenchée par le crack boursier de 1929 discrédite encore plus le pouvoir en place. Prônant la haine de l'étranger, le parti national-socialiste profite de la situation pour devenir le parti le plus puissant d'Allemagne. Adolf Hitler est nommé chancelier en janvier 1933. Un mois plus tard, il prend prétexte de l'incendie du Reichstag pour arrêter environ 5 000 membres de l'opposition.

De nombreux intellectuels commencent à émigrer. Lors de la Kristallnacht, la Nuit de cristal du 9 novembre 1938, les lieux de culte, les domiciles et les magasins des juifs sont mis à sac et incendiés dans toute l'Allemagne.

Ein Volk, ein Reich, ein Führer!
Affiche de la propagande nazie imprimée en 1938

Inferno (1946), par Fritz Koelle

CHRONOLOGIE

1919 Proclamation de la république de Weimar
1926 Achèvement de la Funkturm (tour de la Radio)
1930 Ouverture du Pergamonmuseum
1938 Kristallnacht (nuit du 9 au 10 novembre)
1945 L'Allemagne capitule le 8 mai
24 juin 1948-12 mai 1949 Blocus soviétique de Berlin-Ouest
1961 Construction du Mur de Berlin

1920 | 1930 | 1940 | 1950 | 1960 | 197

1928 Première de *L'Opéra de quat' sous* de Bertolt Brecht
1920 Création du Grand Berlin
1933 Hitler accède au pouvoir
1939 Début de la Seconde Guerre mondiale
1942 Conférence de Wannsee

Vision nazie de la race allemande
1971 Traité d'accord de passage entre la RFA et la RDA

LA SECONDE GUERRE MONDIALE

L'Allemagne déclenche la guerre en envahissant la Pologne le 1er septembre 1939, mais elle échoue à s'assurer la suprématie aérienne, et les premiers bombardements de Berlin par les Alliés commencent dès le mois d'août 1940. Les nazis entreprennent en 1941 la déportation en masse des juifs, des homosexuels et des tziganes. La répression qui frappe les opposants politiques fait 200 000 victimes. En janvier 1942, une conférence organisée dans une villa de Wannsee (p. 181) décide de la « solution finale du problème juif en Europe ». Toutefois, la bataille de Stalingrad, qui s'achève le 2 février 1943, marque un tournant dans le conflit. Désormais la Wehrmacht recule.

En avril 1945, l'Armée rouge atteint Berlin. Le 30 avril, Hitler se suicide. La ville capitule le 2 mai. Les troupes anglaises et américaines entrent le 4 juillet.

Le Gendarmenmarkt après les bombardements britanniques et américains, 1945-1946

BERLIN DIVISÉ

La conférence de Potsdam (p. 199) décide du partage de la capitale allemande en quatre secteurs administrés respectivement par les autorités militaires de l'Union soviétique, des États-Unis, du Royaume-Uni et de la France. La cité dévastée devient un des enjeux de la guerre froide. Le 24 juin 1948, les communistes décident le blocus des secteurs occidentaux. Les Alliés répliquent par un pont aérien qu'ils maintiennent jusqu'au 12 mai 1949. La création, la même année, de la république fédérale d'Allemagne (RFA), qui choisit Bonn comme capitale, et de la République démocratique allemande (RDA), dont la capitale est Berlin-Est, entérine la séparation du pays en deux États.

Berlin-Ouest devient une enclave indépendante en terre étrangère, mais la circulation reste libre entre les deux zones.

Le 17 juin 1953, le soulèvement des employés du bâtiment à Berlin-Est déclenche une révolte dans toute la RDA. Les troupes russes l'écrasent dans le sang. Des réfugiés, notamment des travailleurs qualifiés, se mettent à affluer à l'Ouest en nombre croissant. Pour arrêter l'hémorragie, la construction du célèbre Mur est décidée en 1961.

C'est un nouvel exode massif, par la Hongrie cette fois, qui fait tomber en 1989 cette frontière qui divisait de nombreuses familles. Le 3 octobre 1990, l'Allemagne est réunifiée. Le 20 juin 1991, à une courte majorité au Bundestag, elle se donne Berlin comme capitale.

La chute du Mur, le 9 novembre 1989

1987 Célébration du 750e anniversaire de Berlin	**1990** Réunification officielle de l'Allemagne le 3 octobre	**2008** Ouverture de la nouvelle ambassade des États-Unis
	1991 Berlin devient la capitale allemande le 20 juin	
	1994 Les Alliés quittent Berlin	

1980	1990	2000	2010	2020

Une Trabant, la voiture la plus populaire de RDA

1989 Chute du Mur de Berlin le 9 novembre

1999 Le Parlement fédéral allemand siège, en avril, dans le Reichstag reconstruit

2009 Célébration du 20e anniversaire de la chute du Mur.

2006 Berlin organise la coupe du Monde de football

2004 Réouverture de l'Olympiastadion Berlin

BERLIN D'UN COUP D'ŒIL

Ce guide décrit dans la partie *Quartier par quartier* plus de 150 lieux à découvrir. Depuis les prestigieuses collections d'œuvres d'art et les monuments historiques comme la Nikolaikirche *(p. 90)* jusqu'aux audaces de l'architecture moderne du quartier de la Potsdamer Platz *(p. 128)*, et des promenades au sein du vaste Jardin botanique *(p. 77)* aux charmes d'un zoo vieux de deux siècles *(p. 150)*, ils répondent à un large éventail d'intérêts et de goûts. Pour vous aider à profiter au mieux de vos séjours, les seize pages suivantes dressent un résumé de ce que Berlin a de plus intéressant à offrir. Musées et galeries, édifices historiques, parcs et jardins, architecture moderne, témoignages de la division de la cité, tous ont leur chapitre. Voici les visites à ne pas manquer.

LES SITES À NE PAS MANQUER

Pergamonmuseum
Voir p. 80-83.

Schloss Charlottenburg
Voir p. 160-161.

Kunstgewerbe-museum
Voir p. 118-121.

Gemäldegalerie
Voir p. 122-125.

Nikolaiviertel
Voir p. 88-89.

Zoo Berlin
Voir p. 150.

Brandenburger Tor
Voir p. 67.

Fernsehturm
Voir p. 93.

Reichstag
Voir p. 134.

Kaiser-Wilhelm-Gedächt-nis-Kirche *Voir p. 152-153.*

◁ Sir Norman Foster a dessiné la nouvelle coupole du Reichstag *(p. 134)*

Les plus beaux musées de Berlin

Les principaux musées de la ville se trouvent sur la Museumsinsel, dans le quartier de Charlottenburg, au Kulturforum et à Dahlem. Ils abritent certaines des plus belles collections du monde.

Vase grec antique

Beaucoup avaient été divisées à la fin de la dernière guerre, mais elles sont en cours de regroupement, parfois dans de nouveaux bâtiments, telle la Gemäldegalerie qui réunit de nombreux chefs-d'œuvre de maîtres anciens.

Kunstgewerbemuseum
Le musée des Arts décoratifs, l'un des plus intéressants d'Europe, possède entre autres trésors cette pièce d'orfèvrerie du XVIIe siècle (p. 118-121).

Charlottenburg

Tiergarten

Kurfürstendamm

Gemäldegalerie
Cette superbe collection illustre l'histoire de la peinture européenne du XIIIe au XVIIIe siècle. L'Adoration des mages, exécutée en 1470 par Hugo Van der Goes, faisait à l'origine partie d'un triptyque (p. 122-125).

Museen Dahlem
Ce vaste complexe réunit plusieurs musées consacrés à l'ethnographie et à l'art non européen (p. 178).

0   750 m

Hamburger Bahnhof
Installé dans l'ancienne gare de Hambourg, le musée d'Art contemporain accorde une large place à Joseph Beuys et Andy Warhol (p. 110-111).

Deutsches Historisches Museum
Le Zeughaus baroque accueille le musée de l'Histoire allemande, qui retracera le passé de l'Allemagne au travers d'œuvres d'art mais aussi d'objets de la vie quotidienne (p. 58-59).

Du Scheunenviertel à l'Hamburger Bahnhof

Nikolaiviertel et Alexanderplatz

Pergamonmuseum
Célèbre pour ses antiquités, il doit son nom à l'Autel de Pergame dont la reconstruction occupe la salle principale (p. 80-83).

Unter den Linden et les alentours

Museumsinsel

Altes Museum
Le rez-de-chaussée de ce bâtiment néoclassique, dessiné par Friedrich Schinkel, abrite depuis 1998 une exposition d'antiquités gréco-romaines (p. 75).

Kreuzberg

Deutsches Technikmuseum
Cette exposition illustre l'évolution de technologies industrielles telles que la brasserie ou la fabrication de locomotives (p. 144).

Jüdisches Museum
Le Musée juif est installé dans un bâtiment dessiné par l'architecte américain David Libeskind. La forme de l'édifice est inspirée par l'étoile de David (p. 142).

À la découverte des musées de Berlin

Majolique,
Kunstgewerbe-
museum

Malgré les dégâts subis pendant la Seconde Guerre mondiale, Berlin possède des musées qui font partie des plus beaux du monde. Les collections divisées à la partition de la ville en 1946 sont regroupées depuis la chute du Mur, mais certaines demeurent encore éparpillées dans plusieurs sites. Des travaux de restauration continuent dans beaucoup de bâtiments anciens.

Tête de faune (1937) par Picasso,
Museum Berggruen

ANTIQUITÉS

L'art de l'Égypte ancienne est exposé à l'**Ägyptisches Museum**. Le fleuron du musée est le buste de la reine Néfertiti. Le **Neues Museum** abrite des antiquités gréco-romaines, tandis que le **Pergamonmuseum** est surtout réputé pour ses reconstructions architecturales, en particulier l'autel jadis dédié à Zeus dans la ville de Pergame et une porte du marché de Milet. Il présente aussi une riche collection d'art du Moyen-Orient. Les visiteurs accèdent à cette section en franchissant une reconstitution de la porte d'Ishtar de Babylone.

**Buste de Néfertiti,
Ägyptisches
Museum**

Des sculptures allemandes et italiennes sont exposées au **Bodemuseum**. L'**Alte Nationalgalerie** présente des œuvres des XVIIIe et XIXe siècles, y compris les peintures des romantiques allemands. Le **Schinkel-Museum** possède une collection de sculptures de la fin du XVIe siècle au milieu du XIXe siècle. La **Neue Nationalgalerie** (nouvelle galerie nationale), expose une collection de peintures et sculptures de la fin du XIXe et du début du XXe siècle. Le **Bröhan-Museum** possède un objets Art nouveau et Art déco, tandis que le **Museum Berggruen** (musée Berggruen)

comprend des œuvres de Pablo Picasso, Paul Klee et Georges Braque.

Le **Brücke-Museum** montre des œuvres des expressionnistes allemands. La création contemporaine a pour temple une ancienne gare : la **Hamburger Bahnhof**. Le **Kunstgewerbemuseum** (musée des Arts décoratifs) rassemble des pièces remontant au Moyen Âge. Les expositions de la **Bauhaus-Archiv** illustrent l'influence du mouvement Bauhaus dans les arts appliqués.

Le nouveau musée, le **Newton-Sammlung** expose les œuvres du photographe contemporain Helmut Newton. La **Berlinische Galerie** montre la collection d'art moderne de la ville.

BEAUX-ARTS ET DESIGN

À la **Gemäldegalerie** (Pinacothèque), les œuvres de maîtres anciens tels que Dürer, Rembrandt, Titien, Botticelli et le Caravage retracent l'évolution de la peinture européenne du XIIIe au XVIIIe siècle. Le **Kupferstichkabinett** (cabinet des Estampes) possède des milliers de dessins et gravures du Moyen Âge à nos jours. Un palais Renaissance, le **Jagdschloss Grunewald**, abrite des toiles allemandes et hollandaises du XIVe au XIXe siècle, tandis que la **Bildergalerie** du château Sanssouci de Potsdam conserve une riche collection de tableaux européens acquis par Frédéric II.

Étienne Chevalier et saint Étienne par Jean Fouquet, Gemäldegalerie

ART NON EUROPÉEN

Le **Museen Dahlem** regroupe le **Museum für Ostasiatische Kunst** (musée d'Art d'Extrême-Orient), le **Museum für Indische Kunst** (musée d'Art indien) et l'**Ethnologisches Museum** (musée d'Ethnologie). Ce dernier possède des départements consacrés à l'Amérique précolombienne, à l'Océanie et à l'Afrique.

Dans le même bâtiment que le Pergamonmuseum, le **Museum für Islamische Kunst** offre un aperçu de l'art islamique depuis le VIIᵉ siècle.

Totem, Ethnologisches Museum

HISTOIRE

Le **Deutsches Historisches Museum** propose un résumé richement documenté de l'histoire allemande. Les huguenots y jouèrent un rôle que rappelle le **Hugenottenmuseum**, installé dans la Französischer Dom.

Le **Centrum Judaicum** de la Neue Synagogue (Nouvelle Synagogue) et le **Jüdisches Museum** (Musée juif), installé dans un bâtiment moderne dessiné par l'architecte Daniel Libeskind, témoignent de l'histoire et de l'héritage culturel du peuple juif, ainsi que l'apport de la communauté juive de Berlin au développement de la ville.

Des musées se rapportent à la Seconde Guerre mondiale et à la guerre froide. Le terrain qui s'étend à l'emplacement du pâté de maisons qu'occupèrent les services de répression nazis sert de cadre à la **Topographie des Terrors.** Dans la **Haus der Wannsee-Konferenz**, une exposition retrace l'Holocauste.

L'ancien siège de la police secrète de la RDA est devenu le **Stasi-Museum**, tandis que la **Haus am Checkpoint Charlie** entretient le souvenir de ceux qui risquèrent leur vie pour franchir le Mur.

L'**Alliiertenmuseum** retrace la vie durant la guerre froide.

TECHNIQUES ET HISTOIRE NATURELLE

Le **Museum für Naturkunde** (Muséum d'histoire naturelle) conserve, sous une verrière néo-Renaissance, le plus grand squelette de dinosaure du monde. Un vaste espace autour d'une ancienne gare ferroviaire permet au **Deutsches Technikmuseum** (musée allemand de la Technique) de présenter wagons, locomotives et machines diverses. Le **Filmmuseum Berlin** retrace l'histoire du cinéma allemand (illustrée par des costumes de vedettes). Les personnes intéressées par l'histoire de la technologie devraient visiter le **Museum für Kommunikation**.

MUSÉES SPÉCIALISÉS

Berlin ne manque pas de collections très pointues et les passionnés, ou les simples curieux, y disposent de musées consacrés à la blanchisserie, au sucre, et même au chanvre. La maison qu'habita Bertolt Brecht (1898-1956) avec l'actrice Helene Weigel est devenue la **Brecht-Weigel Gedenkstätte** (mémorial Brecht-Weigel), tandis que l'orgue Wurlitzer justifie à lui seul une visite du **Musikinstrumenten-Museum**. Le **Domäne Dahlem** résume en plein air trois siècles de techniques agricoles.

Salle d'exposition du Musikinstrumenten-Museum

Les plus beaux édifices historiques de Berlin

Berlin est une capitale européenne relativement
jeune car elle n'a pris son importance actuelle
qu'à partir du milieu du XIXe siècle. Si les
bombardements ont détruit une grande part
de son patrimoine pendant la Seconde Guerre
mondiale, la cité possède tout de même nombre
d'édifices historiques dignes d'intérêt, présentés
en pages 38 et 39. À la périphérie sud-ouest,
Potsdam *(p. 190-205)* abrite dans un parc
magnifique le gracieux château de Sanssouci,
construit par Frédéric II (1740-1786) et agrandi
par ses successeurs.

Schloss Charlottenburg
*Ce château baroque entrepris
en 1695 par l'électeur
Frédéric Ier reçut plusieurs
agrandissements au cours
du XVIIIe siècle* (p. 160-161).

Charlottenburg

Tiergarten

*Autour du
Kurfürstendamm*

Schloss Bellevue
*Ce palais rococo,
dessiné par Philipp
David Boumann, est
devenu la résidence
officielle du président
de la République.*

Reichstag
*L'architecte Norman
Foster a dessiné la
nouvelle coupole du
massif Parlement
néo-Renaissance,
édifié en 1884 par
Paul Wallot* (p. 134).

Schloss Sanssouci
*Ce petit palais était la résidence
favorite de Frédéric II.*

Neues Palais
*Le luxe du Nouveau Palais devait
prouver la puissance de la Prusse
après la guerre de Sept Ans.*

LE PALAIS DE POTSDAM

Le palais d'été de
Sanssouci a donné
son nom au Park
Sanssouci, domaine
plein de charme qui
abrite aussi le Neues
Palais, bâti au
XVIIIe siècle, et le
gracieux Schloss
Charlottenhof.

0   750 m

Zeughaus
*Cet ancien arsenal
abrite le musée de
l'Histoire allemande
(p. 58-59). La cour est
décorée de masques de
guerriers à l'agonie,
sculptés par Andreas
Schlüter (1660-1714).*

Brandenburger Tor
*Au bout d'Unter den Linden, une
déesse de la Victoire domine la
porte de Brandebourg, monument
néoclassique devenu un symbole
de Berlin (p. 67).*

Marienkirche
*Cette église
gothique fondée
au XIIIe siècle,
l'un des plus vieux
édifices de la ville,
renferme une* Danse
macabre *peinte au
XVe siècle (p. 94-95).*

*Du Scheunenviertel
à l'Hamburger
Bahnhof*

*Nikolaiviertel
et Alexanderplatz*

*Unter den
Linden et les
alentours*

Museumsinsel

Rotes Rathaus
*L'Hôtel de Ville est dit « rouge »
à cause de ses briques ; aucun
rapport avec la couleur politique
du conseil municipal.*

Kreuzberg

Berliner Dom
*Cette immense cathédrale
néobaroque date du tournant
du XXe siècle (p. 76-77).*

Konzerthaus
*Ce splendide bâtiment de Karl Friedrich
Schinkel remplaça en 1820, sur le
Gendarmenmarkt, un théâtre détruit
par un incendie (p. 64-65).*

À la découverte du Berlin historique

Berlin ne resta qu'une ville de moyenne importance entouré de villages jusqu'à la révolution industrielle de la fin du XIXe siècle. Ses plus vieux bâtiments sont donc concentrés sur une faible étendue autour d'Unter den Linden et le long de la Spree. Ce quartier a toutefois beaucoup souffert pendant la Seconde Guerre mondiale. D'anciens villages aujourd'hui intégrés au Grand Berlin, tels que Wedding et Charlottenburg, abritent aussi des monuments historiques.

La Nikolaikirche conserve un portail gothique du XIVe siècle

LE MOYEN ÂGE ET LA RENAISSANCE

Le monument le plus ancien du cœur de Berlin, la **Nikolaikirche,** conserve de ses origines romanes l'assise de sa tour, qui date d'environ 1230. Le centre de la cité renferme des témoins de l'époque gothique : la **Marienkirche,** caractéristique du style de la Marche du Brandebourg, la **Heiliggeistkapelle** de l'École supérieure de commerce et la **Franziskaner Klosterkirche,** dont la Seconde Guerre mondiale n'a laissé que des ruines, désormais réhabilitées et utilisées pour des expositions de sculptures.

Plusieurs sanctuaires du Moyen Âge ont survécu en périphérie, notamment la **Nikolaikirche** de Spandau. Élevée au XVe siècle, elle offre un bel exemple de gothique tardif. De hauts immeubles d'appartements écrasent aujourd'hui de leur masse dix autres églises de villages, bâties pour la plupart au XIIIe siècle, mais la **St-Annen-Kirche** de Dahlem jouit d'un cadre rural.

Les vestiges médiévaux séculiers comprennent des fragments de **remparts** dans le centre et la **Juliusturm,** une tour du début du XIIIe siècle.

Berlin n'a conservé de la Renaissance que la **Ribbeckhaus** aux pignons caractéristiques, le **Jagdschloss-Grunewald,** un modeste pavillon de chasse dessiné par Casper Theyss en 1542, et la **Zitadelle** de Spandau, forteresse « à l'italienne » bien préservée. Christoph Römer entreprit sa construction en 1560 sur des plans de l'architecte Francesco Chiaramella da Gandino.

La guerre de Trente Ans (1618-1648) imposa un arrêt temporaire au développement de Berlin, et il fallut attendre la signature de la paix en 1648 pour que la construction reprenne dans la ville. La cité prit alors un visage baroque. L'un des premiers édifices de ce style, le **Schloss Köpenick,** fut entrepris en 1677. Beaucoup d'autres ont survécu, dont la **Parochialkirche,** la **Deutscher Dom** et la **Französischer Dom.** L'édification du magnifique **Zeughaus** (Arsenal) s'étendit de 1695 à 1730. À la même époque, Johann Arnold Nering (1659-1695) dessina le **Schloss Charlottenburg,** et Andreas Schlüter (1674-1714) remodela le Stadtschloss, le palais royal, aujourd'hui démoli. D'autres palais baroques ont traversé les siècles, notamment le **Palais Podewils,** le **Schloss Friedrichsfelde** et le **Schloss Niederschönhausen.** Du règne de Frédéric-Guillaume Ier (1713-1740) subsiste le **Kollegienhaus** (1733), construit au n° 14 de la Lindenstrasse sur des plans de Philipp Gerlach. L'ornementation devint plus exubérante dans le baroque tardif et le rococo, styles florissants sous Frédéric II (1740-1786) qui commanda le **Schloss Sanssouci** de Potsdam et l'**Alte Bibliothek** de la Bebelplatz (p. 56-57).

Détail du Zeughaus

L'architecture néoclassique de la fin du XVIIIe siècle et du début du XIXe a marqué de son empreinte l'aspect de Berlin. Architecte de la **Brandenburger Tor** et du **Schoss Bellevue,** Carl Gotthard Langhans (1732-1808) eut une grande influence, mais elle n'égala

La citadelle de Spandau, forteresse de style Renaissance

pas celle du prolifique Karl Friedrich Schinkel (*p. 187*) dont les créations comprennent le **Neue Wache,** l'**Altes Museum** et le **Konzerthaus.** Schinkel exécuta aussi des commandes privées et certaines des résidences qu'il édifia, tels le **Schloss Klein Glienicke** et le **Schloss Tegel,** sont ouvertes au public. Ses œuvres néogothiques incluent le **Schloss Babelsberg** et la **Friedrichswerdersche Kirche.**

Élégante façade néoclassique du Schloss Klein Glienicke de Schinkel

L'INDUSTRIALISATION ET L'ÉPOQUE MODERNE

À la mort de Schinkel, deux de ses élèves, Ludwig Persius (1803-1845) et Friedrich August Stüler (1800-1865), poursuivirent son œuvre. Stüler dessina en particulier les plans de l'**Altes Nationalgalerie,** bâtie entre 1866 et 1876.

Frise décorative du Martin-Gropius-Bau

L'éclectisme prit néanmoins le pas sur le néoclassicisme au cours de la période de forte croissance que connut Berlin pendant la seconde moitié du XIXe siècle. L'influence de la Renaissance italienne marque ainsi le **Rotes Rathaus,** dessiné par Hermann Friedrich Waesemann, et le **Martin-Gropius-Bau** entrepris par Martin Gropius en 1877, tandis que le **Reichstag** de Paul Wallot et la **Staatsbibliothek** d'Ernst von Ihne montrent un aspect plus tardif du style

Niche néo-Renaissance et statues néobaroques de la Berliner Dom

néo-Renaissance. L'architecture religieuse de l'époque est principalement néogothique, mais Julius Raschdorff puisa dans le répertoire du néobaroque en concevant l'imposante **Berliner Dom,** et Franz Schwechten donna à la **Kaiser-Wilhelm-Gedächtnis-Kirche** un visage néoroman. L'architecture du tournant du XXe siècle ne regardait toutefois pas uniquement vers le passé, et d'audacieuses créations industrielles ouvrirent la voie à la modernité.

L'ENTRE-DEUX-GUERRES

De belles réussites résidentielles telles que le **Hufeisensiedlung,** dessiné en 1924 par Bruno Taut et Martin Wagner, ou l'**Onkel-Toms-Hütte** de Zehlendorf témoignent des préoccupations sociales des années 1920. Erich Mendelsohn érigea à Potsdam une magnifique tour expressionniste, l'**Einsteinturm,** et Hans Poelzig abrita dans un élégant édifice Art déco la **Haus des Rundfunks,** la première maison de la Radio du pays.

L'arrivée au pouvoir de Hitler brisa les élans novateurs. Le Führer aimait le gigantisme et se souciait peu des besoins des Berlinois, comme le rappellent le **Flughafen Tempelhof** (aéroport de Tempelhof) et l'**Olympiastadion** construit pour les J.O. de 1936.

Les témoignages de la division

L'accord trouvé à Berlin à la fin de la guerre, avec le partage de la ville en quatre secteurs administrés respectivement par les forces russes, américaines, britanniques et françaises, vola en éclats en juin 1948 quand les Soviétiques imposèrent un blocus à Berlin-Ouest dans l'espoir d'en prendre le contrôle. L'événement et la réplique de l'Occident marquèrent le début de la guerre froide. En 1961, le gouvernement de la RDA décida la construction du célèbre Mur *(die Mauer)* pour empêcher l'exode des Allemands de l'Est qui fuyaient les problèmes économiques et l'absence de liberté.

Mur de Berlin
Précédé, côté est, de champs de mines, le « mur de protection antifasciste », selon l'appellation officielle de la RDA, entourait tout Berlin-Ouest et mesurait 155 km de long (p. 169).

Monument aux soldats soviétiques
Situé à Berlin-Ouest, ce monument, dédié aux soldats de l'Armée rouge qui périrent dans la bataille de Berlin, resta fermé de nombreuses années car ses gardes se faisaient agresser (p. 135).

Charlottenburg

Tiergarten

0   1 km

Autour du Kurfürstendamm

LÉGENDE

▬ Mur de Berlin

BERLIN AVANT LA RÉUNIFICATION

Le Mur coupait les principales lignes de transport public, le S-Bahn et l'U-Bahn, et interdisait aux Berlinois de l'Ouest l'accès au centre historique. Le no man's land qui le bordait est devenu le plus grand terrain de construction de la cité.

LÉGENDE

▬ Mur de Berlin

▬ Limite de secteur

✈ Aéroport

Secteur français

Secteur soviétique

Secteur britannique

Secteur américain

Tränenpalast
Près du terminus du S-Bahn, le point de passage de Berlin-Est à Berlin-Ouest prit le nom de Palais des Pleurs.

Checkpoint Charlie
Étrangers et diplomates franchissaient ici la limite entre secteurs russe et américain. C'est là aussi qu'eurent lieu de dramatiques événements durant la guerre froide.

Du Scheunenviertel à l'Hamburger Bahnhof

Nikolaiviertel et Alexanderplatz

Unter den Linden et les alentours

Museumsinsel

East Side Gallery
Couvert par les peintures de 118 artistes, le plus long vestige du Mur est devenu en 1990 une galerie en plein air (p. 173).

Kreuzberg

Luftbrücke
Ce mémorial rend hommage aux pilotes et aux membres du personnel au sol qui périrent pendant le pont aérien des années 1948 et 1949. En onze mois, les avions alliés acheminèrent 2,3 millions de tonnes de marchandises (p. 145).

Haus am Checkpoint Charlie
Les souvenirs conservés dans ce musée rappellent l'ingéniosité de ceux qui tentaient de franchir le Mur (p. 141).

Les plus beaux bâtiments modernes de Berlin

Il ne restait de Berlin qu'un champ de ruines à la fin de la Seconde Guerre mondiale, et la ville se transforma en un immense chantier. Les architectes de plusieurs pays participèrent à sa reconstruction, la dotant d'édifices publics et privés particulièrement réussis. La chute du Mur en 1990 et sa désignation comme capitale de la République allemande réunifiée ouvrirent la voie à une nouvelle vague de construction. Menée tambour battant, elle est d'une ampleur sans précédent en Europe. Sur les sites que la partition avait laissés vides dans le centre surgissent des immeubles ambitieux qui dessinent un nouveau tissu urbain.

Bauhaus-Archiv
Directeur de l'école du Bauhaus de 1919 à 1928, Walter Gropius (1883-1969) eut une influence majeure sur l'évolution de l'architecture. Il a dessiné le bâtiment qui abrite ce musée.

Charlottenburg

Tiergarten

Autour du Kurfürstendamm

Kant-Dreieck
Pour certains, la forme géométrique qui orne le toit de cet immeuble de Josef Paul Kleihues évoque une voile.

Nordische Botschaften
Le bâtiment, érigé entre 1997 et 1999, abrite les cinq ambassades des pays scandinaves. C'est un bel exemple d'audace architecturale. La lumière du soleil influe directement sur l'ouverture de ses volets verts.

Kammermusiksaal
La Philharmonie de Berlin (1961) et la Kammermusiksaal (Salle de musique de chambre) adjacente sont toutes deux des œuvres de Hans Sharoun. Un de ses élèves, Edgar Wisniewski, dirigea la construction de la seconde en 1987.

Galeries Lafayette
La succursale du grand magasin parisien, ouverte sur Friedrichstrasse, occupe un édifice élégant de Jean Nouvel.

Du Scheunenviertel à l'Hamburger Bahnhof

Nikolaiviertel et Alexanderplatz

Unter den Linden et les alentours

Museumsinsel

Quartier Schützenstrasse
L'Italien Aldo Rossi a dirigé la rénovation de cette partie de la ville. La juxtaposition de styles d'époques différentes et un usage maîtrisé des couleurs créent des façades animées.

Kreuzberg

0   750 m

Gemäldegalerie
Œuvre de Hilmer and Sattler Partnership, la Pinacothèque a ouvert en juin 1998. La salle principale est particulièrement élégante.

Sony Center
Ce complexe d'acier et de verre ultramoderne est l'œuvre de l'architecte américano-allemand Helmut Jahn. Il abrite des bureaux, des cinémas, la Kaisersaal et le siège de Sony.

À la découverte du Berlin moderne

L'obligation de reconstruire une ville dévastée par les bombardements, puis la concurrence entre l'Est et l'Ouest ont engendré pour les architectes de l'après-guerre un environnement privilégié. Berlin est devenu un laboratoire urbanistique. Sa réunification a ouvert de nouveaux espaces et posé de nouveaux défis. Projets et commandes, publics et privés, mettent en compétition, ou en collaboration, les plus grands créateurs.

Haus der Kulturen der Welt dans Tiergarten

DE 1945 À 1970

Berlin paya très cher la Seconde Guerre mondiale. Il ne restait du centre qu'un amas de déblais et la partition de la ville rendit impossible une reconstruction coordonnée. À l'Est, Hermann Henselmann entame en 1952 l'aménagement, dans le style réaliste socialiste, de la **Karl-Marx-Allee.** Berlin-Ouest réplique en engageant certains des plus grands architectes du moment pour créer le complexe de l'**Hansaviertel.** Le Corbusier bâtit une de ses célèbres unités d'habitation, et l'Américain Hugh A. Stubbins la Kongresshalle, devenue **Haus der Kulturen der Welt.** Le **Kulturforum** compense la perte de lieux culturels devenus inaccessibles comme l'opéra. Le complexe comprend de splendides édifices tels que la **Philharmonie,** dessinée par Hans Scharoun, et la **Neue Nationalgalerie** de Mies Van der Rohe. Berlin-Ouest se dote en 1965

de son temple du commerce, la galerie marchande **Europa-Center.** Berlin-Est élève en 1969 la **Fernsehturm.**

DE 1970 À 1990

La rivalité opposant les deux parties de la ville suscite à l'Est la construction, en 1976, du **Palast der Republik.** Berlin-Ouest réplique en 1979 avec l'ultramoderne **Internationales Kongress Centrum.** Bâties sur des plans de Sharoun, la **Kammermusiksaal** et la **Staatsbibliothek** (Bibliothèque nationale) viennent compléter le Kulturforum. La **Bauhaus-Archiv** rend hommage au talent et à l'œuvre de Walter Gropius. Pour le 750e anniversaire de la ville, Berlin-Est achève la réhabilitation du **Nikolaiviertel,** tandis que l'Ouest se dote d'immeubles d'habitation novateurs, notamment au port de **Tegel,** dans le cadre d'une exposition internationale d'architecture : IBA 1987.

La Neue Nationalgalerie de Mies Van der Rohe au Kulturforum

DEPUIS LA RÉUNIFICATION

Dans le méandre de la Spree, l'aménagement du quartier gouvernemental s'est fait sous la houlette, entre autres, de Charlotte Frank et Axel Schultes. Sir Norman Foster conduit le remaniement du **Reichstag.** Sur la **Pariser Platz,** des créateurs tels que Günther Behnisch, Frank O. Gehry et Joseph Paul Kleihues s'efforcent de respecter l'héritage du passé. Dans le magnifique complexe du **Friedrichstadtpassagen** voisinent des œuvres de Jean Nouvel et d'Oswald M. Ungers. Beaucoup d'immeubles de bureaux intéressants ont vu le jour, dont **Ludwig-Erhard-Haus** de Nicholas Grimshaw et **Kantdreieck** de Josef Paul Kleihues. Parmi les projets d'amélioration de l'habitat, le plus intéressant est sans doute le **Quartier Schützenstrasse** d'Aldo Rossi. La ville s'est aussi dotée de nouveaux musées, dont la **Gemäldegalerie** conçue par Hilmer and Sattler Partnership et le **Jüdisches Museum** de Daniel Libeskind.

ARCHITECTURE MODERNE

Potsdamer Platz

Ravagé par les bombardements, ce pôle névralgique du Berlin d'avant-guerre s'était transformé après la construction du Mur en une vaste friche. Il a suffi de quelques années pour que la place de Potsdam devienne un centre d'affaires et de loisirs où s'élèvent les créations d'architectes tels que Renzo Piano, Arata Isozaki et Helmut Jahn. Des restaurants, des bars, des cinémas, un théâtre et une galerie marchande contribuent à son animation.

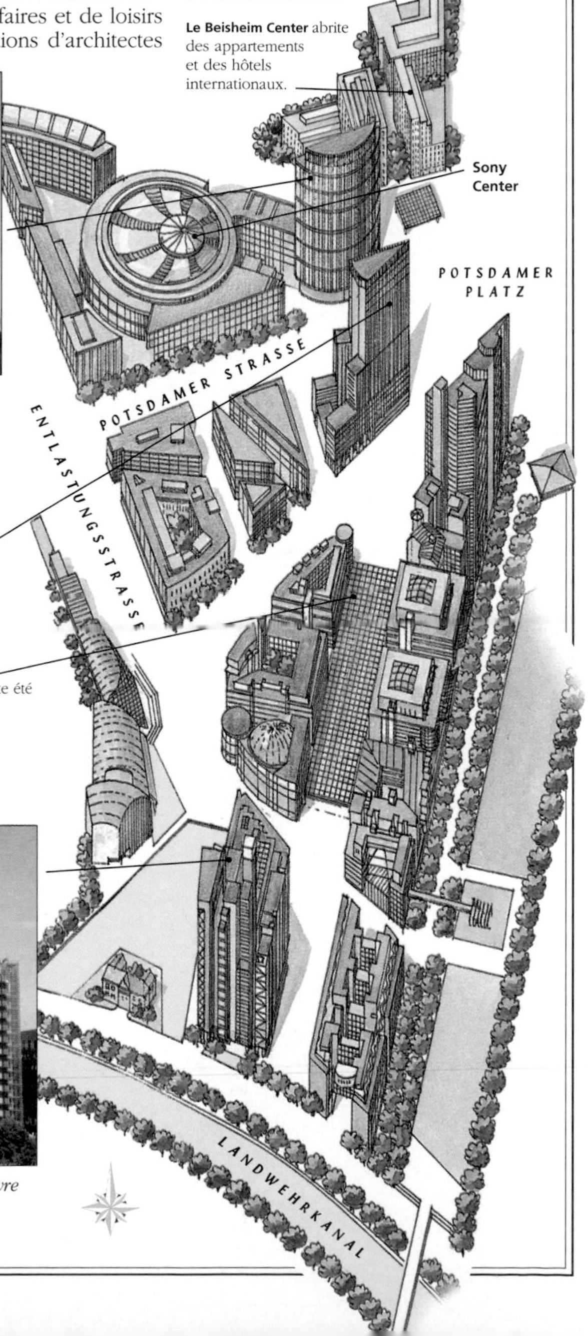

Le Beisheim Center abrite des appartements et des hôtels internationaux.

Sony Center

POTSDAMER PLATZ

POTSDAMER STRASSE

ENTLASTUNGSSTRASSE

La Tour Sony, dessinée par Helmut Jahn, est l'édifice le plus moderne de Postdamer Platz. Elle est convexe d'un côté et plate de l'autre.

Cet immeuble de bureaux, qui est le plus haut de Postdamer Platz, a été conçu par Kollhoff & Timmermann.

L'Arkaden, galerie marchande ouverte en 1998, a tout de suite été très prisée.

0   100 m

LANDWEHRKANAL

La Debis-Haus est une œuvre de l'Italien Renzo Piano.

Les plus beaux parcs et jardins de Berlin

Berlin est sans conteste une des capitales les plus vertes d'Europe. Le vaste Tiergarten en aère le centre, tandis que la majorité des arrondissements possèdent leurs propres parcs et jardins, certains équipés d'aires de jeu pour enfants et de sentiers botaniques. À l'ouest de la ville, la forêt de Grunewald, d'une superficie de 32 km², renferme des pistes de VTT et des itinéraires de promenade à pied et à vélo. Les lacs, rivières et canaux permettent en été la pratique de sports nautiques.

Zoologischer Garten
Le plus vieux zoo d'Allemagne abrite environ 14 000 animaux appartenant à 1 400 espèces différentes (p. 150).

Schloss Charlottenburg
Le parc du château de Charlottenbourg associe styles français et anglais (p. 158-159).

Charlottenburg

Autour du Kurfürstendamm

Botanischer Garten
Le jardin botanique de Berlin, créé de 1899 à 1910 à Dahlem, est l'un des plus grands du monde (p. 177).

Park Babelsberg
Œuvre de Peter Joseph Lenné, ce parc paysagé entoure le pittoresque Schloss Babelsberg néogothique de Potsdam (p. 210-211).

Tiergarten
*Ancienne réserve de chasse,
le jardin des animaux doit son
visage actuel au paysagiste
Peter Joseph Lenné (p. 132).*

Monbijoupark
*Le parc Monbijou a perdu son
palais, détruit pendant la Seconde
Guerre mondiale (p. 103).*

Du Scheunenviertel à
l'Hamburger Bahnhof

Nikolaiviertel et
Alexanderplatz

Unter den Linden et
les alentours

Museumsinsel

Tiergarten

Kreuzberg

Tierpark
Friedrichsfelde
*Le parc du Schloss
Friedrichsfelde est
devenu en 1954 le
jardin zoologique de
Berlin-Est (p. 174).*

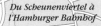

Britzer Garten
*Bâti au XVIIIe siècle, le
Schloss Britz conserve
un parc paysager
de 100 ha (p. 176).*

0   1000 m

Viktoriapark
*Dans ce vaste espace vert, le
sommet d'une colline où se
dresse un monument aux
Guerres de Libération offre une
belle vue de Kreuzberg (p. 145).*

BERLIN AU JOUR LE JOUR

Berlin propose aux visiteurs un large éventail d'activités tout au long de l'année. Les saisons les plus riches en manifestations sportives et culturelles restent cependant le printemps et l'automne, quand la ville accueille de grandes foires et expositions. L'été, Berlin se vide d'une partie de ses habitants, mais un climat tempéré permet de l'explorer à loisir. Illuminations et

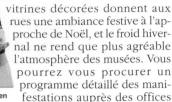

Karneval der Kulturen

vitrines décorées donnent aux rues une ambiance festive à l'approche de Noël, et le froid hivernal ne rend que plus agréable l'atmosphère des musées. Vous pourrez vous procurer un programme détaillé des manifestations auprès des offices de tourisme *(p. 278)* ou, sur Internet, à l'adresse www.visitberlin.de. Ce site d'information très bien fait n'existe malheureusement qu'en allemand.

Défilé dans les rues de Kreuzberg lors du carnaval des Cultures

PRINTEMPS

Fêtes et festivals rythment la vie culturelle au printemps. Les manifestations organisées dans les squares et les jardins, au moment où les arbres bourgeonnent et où les fleurs s'épanouissent, permettent d'apprécier pleinement la végétation d'une ville très aérée. Au retour des beaux jours, vedettes et barques recommencent à circuler sur la Spree et les canaux.

MARS

ITB-Internationale Tourismus-Börse *(mi-mars)*. À la Foire internationale du tourisme, des professionnels du monde entier essaient d'attirer les visiteurs dans leur pays.
Rassehunde-Zuchtschau *(week-end de la mi-mars)*. Le rendez-vous des amateurs de chiens de race.
Berliner Motorrade Tage *(fin mars)*.

Cette concentration attire des motards venus de toute l'Allemagne.

AVRIL

Festtage *(avril)*. La Philharmonie et le Staatsoper proposent un programme de concerts et d'opéras avec des artistes de renommée internationale.
Pâques *(date variable)*. D'immenses marchés sur Alexanderplatz et autour de la Kaiser-Wilhelm-Gedächtnis-Kirche pour préparer la fête.
Britzer Baumblüte *(avril)*. Un mois de festival dans la banlieue de Britz, célèbre pour ses moulins à vent.
Neuköllner Maientage *(avril)*. Hasenheide. Célébration traditionnelle de l'arrivée du printemps.
Köpenicker Winzerfest *(fin avr.)*. Goûtez à des mets gastronomiques et à des vins de qualité sur la place de la vieille ville de Köpenick, un quartier du sud-est de Berlin.

MAI

Theatertreffen Berlin *(mai)*. Les meilleures créations théâtrales en langue allemande sont au programme de ces rencontres organisées depuis 1963.
Festival international de Tango *(mi-mai)*. Ce festival fait souffler un vent d'Amérique latine dans divers lieux de la ville.
Karneval der Kulturen *(fin mai)*. Pendant trois jours, à l'occasion du « carnaval des Cultures », le Berlin multiculturel défile dans les rues de Kreuzberg.
Berliner Frauenlauf *(fin mai)*. Très populaire, cette course de 5 km à travers Tiergarten est réservée aux femmes.
Big 25 Berlin *(début mai)*. Autrefois appelée Franzosenlauf (course française), elle démarre à l'Olympiastadion et traverse toute la ville. Tous les coureurs peuvent participer.

Poésie dans la rue pendant le Theatertreffen Berlin, en mai

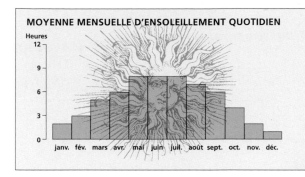

MOYENNE MENSUELLE D'ENSOLEILLEMENT QUOTIDIEN

Heures

12
9
6
3
0

janv. fév. mars avr. mai juin juil. août sept. oct. nov. déc.

Ensoleillement
*C'est en mai, juin
et juillet que Berlin
jouit du climat le
plus ensoleillé,
mais le temps reste
clément en août. Les
mois de novembre,
décembre et janvier
sont en revanche très
couverts.*

ÉTÉ

L'été, la vie culturelle ralentit
à Berlin, mais plusieurs
manifestations de plein air
raviront tous les publics :
concerts classiques et opéras,
festival de jazz, événements
sportifs, show aérien et
festival pour les jeunes.
La douceur du climat rend
particulièrement agréables les
promenades à pied ou à vélo
dans la forêt de Grunewald,
ou les baignades dans les lacs
du Wannsee et du Müggelsee.

Peintre au travail sur
Potsdamer Platz

JUIN

**Internationales Stadionfest
(ISTAF)** *(1re semaine de juin).*
Rencontres d'athlétisme
dans l'Olympiastadion.
**Deutsch-Französisches
Volksfest** *(début juin-mi-
juillet).* Grand fête populaire
franco-allemande près
du Kurt-Schumacher-Damm.
Jazz Across the Border *(juin).*
Festival de jazz organisé par la
Haus der Kulturen der Welt.
**Luft-und Raumfarausstellung
Berlin-Brandebourg** *(juin).*
Installé à l'aéroport de
Schönefeld, ce salon de
l'aéronautique expose des
avions civiles et militaires.

Christopher Street Day
(fin juin). La communauté
gay de Berlin défile en grand
apparat autour du Ku'damm.
La fête dure toute la nuit dans
les clubs gay de Berlin.
**Berliner Theatermarkt
an der Deutschen Oper**
(fin juin). Journées portes
ouvertes à l'opéra.

JUILLET

Classique en plein air
(mi-juillet) accueille une série
d'opéras à la Waldbühne et
un gala de clôture à
Gendarmenmarkt.
**Konzertsommer im Englischen
Garten** *(début juillet-fin août).*
Des concerts en plein air.
Berliner Gauklerfest *(fin juil.-
début août).* Des stands sur
Unter den Linden proposent
des spécialités culinaires
tandis qu'acrobates et
musiciens font le spectacle.

AOÛT

**Deutsch-Amerikanisches
Volksfest** *(30 juillet-22 août).*

Le Ku'damm rempli de fêtards lors
du Christopher Street Day

Très populaires, les spectacles
ont un theme américain.
Kreuzberger Festliche Tage
(fin août-début septembre).
Grand festival de musique
classique à Kreuzberg.
Jüdische Kulturage
(fin août-début septembre).
Films, pièces de théâtre,
concerts et lectures
composent ce festival
dédié à la culture juive.

L'Amour des trois oranges de Prokofiev au Komische Oper

MOYENNE MENSUELLE DES PRÉCIPITATIONS

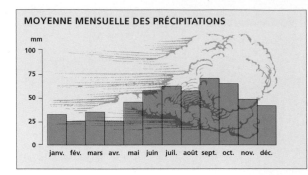

Précipitations
La fin de l'hiver et le début du printemps sont relativement peu arrosés, tandis que de violentes averses peuvent éclater en été et que le mois de septembre se révèle particulièrement humide.

AUTOMNE

De grandes manifestations culturelles et sportives rythment l'automne. En septembre, les hôtels de la ville s'emplissent de visiteurs qu'attirent les concerts et les manifestations culturelles des Berliner Festwochen. Le marathon de Berlin est le plus important du monde après ceux de New York et de Londres.

SEPTEMBRE

Internationale Funkausstellung *(début septembre tous les 2 ans).* Salon des médias et de l'informatique à l'Internationales Congress Centrum *(p. 182).*
Bach Tage Berlin *(début septembre).* Pendant neuf jours, Postdam accueille ce festival de musique consacré à Jean-Sébastien Bach.

Internationale Literaturfestival *(mi-septembre).* Lectures, conférences.
Popkomm *(mi-septembre)* est la plus grande manifestation de musique pop d'Europe. Danse, concerts et soirées en clubs sont au programme.
Musikfest *(mi-septembre).* Orchestres et ensembles du monde entier se retrouvent à Berlin, principalement au Philarmonique, pour participer à ce grand festival de musique classique.
Marathon de Berlin *(3e dimanche de septembre).* La circulation s'arrête pendant des heures pour laisser passer des milliers de coureurs.

Participants au marathon de Berlin

OCTOBRE

Tag der Deutschen Einheit *(3 octobre).* Un grand défilé à travers les rues marque la fête de la Réunification de l'Allemagne.
Art Forum *(début octobre).* Festival d'art moderne où se réunissent pendant cinq jours des artistes et collectionneurs d'art de toute l'Europe.
Festival international de Salsa *(début octobre).*
Haupstadt Turnier *(fin octobre).* Concours de sauts d'obstacles.

NOVEMBRE

Jazz Fest Berlin *(début novembre).* Ce festival renommé existe depuis 1964, et commence à la Haus der Kulturen der Welt *(p. 134).*
Treffen Junge Musik-Szene *(début novembre).* La scène musicale des jeunes.
Spielzeit Europa *(octobre-décembre).* Un festival de théâtre et de danse à la Haus der Berliner Festspiele.

Défilé sous la porte de Brandebourg pour le Tag der Deutschen Einheit

MOYENNE MENSUELLE DES TEMPÉRATURES

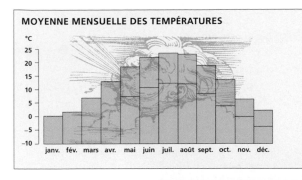

°C
25
20
15
10
5
0
−5
−10

janv. fév. mars avr. mai juin juil. août sept. oct. nov. déc.

Températures
*Les températures
indiquées ci-contre
ne sont que des
moyennes : en été,
il fait souvent plus de
20 °C dans la journée.
Espaces verts et lacs
permettent toutefois
de se rafraîchir.
Il gèle en hiver,
notamment en
janvier.*

HIVER

Ponctué de chutes de neige,
l'hiver est assez rude pour
que les lacs gèlent et que les
Berlinois se livrent aux joies
du patinage. Des marchés
traditionnels préparent en
décembre l'arrivée de Noël.
Les bals du carnaval animent
le mois de janvier, tandis
qu'en février, le Festival
international du film attire
des vedettes du monde entier.

DÉCEMBRE

Weihnachtsmärkte *(tout
décembre).* Les éventaires et
les foires qui proposent
des cadeaux de Noël et des
spécialités culinaires donnent
à la ville un aspect festif.
Noël *(Weihnachten)*
(25-26 décembre). Comme
la majorité des Européens,
les Berlinois fêtent Noël en
famille autour d'un sapin et
ils échangent des cadeaux.
Réveillon du nouvel an
(Silvester). C'est la fête dans
les hôtels, les restaurants, et
les boîtes de nuit comme
chez les particuliers. À minuit,
on vient sabrer le champagne
à la porte de Brandebourg ou
on assiste aux feux d'artifice
depuis la colline de
Kreuzberg.

JANVIER

Berliner Neujahrslauf
(1er janvier). Les courageux
que n'ont pas affectés les
réjouissances de la nuit
précédente participent à
une course de 4 km qui part
de la porte de Brandebourg.
Lange Nacht der Museen
(fin janvier). Les musées de

Berlinale, le Festival du film de Berlin

Berlin restent ouverts jusqu'à
minuit et même plus tard.
Internationale Grüne Woche
*(dernière semaine
de janvier).* La grande foire
agricole et culinaire
permet de goûter aux cuisines
du monde entier.
Transmediale *(janvier et
février).* Ce festival de
musique expérimentale
électronique est
particulièrement apprécié
pour sa qualité.

Achats de Noël dans le grand
magasin KaDeWe

FÉVRIER

Sechs-Tage-Rennen *(début
février).* Pendant six jours,
le vélodrome accueille
cette course de cyclisme.
**Berlinale – Internationale
Filmfestspiele** *(2e et
3e semaines de février).*
Le Festival du film de Berlin
accueille de grandes stars et
présente les meilleurs films
en même temps que
l'**Internationales Forum
des Jungen Films**, qui propose
des films à petits budgets.

JOURS FÉRIÉS

Neujahr Nouvel an
(1er janvier)
Karfreitag Vendredi saint
Ostermontag Lundi
de Pâques
Tag der Arbeit Fête
du Travail (1er mai)
Christi Himmelfahrt
Ascension
Pfingsten Pentecôte
Tag der Deutschen Einheit
(3 octobre)
Weihnachten Noël

Vue sur la Postdamer Platz et Tiergarten ▷

BERLIN QUARTIER PAR QUARTIER

UNTER DEN LINDEN ET LES ALENTOURS

Les environs d'Unter den Linden forment un des quartiers les plus agréables de cette partie de Berlin qui prit son essor pendant la période baroque

Bas-relief de la Schadow-Haus, sur la Schadowstrasse

avec la création de Dorotheenstadt au nord de l'avenue et de Friedrichstadt au sud. La noblesse y construisit ses palais à partir du début du XVIIIᵉ siècle, tandis que s'élevaient les bâtiments du

Forum Friedericianum (l'actuelle Bebelplatz). L'allée « Sous les Tilleuls » devint l'artère la plus prestigieuse de la cité. Le quartier subit d'importants dégâts pendant la guerre, et le gouvernement de la RDA n'en assura qu'une reconstruction partielle. Il abrite néanmoins la plus grande concentration de monuments historiques de la capitale.

LE QUARTIER D'UN COUP D'ŒIL

Églises
Deutscher Dom ⑱
Französischer Dom ⑯
Friedrichswerdersche Kirche ⑭
St-Hedwigs-Kathedrale ⑪

Musées
Deutsche Guggenheim ⑦
Museum für Kommunikation ㉒
Zeughaus (Deutsches Histori-sches Museum) (p. 58-59) ❶

Avenue et places
Bebelplatz ⑩
Gendarmenmarkt ⑮
Pariser Platz ㉔
Unter den Linden ❷

Théâtres
Admiralspalast ㉛
Komische Oper ㉙
Konzerthaus ⑰

Maxim Gorki Theater ㉜
Staatsoper Unter den Linden ⑫

Bâtiments et sites historiques
Alte Bibliothek ⑨
Altes Palais ⑧
Brandenburger Tor ㉕
Holocaust Denkmal ㉖
Humboldt Universität ❹
Kronprinzenpalais ⑬
Mohrenkolonnaden ⑳
Neue Wache ❸
Palais am Festungsgraben ㉝
Reiterdenkmal Friedrichs des Grossen ❺
Spittelkolonnaden ㉑
Staatsbibliothek ❻

Autres
Ehemaliges Regierungsviertel ㉓
Friedrichstadtpassagen ⑲
Hotel Adlon ㉗
Russische Botschaft ㉘
S-Bahnhof Friedrichstrasse ㉚

LÉGENDE

▢ Plan pas à pas *p. 56-57*

🚇 Gare ferroviaire

Ⓢ Station de S-Bahn

Ⓤ Station de U-Bahn

CIRCULER
Les lignes de S-Bahn 1, 3, 5, 7 et 75, de U-Bahn 6, 9 et 55 et de bus 100, 200 et TXL desservent le quartier.

0 — 400 m

◁ Allégorie de l'Histoire sur le socle du monument à Schiller, Gendarmenmarkt

Autour de la Bebelplatz pas à pas

Entre le Schlossbrücke et Friedrichstrasse, Unter den
Linden traverse un des plus beaux quartiers de Berlin.
Il est riche en édifices baroques et néoclassiques,
souvent dessinés par des architectes célèbres. Quelques
palais restaurés ont perdu leur fonction résidentielle
et abritent désormais des services publics, tandis que
le musée de l'Histoire allemande s'est installé dans
l'ancien Arsenal, le splendide Zeughaus baroque bâti
entre 1688 et 1730.

Staatsbibliothek
La Bibliothèque
nationale, fondée en
1661, occupe
un bâtiment
néobaroque élevé
entre 1903 en 1914
sur des plans d'Ernst
von Ihne **6**

Humboldt Universität
Les allégories de l'Aube et
du Crépuscule ornent
les toits des pavillons
qui encadrent l'entrée
de la cour **4**

Statue équestre de Frédéric le Grand
Œuvre de Christian
Daniel Rauch,
ce monument
date de 1851 **5**

Deutsche Guggenheim
Un bâtiment, reconstruit
après la Seconde Guerre
mondiale, abrite les
cinq départements du
musée Guggenheim **7**

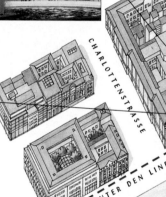

CHARLOTTENSTRASSE

UNIVERSITÄTSSTRASSE

UNTER DEN LINDEN

BEHRENSTRASSE

LÉGENDE

– – – Itinéraire conseillé

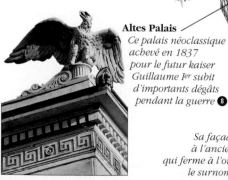

Altes Palais
Ce palais néoclassique
achevé en 1837
pour le futur kaiser
Guillaume Ier subit
d'importants dégâts
pendant la guerre **8**

Alte Bibliothek
Sa façade concave a valu
à l'ancienne bibliothèque,
qui ferme à l'ouest la Bebelplatz,
le surnom de Kommode **9**

★ **Neue Wache**
*Il est, depuis 1993, un
monument à la mémoire
des victimes de la guerre
et de la dictature* ❸

★ **Zeughaus (Deutsches
Historisches Museum)**
*Une nouvelle aile, dessinée par
Pei, a été ajoutée à cet édifice.
Le fronton du Zeughaus porte
une représentation de
Minerve* ❶

CARTE DE SITUATION
*Voir atlas des rues, plans 6, 7, 15
et 16*

0   100 m

UNTER DEN LINDEN

Unter den Linden
*En 1946 furent replantés
quatre rangs de tilleuls sur
cette grande avenue* ❷

HINTER DER KATH. KIRCHE

BEBELPLATZ

Kronprinzenpalais
*Un portail de
l'ancienne
Bauakademie orne
l'arrière du
palais du Prince
héritier* ❸

**Staatsoper
Unter den Linden**
*L'Opéra national fut le
premier théâtre allemand à ne
pas dépendre d'un palais* ❷

★ **Friedrichswerdersche
Kirche**
*Cette église néogothique
conçue par Karl Friedrich
Schinkel abrite un musée
dédié à cet architecte* ❹

St-Hedwigs-Kathedrale
*Theodore Wilhelm
Achtermann sculpta en 1837
les bas-reliefs de sa façade* ⓫

Bebelplatz
*Le Forum Friedericianum, imaginé
par Frédéric II, prit en 1947 le nom
du militant socialiste August Bebel.
Une plaque rappelle que les nazis y
brulèrent 20 000 livres en 1933* ❿

À NE PAS MANQUER

★ Zeughaus
 (Deutsches
 Historisches Museum)

★ Neue Wache

★ Friedrichswerdersche
 Kirche

Zeughaus (Deutsches Historisches Museum) ❶

En construisant l'arsenal de la place de Berlin entre 1695 et 1706, Jean de Bodt, Johann Arnold Nering, Martin Grünberg et Andreas Schlüter donnèrent à la ville son plus beau monument baroque. Il entoure une cour intérieure décorée de sculptures de Schlüter, dont les superbes masques de guerriers mourants. Il abrite depuis 1952 le musée de l'Histoire allemande. Zeughaus abrite une exposition permanente contenant plus de 8 000 objets retraçant l'histoire de l'Allemagne. L'extension du musée conçue par l'architecte Ieoh Ming Pei accueille les expositions temporaires sur des événements historiques majeurs.

Masque de guerrier, arcade de la cour

★ Martin Luther
Ce portrait, peint par Lucas Cranach l'Ancien en 1529, est au centre d'une exposition consacrée à la Réforme.

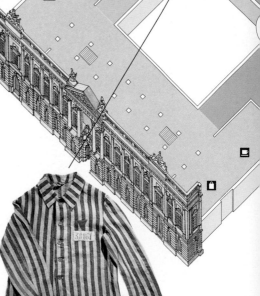

★ Gloria Victis
La mort d'un ami à la fin de la guerre franco-prussienne (1870-1871) inspira cette allégorie au Français Antonin Mercié.

Veste de déporté
L'exposition évoque par divers témoignages et objets les horreurs du régime nazi, dont les camps de concentration.

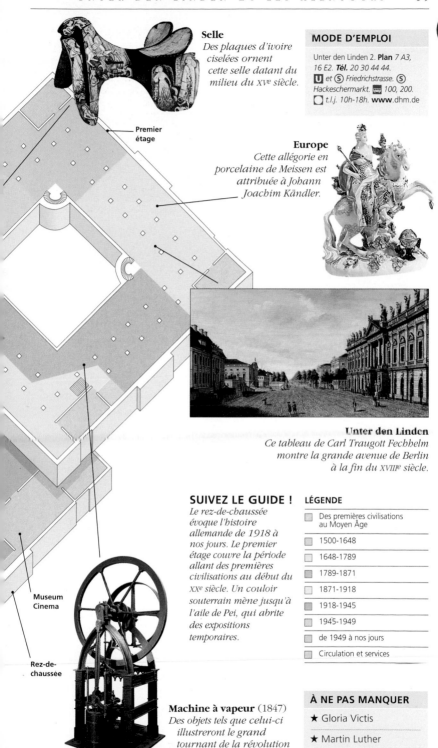

Selle
*Des plaques d'ivoire
ciselées ornent
cette selle datant du
milieu du XVe siècle.*

Premier
étage

MODE D'EMPLOI

Unter den Linden 2. **Plan** *7 A3,
16 E2.* **Tél.** *20 30 44 44.*
U *et* **S** *Friedrichstrasse.* **S**
Hackeschermarkt. 🚌 *100, 200.*
⬜ *t.l.j. 10h-18h.* **www**.dhm.de

Europe
*Cette allégorie en
porcelaine de Meissen est
attribuée à Johann
Joachim Kändler.*

Unter den Linden
*Ce tableau de Carl Traugott Fechhelm
montre la grande avenue de Berlin
à la fin du XVIIIe siècle.*

SUIVEZ LE GUIDE !
*Le rez-de-chaussée
évoque l'histoire
allemande de 1918 à
nos jours. Le premier
étage couvre la période
allant des premières
civilisations au début du
XXe siècle. Un couloir
souterrain mène jusqu'à
l'aile de Pei, qui abrite
des expositions
temporaires.*

Museum
Cinema

Rez-de-
chaussée

LÉGENDE

⬜	Des premières civilisations au Moyen Âge
⬜	1500-1648
⬜	1648-1789
⬜	1789-1871
⬜	1871-1918
⬜	1918-1945
⬜	1945-1949
⬜	de 1949 à nos jours
⬜	Circulation et services

À NE PAS MANQUER

★ Gloria Victis

★ Martin Luther

Machine à vapeur (1847)
*Des objets tels que celui-ci
illustreront le grand
tournant de la révolution
industrielle.*

Opernplatz Parade (1824-1830) de Franz Krüger nous montre Unter den Linden au début du XIXᵉ siècle

Unter den Linden ❷

Plan 6 E3, 6 F3, 15 A3, 16 D3.
Ⓢ et Ⓤ *Brandenburger Tor.* 🚌
100, 200, TXL.

L'avenue la plus célèbre de Berlin relie la Schlossplatz à la Pariser Platz et la porte de Brandebourg. Elle a pour origine un simple sentier menant à la réserve de chasse royale qui allait devenir le Tiergarten. Le Grand Électeur Frédéric-Guillaume la transforma en route au milieu du XVIIᵉ siècle, et les arbres qui l'ombrageaient lui valurent son nom de « Sous les Tilleuls ». Elle conserva ce nom bien que les arbres aient été abattus vers 1658. On en replanta quatre rangées en 1820 et également en 1946.

Frédéric II (1740-1786) fit édifier le Forum Friedericianum à l'emplacement de l'actuelle Bebelplatz, et Unter den Linden devint l'axe aristocratique de la capitale prussienne. Les riches demeures et les monuments construits à cette époque ont fait l'objet d'une restauration soigneuse après la Seconde Guerre mondiale, mais l'avenue, séparée de Berlin-Ouest par le Mur, perdit de son prestige. Elle l'a retrouvé depuis la réunification. Plusieurs cafés et restaurants, ainsi que des boutiques de luxe, ont ouvert. Les éventaires de livres installés près de la Humboldt Universität et de la Staats-bibliothek s'adressent aux promeneurs et aux étudiants.

Neue Wache ❸

Unter den Linden 4. **Plan** 7 A3,
16 E2. Ⓢ *Hackescher Markt.*
🚌 *100, 200, TXL.* ⏰ *t.l.j.10h-18h.*

Karl Friedrich Schinkel édifia ce petit poste de garde entre 1816 et 1818. En forme de temple antique, il est considéré comme l'un des plus beaux exemples d'architecture néoclassique de Berlin. Des allégories de la Bataille, de la Victoire, de la Fuite et de la Défaite ornent son fronton triangulaire.

L'édifice devint en 1931 un monument à la mémoire des combattants de la Première Guerre mondiale. Après l'avoir restauré, le gouvernement de la RDA dédia en 1960 le Neue Wache aux victimes du fascisme et du militarisme. Il est devenu en 1993 un mémorial à toutes les victimes de la guerre.

L'intérieur abrite une flamme éternelle et la tombe d'un soldat, d'un déporté et d'un résistant inconnus. L'ouverture circulaire du toit éclaire une copie de *La Mère et son fils mort*, sculpture de Käthe Kollwitz, dont le fils périt pendant la Première Guerre mondiale.

Humboldt Universität ❹

UNIVERSITÉ HUMBOLDT

Unter den Linden 6. **Plan** 7 A3,
16 D2. **Tél.** 20930. Ⓢ et Ⓤ
Friedrichstrasse. 🚌 *100, 200, TXL.*

Fondée en 1810 à l'initiative de Wilhelm von Humboldt, l'université de Berlin s'installa dans un palais construit en 1753 pour Henri de Prusse, le frère de Frédéric le Grand. Elle ne prit le nom de son fondateur qu'en 1949.

Le bâtiment a conservé l'organisation générale de la résidence princière, mais a connu de nombreux agrandissements. À l'entrée, deux statues en marbre par

---

WILHELM ET ALEXANDER VON HUMBOLDT

Appartenant par leur père à la noblesse prussienne, et par leur mère à une famille d'origine huguenote, les frères Humboldt eurent un destin exemplaire. Avocat et homme politique, Whilhelm (1767-1835) exerça diverses fonctions gouvernementales, mais il reste surtout connu pour ses études sur le langage. Grand voyageur à la curiosité universelle, son frère Alexander (1769-1859) visita trois continents et apporta une précieuse contribution à la géologie, aux sciences naturelles et à l'ethnologie.

Statue d'Alexander von Humboldt

Paul Otto représentent Wilhelm von Humboldt (tenant un livre) et son frère Alexander. Le portail ouvre sur une cour dessinée par Reinhold Begas.

De grands noms ont enseigné à l'université Humboldt, dont les philosophes Johann Fichte et Friedrich Hegel, le pathologiste Rudolf Virchow, le biologiste Robert Koch et les physiciens Max Planck et Albert Einstein. Quelques étudiants sont aussi devenus célèbres : Heinrich Heine, Karl Marx et Friedrich Engels.

Après le partage de la ville en 1945, elle se retrouva dans le secteur russe, ce qui entraîna en 1948 l'ouverture d'une nouvelle université à l'Ouest : la Freie Universität *(p. 179)*.

Statue de Hermann Helmholtz dans la cour de la Humboldt Universität

Reiterdenkmal Friedrichs des Grossen ❺
STATUE ÉQUESTRE
DE FRÉDÉRIC LE GRAND

Unter den Linden. **Plan** 7 A3.
Ⓢ et Ⓤ Friedrichstrasse.
🚌 100, 200.

Cet imposant monument en bronze, dressé dans l'allée centrale d'Unter den Linden, mesure 5,6 m de hauteur. Œuvre de Christian Daniel Rauch exécutée entre 1839 et 1851, elle montre Frédéric II vêtu d'un uniforme et d'un manteau menant son cheval au pas. Les statues du socle représentent des personnalités militaires, politiques,

scientifiques et artistiques de l'époque. La RDA déménagea ce symbole d'une idéologie dépassée près de l'hippodrome du Park Sanssouci de Potsdam, et il y resta jusqu'en 1980.

Staatsbibliothek ❻
BIBLIOTHÈQUE NATIONALE

Unter den Linden 8. **Plan** 7 A3, 16 D2. **Tél.** 266 23 03. Ⓢ et Ⓤ Friedrichstrasse. 🚌 100, 200, TXL. ⏰ lun.-ven 9h-18h, sam. 9h-13h.

La Staatsbibliothek a pour origine la bibliothèque créée en 1661 au Stadtschloss par Frédéric-Guillaume, le Grand Électeur. À la fin du XVIIIe siècle, Frédéric II fit construire pour l'accueillir le bâtiment de l'Alte Bibliothek. Édifiés entre 1903 et 1914 sur des plans d'Ernst von Ihne, ses locaux actuels occupent l'emplacement de l'Académie des sciences et de l'Académie des beaux-arts. Ils ont nécessité une importante restauration après la dernière guerre. Éparpillé pendant le conflit, puis divisé entre Est et Ouest, le fonds est de

nouveau géré par une administration unique. Il compte près de trois millions de livres et manuscrits. Parmi ses pièces les plus précieuses figurent des partitions musicales de la main de compositeurs prestigieux.

Deutsche Guggenheim ❼

Unter den Linden 13-15. **Plan** 7 A3, 16 D3. **Tél.** 202 09 30. ⏰ t.l.j. 10h-20h (jeu. 22h). Ⓢ et Ⓤ Friedrichstrasse. 🚌 100, 200, TXL. ♿

L'antenne allemande du célèbre musée Guggenheim, le temple new-yorkais de l'art moderne, dispose dans le bâtiment de la Deutsche Bank d'un espace de 510 m2, aménagé par l'architecte américain Richard Gluckman. Elle ne possède pas encore de collection permanente, mais propose des expositions temporaires régulièrement renouvelées. La première rendait hommage au Français Robert Delaunay, mais l'ambition déclarée du musée est d'accorder une large place aux créateurs allemands.

Façade de la Staatsbibliothek

Blason ornant une fenêtre de l'Altes Palais

Altes Palais ❽

ANCIEN PALAIS

Unter den Linden 9. **Plan** 7 A3, 16 D3. Ⓢ et Ⓤ *Friedrichstrasse.* 🚌 *100, 200, TXL.* 🚫 *au public.*

Carl Ferdinand Langhans édifia ce palais néoclassique de 1834 à 1837 pour le prince héritier Guillaume. Dédaignant le Stadtschloss, ce dernier continua à l'habiter après être devenu le roi, puis l'empereur Guillaume Ier. Il pouvait assister à la relève de la garde depuis la fenêtre du rez-de-chaussée.

Le riche mobilier de l'Altes Palais n'a pas survécu à la Seconde Guerre mondiale. Restaurée, l'ancienne résidence princière sert aujourd'hui d'annexe à la Humboldt Universität.

Alte Bibliothek ❾

ANCIENNE BIBLIOTHÈQUE

Bebelplatz. **Plan** 7 A3, 16 D3. **Tél.** *20 930.* Ⓢ et Ⓤ *Friedrichstrasse.* 🚌 *100, 200, TXL.*

Abritant aujourd'hui la faculté de droit de l'université Humboldt, cet édifice baroque, l'un des plus beaux de la ville, doit à sa façade concave le surnom de Kommode que lui ont donné les Berlinois. Entrepris en 1775 sur des plans de Georg Christian Unger pour accueillir la bibliothèque royale, il s'inspire d'un projet dessiné cinquante ans plus tôt par Josef Emanuel Fischer von Erlach pour la Hofburg de Vienne.

Trois ruptures dans les jeux de courbes accentuent le mouvement de la façade qu'agrémentent des rangées de pilastres corinthiens.

Bebelplatz ❿

Plan 7 A3, 16 D3. Ⓢ et Ⓤ *Friedrichstrasse.* 🚌 *100, 200, TXL.*

Frédéric II rêvait de donner à Berlin un reflet de la grandeur de la Rome antique, et il commanda à Georg Wenzeslaus von Knobelsdorff l'aménagement d'un Forum Friedericianum qui devait avoir pour pôle l'ancienne place de l'Opéra (Opernplatz), aujourd'hui rebaptisée Bebelplatz. Le projet n'aboutit que partiellement dans sa forme initiale, mais l'élan fourni suscita la construction, au fil des siècles, des monuments qui confèrent à l'ensemble son aspect majestueux.

La nuit du 10 mai 1933, moins de trois mois après la nomination d'Adolf Hitler au poste de chancelier, le parti nazi y organisa un immense bûcher de livres, où brûlèrent 20 000 ouvrages considérés comme « anti-allemands ». Les auteurs visés par les nazis comprenaient Thomas Mann, Robert Musil, Heinrich Mann et Sigmund Freud.

Un monument, dessiné par Micha Ullman en 1995, commémore cet événement. Un panneau transparent serti dans le sol permet d'apercevoir des rayonnages vides. Une plaque porte une citation prophétique, écrite en 1820, par Heinrich Heine : « Là où on brûle les livres, on finira par brûler les hommes. »

St-Hedwigs-Kathedrale ⓫

CATHÉDRALE SAINTE-EDWIGE

Bebelplatz. **Plan** 7 A4, 16 D3, E3. **Tél.** *203 48 10.* Ⓢ et Ⓤ *Hausvogteiplatz.* 🚌 *100, 200, TXL.* 🕐 *t.l.j. 10h-17h.*

L'immense siège de l'archevêché de Berlin s'élève en retrait de la Bebelplatz. Il porte le nom de la sainte patronne de Silésie, une région aujourd'hui polonaise que Frédéric II avait conquise en 1742. Cette annexion augmenta le nombre de ses sujets catholiques et la construction de la cathédrale commença en 1747.

Georg Wenzeslaus von Knobelsdorff s'inspira du Panthéon de Rome pour lui donner sa forme originelle,

D'élégants bas-reliefs décorent la façade de la St-Hedwigs-Kathedrale

mais les mauvaises langues lui trouvent plutôt l'aspect d'une tasse renversée. La consécration eut lieu en 1773, mais les travaux continuèrent par intermittence jusqu'en 1778.

Endommagée par les bombardements lors de la Seconde Guerre mondiale, la cathédrale a été reconstruite entre 1952 et 1953. Sa crypte abrite une Vierge à l'Enfant du XVIe siècle et une Pietà de 1420. C'est là que repose Bernhard Lichtenberg, un prêtre tué dans un camp de concentration.

L'austère façade du Kronprinzenpalais

Bas-relief d'Apollon et Mars sur la façade du Staatsoper

Staatsoper Unter den Linden ⑫

OPÉRA NATIONAL

Unter den Linden 7. **Plan** 7 A3, 16 D3. **Tél.** 20 35 45 55. Ⓢ et Ⓤ Friedrichstrasse. 🚌 100, 200, TXL. 🔵 pour restauration jusqu'en oct. 2013.

L'Opéra national dresse sur l'Unter den Linden l'une des plus belles façades de l'avenue. C'est le seul bâtiment du Forum Friedericianum qui fut achevé selon les plans de Frédéric II. Édifié dans le style néoclassique par Georg Wenzeslaus von Knobelsdorff en 1741, il connut en 1843 une première restauration dirigée par Carl Ferdinand Langhans. La Seconde Guerre mondiale imposa une deuxième reconstruction, de 1952 à 1955.

L'Opéra a accueilli de nombreux artistes prestigieux. Il eut pour directeur Richard Strauss et comme décorateur Karl Friedrich Schinkel.

Kronprinzen-palais ⑬

PALAIS DES PRINCES HÉRITIERS

Unter den Linden 3. **Plan** 7 A3, B3, 16 E3. Ⓢ et Ⓤ Friedrichstrasse. 🚌 100, 200, TXL. 🔵 au public.

Ce palais de style néoclassique servit de résidence aux princes héritiers de la monarchie et de l'empire.

Il a pour origine une modeste demeure bâtie entre 1663 et 1669. Le premier agrandissement, conçu dans le style baroque, eut lieu en 1732 et 1733 sous la conduite de Philipp Gerlach. Johann Heinrich Strack ajouta le deuxième étage en 1856 pour le futur empereur Guillaume III. L'ensemble a été reconstruit après la dernière guerre.

Le Kronprinzenpalais servit de résidence à la famille royale jusqu'à l'abolition de la monarchie. De 1919 à 1937, il abrita la section d'art moderne de la Nationalgalerie. Rebaptisé Palais Unter den Linden par les communistes, il accueillait les visiteurs officiels de la RDA. Le traité d'unification de l'Allemagne y a été signé le 31 août 1990.

Près du palais, s'élevait la Kommandantur. L'immeuble a été détruit pendant la Seconde Guerre mondiale. Il a été reconstruit en 2003 par le groupe de presse allemand Bertelsmann.

Un passage relie le Kronprinzenpalais au Prinzessinnenpalais, le « palais des Princesses », construit pour les filles de Frédéric-Guillaume III.

Friedrichswerder-sche Kirche (Schin-kel-Museum) ⑭

ÉGLISE FRIEDRICHSWERDERSCHE (MUSÉE SCHINKEL)

Werderscher Markt. **Plan** 7 B4, 16 E3. **Tél.** 20 90 55 77. Ⓢ et Ⓤ Friedrichstrasse. 🚌 100, 147, 200, TXL. 🔵 t.l.j.10h-18h. 📷 ♿

Cette église néogothique, bâtie entre 1824 et 1830 par Karl Friedrich Schinkel, abrite un musée consacré à son architecte. L'exposition détaille les principaux édifices dont il para Berlin, et présente des projets qui n'aboutirent jamais.

La Nationalgalerie l'utilise pour exposer sa collection permanente de sculptures. Elles datent de la fin du XVIe siècle au milieu du XIXe, et comprennent des œuvres néoclassiques de Christian Friedrich Tieck et Christian Daniel Rauch. On remarquera aussi un modèle en plâtre du groupe sculpté par Johann Gottfried Schadow, représentant les princesses Louise et Frédérique de Prusse. L'original en marbre se trouve à l'Alte Nationalgalerie (p. 78).

Les princesses Louise et Frédérique, Schinkel-Museum

Gendarmenmarkt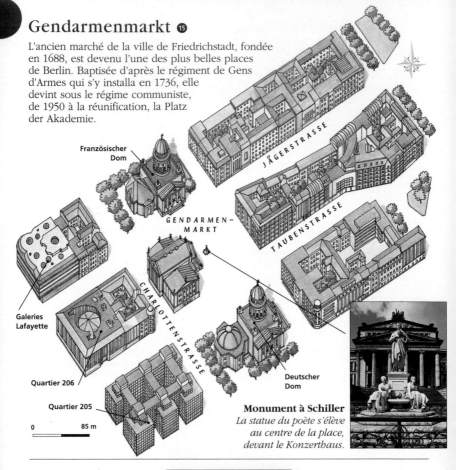

L'ancien marché de la ville de Friedrichstadt, fondée
en 1688, est devenu l'une des plus belles places
de Berlin. Baptisée d'après le régiment de Gens
d'Armes qui s'y installa en 1736, elle
devint sous le régime communiste,
de 1950 à la réunification, la Platz
der Akademie.

Französischer
Dom

JÄGERSTRASSE

GENDARMEN-
MARKT

TAUBENSTRASSE

CHARLOTTENSTRASSE

Galeries
Lafayette

Deutscher
Dom

Quartier 206

Quartier 205

0   85 m

Monument à Schiller
*La statue du poète s'élève
au centre de la place,
devant le Konzerthaus.*

Französischer Dom

ÉGLISE FRANÇAISE

Gendarmenmarkt 6. **Plan** 7 A4,
16 D4. **Tél.** 204 15 07.
🇺 *Stadtmitte ou Französische
Strasse.* **Musée** ⬜ *mar.-dim.
12h-17h* 🎟 **Église** ⬜ *mar.-dim.
12h-17h (dim. 11h).* 🕂 *dim.
9h30 et 11h.*

Les deux églises qui se font
face de part et d'autre du
Schauspielhaus semblent à
première vue identiques, mais
elles n'ont en fait de commun
que leur haute tour
principale.
    Construite entre 1701 et
1705 par Louis Cayart et
Abraham Quesnay pour la
communauté huguenote de
Berlin – des protestants
français qui choisirent l'exil
après la révocation de l'édit

**Façade latérale de la Französischer
Dom, bâtie pour les huguenots**

de Nantes par Louis XIV –,
elle s'inspirait à l'origine d'un
temple de la ville de
Charenton détruit en 1688.
    L'entrée principale s'ouvre
dans la façade ouest (du côté
de Charlottenstrasse),
et donne dans une nef

rectangulaire dépouillée.
L'orgue, de style baroque
tardif, date de 1754.
    La structure est dominée
par une tour cylindrique
massive, récemment
restaurée, dont la base est
entourée de portiques
corinthiens. Dessinés par
Carl von Gontard, ils ont
été édifiés vers 1785.
Ce bâtiment abrite le
Huguenottenmuseum, dont
l'exposition retrace l'histoire
des huguenots français qui
s'installèrent au Brandebourg.
Bien éduquée, et hautement
qualifiée, cette population
joua un rôle crucial dans
l'essor de Berlin, qui devint la
cité des sciences, de l'artisanat
et du commerce. Ils
introduisirent la langue
française, dont certains mots
survivent encore de nos jours
dans le dialecte berlinois.

Salle du Konzerthaus, l'ancien Schauspielhaus

Konzerthaus ⑰
SALLE DE CONCERT

Gendarmenmarkt 2. **Plan** 7 A4, 16 D4. **Tél.** 20 30 921 01. **U** Stadtmitte.

Avec ce joyau de la fin du néoclassicisme, Karl Friedrich Schinkel réalisa l'une de ses plus belles œuvres. Il l'éleva entre 1818 et 1821 sur les ruines du Théâtre national détruit par un incendie en 1817, et il conserva les colonnes du portique de cet édifice bâti par Carl Gotthard Langhans. Schinkel ne dessina pas uniquement les plans du Konzerthaus, il en conçut jusqu'au moindre bouton de porte. Il ne reste malheureusement que des descriptions de cette magnifique décoration, les ravages causés par la Seconde Guerre mondiale ayant imposé une complète reconstruction. Longtemps appelé le Schauspielhaus (Théâtre), le Konzerthaus est le siège de l'orchestre symphonique de Berlin.

L'escalier menant au majestueux portique ionien qui protège l'entrée principale ne servait qu'aux roturiers. Les membres de l'aristocratie disposaient d'un autre accès, sous l'escalier, qui leur permettait d'arriver directement en voiture. De nombreuses sculptures décorent la façade : génies musicaux montés sur des fauves, muses et bacchantes. Au sommet du plus haut fronton, Apollon, le dieu de la Beauté, des Arts et de la Divination, conduit un char tiré par des griffons.

Au milieu du Gendarmenmarkt, le monument à Friedrich Schiller (1759-1805) tourne le dos au Konzerthaus. Reinhold Begas sculpta cette statue en marbre blanc en 1869. Déplacée par les nazis, elle a retrouvé sa place en 1988. Des allégories de la Poésie lyrique, du Théâtre, de la Philosophie et de l'Histoire entourent le socle.

Deutscher Dom ⑱
ÉGLISE ALLEMANDE

Gendarmenmarkt 1. **Plan** 7 A4, 16 D4. **U** Stadtmitte ou Französische Strasse. **Tél.** 22 73 04 31. **Exposition** ◻ mai-sept. : mar.-dim. 10h-19h ; oct.-avr. : mar.-dim 10h-18h.

Ancien temple de l'Église réformée allemande, la Deutscher Dom a été construite en 1708 par Giovanni Simonetti sur des plans de Martin Grünberg. Avec cinq côtés terminés par une abside, sa forme s'inspirait de celle des pétales d'une fleur. Comme l'église française, le sanctuaire reçut en 1785 un corps de bâtiment surmonté d'une haute tour à colonnes. Incendiée en 1945, sa reconstruction date de 1993. L'extérieur a été soigneusement reconstitué, y compris la décoration sculptée, mais l'intérieur a un aspect moderne. L'édifice abrite l'exposition « *Wege, Irrwege, Umwege* » (« Chemins, Confusions, Détours ») consacrée à la démocratie en Allemagne.

Sculpture de la Deutscher Dom

Friedrichstadt-passagen ⑲
PASSAGES DE FRIEDRICHSTADT

Friedrichstrasse Quartiere 205, 206, 207. **Plan** 6 F4, 15 C4. **U** Französische Strasse ou Stadtmitte.

Issu d'un projet décidé par le régime communiste, l'ambitieux programme d'aménagement de la Friedrichstrasse, entre la Französischer Strasse et la Mohrenstrasse, vient de se terminer.

Au Quartier 207, Jean Nouvel a dessiné pour les Galeries Lafayette un gracieux édifice dont les parois en verre bleuté dessinent un angle arrondi. Il s'organise autour d'une cour intérieur définie par deux grands cônes vitrés inversés l'un par rapport à l'autre. Les reflets sur le verre des éventaires multicolores créent une impression extraordinaire, en particulier au rez-de-chaussée et au troisième étage.

Au Quartier 206, les architectes américains Pei, Cobb, Freed & Partners ont construit un immeuble qui abrite des bureaux, des commerces et des appartements. Il s'inspire de l'Art déco, et possède un luxueux dallage polychrome qui lui donne un petit côté nouveau riche. Un éclairage soigné le met en valeur quand la nuit tombe.

Pour le Quartier 205, le plus important, Oswald Mathias Ungers a privilégié la sobriété.

Le hall du Quartier 206 d'inspiration Art déco

Mohren-kolonnaden ⍟

Mohrenstrasse 37b et 40/41.
Plan 6 F5, 15 B5. 🇺 *Mohrenstrasse.*

Œuvre de Carl Gotthard
Langhans, ces arcades
néoclassiques, reposant sur
des colonnes jumelées, datent
de 1787. Elles décoraient à
l'origine un pont enjambant
le fossé qui entourait jadis
la ville. Après sa démolition,
elles ont été incorporées
dans des édifices au style
architectural beaucoup plus
récent, bordant la
Mohrenstrasse.

Copie de l'une des Spittelkolonnaden sur Leipziger Strasse

**Arcade néoclassique
des Mohrenkolonnaden**

Spittelkolonnaden ⍟

Leipziger Strasse. **Plan** 7 B5, 16 E5.
🇺 *Spittelmarkt.*

Cette colonnade semi-
circulaire, dont l'élégance
tient à la fois du baroque et
du néoclassicisme, située à
proximité du Spittelmarkt, sur
la Leipziger Strasse, est
dominée par de massives
tours de vingt étages. Ces
immeubles avaient pour but
premier de cacher le siège
des éditions Axel Springer,
qui se trouvait de l'autre côté
du Mur.
   En 1776, Carl von Gontard
construisit sur le Spittelmarkt
deux colonnades destinées à
orner un pont. La première
fut démolie en 1929, l'autre

pendant la Seconde Guerre
mondiale. La reconstitution,
installée à son emplacement
actuel en 1979, incorpore des
éléments d'origine.

Museum für Kommunikation ⍟
MUSÉE DES
TÉLÉCOMMUNICATIONS

Leipziger Strasse 16.
Plan 6 F5, 15 C5. 🇺 *Stadtmitte*
🚌 148. **Tél.** 20 29 40. 🕐 *mar.
9h-20h, mer.-ven. 9h-17h, sam.-dim.
10h-18h .* 🌑 *lun., 24, 25, 31 déc.*
♿

Berlin renferme le plus vieux
musée de la Poste du monde.
Fondé en 1872, il s'installa
une douzaine d'années
plus tard dans l'angle de
l'édifice qui l'abrite toujours.
Sa façade néobaroque
décorée de sculptures tranche
sur les ailes de style néo-
Renaissance qui l'encadrent.
L'exposition illustre l'histoire
des services postaux et des
télécommunications en
Allemagne.

Ehemaliges Regierungsviertel ⍟

Wilhelmstrasse, Leipziger Strasse,
Voss Strasse. **Plan** 6 E5.
🇺 *Potsdamer Platz,
Mohrenstrasse.*

La Wilhelmstrasse et les pâtés
de maisons qui s'étendent à
l'ouest jusqu'à la Leipziger
Platz formaient jadis le
quartier du gouvernement,

celui où l'État allemand
concentra ses principaux
centres de décision du milieu
du xixe siècle à 1945.
   L'ancienne chancellerie se
dresse au n° 77 de la Voss
Strasse. Otto von Bismarck y
avait son bureau et Adolf
Hitler, qui s'y installa en 1933,
la fit agrandir par Albert
Speer.
   De violents combats se
déroulèrent à Leipziger Platz
au printemps 1945, et il fallut
ensuite démolir la majorité
des bâtiments qui s'élevaient
aux alentours. Parmi ceux
qui survécurent figure
l'ancien Landtag (Parlement)
de Prusse, vaste complexe
néo-Renaissance construit
entre 1892 et 1904 par
Friedrich Schulz. Il se
compose de deux parties.
Celle donnant sur la Leipziger
Strasse (nos 3 et 4) abritait
jadis la Chambre haute
(Herrenhaus) et sert
désormais au Bundesrat
(Conseil fédéral). L'ancienne
Chambre basse s'ouvre au
n° 5 de la Niederkirchner
Strasse. Elle renferme
aujourd'hui la Chambre des
députés du land de Berlin
(Berliner Abgeordnetenhaus).
   Un autre immeuble plus
célèbre a également
survécu au n° 5 de la
Leipziger Strasse : le
ministère de l'Air
(Reichsluftfahrtministerium),
bâti en 1936, que Hermann
Göring commanda à
Ernst Sagebiel. Il offre un
exemple caractéristique de
l'architecture nazie, et devrait
bientôt accueillir le ministère
des Finances.

Pariser Platz ❷

PLACE DE PARIS

Plan 6 E3, 15 A3. Ⓢ et Ⓤ
Brandenburger Tor. 🚌 *100, 200.*

La place qui marque à l'est la
fin d'Unter den Linden fut
aménagée en 1734. Baptisée à
l'origine Quarrée, elle prit son
nom actuel en 1814, après
que la France eut rendu le
Quadrige de la porte de
Brandebourg que Napoléon
avait emporté à Paris.

La guerre et la partition
de la ville entraînèrent la
démolition presque intégrale
des édifices qui l'entouraient.

La réunification a permis sa
réhabilitation selon des
critères très stricts. Josef Paul
Kleihues a reconstitué, de
part et d'autre de la porte de
Brandebourg, deux demeures
symétriques. Au nord de la
place s'élèvent l'immeuble
de la Dresdner Bank et
l'ambassade de France.
Ils font face, au sud, à
l'ambassade des États-Unis,
au siège de la DZ Bank
et à l'**Akademie der Künste**
(Académie des beaux-arts).

Brandenburger Tor ❷

PORTE DE BRANDEBOURG

Pariser Platz. **Plan** 6 E3, 15 A3.
Ⓢ et Ⓤ *Unter den Linden.*
🚌 *100, 200.*

La porte de Brandebourg est
devenue l'emblème le plus
connu de Berlin. Pour
dessiner cette élégante
structure néoclassique haute

MAX LIEBERMANN (1849-1935)

Max Liebermann fut non seulement un
grand peintre, mais aussi l'une des
personnalités les plus intéressantes et les
plus controversées du Berlin culturel du
début du XXᵉ siècle. Observateur sensible
dont l'œuvre des débuts se rattache au
réalisme, excellent portraitiste, il faisait
preuve d'une obstination notoire et alla
jusqu'à tenir tête au kaiser. Élu président
de l'Académie des beaux-arts en 1820, il dut quitter ses
fonctions en 1933 à cause de ses origines juives. Il mourut
dans la solitude deux ans plus tard. Sa femme se suicida
pour échapper aux camps de concentration.

Frise sur la Brandenburger Tor

de 20 m, achevée en 1795,
Carl Gotthard Langhans prit
modèle sur les Propylées qui
donnaient accès à l'Acropole
d'Athènes. Deux pavillons,
qu'utilisaient les
fonctionnaires des douanes,
encadrent les puissantes
colonnes doriques.

Au sommet se dresse le
célèbre *Quadrige*, dessiné par
Johann Gottfried Schadow. La
déesse de la Victoire, debout
dans un char tiré par quatre
chevaux, symbolisait à
l'origine le triomphe de la
paix. Frédéric-Guillaume III fit
ajouter les attributs plus
guerriers de l'aigle et de la
croix de fer quand la statue
retrouva sa place en 1814,
après la défaite de Napoléon.

La porte de Brandebourg a
servi de cadre à de nombreux
événements, des parades
militaires aux célébrations de
la naissance du IIIᵉ Reich,
ainsi qu'à l'arrivée au pouvoir
de Hitler.

La restauration du
monument, entre 1956 et
1958, incomba à Berlin-Est,
mais c'est l'Ouest qui se
chargea de lui rendre son
Quadrige en utilisant les
moules d'origine. Jusqu'en
1989, elle fut le symbole par
excellence de la division de
Berlin et de l'Europe. Elle fut
restaurée entre 2000 et 2002.

Holocaust Denkmal ❷

MÉMORIAL DE L'HOLOCAUSTE

Ebertstrasse. **Plan** 6 E3, 15 A3.
Tél. *28 04 59 60.* Ⓢ *et* Ⓤ
Brandenburger Tor. 🚌 *100, 200.*
◯ *avr.-sept. : 10h-20h ; oct.-mars :
10h-19h.*

La construction du mémorial
de l'Holocauste, dédié aux
Juifs tués par les nazis entre
1933 et 1945, a débuté en
2003. Conçu par l'architecte
américain Peter Eisenmann,
il couvre une superficie de
19 000 m² près de la porte
de Brandebourg. Le sous-sol
abrite un centre de documentation sur le génocide.

Pariser Platz in Berlin (1925-1926) par Oskar Kokoschka, Nationalgalerie

Dans les salons de l'Hôtel Adlon

Hotel Adlon ㉗

Unter den Linden 77. **Plan** 6 E3, 6 E4, 15 A3, 15 B3. **Tél.** 226 10. **U** et **S** Brandenburger Tor. 🚌 100, 200.

En créant l'hôtel qui porte toujours son nom, Lorenz Adlon avait pour ambition d'égaler, et même de dépasser, les plus prestigieux palaces européens de l'époque. Inauguré par Guillaume II en 1907, l'établissement eut pour clients des célébrités telles que Greta Garbo, Enrico Caruso et Charlie Chaplin.

L'hôtel reste l'adresse la plus prestigieuse de la capitale allemande, et bois exotiques, marbre et tentures composent un décor raffiné dans les pièces de réception, tandis que les chambres offrent le dernier cri du confort moderne. Si leur prix dépasse vos moyens, vous pouvez toujours prendre une tasse de café dans la grande salle, et y admirer le seul vestige authentique du palace d'origine : une fontaine en marbre noir décorée d'éléphants.

Russische Botschaft ㉘

AMBASSADE DE RUSSIE

Unter den Linden 63/65. **Plan** 6 F3, 15 B3. **U** et **S** Brandenburger Tor. 🚌 100, 200.

À l'emplacement qu'occupait depuis 1837 le palais abritant la délégation des tsars à

Berlin, l'ancienne ambassade d'URSS fut le premier bâtiment édifié sur Unter den Linden après la guerre. Sa construction, sur des plans de l'architecte russe Anatoli Strijevski, demanda cinq ans de travaux, de 1948 à 1953. Son organisation s'inspire des immeubles berlinois de la période néoclassique, mais les Allemands la trouvent plutôt style « pièce montée ». Caractéristiques du réalisme socialiste cher à Staline, des sculptures de héros de la classe ouvrière ont remplacé des représentations de divinités de l'Antiquité.

Statue décorant l'ambassade de Russie

Komische Oper ㉙

OPÉRA COMIQUE

Behrenstr. 55/57. **Plan** 6 F4, 15 C3. **Tél.** 47 99 74 00. **U** et **S** Brandenburger Tor. 🚌 100, 147, 200.

Derrière une façade typique du style en vigueur à Berlin-Est pendant les années 1960, le Komische Oper est l'un des trois grands opéras de Berlin avec le Staatsoper Unter den Linden et le Deutsche Oper Berlin. Construit en 1892 par les architectes viennois Ferdinand Fellner et Hermann Helmer, il s'appelait à l'origine Theater Unter den Linden et devint un temps le Théâtre national allemand. L'Opéra comique l'occupe depuis sa reconstruction après la Seconde Guerre mondiale. Il propose une programmation appréciée des amateurs d'art lyrique et de ballet. Caractéristique du néobaroque viennois, l'ornementation intérieure abonde en stucs et en dorures. Dans la salle, vous remarquerez les sculptures de Theodor Friedel. Même si elles nous paraissent aujourd'hui très kitsch, elles sont très expressives.

Un soir de représentation au Komische Oper

S-Bahnhof Friedrichstrasse  ❸⓪

Plan 6 F2, 6 F3 et 15 C2.

Construite en 1882 sur des plans de Johannes Vollmer, cette gare ne reçut qu'en 1925 le toit qui protégeait la salle des pas perdus et les quais. Elle tient dans l'histoire des Berlinois une place particulière car elle servait, avant la chute du Mur, de point de passage entre les deux parties de la ville.

Une maquette exposée au Stasi-Museum *(p. 174)* permet d'avoir un aperçu du dédale que formaient alors passages et escaliers. Il ne subsiste aujourd'hui que le pavillon qui servait de salle d'attente aux retraités de l'Est qui voulaient se rendre à l'Ouest (ils étaient les seuls à avoir le droit de le faire). Il était surnommé le Palais des Pleurs (Tränenpalast) car c'était là, souvent, que se séparaient les familles après une visite.

Admiralspalast ❸①

Friedrichstr. 101 102. **Plan** 6 F2, 15 C1. **Tél.** 479 97 74 99.
🇺 et Ⓢ Friedrichstrasse.

Construit en 1911, l'Admiralspalast fut l'un des premiers complexes de loisirs des années folles et l'un des nombreux théâtres de Friedrichstrasse. Il fut conçu au départ pour abriter une piscine intérieure alimentée par une source d'eau chaude, puis fut transformé en patinoire avant de devenir une salle de spectacle après les dégâts causés par la guerre.

En 2006, le théâtre a rouvert ses portes avec une production très controversée de Bertol Brecht. Le complexe abrite aussi un café et un nightclub.

La façade principale dessinée par Heinrich Schweitzer, et décorée de pilastres doriques et de bas-reliefs sculptés dans du marbre d'Istrie. Œuvre d'Ernst Westphal, l'autre façade domine la Planckstrasse.

Fenêtre de l'Admiralspalast

D'un style très différent, elle ne manque pas non plus d'intérêt avec ses motifs exotiques.

Maxim Gorki Theater ❸②

THÉÂTRE MAXIME-GORKI

Am Festungsgraben 2. **Plan** 7 A3, 16 E2. **Tél.** 20 22 11 15.
🇺 et Ⓢ Friedrichstrasse.
🚌 100, 200.

L'ancienne Sing-Akademie (Académie de chant), bâtie en 1827 par Karl Theodor Ottmer d'après des dessins de Karl Friedrich Schinkel, présente une jolie façade néoclassique. Réputée pour son acoustique, sa salle de concert accueillit des virtuoses tels que Paganini et Franz Liszt. Felix Mendelssohn-Bartholdy y dirigea en 1829 la représentation de *La Passion selon saint Matthieu,* la première depuis la mort de son compositeur, Jean-Sébastien Bach, en 1750.

Le théâtre Gorki occupe l'ancienne Académie de chant

L'édifice abrite un théâtre depuis sa reconstruction après la Seconde Guerre mondiale. Son programme comprend aussi bien des pièces classiques que les créations d'auteurs contemporains.

Palais am Festungsgraben ❸③

Am Festungsgraben 1. **Plan** 7 A3, 16 E2.
Ⓢ Friedrichstrasse.
🚌 100, 200. 🚊 M1, 12.

Le palais am Festungsgraben est l'un des rares édifices de cette partie de la ville à avoir conservé son décor intérieur, malgré les aléas de l'Histoire. Il a pour origine un petit palais baroque édifié en 1753, qui prit toutefois son aspect actuel lors d'un important agrandissement entrepris en 1864 par les architectes Heinrich Bürde et Hermann von der Hude.

Caractéristique de la fin de l'époque néoclassique à Berlin, il évoque par son style les dernières œuvres de Karl Friedrich Schinkel. À l'intérieur, une haute salle en marbre de style néo-Renaissance s'inspire de la Salle blanche de l'ancien Stadtschloss *(p. 71).* L'une des pièces du rez-de-chaussée fut transformée en salon de musique en 1934 et meublée des nombreux instruments provenant de la maison du riche marchand Johann Weydinger (1773-1837), aujourd'hui démolie.

MUSEUMSINSEL

L a longue île, enserrée par la Spree et son canal, est le berceau historique de la capitale allemande. On y situe la fondation de Cölln, village mentionné pour la première fois en 1237. Avec Berlin, dont on trouve la trace dès 1244, l'agglomération forma le noyau de la ville actuelle. Il ne reste toutefois aucune trace du bourg qui se développa pendant le Moyen Âge et la Renaissance. Le visage de l'île changea en effet quand les princes-électeurs du

Bas-relief de la façade de la Berliner Dom

Brandebourg y firent construire un château, le Stadtschloss, en 1451. Devenu palais royal puis impérial, maintes fois remodelé et agrandi au fil des siècles, il ne survécut pas à la Seconde Guerre mondiale et fut rasé en 1950. La Schlossplatz s'étend à son emplacement. Au nord subsistent quelques édifices intéressants, dont l'imposante Berliner Dom et les prestigieux musées qui ont valu à la Museumsinsel son nom d'« île des Musées ».

LE QUARTIER D'UN COUP D'ŒIL

Musées
Alte Nationalgalerie **7**
Altes Museum p. 75 **6**
Bodemuseum **10**
Galgenhaus **19**
Historischer Hafen Berlin **13**
Märkisches Museum **14**
Neues Museum **8**
Pergamonmuseum p. 80-83 **9**

Jardin, rue et place
Lustgarten **5**
Märkisches Ufer **15**
Schlossplatz **1**

Bâtiments historiques
Berliner Dom p. 76-77 **4**
Ermeler-Haus **16**
Gertraudenbrücke **17**
Marstall **11**
Nicolai-Haus **18**
Ribbeckhaus **12**
Schlossbrücke **3**

Autre bâtiment
Staatsratsgebäude **2**

LÉGENDE

	Plan pas à pas p. 72-73
U	Station de U-Bahn
S	Station de S-Bahn
🚌	Terminus de bus

CIRCULER
Le plus simple est de marcher depuis la station de S-Bahn Hackescher Markt ou de prendre un bus : le 100, 200 ou TXL. Le 147 et le 257 desservent le quartier de la Breite Strasse. Pour rejoindre le sud de l'île, prenez la ligne 2 de l'U-Bahn jusqu'au Spittelmarkt ou les bus 147, 248 et 347 menant à Märkisches Ufer.

0   400 m

La Museumsinsel pas à pas

L'« île des Musées » permet de découvrir le Lustgarten, dominé par la Berliner Dom, avant de visiter les institutions prestigieuses qui abritèrent jusqu'à la dernière guerre les plus grandes collections d'art de la capitale allemande : le Bodemuseum, l'Altes Museum, l'Alte Nationalgalerie et le splendide Pergamonmuseum, célèbre par ses antiquités.

Bodemuseum
De style néobaroque, ce musée occupe la pointe de l'île ❿

Railway bridge est aussi une station de S-Bahn.

★ Pergamonmuseum
Le « musée de Pergame » abrite les reconstructions de parties de monuments antiques et les frises d'origine de l'autel de Pergame ❾

AM KUPFER-GRABEN

0   100 m

BODESTRASSE

Alte Nationalgalerie
Devant l'ancienne galerie nationale se dresse la statue équestre de Frédéric-Guillaume IV par Calandrelli ❼

Neues Museum
Rouvert en 2009, le Nouveau Musée abrite le musée Égyptien ainsi qu'une partie du musée de la Préhistoire et de l'Histoire ancienne ❽

À NE PAS MANQUER

★ Pergamonmuseum

★ Altes Museum

★ Berliner Dom

LÉGENDE

– – – Itinéraire conseillé

★ Altes Museum
Aux angles du bâtiment central sont représentés Castor et Pollux, héros de la mythologie grecque, surnommés les Dioscures ❻

CARTE DE SITUATION
Voir atlas des rues, plans 7 et 16

Lustgarten
Placée ici en 1828, cette vasque en granit, la plus grande du monde, pèse plus de 70 tonnes ❺

★ Berliner Dom
La cathédrale de Berlin possède un riche intérieur néobaroque datant de la fin du XIXᵉ siècle ❹

BODESTRASSE

Schlossbrücke
Le pont du Château s'appelait pont Marx-Engels sous le régime communiste ❸

LUSTGARTEN

SSBRÜCKE KARL–LIEBKNECHT STR

SCHLOSSPLATZ

Schlossplatz
Des fouilles ont mis au jour des caves de l'ancien château des Hohenzollern ❶

Schlossplatz ❶
PLACE DU CHÂTEAU

Plan 7 B3, 16 F3. Ⓢ *Hackescher Markt.* 🚌 *100, 200.*

La Schlossplatz occupe l'emplacement du château des Hohenzollern, dont les origines remontent à la place forte construite par Frédéric II en 1451. Devenue la résidence des électeurs du Brandebourg, elle commença à prendre un aspect plus souriant à la Renaissance sur l'initiative de Joachim II, mais c'est Frédéric III qui la transforma en un véritable palais en commandant sa reconstruction dans le style baroque.

Dirigés par Andreas Schlüter, puis Johann von Göthe et Martin Heinrich Böhme, les travaux durèrent de 1698 à 1716. Haute de trois étages, l'immense demeure royale, puis impériale, s'organisait autour de deux cours intérieures. Le public put apprécier son luxe après l'abdication de Guillaume II en 1918, car elle devint un musée des Arts décoratifs.

Ravagé par un incendie pendant la Seconde Guerre mondiale, le Stadtschloss reçut une restauration provisoire à la fin du conflit, mais le gouvernement de la RDA décida de démolir en 1950, malgré les protestations, ce qui restait le symbole du pouvoir autocratique exercé

Le portail du Stadtschloss conservé par la RDA

pendant cinq siècles par les Hohenzollern, et d'aménager une place baptisée Marx-Engels Platz.

Suite à de longs débats et un concours d'architectes remporté par Franco Stella, il a été décidé de reconstruire le palais. Trois façades seront reproduites dans le style baroque de l'époque, et une restera moderne. Ce Humboldt-Forum abritera certaines collections des musées de Dahlem. Il ouvrira ses portes en 2016. Entre-temps, le musée temporaire White Cube expose des œuvres d'art contemporain.

Staatsrats-gebäude ❷
PALAIS DE LA RÉPUBLIQUE

Plan 7 B3, 16 F2. Ⓢ *et* Ⓤ *Alexanderplatz.* 🚌 *100, 147, 200, TXL, M48.*

L'ancien Staatsratsgebäude qui abritait le gouvernement de la RDA a été construit en 1964. Il se dresse aujourd'hui seul sur le côté sud de la place car les autres édifices de la République socialiste ont été détruits. L'édifice a gardé ses sculptures originelles, notamment les magnifiques atlantes du célèbre sculpteur de Dresde, Balthasar Permoser. C'est parce qu'ils rappellent que Karl Liebknecht proclama la naissance de la République socialiste du balcon qu'ils soutenaient qu'ils ont été inclus dans le bâtiment.

Schlossbrücke ❸

Plan 7 B3, 16 E2. Ⓢ *Hackescher Markt.* 🚌 *100, 200.*

Bâti en 1824 sur les plans de Karl Friedrich Schinkel, l'un des architectes allemands les plus influents *(p. 187)*, le Schlossbrücke relie la Schlossplatz à Unter den Linden. Les piliers de granit qui l'encadrent portent des statues en marbre blanc de Carrare, ajoutées en 1853.

Sculptures du Schlossbrücke

Dessinées également par Schinkel, elles illustrent des scènes de la mythologie grecque telles qu'Iris, Niké et Athéna (la messagère des dieux et les déesses de la Victoire et de la Sagesse) surveillant l'entraînement de jeunes guerriers. Des créatures marines s'enlacent dans le décor de la balustrade en fer forgé.

Berliner Dom ❹
CATHÉDRALE DE BERLIN

Voir p. 76-77

Lustgarten ❺

Plan 7 B3, 16 E2. Ⓢ *Hackescher Markt.* 🚌 *100, 200.*

Le charmant jardin qui s'étend devant l'Altes Museum paraît avoir toujours été là, mais il n'a pris son aspect actuel qu'entre 1998 et 1999.

Il servit à la culture de légumes et de plantes médicinales jusqu'à la fin du XVIᵉ siècle, et ne devint un véritable « jardin d'agrément » qu'à partir du règne du Grand Électeur (1620-1688). Statues, grottes, fontaines et plantes exotiques durent toutefois s'effacer devant la passion de l'art militaire de Frédéric-Guillaume Iᵉʳ (1688-1740), le Roi-Sergent, qui le transforma en place d'armes.

Après la construction de l'Altes Museum, le paysagiste Peter Joseph Lenné réaménagea l'espace en jardin classique. Sa grande vasque en granit, large de près de 7 m de diamètre et lourde de plus de 70 t, est une œuvre de Christian Gottlieb Cantian, sur un dessin de Schinkel, destinée à l'origine à la rotonde du musée. Son poids ne permit pas de la transporter à l'intérieur.

Le Lustgarten redevint un lieu de parade pavé de 1933 à 1989. Sa restauration s'appuie sur des plans de Lenné.

Altes Museum ❻

En édifiant l'« ancien musée », Karl Friedrich Schinkel a réussi l'un des plus beaux monuments néoclassiques du monde. Un splendide portique haut de 87 m et soutenu par 18 colonnes ioniennes protège l'entrée. À son inauguration en 1830, le bâtiment était l'un des premiers d'Europe à avoir été spécialement conçu pour présenter au public une collection d'art, celle de peintures et d'antiquités réunie par la famille royale des Hohenzollern. Il héberge aujourd'hui une partie des antiquités de Berlin, ainsi qu'une exposition consacrée aux œuvres de l'Antiquité grecque.

MODE D'EMPLOI

Am Lustgarten (Bodestrasse 1-3).
Plan 7 B3. **Tél.** 266 424 242.
Ⓢ Hackescher Markt. 🚌 100, 200, 348. ⏰ t.l.j. 10h-18h (jeu. 10h). 🚻 🅿 🛗

Amphore d'Andochides
Des scènes de lutte décoraient souvent les vases.

Tête de Périclès
Il s'agit d'une copie romaine de la sculpture de Kresilas qui ornait l'entrée de l'Acropole d'Athènes.

Escalier

Une colonnade monumentale
donne son caractère à la façade.

Entrée principale

La rotonde, décorée de sculptures et entourée d'une colonnade, s'inspire du Panthéon de Rome.

SUIVEZ LE GUIDE !
Le rez-de-chaussée abrite les antiquités gréco-romaines ; le 1er étage est utilisé pour des expositions temporaires.

Mosaïque de la villa d'Hadrien
(v. 117-138)
Cette scène de bataille entre des centaures et des fauves décorait le sol de la villa que s'était fait aménager l'empereur Hadrien à Tivoli, près de Rome.

LÉGENDE

☐ Antiquités gréco-romaines

☐ Expositions temporaires

Berliner Dom ➍

Le bâtiment originel de la cathédrale reposait sur des plans baroques modestes de Johann Boumann. Construite entre 1747 et 1750 sur le site d'une église dominicaine, la Berliner Dom comprenait la crypte originelle des Hohenzollern, l'une des plus grandes de ce type en Europe.

Armoiries de Frédéric III

La structure néobaroque actuelle, bâtie entre 1894 et 1905, est l'œuvre de Julius Raschdorff. Le dôme central, en cuivre, s'élève à 85 m de hauteur. Fortement endommagée durant la Seconde Guerre mondiale, la cathédrale a été restaurée, sous une forme simplifiée. Le mausolée des Hohenzollern, qui jouxtait autrefois les murs nord de la cathédrale, a été détruit.

Phil.d.Grossm.

Statues des apôtres

Philipp der Grossmütige (Philippe le Magnanime)
Au pied de l'arcade se dressent des statues d'artisans ou de défenseurs de la Réforme. Walter Schott sculpta celle de Philippe le Magnanime (1504-1567), landgrave de Hesse vaincu par Charles Quint.

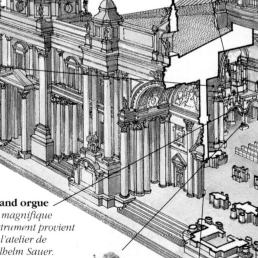

★ **Intérieur**
Julius Raschdorff lui donna sa somptueuse décoration entre 1894 et 1905.

Grand orgue
Ce magnifique instrument provient de l'atelier de Wilhelm Sauer. Il possède 7 200 tuyaux.

Entrée principale

★ **Sarcophages Hohenzollern**
La crypte de la famille impériale Hohenzollern renferme plus de 100 sarcophages richement décorés, dont celui du prince Friedrich Ludwig.

Les quatre évangélistes
Des mosaïques par Woldemar Friedrich ornent les plafonds des niches de la cathédrale.

MODE D'EMPLOI

Am Lustgarten. **Plan** 7 B3, 16 F2.
Tél. 20 26 91 19. Ⓢ *Hackescher Markt.* 🚌 *100, 200.* ⬜ *lun.- sam. 9h-20h (19h en hiver), dim. 12h-20h* 📷 ✝ *dim.*

Résurrection
Dessinés par Anton von Werner, les vitraux de l'abside illustrent des épisodes de la vie de Jésus.

Le maître-autel, œuvre de Friedrich August Stüler, provient de la cathédrale antérieure et date de 1820.

Chaire
De style néobaroque, elle date du début du XXᵉ siècle.

★ Sarcophages de Frédéric Iᵉʳ et Sophie-Charlotte
Le tombeau de Sophie-Charlotte porte une image de la mort typique du baroque.

À NE PAS MANQUER

★ Intérieur

★ Sarcophages Hohenzollern

★ Sarcophages de Frédéric Iᵉʳ et sa femme

L'Île des morts (1883) d'Arnold Böcklin, Alte Nationalgalerie

Alte Nationalgalerie ●
ANCIENNE GALERIE NATIONALE

Bodestrasse 1-3. **Plan** 7 B2, 16 E1.
Tél. *20 90 58 01.* Ⓢ *Hackescher Markt, Friedrichstrasse.* 🚌 *100, 200.*
🚊 *M1, M4, M5, M6, 12.*
⬤ *t.l.j. 10h-18 h (22h le jeu.).* 📷

La Galerie nationale, construite entre 1866 et 1876, avait pour fonction d'abriter la collection d'art moderne exposée depuis 1861 à l'Akademie der Künste (*p. 67*), mais son bâtiment, dessiné par Friedrich August Stüler, s'inspire d'un temple antique. L'édifice s'élève sur un haut podium desservi par un double escalier. Au sommet des marches se dresse la statue équestre de Frédéric-Guillaume IV. Le souverain participa activement à la conception du musée, et soumit des croquis à son architecte. Alexander Calandrelli exécuta la sculpture en 1886. Au fronton du portique corinthien, Germania est représentée en protectrice des arts.

La réunification a permis de rassembler les œuvres et de les répartir de manière plus rationnelle entre les différents lieux d'exposition. L'Alte Nationalgalerie a conservé les œuvres du XIXe siècle et du début du XXe. La sculpture néoclassique y est à

l'honneur avec des statues de Christian Daniel Rauch et Johann Gottfried Schadow, dont l'original en marbre des *Princesses Louise et Frédérique de Prusse* (*p. 63*).

La collection de peintures comprend des tableaux d'artistes allemands tels qu'Adolf von Menzel, Wilhelm Leibl, Max Liebermann et Arnold Böcklin, ainsi qu'une riche section consacrée aux impressionnistes français. Deux salles présentent des peintures de l'époque romantique (jadis exposées au Schloss Charlottenburg), notamment des œuvres de Caspar David Friedrich, Karl Friedrich Schinkel et Karl Blechen.

Neues Museum ●
NOUVEAU MUSÉE

Bodestrasse 1-3. **Plan** 7 B2, 16 E2.
Ⓢ *Hackescher Markt ou Friedrichstrasse.* 🚌 *100, 200.*
🚊 *M1,M4, M5, M6.*

Construit entre 1841 et 1855 d'après des plans de Friedrich August Stüler, un élève de l'architecte néoclassique Karl Friedrich Schinkel, le Neues Museum abrita jusqu'à la Seconde Guerre mondiale

une collection d'antiquités en majorité égyptiennes. Aux murs, des peintures par Wilhelm von Kaulbach illustraient des événements clés de l'histoire mondiale.

L'édifice subit de tels dégâts en 1945 que la question de sa restauration resta longtemps en suspens.

La reconstruction menée par l'architecte britannique David Chipperfield est une belle réussite, un mélange subtil de conservation, restauration et de création de nouveaux espaces. L'histoire est présente dans chaque pièce. Réhabilité, le musée abrite la collection d'art égyptien, dont

Décor de façade, Neues Museum

le célèbre buste de la reine Néfertiti, une collection d'antiquités classiques et un musée dédié à la préhistoire. Ce dernier retrace l'évolution de l'humanité de l'ère préhistorique au Moyen Âge.

Pergamon-museum ●

Voir p. 80-81.

Bodemuseum ❿

Monbijoubrücke. (Bodestrasse 1-3).
Plan 7 A2, 16 D1, 16 E1. **Tél.** 20 90
55 77. Ⓢ Hackescher Markt ou
Friedrichstrasse. 🚌 100, 147, 200.
🚊 M1, M4, M5, M6, 12. ◯ t.l.j.
10h-18h (jeu. 10h-22h). 🖼

Ernst von Ihne dut adapter
ses plans à l'espace exigu de
la pointe de l'île pour
concevoir le quatrième
musée de la Museumsinsel.
Construite dans le style
néobaroque entre 1897 et
1904, l'institution s'appelait à
l'origine le Kaiser Friedrich
Museum. Elle a pris après
guerre le nom de Wilhelm
Bode, qui fut le directeur
général des musées de Berlin
de 1904 à 1920, et l'homme
qui contribua probablement
le plus à établir la renommée
culturelle de la capitale
allemande.

Le Bodemuseum présentait
jadis une exposition variée
qui associait œuvres d'art,
mobilier et antiquités. Les
peintures ont rejoint celles
du Kulturforum (p. 122-123),
tandis que les antiquités
égyptiennes ont complété la
collection de l'Ägyptisches
Museum et maintenant celle
de l'Altes Museum (p. 75).
Nombre de collections
sont de retour, notamment
le cabinet des Monnaies
et des Médailles. La collection
de sculptures comprend
des œuvres de Tilman,
Riemenschneider, Donatello,
le Bernin et Canova.
La statue équestre de
Frédéric-Guillaume par

Andreas Schlüter a retrouvé
la place qu'elle occupait sous
la coupole.

Marstall ⓫
ÉCURIES ROYALES

Schlossplatz/Breite Strasse 36-37.
Plan 7 B3, C3, C4, 16 F3.
Ⓤ Spittelmarkt. 🚌 147, 248, 347.

Le vaste corps de bâtiments
des anciennes écuries royales
s'étend au sud de la
Schlossplatz, entre la Spree et
la Breitestrasse. L'aile qui
borde la rue date de 1669.
Œuvre de Michael Matthias
Smids, c'est la seule
construction du début du
baroque à avoir survécu à
Berlin. Les ailes qui bordent
la Schlossplatz et la rivière
sont beaucoup plus récentes.
Pour les bâtir, entre 1898 et
1901, Ernst von Ihne s'inspira
de plans dessinés par Jean de
Bodt en 1700.

Ribbeckhaus ⓬
MAISON RIBBECK

Breite Strasse 35. **Plan** 7 C4.
Ⓤ Spittelmarkt. 🚌 147, 248, 347,

Quatre pittoresques pignons
à pinacles couronnent le seul
édifice Renaissance qu'ait
conservé le centre de Berlin.
Un conseiller à la cour,
Hans Georg von Ribbeck,
commanda sa construction au
début du XVIIᵉ siècle, puis
vendit très vite la maison à
Anna Sophie de Brunswick.
L'architecte Balthasar Benzelt

**Portail de la Ribbeckhaus de style
Renaissance**

effectua pour elle des travaux
d'adaptation en 1629. À la
mort de la princesse en 1659,
son neveu, l'électeur Frédéric-
Guillaume, hérita de la
demeure. Devenu propriété
de la Couronne et rattaché
aux écuries royales, l'édifice
remplit ensuite diverses
fonctions administratives. Il
conserva ses pignons par
décret royal lorsqu'on le dota
d'un étage supplémentaire.
Une copie a remplacé en
1960 le portail qui porte
les armoiries des premiers
propriétaires de la maison ·
von Ribbeck et son épouse
Katharina von Brösicke.

Historischer
Hafen Berlin ⓭
PORT HISTORIQUE DE BERLIN

Märkisches Ufer. **Plan** 8 D4.
Tél. 213 8041. Ⓤ Märkisches Ufer.
Ⓢ Jannowitzbrücke. 🚌 240, 265.
◯ mai-oct. : mar.-ven. 14h-18h,
sam. et dim. 11h-18h. 🖼

Jadis situé au port Humboldt,
le musée en plein air du Port
historique de Berlin se trouve
désormais sur la rive sud de
la Museumsinsel, dans un
quartier appelé Fischerinsel
(« l'île des Pêcheurs »). Il
regroupe divers bateaux qui
naviguaient sur la Spree à la
fin du XIXᵉ siècle. Ils sont
amarrés face au Märkisches
Ufer (quai de la Marche).
L'un d'eux fait office de café
en été. Un autre, le Renate
Angelika, abrite une petite
exposition sur l'histoire
des transports fluviaux.

Le Bodemuseum néobaroque dessiné par Ernst von Ihne

Pergamonmuseum ❾

Construit entre 1910 et 1930 d'après des plans
d'Alfred Messel et de Ludwig Hoffmann, le
musée de Pergame renferme une exposition
d'art antique célèbre par ses reconstructions
monumentales, dont celle de l'autel de Zeus
qu'ornait à Pergame une frise hellénistique
longue de 120 m. Le Pergamonmuseum
comprend trois départements : la collection
d'antiquités, le musée du Proche-Orient et le
musée d'Art islamique. Certaines salles peuvent
être fermées pendant la rénovation qui
s'achèvera en 2015.

★ **Autel de Pergame** (170 av. J.-C.)
*La frise raconte le combat des dieux
de l'Olympe contre les géants.
La déesse Athéna arrache ici
Alcyonée à sa mère Gaïa.*

Mosaïque romaine
(IIIe ou IVe siècle apr. J.-C.)
*Ce portrait provient de
Jerash, en Jordanie.
Une autre partie a été
achetée par un
collectionneur anonyme.*

Salle pour les
expositions
temporaires

1er étage

Athéna
*La collection comprend
de nombreuses statues,
dont cette gracieuse
Athéna hellénistique.*

Rez-de-
chaussée

Entrée
principale

Palais assyrien
*Cette reconstitution
d'un intérieur
assyrien incorpore
des éléments du
XIIe siècle av. J.-C.*

Chambre d'Alep
(1601-1603)
Un marchand chrétien de la cité syrienne d'Alep recevait jadis ses clients dans cette salle.

SUIVEZ LE GUIDE !
Au rez-de-chaussée, les reconstructions monumentales occupent la partie centrale, l'aile gauche est consacrée aux antiquités gréco-romaines et l'aile droite abrite le musée du Proche-Orient. Le musée d'Art islamique se trouve au premier étage.

Façade du palais de Mshatta
(744 apr. J.-C.)
Le sultan ottoman Abdülhamid II offrit en 1903 au kaiser Guillaume II la façade sud de l'élégant palais jordanien de Mshatta.

★ Porte du marché de Milet
(v. 120 apr. J.-C.)
Milet fut l'une des grandes cités de l'Asie Mineure. Cette porte date de sa période romaine.

★ Porte d'Ishtar
(VIe siècle av. J.-C.)
Parée de briques vernissées, elle ouvrait à Babylone sur la voie des Processions, dont le musée abrite aussi une reconstitution.

À NE PAS MANQUER

★ Autel de Pergame

★ Porte du marché de Milet

★ Porte d'Ishtar

LÉGENDE

⬜	Antiquités (Antikensammlung)
⬛	Musée du Proche-Orient (Vorderasiatisches Museum)
⬜	Musée d'Art islamique (Museum für Islamische Kunst)
⬜	Fermé au public

À la découverte du Pergamonmuseum

Inauguré en 1930, le plus récent des musées de la Museumsinsel occupe l'un des premiers bâtiments d'Europe spécialement conçus pour accueillir de grandes reconstructions architecturales. Il abrite des collections dont la constitution commença au XVIIᵉ siècle, mais qui doivent leur richesse aux fouilles entreprises par les archéologues allemands au tournant du XXᵉ siècle. Actuellement, le musée est au cœur d'un programme de réaménagement, qui devrait être terminé aux alentours de 2015.

Sculpture mésopotamienne

Perséphone, statue du Vᵉ siècle découverte à Tarente

Entrée restaurée du temple d'Athéna de Pergame (IIᵉ siècle apr. J.-C.)

COLLECTION D'ANTIQUITÉS

L'Antikensammlung, la collection d'antiquités gréco-romaines, a vu le jour au XVIIᵉ siècle, et s'est étoffée régulièrement jusqu'en 1830 où elle est devenue accessible au public après son installation dans l'Altes Museum *(p. 75)*. À partir de 1871, le jeune Empire allemand tenta de rattraper son retard sur de vieilles nations coloniales comme l'Angleterre et la France grâce à d'importantes campagnes de fouilles. Ainsi furent rapportés à Berlin des fragments architecturaux qui, patiemment rassemblés, permirent les grandes reconstructions de monuments visibles actuellement dans le bâtiment conçu pour les accueillir.

Le plus célèbre de ces monuments, l'autel de Pergame, a donné son nom au musée. Il provient d'une ville grecque d'Asie Mineure (l'actuelle Bergama en Turquie), et une maquette donne une image du contexte urbain dans lequel il s'inscrivait. Dédié à Zeus et à Athéna, il aurait été commandé vers 170 av. J.-C. pour célébrer les victoires du roi Eumène II sur les Galates. L'archéologue Carl Humann retrouva les fragments à partir de 1878. Reconstituer les reliefs qui l'ornaient prit des années.

La « grande frise » courait au pied du portique et se déploie désormais sur les murs de la salle. Elle a pour thème une gigantomachie, bataille des dieux contre les géants. La « petite frise » qui ornait l'intérieur du monument illustre l'histoire de Téléphe, fils d'Héraclès et fondateur légendaire de Pergame dont prétendaient descendre les souverains de la ville.

La collection comprend la façade du temple d'Athéna, ainsi que de beaux exemples de sculpture hellénistique, notamment des statues mises au jour à Milet et Samos.

Les antiquités romaines ont pour fleuron la porte du marché de Milet, cité au passé prestigieux située sur la côte occidentale d'Asie Mineure. La porte date du IIᵉ siècle apr. J.-C. et montre de fortes influences hellénistiques. Intégrée à des remparts byzantins puis détruite par un tremblement de terre, elle fut restaurée à Berlin en 1903.

Parmi les autres belles pièces de l'exposition figurent des mosaïques et un sarcophage de marbre datant du IIᵉ siècle apr. J.-C. Son décor délicatement sculpté

Flanc d'un sarcophage romain illustrant la légende de Médée

retrace la légende grecque de la magicienne Médée qui tomba sous le charme du héros Jason. Ce dernier l'épousa, puis l'abandonna.

Décor en briques vernissées du palais de Darius Ier à Suse, la capitale de l'Empire perse

MUSÉE DU PROCHE-ORIENT

Le fonds qui alimente l'exposition permanente du Vorderasiatisches Museum a vu le jour grâce aux donations de collectionneurs privés. Le succès de fouilles entreprises à partir de 1880 permit de le développer et de jeter les bases d'une collection royale, puis nationale, devenue l'une des plus riches du monde. Les éléments d'architecture, les sculptures et les bijoux présentés au rez-de-chaussée de l'aile droite du Pergamonmuseum offrent un large aperçu des cultures de la Mésopotamie et de la Perse antiques.

La collection a pour fleurons la porte d'Ishtar et la voie des Processions, construite à Babylone pendant le règne de Nabuchodonosor II (605-562 av. J.-C.). Bien qu'imposante, la reconstitution n'est pas tout à fait aussi grande que l'original. Des dragons et des taureaux ornent la porte. Il s'agit des emblèmes du dieu Mardouk, protecteur de la ville, et d'Ada, divinité de l'Orage. La voie sacrée

mesurait 22 m de large. Beaucoup de briques ont été refaites, mais les lions sont tous d'origine. Ils représentent l'animal sacré d'Ishtar, maîtresse du ciel, déesse de l'Amour et patronne de l'armée.

Parmi les pièces assyriennes, on remarquera la stèle du roi Asarhaddon, les bas-reliefs du palais d'Assourbanipal II et un bassin dont les côtés montrent une divinité aquatique et ses prêtres. Le grand oiseau sculpté dans le basalte décorait au IXe siècle av. J.-C. l'entrée d'un temple-palais de la ville de Tell Halaf. Les vestiges des fortifications de Sam'al datent d'avant sa conquête par les Assyriens.

MUSÉE D'ART ISLAMIQUE

L'histoire du Museum für Islamische Kunst commence en 1904, quand Wilhelm von Bode fait don de sa superbe collection personnelle de tapis orientaux. C'est aussi lui qui rapporte à Berlin la façade, longue de 45 m, du palais de Mshatta. Retrouvée au sud d'Amman en Jordanie, et offerte en 1903 au kaiser Guillaume II par son allié ottoman, le sultan Abdülhamid II, elle possède un parement de pierre délicatement sculptée. Le château faisait partie d'un ensemble de résidences fortifiées construites pendant la période omeyyade (661-750), probablement pour Al-Walid II, prince connu pour son goût de la poésie

Mihrab carrelé d'une mosquée de Kashan construite en 1226

et les orgies qu'il organisait dans ses demeures.

Un superbe *mihrab*, niche indiquant la direction de La Mecque, montre la qualité des céramiques produites au XIIIe siècle par la ville perse de Kashan. Les reflets de l'émail donnent l'impression qu'il est serti de saphirs et d'or.

Les tapis proviennent d'Iran, d'Asie Mineure, d'Égypte et du Caucase. La collection comprend, parmi ses fleurons, un tapis anatolien du début du XVe siècle orné d'un motif inhabituel – un dragon et un phénix –, ainsi que l'un des plus vieux tapis noués de Turquie, datant du XIVe siècle.

Les salles abritent aussi des miniatures, du matériel funéraire et des objets de la vie quotidienne. La chambre dite d'Alep offre un ravissant exemple d'architecture intérieure ottomane avec ses boiseries peintes au début du XVIIe siècle. Elle faisait partie de la maison d'un marchand chrétien d'Alep.

Tapis tissé au XVIIe siècle en Anatolie occidentale

L'extérieur du Märkisches Museum évoque un monastère médiéval

Märkisches Museum ⑭

Am Köllnischen Park 5. **Plan** 8 D4.
Tél. 2400 2162. **U**
Jannowitzbrücke, Märkisches
Museum. **S** Jannowitzbrücke.
🚌 147, 240, 248, M48. 🔘 mar.,
jeu.-dim 10h-18h, mer. 12h-20h. 📷
Présentation d'instruments de
musique mécaniques dim. 15h.

Ce musée consacré à l'histoire
de Berlin et de sa région,
l'ancienne Marche du
Brandebourg de l'Empire
germanique, occupe un
édifice néogothique en
brique, construit entre 1901 et
1908 sur des plans de Ludwig
Hoffman. L'architecte s'est
inspiré du château des
évêques de Wittstock et de
l'église Sainte-Catherine de la
ville de Brandebourg. Le
résultat évoque un monastère
médiéval.
  Dans l'entrée se dresse
une copie du *Roland*, le
monument érigé au XVᵉ siècle
à Brandebourg pour célébrer
l'autonomie des villes de la
Hanse. La salle principale
abrite le portail originel de la
résidence berlinoise des
margraves du Brandebourg
(*p. 19*), démolie en 1931.
Elle contient aussi la tête
d'un des chevaux du célèbre
Quadrige de Schadow
(*p. 67*).
  Une exposition a pour
thème le théâtre à Berlin
entre 1730 et 1933, et réunit
de nombreux accessoires et
affiches. Il émane un charme
suranné de la collection
d'instruments de musique
mécaniques. Ils sont encore
en état de marche, et des
démonstrations ont lieu les
dimanches après-midi.
  Le Märkisches Museum fait
partie du Stadtmuseum Berlin,

qui gère d'autres musées et
monuments offrant un aperçu
du passé de la ville, dont la
Nikolaikirche (*p. 90-91*) et
l'Ephraim-Palais (*p. 91*).
  Dans le Köllnischer Park
qui entoure le Märkisches
Museum, un enclos renferme
trois ours bruns : les
mascottes de Berlin.
Une statue représente le
dessinateur Heinrich Zille,
un crayon à la main.

Märkisches Ufer ⑮

Plan 8 D4. **U** Märkisches Museum.
S Jannowitzbrücke. 🚌 147, 240,
248, M48.

Au bord de la Spree, le long
du « quai de la Marche » (jadis
appelé Neukölln am Wasser),
huit maisons méticuleusement
conservées forment l'un des
rares ensembles permettant
d'imaginer le Berlin des XVIIIᵉ
et XIXᵉ siècles. Le charme du
quartier, avec ses cafés en
plein air et ses restaurants
chic le rend très touristique.
  Aux nᵒˢ 16 et 18, l'Otto-
Nagel Haus, néobaroque,
abritait un petit musée
à la mémoire du peintre
dont elle porte le nom.
Entré au parti communiste

dès 1919, il eut les faveurs
des autorités est-allemandes.
L'immeuble renferme
désormais les archives
photographiques des musées
nationaux de Berlin.

L'extérieur néoclassique de
l'Ermeler-Haus

Ermeler-Haus ⑯

MAISON ERMELER

Märkisches Ufer 10. **Plan** 7 C4.
U Märkisches Museum.
S Jannowitzbrücke. 🚌 147, 240,
248, M48.

L'une des plus jolies maisons
bourgeoises de Berlin se
dresse depuis 1968 au nᵒ 12
du Märkisches Ufer. Son
élégante façade néoclassique
s'accorde avec celle de ses
voisines, mais elle bordait à
l'origine la Breite Strasse
de la Fischerinsel.
  L'Ermeler-Haus porte le
nom de Wilhelm Ferdinand
Ermeler, un riche marchand
qui devait sa prospérité au
tabac. Il profita d'un
remaniement effectué en 1825
pour ajouter la frise au-dessus
de l'entrée. La reconstruction

Péniche amarrée le long du Märkisches Ufer

d'un escalier du XVIIe siècle dessert les étages dont le mobilier rococo date de 1760.

Un hôtel moderne, construit à l'arrière, côté Wallstrasse, a logé ses cuisines dans l'Ermeler-Haus et utilise les salles du premier étage pour des réceptions.

Gertrauden-brücke ⑰

PONT SAINTE-GERTRUDE

Plan 7 B4, 16 F4.
🚇 *Spittelmarkt.* 🚌 *143, 147.*

Dessiné par Otto Stahn et construit en 1894, l'un des ponts les plus intéressants de Berlin relie la Fischerinsel au Spittelmarkt à l'endroit qu'occupait le Gertraudenhospital, fondé au XIIIe siècle.

Au milieu de l'ouvrage d'art, une statue en bronze de Rudolf Siemering représente sainte Gertrude (v. 1256-v. 1301), la patronne de l'hôpital. L'ardente mystique, dont un lys et une quenouille symbolisent la virginité et le souci des humbles, se penche vers un jeune pauvre pour lui offrir un gobelet de vin (le sang du Christ). Les souris qui entourent le socle rappellent qu'elle est aussi la protectrice des champs et des cimetières, deux environnements fréquentés par ces rongeurs.

Sainte Gertrude

Nicolai-Haus ⑱

Brüderstr. 13. **Plan** 7 B4, 16 F4.
Tél. 24 00 21 62. 🚇 *Spittelmarkt.*
🚌 *147, 248, 347, M48.*
⭘ *sur r.-v. seul.* 📷

Construit vers 1670, ce bel immeuble baroque a conservé son magnifique escalier en chêne d'origine. En 1787, Karl Friedrich Zelter le remania dans le style néoclassique pour le compte de l'écrivain, éditeur et critique Christoph Friedrich Nicolai (1733-1811), dont la librairie devint un des hauts lieux de rencontre de l'intelligentsia.

Personnalité marquante du Berlin des Lumières, Nicolai joua un rôle important dans l'évolution culturelle du pays en soutenant des auteurs tel que le philosophe Moses Mendelssohn *(p. 102)* et le dramaturge Gotthold Ephraim Lessing (1729-1781). Entre 1905 et 1935, la maison devint un musée consacré à ce dernier. Traducteur de Diderot, auteur de nombreuses pièces, Lessing posa les fondements de la critique théâtrale en Allemagne. Une plaque rappelle que d'autres célébrités littéraires et artistiques de la ville fréquentèrent la Nicolai-Haus, dont Johann Gottfried Schadow, Karl Wilhelm Ramler et Daniel Tchodowiecki.

L'aile arrière, accessible par une cour, abrite depuis les années 1970 un bel escalier néoclassique qui appartenait à la Weydinger-Haus, démolie en 1935. Il décora auparavant l'Ermeler-Haus voisine *(p. 84)*.

Haute couture est-allemande au Markisches Museum

Galgenhaus ⑲

MAISON DU GIBET

Brüderstrasse 10. **Plan** 7 B4, 16 F4.
Tél. 206 1329. 🚇 *Spittelmarkt.*
🚌 *147, 248, 347, M48.* ⭘ *pour certains événements.*

Selon une légende locale, une jeune fille innocente fut pendue devant ce bâtiment construit en 1700. Presbytère de l'église Saint-Pierre aujourd'hui disparue, il connut un remaniement néoclassique en 1805, et il ne subsiste de l'édifice baroque originel que le portail principal et une pièce du rez-de-chaussée.

Aujourd'hui, la Galgenhaus abrite une collection d'archives photographiques. Celles-ci permettent, au travers des changements apportés aux monuments, de mieux apprécier l'évolution de Berlin au fil du temps.

CÖLLN

C'est sur l'actuelle île des Musées que s'est développé un des deux villages à l'origine de Berlin *(p. 17)*. Cölln s'étendait à l'emplacement de l'actuel quartier de Fischerinsel. Parcouru de ruelles, ce dernier a conservé jusqu'en 1939 une forte identité historique et populaire, mais il n'en reste aujourd'hui pratiquement aucuns vestiges, pas même une trace de l'église paroissiale Saint-Pierre bâtie au Moyen Âge. Cette partie de la ville a perdu à jamais son atmosphère, qui n'a pas résisté à la construction de tours préfabriquées à la place des maisons d'antan. Quelques-unes de ces dernières, telle l'Ermeler-Haus *(p. 84)*, ont été reconstruites ailleurs.

Gravure de Cölln

NIKOLAIVIERTEL ET ALEXANDERPLATZ

C'est ici, sur la rive orientale de la Spree, que Berlin est née au XIIIe siècle face au village de Cölln, et cette partie de l'arrondissement de Mitte conserve des vestiges remontant aux origines de la ville, dont sa plus vieille église, la Marienkirche, et des fragments de remparts médiévaux. Le quartier prit au fil des siècles une vocation résidentielle et commerciale, mais conserva jusqu'à la Seconde Guerre mondiale un cœur historique dont

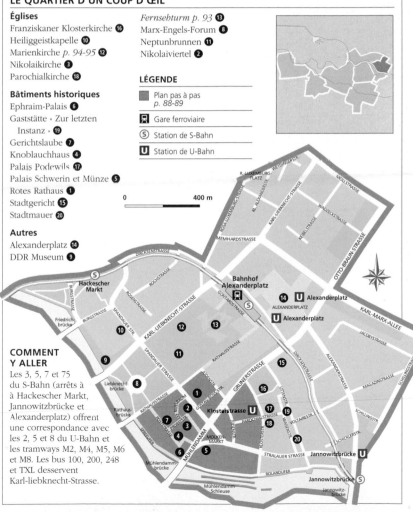

Orgue de Barbarie au Gerichtslaube

l'actuel Nikolaiviertel, sillonné de ruelles, offre une image malgré les tours sans âme élevées tout autour à la fin du conflit. Les autorités de la RDA, qui en décidèrent la construction, ouvrirent aussi la vaste esplanade du Marx-Engels-Forum et érigèrent l'ambitieuse Fernsehturm. La réhabilitation minutieuse du Nikolaiviertel marqua un changement d'attitude, mais elle souleva néanmoins des controverses, car elle regroupait des bâtiments historiques.

LE QUARTIER D'UN COUP D'ŒIL

Églises
Franziskaner Klosterkirche **16**
Heiliggeistkapelle **10**
Marienkirche *p. 94-95* **12**
Nikolaikirche **3**
Parochialkirche **18**

Bâtiments historiques
Ephraim-Palais **6**
Gaststätte « Zur letzten Instanz » **19**
Gerichtslaube **7**
Knoblauchhaus **4**
Palais Podewils **17**
Palais Schwerin et Münze **5**
Rotes Rathaus **1**
Stadtgericht **15**
Stadtmauer **20**

Autres
Alexanderplatz **14**
DDR Museum **9**

Fernsehturm *p. 93* **13**
Marx-Engels-Forum **8**
Neptunbrunnen **11**
Nikolaiviertel **2**

LÉGENDE

- Plan pas à pas *p. 88-89*
- **R** Gare ferroviaire
- **S** Station de S-Bahn
- **U** Station de U-Bahn

0   400 m

COMMENT Y ALLER

Les 3, 5, 7 et 75 du S-Bahn (arrêts à à Hackescher Markt, Jannowitzbrücke et Alexanderplatz) offrent une correspondance avec les 2, 5 et 8 du U-Bahn et les tramways M2, M4, M5, M6 et M8. Les bus 100, 200, 248 et TXL desservent Karl-liebknecht-Strasse.

◁ **Détail de la Neptunbrunnen**

Nikolaiviertel pas à pas

Le quartier Saint-Nicolas doit son nom à l'église qui le domine de ses flèches jumelles. Dédale de ruelles à dimension humaine, bordées de maisons d'aspect ancien, il n'a malheureusement que l'authenticité d'une reconstruction décidée par la RDA pour le 750e anniversaire de Berlin en 1987.

Jadis habité par des artistes et

Ours sur la façade du Rathaus des écrivains, il est aujourd'hui principalement fréquenté par des promeneurs, en particulier l'été. Des restaurants, des bars et des cafés occupent presque un immeuble sur deux, et il reste très animé jusque tard le soir.

Nikolaikirche
L'église Saint-Nicolas est devenue un musée, mais elle a conservé son intérieur ❸

Gerichtslaube
Cette réplique d'un tribunal médiéval abrite des restaurants ❼

POSTSTRASSE

SPREEUFER

Saint Georges et le dragon
Cette statue ornait jadis une cour du Stadtschloss.

0   75 m

Knoblauchhaus
Le musée installé dans les étages comprend une pièce aménagée dans le style Biedermeier propre au début du XIXe siècle ❹

★ **Ephraim-Palais**
Derrière une élégante façade rococo, le palais Ephraim possède un imposant escalier d'apparat ❻

★ **Rotes Rathaus**
L'imposant hôtel de ville se trouvait jadis au cœur d'un quartier densément construit ❶

CARTE DE SITUATION
Voir atlas des rues, plans 7 et 8

DU SCHEUNENVIERTEL À L'HAMBURGER BAHNHOF

NIKOLAIVIERTEL ET ALEXANDERPLATZ

MUSEUMSINSEL

Le Stadthaus,
bâti en 1911 par Ludwig Hoffman, sert d'annexe à l'hôtel de ville.

SPANDAUER STRASSE

MÜHLENDAMM

JÜDENSTRASSE

★ **Nikolaiviertel**
Gotthold Ephraim Lessing, qui y vécut de 1752 à 1755, puisa son inspiration dans les ruelles du quartier Saint-Nicolas ❷

Le musée du Chanvre
dresse un portrait complet de cette plante et de son utilisation.

MÜHLEN MARKT

STRALAUER STRASSE

ROLANDUFER

Palais Schwerin et Münze
Sur la façade de l'ancienne Monnaie, une frise néoclassique de l'atelier de Johann Gottfried Schadow retrace l'histoire de la frappe des pièces ❺

Écluse sur la Spree

À NE PAS MANQUER

★ Ephraim-Palais

★ Rotes Rathaus

★ Nikolaiviertel

LÉGENDE

— — — Itinéraire conseillé

Le Rotes Rathaus, bâti en brique rouge au xixe siècle

Rotes Rathaus ❶

L'HÔTEL DE VILLE ROUGE

Rathausstr. 15. **Plan** 7 C3. **Tél.** 90 26 0. 🇺 et Ⓢ *Alexanderplatz.* 🇺 *Klosterstrasse.* 🚌 *100, 200, 248, M48, TXL.* ◻ *lun.-ven. 9h-18h.*

L'imposant hôtel de ville de la capitale allemande s'élève à l'emplacement de celui qu'édifièrent en commun les villages de Cölln et de Berlin après leur union en 1307.

Il doit son surnom aux briques rouges qui servirent à sa construction. Elle dura de 1861 à 1869 sur des plans de Hermann Friedrich Waesemann. L'architecte s'est inspiré d'édifices municipaux italiens du Moyen Âge et la tour, haute de près de 100 m, ressemble au campanile du Duomo de Florence. Surnommée la « Chronique de pierre », la frise en terre cuite qui s'étend le long du bâtiment au-dessus du rez-de-chaussée retrace les événements marquants de l'histoire de Berlin.

Le Rotes Rathaus subit d'importants dégâts pendant la Seconde Guerre mondiale, et après sa restauration (1951-1958), il devint le siège des autorités municipales de Berlin-Est, celles de l'Ouest occupant le Rathaus Schöneberg *(p. 177)*. Depuis la réunification, il abrite le bureau du maire.

Œuvres de Fritz Kremer inaugurées en 1958, les sculptures de la cour d'entrée représentent une « volontaire au déblaiement » et un

« volontaire à la reconstruction ». Elles rendent hommage aux anonymes que la chute du IIIe Reich laissa au milieu d'un champ de ruines.

Nikolaiviertel ❷

Plan 7 C3, C4. 🇺 et Ⓢ *Alexanderplatz.* 🇺 *Klosterstrasse.* 🚌 *100, 200, 248, M48, TXL.*

Très fréquentées par les touristes, ces quelques rues en bordure de la Spree le sont aussi par les Berlinois qui aiment venir s'y promener. Certaines des plus vieilles maisons de la ville se serraient dans ce quartier très endommagé pendant la Seconde Guerre mondiale, que le gouvernement de la RDA laissa à l'abandon pendant de longues années avant de décider de lui redonner un aspect ancien pour le 750e anniversaire de Berlin. Les travaux durèrent de 1979 à 1987. Malgré son cachet, le Nikolaiviertel ne renferme que des répliques modernes d'édifices historiques, ainsi que quelques bâtiments restaurés.

Petites boutiques, cafés et restaurants emplissent les ruelles. L'enseigne la plus populaire, Zum Nussbaum, est une auberge ouverte en 1507 sur la Fischerinsel, qui n'a pas survécu à la guerre. Elle a été reconstruite sur la Propststrasse.

Intérieur de la Nikolaikirche, l'une des plus vieilles églises de Berlin

Nikolaikirche ❸

Nikolaikirchplatz. **Plan** 7 C3. **Tél.** 24 00 2162. 🇺 et Ⓢ *Alexanderplatz.* 🇺 *Klosterstrasse.* 🚌 *100, 147, 200, 248, M48, TXL.* ◻ *t.l.j. 10h-18h.* ♿

Le plus ancien édifice sacré de Berlin a pour origine une église romane entreprise vers 1230, au moment où la ville obtint ses privilèges municipaux. Il ne reste de ce sanctuaire que l'assise en granit de la façade, dominée par les deux flèches. La construction de l'église-halle actuelle, à l'aspect caractéristique du gothique du Brandebourg, commença en 1380 et dura jusqu'au milieu du xve siècle. Le presbytère fut achevé vers 1402.

Le double clocher date d'une restauration dirigée en 1877 par Hermann

Au bord de l'eau dans Nikolaiviertel

Blankenstein. L'intérieur perdit alors la majeure partie de l'ornementation baroque qu'il avait à l'époque. Une chapelle donne une image de sa richesse.

Ravagée par les bombardements pendant la Seconde Guerre mondiale, la Nikolaikirche ne fut reconstruite qu'en 1987. Elle abrite la collection d'art religieux du Märkisches Museum *(p. 84)* et une exposition sur l'histoire de Berlin qui complète celle de ce musée. Dans la nef sud, le monument à la mémoire de l'orfèvre Daniel Mannlich et de son épouse, dominé par un portrait du couple en relief doré, est d'Andreas Schlüter.

Knoblauchhaus ❹

MAISON KNOBLAUCH

Poststr. 23. **Plan** 7 C3. **Tél.** 24 00 2162. Ⓤ et Ⓢ *Alexanderplatz*, Ⓤ *Klosterstrasse*. 🚌 *100, 147, 200, 347, TXL*. ⭕ *mar. et jeu.-dim.*, *10h-18h, mer. 12h-20h*. ♿

Ce petit immeuble de la Poststrasse, le seul bâtiment baroque du Nikolaiviertel à ne pas avoir subi de dégâts pendant la Seconde Guerre mondiale, appartenait à la famille de l'architecte Eduard Knoblauch, à qui l'on doit, entre autres, la Neue Synagoge *(p. 102)*.

Construit en 1759, il prit son apparence actuelle lors du remaniement qui donna à sa façade un aspect néoclassique. Le musée qui occupe les étages propose la reconstitution d'un appartement bourgeois du début du XIXᵉ siècle, meublé dans le style Biedermeier.

Palais Schwerin and Münze ❺

Molkenmarkt 1-3. **Plan** 7 C4. Ⓤ et Ⓢ *Alexanderplatz*. Ⓤ *Klosterstrasse*. 🚌 *100, 147, 200, 347, TXL*.

Ces deux maisons mitoyennes ont des histoires très différentes. Jean de Bodt édifia en 1704 la plus

Un bel exemple d'architecture baroque : l'Ephraim-Palais

ancienne, au n° 3, pour le ministre Otto von Schwerin. Malgré un remaniement ultérieur, le palais a conservé des corniches sculptées, son bel escalier intérieur et le cartouche où apparaissent les armoiries de la famille von Schwerin.

Bâti en 1936 pour abriter le nouvel hôtel de la Monnaie (Münze), l'immeuble voisin porte en façade une frise qui ornait son prédécesseur néoclassique situé sur le Werderscher Markt. L'atelier de Gottfried Schadow en assura l'exécution.

Ephraim-Palais ❻

Poststr. 16. **Plan** 7 C3. **Tél.** 24 00 2162. Ⓤ et Ⓢ *Alexanderplatz*. Ⓤ *Klosterstrasse*. 🚌 *100, 147, 200, 347, TXL*. ⭕ *mar. et jeu.-dim. 10h-18h, mer. 12h-20h*. ♿

Au croisement de la Poststrasse et du Mühlendamm s'élève le « plus bel angle de Berlin » *(die schönste Ecke Berlins)* : l'Ephraim-Palais.

Friedrich Wilhelm Diterichs

construisit en 1776 cette demeure baroque pour Nathan Veitel Heinrich Ephraim, le joaillier de la cour et le banquier de Frédéric II. La démolition de l'édifice fut décrétée en 1935 pour permettre l'élargissement du pont du Mühlendamm. En pleine période nazie, cette décision avait sans doute aussi pour cause le nom juif qu'il portait. On sauvegarda toutefois des parties de la façade dans un entrepôt qui se retrouva à l'Ouest après la partition de la ville à la fin de la guerre. Les autorités les donnèrent à Berlin-Est en 1983 afin de permettre la reconstruction du palais à quelques mètres de son emplacement d'origine.

L'une des salles du premier étage renferme un plafond baroque dessiné par Andreas Schlüter. Il provient du palais Wartenberg qui a été démantelé en 1889. L'Ephraim-Palais appartient au Stadtmuseum Berlin. Le palais propose au rez-de-chaussée une série d'intéressantes expositions temporaires qui retracent l'histoire artistique et culturelle de Berlin.

Frise de la façade de l'hôtel de la Monnaie (Münze)

Gerichtslaube ❼

Poststrasse 28. **Plan** 7 C3.
Tél. 241 56 97. 🇺 et Ⓢ
Alexanderplatz. 🇺 *Klosterstrasse.*
🚌 100, 200, 248, M48, TXL.

Le Gerichtslaube a connu une histoire mouvementée. Construit vers 1280, il faisait partie de l'ancien hôtel de ville qui bordait à cette époque la Spandauer Strasse. Il ne possédait alors qu'un niveau, et la justice était rendue en rez-de-chaussée sous des voûtes qui reposaient sur un pilier central, protégeant un espace ouvert sur trois côtés. En 1485, l'ajout d'un étage permit de doter l'institution d'une salle. Celle-ci reçut ses voûtes à croisillons en 1555.

En 1692, Johann Arnold Nering ne toucha pas au petit tribunal gothique quand il remania l'hôtel de ville dans le style baroque. Au XIXe siècle, ce dernier devint trop exigu et fut démoli pour permettre la construction du Rotes Rathaus *(p. 90)* à partir de 1861. Sa partie baroque a disparu à jamais, mais l'arcade médiévale et la salle de l'étage furent remontées, sous la forme d'un édifice autonome, dans les jardins du palais de Babelsberg *(p. 210-211)*.

Le Gerichtslaube qui borde la Poststrasse n'est qu'une copie datant de la reconstitution du Nikolaiviertel. Elle occupe un site différent du tribunal d'origine, et abrite un restaurant qui sert des spécialités berlinoises.

Marx-Engels-Forum ❽

Plan 7 C3, 16 F2. Ⓢ *Hackescher Markt ou Alexanderplatz.*
🚌 100, 200, 248, M48, TXL.

Typique des aménagements urbains du socialisme triomphant, cette vaste place nue s'étend de la Neptunbrunnen à la Spree. Aucun bâtiment ne justifie son nom de « forum ». L'esplanade ne renferme en

Statues de Karl Marx et Friedrich Engels au Marx-Engels-Forum

fait que les statues de Karl Marx datées de 1986 (assis) et de Friedrich Engels. En raison de l'extension d'une ligne souterraine entamée en 2010, les statues seront déplacées et l'esplanade sera fermée pendant plusieurs années. Une fois les travaux achevés, la ville prévoit de reconstruire entièrement la place plutôt que de la restaurer.

DDR Museum ❾

Karl-Liebknecht-Strasse 1.
Plan 7 B3, 16 F2. Ⓢ *Hackescher Markt.* 🚌 100, 200.
www.ddr-museum.de

Situé le long de la Spree, en face de la cathédrale de Berlin, ce musée interactif retrace la vie quotidienne des Allemands dans l'ancienne RDA et montre à quel point la police secrète surveillait les Berlinois. On y découvre la reproduction d'un salon typique de l'époque et une vraie Trabant *(p. 29)*.

Heiliggeistkapelle ❿

CHAPELLE DU SAINT-ESPRIT

Spandauer Strasse 1. **Plan** 7 B2, 16 F2. Ⓢ *Hackescher Markt.* 🚌 100, 200, 248, M48, TXL.
🚊 M4, M5, M6.

Le dernier vestige de l'hospice du Saint-Esprit, fondé pendant la deuxième moitié du XIIIe siècle à l'intérieur des remparts, est aussi la dernière chapelle d'hôpital qui subsiste à Berlin. Reconstruite au XVe siècle, elle offre un bel exemple d'architecture gothique en brique avec son intérieur

dépouillé sous une voûte en étoile, reposant sur des consoles décorées de portraits de saints et de prophètes.

Après la démolition de l'hôpital en 1825, la chapelle fut intégrée en 1906 à l'École supérieure de commerce dont Cremer et Wolffenstein dessinèrent les bâtiments.

Neptunbrunnen ⓫

FONTAINE DE NEPTUNE

Spandauer Str. (Rathausvorplatz).
Plan 7 C3. Ⓢ et 🇺 *Alexanderplatz.*
🚌 100, 200, 248, M48, TXL.

L'exubérante fontaine de Neptune, dont les jets d'eau animent la perspective de l'hôtel de ville au milieu de parterres de fleurs, est une création de Reinhold Begas. Elle se dressait jadis devant le mur sud du Stadtschloss, le palais des Hohenzollern, et n'occupe son emplacement actuel que depuis 1969.

Les allégories féminines entourant le dieu latin de la Mer représentent les quatre plus grands cours d'eau qui traversaient le territoire de l'Empire allemand à la fin du XIXe siècle : le Rhin, la Vistule, l'Oder et l'Elbe.

Begas n'a pas le talent du Bernin, mais on remarquera l'attention portée aux détails tels que poissons, crustacés et filets de pêche.

La fontaine de Neptune

Marienkirche ⓬

ÉGLISE SAINTE-MARIE

Voir p. 94-95.

Fernsehturm ⓭

La tour de la Télévision, que les Berlinois surnomment l'Asperge (*Telespargel*), mesure 365 m, ce qui en fait le plus haut bâtiment de la capitale allemande et l'un des plus hauts d'Europe. La tour a été construite en 1969, d'après les plans d'architectes tels que Fritz Dieter et Günter Franke, assistés par des experts suédois. Mais la construction de cette tour colossale avait été envisagée par Hermann Henselmann (le responsable du réaménagement de la Karl-Marx-Allee) dès les années 1950.

MODE D'EMPLOI

Panoramastrasse. **Plan** 7 C2.
Tél. 242 33 33. Ⓢ et Ⓤ Alexanderplatz. 🚌 100, 200, M48, TXL. 🚊 M2, M4, M5, M6.
⏰ mars-oct. : t.l.j. 9h-minuit ; nov.-fév. : t.l.j. 10h-minuit.

Plate-forme panoramique
Située à l'intérieur de la sphère recouverte d'acier, elle domine le sol de 203 m.

Antenne de télévision

Réémetteur

Vue d'ensemble
Il existe peu d'endroits à Berlin d'où l'on ne voit pas la Fernsehturm. La base de la tour renferme la billetterie et l'accès aux ascenseurs.

Des plaques d'acier couvrent la sphère.

Colonne en béton haute de 250 m

Le puits en béton contient deux ascenseurs qui desservent la plate-forme et le café.

Les ascenseurs n'ont qu'une faible capacité et créent de longues files d'attente.

Tele-Café
Ce café de 200 places effectue une rotation complète en environ une demi-heure, le temps de siroter une consommation tout en découvrant l'ensemble de la ville.

Vue depuis la tour
Par temps clair, la plate-forme panoramique offre une vue des environs de Berlin qui porte jusqu'à 40 km.

Marienkirche ⑫

L'église Sainte-Marie a pour origine une église paroissiale dont l'édification commença vers 1280. Un incendie imposa sa reconstruction en 1380, et elle prit alors la forme d'une église-halle avec ses trois nefs de même hauteur. Son clocher est un ajout du XVe siècle dont le couronnement, dessiné par Carl Gotthard Langhans, date de 1790. La Marienkirche paraît aujourd'hui étrangement isolée au pied de la Fernsehturm, mais elle se dressait avant la guerre au cœur d'un quartier densément construit. Le contraste entre la sobriété de ses lignes gothiques et une riche décoration intérieure en fait une des églises les plus intéressantes de Berlin.

Tour
Le haut du clocher associe éléments baroques et néogothiques.

Crucifixion
Michael Ribestein peignit en 1562 ce tableau maniériste où Moïse et saint Jean-Baptiste encadrent le Christ.

La « danse macabre »
(Totentanz), fresque gothique longue de 22 m, date de 1485.

Retable
L'histoire n'a pas retenu le nom des trois moines figurant sur cette œuvre gothique du XVe siècle.

À NE PAS MANQUER

★ Chaire

★ Fonts baptismaux

Entrée principale

★ Chaire

Sculptée dans l'albâtre par Andreas Schlüter et achevée en 1703, elle se dresse près du quatrième pilier. Les sculptures représentent saint Jean-Baptiste et des allégories des Vertus.

MODE D'EMPLOI

Karl-Liebknecht-Str 8. **Plan** 7 C2. **Tél.** 242 44 67. Ⓢ et Ⓤ Alexanderplatz. 🚌 100, 200, 248, TXL, M48. 🚊 M4, M5, M6. ◯ t.l.j. 10h-20h (hiver 19h).

Tombeau de la famille von Röbel

Le sarcophage richement décoré d'Ehrentreich et d'Anna von Röbel a probablement été réalisé après 1630.

Maître-autel

Christian Bernhard Rode peignit les tableaux qui décorent le maître-autel baroque dessiné par Andreas Krüger vers 1762. Le Christ au mont des Oliviers et Thomas doutant entourent une Descente de Croix.

★ Fonts baptismaux

Gothiques, ils datent de 1437. Les portraits qui ornent la cuve soutenue par trois dragons représentent le Christ, Marie et les apôtres.

Le magnifique escalier Jugendstil du Stadtgericht

Alexanderplatz ⓮

Plan 8 D2. **Ⓤ** et **Ⓢ** *Alexanderplatz.*
🚌 *100, 200, 248, M48, TXL.*
🚊 *M5, M6, M8.*

L'Alexanderplatz a une riche histoire, mais ne conserve que peu de traces de son passé. Elle a pour origine l'Ochsenmarkt, marché aux bestiaux et aux laines qui prit le nom du tsar Alexandre Iᵉʳ lorsque celui-ci se rendit à Berlin en 1805. À l'époque, une colonnade baroque dessinée par Carl von Gontard *(p. 176)* ornait l'accès à la place.

Immeubles d'habitation, ateliers et commerces se multiplièrent autour d'un nœud de circulation où convergeaient neuf rues et plusieurs lignes de métro, de tram et d'autobus, et le quartier devint au début du XXᵉ siècle la ruche urbaine qui inspira à Alfred Döblin (1878-1957) son roman *Berlin Alexanderplatz.*

Un projet d'aménagement décidé en 1929 n'ira pas plus loin que la construction de deux immeubles de bureaux conçus par Peter Behrens : l'Alexanderhaus et le Berolinahaus. Si ces derniers existent toujours, il ne restait à la fin de la Seconde Guerre mondiale qu'un champ de ruines des autres bâtiments. La tour de l'actuel Park Inn Hotel témoigne du manque d'imagination dont firent preuve les autorités de la RDA pour utiliser cet espace. Un projet de réhabilitation devrait bientôt rendre à la place un visage plus agréable.

Stadtgericht ⓯

TRIBUNAL MUNICIPAL

Littenstrasse 13-17. **Plan** 8 D3.
Ⓤ et **Ⓢ** *Alexanderplat.*
Ⓤ *Klosterstrasse.* 🚌 *100, 248.*
🚊 *M2.*

Cet imposant édifice néobaroque donnant sur la Littenstrasse n'a pas, à première vue, un aspect très engageant, mais il renferme un escalier qui est un véritable chef-d'œuvre du Jugendstil, l'Art nouveau allemand et autrichien.

Entrepris en 1896 sur des plans de Paul Thomer et Rudolph Mönnich, le tribunal prit sa forme définitive en 1905 sous la direction d'Otto Schmalz. C'était alors le plus grand bâtiment de Berlin

après le Stadtschloss, et il renfermait, autour de onze cours intérieures, un labyrinthe de couloirs et de salles. Il connut une démolition partielle en 1969, mais a heureusement conservé son gracieux escalier qui joue de références gothiques et baroques.

Franziskaner Klosterkirche ⓰

ÉGLISE DU COUVENT FRANCISCAIN

Klosterstrasse 74. **Plan** 8 D3.
Ⓤ *Klosterstrasse.* 🚌 *248.*

Les franciscains s'établirent à Berlin dès le début du XIIIᵉ siècle, et ils construisirent près des remparts, entre 1250 et 1265, une église et un couvent qui traversèrent les siècles presque sans changement jusqu'en 1945.

Le sanctuaire avait la forme d'une basilique à triple nef qu'agrandit une section heptagonale ajoutée vers 1300. Le monastère passa aux mains des protestants en 1571, et ceux-ci utilisèrent ses bâtiments pour fonder un lycée renommé qui compta parmi ses élèves Otto von Bismarck, Gottfried Schadow et Karl Friedrich Schinkel.

Il en restait si peu à la fin de la Seconde Guerre mondiale que les derniers vestiges de l'édifice furent rasés, à l'exception des restes de l'église. Ces hauts pans

Ruine de l'église de l'ancien couvent franciscain de Berlin

percés d'ouvertures en ogive ont été consolidés en 1951, et l'église est en cours de reconstruction.

Les deux chapiteaux corinthiens proviennent d'un portail du Stadtschloss (*p. 74*).

Le palais Podewils fut remanié à deux reprises

Palais Podewils ⓱

PALAIS PODEWILS

Klosterstrasse 68-70. **Plan** 8 D3.
🆄 *Klosterstrasse*. 🚌 248.

Le conseiller à la cour Caspar Jean de Bodt fit construire entre 1701 et 1704 cette charmante demeure baroque qui se dresse en retrait de la rue, mais elle a gardé le nom du propriétaire qui lui succéda : le ministre von Podewils, qui en prit possession en 1732. Le bâtiment a connu deux restaurations, en 1954 puis en 1966 après un incendie. L'extérieur a conservé sa sobre élégance, mais l'intérieur a été entièrement réaménagé. Jusqu'au milieu des années 2000, le palais Podewils abrita un centre culturel qui programmait des concerts, des ballets et l'Internationales Forum des Jungen Films.

Parochialkirche ⓲

ÉGLISE PAROISSIALE

Klosterstr. 67. **Plan** 8 D3. **Tél.** 247 595 10. 🆄 *Klosterstrasse*. 🚌 248.
🕐 *lun.-ven.* 10h-16h.

Selon le projet initial, dessiné par Johann Arnold Nering, la plus ancienne église baroque

de Berlin devait posséder une tour centrale entourée de quatre chapelles. Son architecte eut l'infortune de mourir au moment où la construction débutait en 1695, et Martin Grünberg poursuivit les travaux. Malheureusement, des voûtes s'effondrèrent juste avant leur achèvement et il dut modifier les plans. Il remplaça la tour centrale par une tour frontale et un vestibule, ce qui permit d'achever l'édifice en 1703. Il fallut toutefois agrandir le clocher dès 1714 pour y loger un carillon. Ce remaniement fut confié à Jean de Bodt.

Médaillon de la Parochialkirche baroque

La Seconde Guerre mondiale eut des conséquences dévastatrices pour la Parochialkirche. L'intérieur fut entièrement détruit et la tour s'effondra. Après consolidation de la structure principale, la façade a été restaurée et l'intérieur, simple, a été décoré à l'aide de reproductions d'éléments historiques.

Gaststätte Zur letzten Instanz ⓳

TAVERNE DE
LA DERNIÈRE INSTANCE

Waisenstrasse 14-16. **Plan** 8 D3.
🆄 *Klosterstrasse*. 🚌 248.

En prenant la ruelle derrière la Parochialkirche, on débouche directement sur l'un des plus vieux débits de boissons de Berlin. Fondée en 1621, la Taverne de la Dernière Instance doit son nom à la proximité du

tribunal et à la clientèle d'avocats que cette situation lui valait.

La maison qu'elle occupe sur la Waisenstrasse forme, avec ses trois voisines, un ensemble pittoresque. Ces demeures existaient déjà au Moyen Âge, mais leur forme actuelle date du XVIIIe siècle. Il fallut les reconstruire presque intégralement après la dernière guerre. L'une d'elles reçut à l'occasion son escalier en colimaçon rococo, provenant d'une maison de la Fischerinsel. Zur letzten Instanz a compté des célébrités telles que le dessinateur Heinrich Zille. Les souvenirs qui composent son décor attirent une clientèle cosmopolite autour de son poêle en faïence (*p. 237*).

Stadtmauer ⓴

MUR D'ENCEINTE

Waisenstrasse **Plan** 8 D3.
🆄 *et* Ⓢ *Alexanderplatz* .
🆄 *Klosterstrasse*. 🚌 248.

Les premières fortifications qui protégeaient les villages de Berlin et de Cölln remontent à la seconde moitié du XIIIe siècle. Au XIVe, les habitants surélevèrent cette enceinte faite de pierre brute et de brique, mais ces rustiques remparts médiévaux avaient perdu tout intérêt militaire au XVIIe siècle, et ils furent presque entièrement démantelés. Il n'en subsiste que quelques pans, autour de la Waisenstrasse, qui échappèrent à la destruction.

Vestige de l'enceinte médiévale

DU SCHEUNENVIERTEL À L'HAMBURGER BAHNHOF

L e quartier qui s'étend au nord-ouest d'Alexander-platz entre la Karl-Liebknecht-Strasse et la Friedrichstrasse est l'ancien Spandauer Vorstadt, qui se développa autour de la route de Spandau, l'actuelle Ora-nienburger Strasse. Sa partie la plus orientale prit le nom de Scheu-nenviertel (quartier des Granges) à cause des greniers à foin qu'on y déplaça après que le Grand Électeur, en 1672, les eut interdits dans l'en-ceinte de la ville pour limiter les risques d'incendie. Au début du XXᵉ siècle, le Scheunenviertel abritait la communauté la plus pauvre de la

Détail du Postfuhramt

ville, des juifs venus de Russie et d'Europe centrale, et tripots et maisons de passe abon-daient dans ses ruelles parmi les petites boutiques et les échoppes. Dans les années 1920, la modicité des loyers attira aussi des artistes, des écrivains et des activistes politiques. Tombé en décrépitude après la Seconde Guerre mondiale, le quartier des Granges est à nouveau en vogue : des maisons rénovées et des restaurants chic voisinent avec des immeubles dégradés et des bâtiments cachés par les échafaudages. Les Berlinois aiment venir s'y promener, en particulier le soir.

LE QUARTIER D'UN COUP D'ŒIL

Rues et parc
Alte et Neue
  Schönhauser Strasse ⑩
Monbijoupark ④
Oranienburger Strasse ③
Sophienstrasse ⑨

Église et synagogue
Neue Synagoge ①
Sophienkirche ⑧

Théâtres
Berliner Ensemble ⑬
Deutsches Theater ⑭
Friedrichstadtpalast ⑫
Volksbühne ⑪

Musées
Brecht-Weigel-Gedenkstätte ⑰
Centrum Judaicum ②

Hamburger Bahnhof
  p. 110-111 ⑲
Museum für Naturkunde ⑱

Cimetières
Alter Jüdischer Friedhof ⑦
Dorotheenstädtischer Friedhof
  p. 106-107 ⑯

Autres
Charité ⑮
Gedenkstätte Grosse
  Hamburger Strasse ⑥
Hackesche Höfe ⑤

COMMENT Y ALLER
Les lignes de S-Bahn 1 et 2 desservent l'Oranienburger Strasse, les lignes 3, 5, 7 et 9 longent le sud du quartier et s'arrêtent à Hauptbahnhof, Friedrichstrasse et Hackescher Markt. La ligne 6 du U-Bahn passe par la station Oranienburger Tor, la 8 par Weinmeisterstrasse et la 2 par Rosa-Luxemburg-Platz.

LÉGENDE

⬛ Plan pas à pas
p. 100-101

Ⓤ Station de U-Bahn

Ⓢ Station de S-Bahn

🚋 Arrêt de tramway

🚌 Arrêt d'autobus

🚉 Gare ferroviaire

ℹ Information touristique

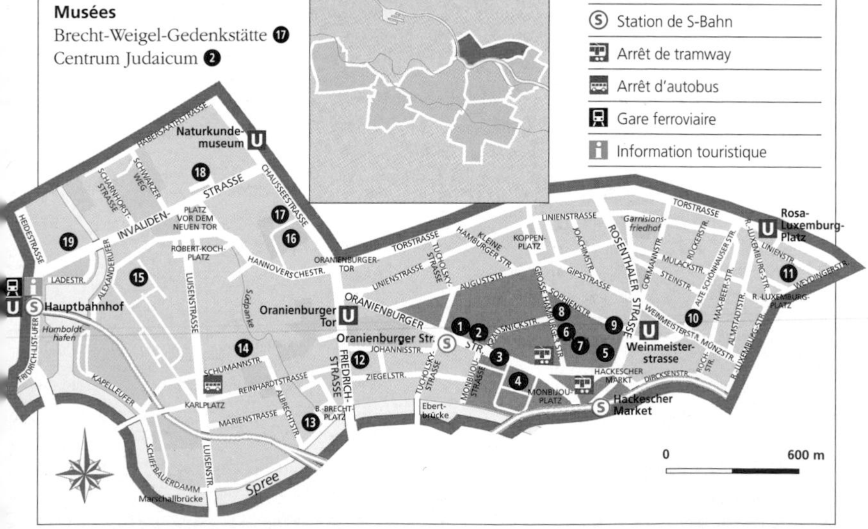

◁ **La première cour des Hackesche Höfe**

Le Scheunenviertel pas à pas

Au XIXᵉ siècle, la communauté juive de
Berlin connut une période de prospérité
dont témoigne la Neue Synagoge. Toutefois,
la Gestapo vida le quartier d'une grande part
de ses habitants, et un mémorial rappelle
qu'elle utilisait une maison de retraite comme
centre de détention temporaire. Dévasté par
les bombes des Alliés, le Scheunenviertel
continua de se dégrader pendant près de
cinquante ans après la Seconde Guerre
mondiale. Après la chute du Mur, il a été
fortement rénové, et de nombreux bars
en font désormais le soir un des lieux les
plus animés de l'ancien Berlin-Est.

★ **Neue
Synagoge**
*Une
rénovation
a rendu ses
dorures à la
coupole de
la Nouvelle
Synagogue* ❶

Le Postfuhramt
servait à l'origine
d'écurie pour les
chevaux de la Poste.
Il possède une façade
néo-Renaissance
richement décorée
de carreaux vernissés
et de reliefs en terre
cuite.

Centrum Judaicum
*À côté de la Neue
Synagoge, le Centre
juif conserve des
documents sur
l'histoire de la
communauté
juive de
Berlin* ❷

TUCHOLSKY STRASSE

ORANIENBURGER STRASSE

LÉGENDE

- - - Itinéraire conseillé

Heckmann-Höfe
*Cette cour somptueusement
restaurée, la plus élégante de
Berlin, attire les visiteurs avec
un restaurant et des boutiques.*

À NE PAS MANQUER

★ Neue Synagoge

★ Hackesche Höfe

S-Bahn

Sophienkirche
La reine Sophie-Louise fonda cette petite église baroque en 1712 **8**

CARTE DE SITUATION
Voir atlas des rues, plans 1 et 6

Gedenkstätte Grosse Hamburger Strasse
Ce modeste mémorial marque l'emplacement de la première maison de retraite juive de la ville **6**

Dorotheen-
städtischerfriedhof

GROSSE HAMBURGER STRASSE

★ Hackesche Höfe
Cette pittoresque série de cours communicantes abrite des cinémas et des galeries d'art **5**

0   50 m

Alter Jüdischer Friedhof
Un parc arboré occupe le site du premier cimetière juif de Berlin, détruit par la Gestapo en 1943 **7**

HACKESCHER MARKT

Fernsehturm
(tour de la
Télévision)

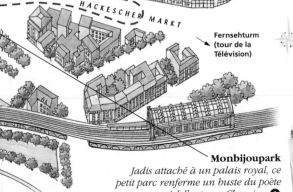

Monbijoupark
Jadis attaché à un palais royal, ce petit parc renferme un buste du poète Adelbert von Chamisso **4**

Neue Synagoge ❶

NOUVELLE SYNAGOGUE

Oranienburger Str. 30. **Plan** 7 A1. **Tél.** *880 28 316.* Ⓢ *Oranienburger Strasse.* 🚌 *240.* 🚊 *M1, M6, 12.* ☐ *mars-oct. : dim., lun. 10h-20h, mar.-jeu. 10h-14h (avr.-sept. : ven. 17h), nov.-fév. : dim.-lun.10h-18h.* 📷 ⚫ *fêtes juives.* 🚫

Entreprise en 1859, la construction de la Nouvelle Synagogue dura jusqu'en 1866. Avec ses deux tours encadrant une façade étroite, cet édifice néobyzantin-mauresque, dessiné par Eduard Knoblauch, répondait avec élégance aux problèmes posés par un terrrain asymétrique. La coupole protégeait une salle circulaire qui distribuait plusieurs petites pièces, dont une antichambre et deux salles de prière. Les deux tours ouvraient sur l'escalier conduisant aux tribunes. Le sanctuaire pouvait accueillir trois mille fidèles. Knoblauch utilisa les techniques les plus modernes de l'époque pour réaliser l'ossature du toit.

Incendiée par les nazis le 9 novembre 1938 lors de la Kristallnacht *(p. 28-29),* ravagée ensuite par les bombardements alliés en 1943, la plus grande synagogue de Berlin fut finalement démolie en 1958. La reconstruction de la façade et de la coupole a commencé en 1988. Le Centrum Judaicum propose, dans la partie rebâtie, une exposition sur l'histoire de la Neue Synagoge et le rôle culturel de la communauté juive dans le développement de Berlin.

Le Centrum Judaicum comprend une bibliothèque et un centre de recherche

Centrum Judaicum ❷

CENTRE JUIF

Oranienburger Strasse 28-30. **Plan** 7 A1. **Tél.** *880 28 316.* Ⓢ *Oranienburger Strasse.* 🚌 *240.* 🚊 *M1, M6, 12.* ☐ *mars-oct. : dim., lun. 10h-20h, mar.-jeu. 10h-14h (avr.-sept. : ven. 17h), nov.-fév. : dim.-lun.10h-18h.* 📷 ⚫ *fêtes juives.* 🚫

Les policiers qui montent la garde en permanence à l'entrée du Centre juif le rendent aisé à reconnaître. Par mesure de sécurité, tous les visiteurs doivent se plier à un contrôle au détecteur de métal effectué par des vigiles.

Le Centrum Judaicum occupe l'ancien siège du Conseil de la communauté juive, et il comprend une bibliothèque, des archives et un centre de recherche consacrés à l'histoire et à l'héritage culturel des juifs de Berlin. Une exposition développe ces sujets dans la partie restaurée de la Neue Synagoge voisine. Elle évoque en particulier l'influence du philosophe Moses Mendelssohn. À côté du centre, le restaurant Oren sert des spécialités juives et du Moyen-Orient *(p. 238).*

Oranienburger Strasse ❸

Plan 6 F1, 7 A1 et 7 B2. 🚌 *240.* Ⓢ *Oranienburger Strasse ou Hackescher Markt.* 🚊 *M1, M6, 12.*

La rue principale du Scheunenviertel possède de nombreux bars, cafés et restaurants qui lui donnent une vie nocturne très animée. À l'angle de la Friedrichstrasse se dresse le Tacheles, un ancien grand magasin transformé par des squatters en centre culturel alternatif. Malgré la réputation de ses expositions d'avant-garde, son avenir est aujourd'hui compromis par un projet immobilier. Néanmoins, le quartier renferme toujours des galeries d'art à visiter. Vous y découvrirez aussi d'intéressants bâtiments, tel l'immeuble aux nᵒˢ 71-72

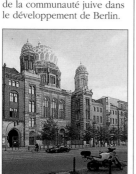

Façade et dôme restaurés de la Neue Synagoge

MOSES MENDELSSOHN (1729-1786)

Arrivé à Berlin en 1743, Moses Mendelssohn s'imposa comme l'un des plus grands philosophes allemands du XVIIIᵉ siècle. Il fut une figure centrale de la lutte des juifs pour le droit à la citoyenneté, un combat de longue haleine puisqu'il fallut attendre 1812 et l'édit d'Émancipation pour qu'ils deviennent à Berlin des citoyens à part entière. Ami de l'écrivain Gotthold Ephraim Lessing, qui l'immortalisa sous les traits du personnage de Nathan le Sage, il eut pour petit-fils le compositeur Felix Mendelssohn-Bartholdy.

Oranienburger Strasse, construit en 1789 par Christian Friedrich Becherer pour la Grande Loge maçonnique d'Allemagne.

Monbijoupark ❹

PARC MONBIJOU

Oranienburger Strasse. **Plan** 7 B2.
Ⓢ *Oranienburger Strasse ou Hackescher Markt.* 🚌 *240.*
🚊 *M1, M6, 12.*

Ce petit parc offre un cadre agréable où se détendre dans une partie de la ville pauvre en espaces verts. Situé entre l'Oranienburger Strasse et la Spree, il comporte une pataugeoire où les enfants peuvent se rafraîchir et un buste du poète Adelbert von Chamisso. Le jardin entourait jadis le palais Monbijou qu'habita la princesse Sophie-Dorothée. Les autorités de la RDA décidèrent en 1960 de démolir la demeure très endommagée pendant la Seconde Guerre mondiale.

Hackesche Höfe ❺

Rosenthaler Strasse 40-41.
Plan 7 B1, 7 B2. Ⓢ *Hackescher Markt.* 🚊 *M1, M6, 12.*

L'immense corps de bâtiments des Hackesche Höfe, nommé d'après les neuf cours qui forment un dédale à l'intérieur, s'étend de l'angle de l'Oranienburger Strasse et de la Rosenthaler Strasse jusqu'à la Sophienstrasse. Ce

Façade au décor Sécession dans une cour des Hackesche Höfe

labyrinthe est le plus vaste de ce type en Allemagne. Il s'est formé au gré de constructions anarchiques au cours du XXᵉ siècle, mais plusieurs des immeubles qui dominent les cours ont été rénovés en 1906 par Kurt Berendt et August Endell. Leur décoration en carreaux de céramique s'apparente au style de la Sécession.

Endommagé pendant la guerre, le complexe continua à se délabrer jusqu'à la chute du Mur, et trois ans de travaux ont été nécessaires pour qu'il retrouve sa splendeur d'origine.

Devenu un des lieux branchés de Berlin, il abrite aujourd'hui des cinémas, des restaurants, des cafés, des galeries d'art, des studios de photo et même un théâtre : le Hackesche Hoftheater. Les anciens locataires ont toutefois pu conserver leurs logements.

Gedenkstätte Grosse Hamburger Strasse ❻

MÉMORIAL GROSSE HAMBURGER STRASSE

Grosse Hamburger Strasse.
Plan 7 B1. Ⓢ *Hackescher Markt.*
🚊 *M1, M4, M5, M6, 12.*

La Grosse Hamburger Strasse est l'un des pôles historiques de l'ancien quartier juif, et elle renfermait plusieurs écoles, une maison de retraite et le premier cimetière juif de Berlin fondé en 1672, qui fut utilisé jusqu'en 1827. En 1941, la Gestapo transforma la maison de retraite en centre de regroupement, et des milliers de juifs berlinois y transitèrent avant de partir pour les camps d'Auschwitz et de Theresienstadt. Le bâtiment a été démoli, mais un groupe sculpté et une plaque commémorative entretiennent sur le site le souvenir de ces victimes du nazisme.

Non loin, au n° 27, l'école juive fondée en 1778 par Moses Mendelssohn a été rouverte en 1993. L'immeuble qui occupait les nᵒˢ 15-16 n'a pas survécu aux bombardements de la Seconde Guerre mondiale. L'espace vide est devenu une installation de l'artiste Christian Boltanski : *La Maison manquante.* Des plaques portent les noms et les professions de ses anciens habitants permettant de se souvenir du passé.

Le Gedenkstätte Grosse Hamburger Strasse, groupe sculpté à la mémoire des victimes berlinoises de l'Holocauste

Alter Jüdischer Friedhof ➐

VIEUX CIMETIÈRE JUIF

Grosse Hamburger Strasse.
Plan 7 B2. Ⓢ *Hackescher Markt.*
🚊 *M1.*

Fondé en 1672, le premier cimetière de la communauté juive de Berlin ferma en 1827. Les juifs de la ville eurent pour dernière demeure des cimetières situés sur la Schönhauser Allee et la Herbert-Baum-Strasse *(p. 168)*. Les nazis démolirent l'Alter Jüdischer Friedhof en 1943, et le site devint un parc en 1945. Un mur conserve quelques *masebas* (pierres tombales) baroques, derniers témoins du passé. La pierre tombale érigée sur la tombe du philosophe Moses Mendelssohn *(p. 102)* date de 1990.

Pierre tombale de Moses Mendelssohn

Sophienkirche ➑

Grosse Hamburger Str. 29. **Plan** 7 B1. **Tél.** 308 79 20. Ⓢ *Hackescher Markt.* Ⓤ *Weinmeisterstrasse.* 🚊 *M1, M4, M5, M6.* ◯ *mai-sept. : mer. 15h-18h, sam. 15h-17h.* 🏳 *dim. 10h.*

Il faut franchir un pittoresque portail en fer forgé pour atteindre cette petite église baroque, qui s'élève en retrait de la rue au bout d'un passage étroit entre des

La Sophienkirche baroque a conservé sa chaire du XVIIIᵉ siècle

Immeubles du XVIIIᵉ siècle le long de la Sophienstrasse

immeubles. La reine Sophie-Louise, épouse de Frédéric Iᵉʳ, commanda sa construction en 1712, dotant ainsi le nouveau faubourg Spandauer Vorstadt *(p. 99)* de son premier lieu de culte. Johann Friedrich Grael dessina la tour construite entre 1729 et 1735.

En 1892, un presbytère fut ajouté, respectant le caractère baroque du sanctuaire. L'intérieur fut rénové lors de ce remaniement, mais a conservé de nombreux éléments de sa décoration d'origine, en particulier la chaire et les fonts baptismaux. L'orgue date de 1789.

Le petit cimetière qui entoure l'église renferme plusieurs pierres tombales anciennes, dont certaines datent du XVIIIᵉ siècle.

Sophienstrasse ➒

Plan 7 B1. **Sammlung Hoffmann** Sophienstrasse 21. **Tél.** 284 99 121. Ⓢ *Hackescher Markt.* Ⓤ *Weinmeisterstrasse.* 🚊 *M1, M4, M5, M6.* ◯ *sam. 11h-16h, sur r.-v.* 📷

L'urbanisation de cette partie de la ville commença à la fin du XVIIᵉ siècle, et la Sophienstrasse devint un temps la rue principale du Spandauer Vorstadt. Le quartier fut l'un des premiers de Berlin-Est où les autorités optèrent pour la restauration des immeubles existants plutôt que de les démolir afin de construire du neuf, et il connut une importante réhabilitation dans les années 1980. Ses modestes mais charmantes maisons néo-Renaissance datent des XVIIIᵉ et XIXᵉ siècles. Elles abritent aujourd'hui des ateliers d'artisanat, des bars accueillants, des boutiques originales et d'intéressantes galeries d'art.

Bâti en 1852, l'immeuble qui occupe le n° 18 reçut son double portail décoré de terre cuite lors d'une rénovation entreprise en 1904 par Joseph Franckel et Theodor Kampfmeyer pour le compte de la Chambre des métiers de Berlin. Cette institution, fondée en 1844, y installa son siège en 1905 et c'est là qu'eut lieu, le 14 novembre 1918, une importante réunion publique de la Ligue spartakiste *(p. 132)* qui venait de se constituer. Deux mois plus tard, le 15 janvier 1919, ses chefs, Karl Liebknecht et Rosa Luxemburg, étaient assassinés lors de la répression sanglante d'émeutes ouvrières.

L'entrée principale du n° 21 donne accès à une longue série de cours intérieures menant jusqu'à la Gipsstrasse. L'une de ces cours renferme la **Sammlung Hoffmann,** une galerie d'art moderne privée.

Alte and Neue Schönhauser Strasse ❿

Plan 7 B1, 7 C1. Ⓢ *Hackescher Markt.* Ⓤ *Weinmeisterstrasse.* 🚋 *M1.*

Comme son nom l'indique, la Vieille Rue de Schönhausen est l'une des plus anciennes du Spandauer Vorstadt. Elle reliait le centre de Berlin aux quartiers de Pankow et Schönhausen et devint, aux XVIIIe et XIXe siècles, un lieu de résidence apprécié des riches marchands de la ville. Le prestige du quartier souffrit toutefois au début du XXe siècle de la proximité des taudis du Scheunenviertel *(p. 100-103).* De nombreux ateliers, des boutiques et des bars ouvrirent dans les rues et les cours. De petits commerces ont survécu ici plus longtemps que dans le reste de l'ancien Berlin-Est, et beaucoup de maisons conservaient leur aspect d'avant guerre.

La chute du Mur a bouleversé cette situation. Les bâtiments ont commencé d'être rénovés et des restaurants, des bars et des boutiques de luxe ont remplacé les petits magasins de jadis. Le neuf et l'ancien se côtoient partout. Le n° 14 de la Neue Schönhauser Strasse offre un bon exemple des contrastes créés par l'accélération de l'histoire.

Le Schwarzen Raben, restaurant de la Neue Schönhauser Strasse

La façade clinquante du Friedrichstadtpalast

Construit en 1891 d'après des plans d'Alfred Messel, ce bâtiment de style néo-Renaissance abritait à l'étage la première salle publique de lecture de Berlin et au rez-de-chaussée une *Volkskaffeehaus,* soupe populaire où les pauvres du quartier pouvaient obtenir gratuitement, dans des salles distinctes pour les hommes et les femmes, un bol de soupe et une tasse d'ersatz de café. On vient toujours y manger, mais c'est un restaurant chic, le Schwarzen Raben *(p. 238),* qui y est installé.

Volksbühne ⓫

THEATRE DU PEUPLE

Rosa-Luxemburg-Platz. **Plan** 8 D1. **Tél.** 24 06 55. Ⓤ *Rosa-Luxemburg-Platz.* 🚌 *100, 200, 240.* 🚋 *M2, M8.*

Fondée au début du XXe siècle, l'Association libre de théâtre populaire (Freie Volksbühne) compta jusqu'à près de 100 000 membres. Ils contribuèrent financièrement à la construction d'un théâtre au cœur du quartier du Scheunenviertel.

Bâti en 1913 par Oskar Kaufmann, ce théâtre eut pour premier directeur Max Reinhardt (1873-1943), mais c'est Erwin Piscator (1893-1966) qui, dans les années 1920, établit sa réputation en tant que centre de création. Trop audacieux, Piscator perdra très vite son poste.

Bombardée pendant la Seconde Guerre mondiale, reconstruite en 1954 d'après des plans de Hans Richter, la Volksbühne est redevenue un lieu d'innovation.

Friedrichstadt-palast ⓬

PALAIS FRIEDRICHSTADT

Friedrichstrasse 107. **Plan** 6 F2. **Tél.** 23 26 23 26. Ⓤ *Oranienburger Tor.* Ⓢ *Oranienburger Strasse ou Friedrichstrasse.* 🚌 *147.* 🚋 *M1, 12.*

Les néons roses qui scintillent sur la façade en béton du Friedrichstadtpalast, accrochant les regards des passants, évoquent des plumes d'autruche, symbole universel des revues déshabillées dont l'établissement s'est fait une spécialité. Il renferme 2 000 places assises autour d'un vaste podium qui peut se transformer en arène de cirque ou en patinoire. Une autre scène, dotée d'un équipement technique dernier cri, et une salle de 240 places complètent le dispositif.

Le bâtiment actuel date des années 1980, et il a remplacé un édifice cher au cœur des Berlinois : le Friedrichstadtpalast. Ce dernier était à l'origine une halle de marché qui servit ultérieurement de cirque d'hiver. Marx Reinhardt *(p. 108)* dirigea à partir de 1918 son aménagement en un lieu de spectacle : le Grosse Schauspielhaus. Sous une coupole centrale soutenue par une forêt de colonnes, 5 000 spectateurs prenaient place sur des gradins entourant sur trois quarts de cercle un plateau sans rideau ni rampe. Pour l'inauguration, le 28 novembre 1919, le metteur en scène présenta l'*Orestie* d'Eschyle.

Dorotheenstädtischer Friedhof ⑯

Copie du **Martin Luther** de Schadow

Depuis la Chausseestrasse, il faut prendre un étroit sentier serré entre les murs du cimetière français (Französischer Friedhof) et de la maison de Bertolt Brecht *(p. 109)* pour atteindre le paisible petit cimetière de Dorotheenstadt. Fondé en 1763, il fut agrandi en 1814 et en 1826, mais perdit une partie de sa surface en 1899 lors du prolongement de la Hannoversche Strasse. Il fallut alors déplacer des tombes. De nombreux Berlinois célèbres reposent au Dorotheenstädtischer Friedhof. Les monuments qui leur rendent hommage proviennent pour certains d'ateliers prestigieux, tels ceux des architectes et sculpteurs Karl Friedrich Schinkel *(p. 187)* et Johann Gottfried Schadow.

★ **Johann Gottfried Schadow** (1764-1850)
Il est l'auteur du célèbre Quadrige *de la porte de Brandebourg.*

Friedrich August Stüler (1800-1865)
Un monument moderne a remplacé la tombe de cet architecte renommé, détruite pendant la dernière guerre.

Heinrich Mann (1871-1950)
Le célèbre écrivain, représenté ici par Gustav Seitz, mourut en Californie mais fut enterré à Berlin.

Bertolt Brecht (1898-1956)
De simples pierres marquent les sépultures du célèbre metteur en scène et de sa femme, l'actrice Helene Weigel.

Hermann Wentzel (1820-1889)
Cet architecte dessina lui-même sa tombe. Le buste est de Fritz Schaper.

Entrée principale

Friedrich Hoffmann
(1818-1900)
La colonnade en briques vernissées rappelle que cet ingénieur inventa le four à brique circulaire.

MODE D'EMPLOI

Chausseestrasse 126. **Plan** 6 F1.
Tél. 461 72 79. 832 51 01.
Naturkundemuseum ou Oranienburger Tor. 240, 245.
M6, 12. mai-août : 8h-20h ; sept.-avr. : 8h-16h.

★ Karl Friedrich Schinkel
(1781-1841)
Par ses œuvres et son influence, cet illustre architecte néoclassique et romantique a arqué le visage de Berlin.

Georg Wilhelm Friedrich Hegel
(1770-1831)
Le plus grand philosophe allemand de la période des Lumières enseigna pendant de nombreuses années à l'université de Berlin.

BIRKENALLEE

La statue de Luther
est une copie du monument dessiné par Schadow.

Johann Gottlieb Fichte
(1762-1814)
Le premier recteur de l'université de Berlin fut aussi un philosophe des Lumières réputé.

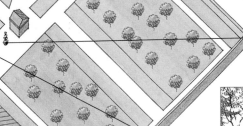

Chapelle

À NE PAS MANQUER

★ J. G. Schadow

★ K. F. Schinkel

0   20 m

Monument à Bertolt Brecht devant le Berliner Ensemble

Berliner Ensemble ⓭

Bertolt-Brecht-Platz 1. **Plan** 6 F2.
Tél. *28 40 81 55.* Ⓢ *et* Ⓤ
Friedrichstrasse. 🚌 *147.* 🚊 *M1, 12.*

Construit en 1891 et 1892 par Heinrich Seeling dans le style néobaroque, ce théâtre a été le cadre d'événements majeurs de l'histoire culturelle de Berlin. Inauguré sous le nom de Neues Theater am Schiffbauerdamm, il acquit une grande renommée, notamment grâce à des créations prestigieuses comme la première des *Tisserands,* drame social écrit en 1893 par Gerhart Hauptmann.

Au début du XXe siècle, les mises en scène de Max Reinhardt révolutionnèrent l'art dramatique européen. En 1905, par exemple, il présenta au Berliner Ensemble *Le Songe d'une nuit d'été* de Shakespeare, en utilisant une scène pivotante

et en intégrant au décor de véritables arbres. En 1928, c'est au Berliner Ensemble qu'eut lieu la première mondiale de *L'Opéra de quat'sous* de Bertolt Brecht.

Endommagé pendant la Seconde Guerre mondiale, le bâtiment possède, depuis sa reconstruction, un extérieur beaucoup plus sobre, mais il a conservé son intérieur néobaroque.

Bertolt Brecht en prit la direction en 1954 et fêta l'événement, en novembre de la même année, en montant *Le Cercle de craie caucasien,* pièce qu'il avait écrite en 1947 aux États-Unis et qui n'avait jamais été jouée. Après sa mort, son épouse, l'actrice Helene Weigel, poursuivit son œuvre.

Deutsches Theater ⓮

Schumannstrasse 13A. **Plan** 6 E2.
Tél. *28 44 12 25.* **Kammerspiele**
Ⓤ *Oranienburger Tor.* 🚌 *147.*
🚊 *M1, 12.*

Le Deutsches Theater occupe un bâtiment construit en 1849 par Eduard Titz pour accueillir le Friedrich-Wilhelm Städtisches Theater. Il prit son nom actuel après un important remaniement achevé en 1883, et proposa au public pour son inauguration la pièce *Intrigue et Amour* de Friedrich Schiller. Le Deutsches Theater acquit sa renommée grâce à son deuxième directeur, Otto

Brahm, puis entra dans l'histoire du théâtre moderne avec Max Reinhardt.

Le célèbre metteur en scène y commença sa carrière en tant qu'acteur, puis en assuma la direction de 1905 à 1933. Pour disposer d'une deuxième scène, plus petite, la **Kammerspiele,** il fit convertir en 1906 le casino adjacent. La frise d'Edvard Munch qui décorait l'auditorium du premier étage se trouve désormais à la Neue Nationalgalerie.

Lorsqu'il accepta l'invitation de la RDA en 1948, Bertolt Brecht installa tout d'abord sa compagnie, le Berliner Ensemble, au Deutsches Theater.

L'élégante façade du Deutsches Theater date du XIXe siècle

Charité ⓯

Schumannstrasse 20–21.
Plan 6 E1, E2. ***Tél.*** *450 53 61 56.*
Ⓤ *Oranienburger Tor.* 🚌 *147.*
🚊 *M1, 12.* 🕐 *mar., jeu.-dim. 10h-17h, mer. 10h-19h.*

Rattaché à l'université Humboldt *(p. 60)* depuis sa fondation en 1810, le plus vieil hôpital universitaire d'Allemagne, créé en 1726, occupe un immense groupe de bâtiments près de la Luisenstrasse. L'édifice le plus ancien du complexe remonte aux années 1830.

De grands scientifiques ont travaillé à la Charité, dont Robert Koch qui découvrit les bacilles de la tuberculose et du choléra. Rudolf Virchow fonda en 1899 le musée de l'Institut de pathologie. Sa collection comprenait environ 23 000 spécimens. Elle a beaucoup souffert de la Seconde Guerre mondiale, mais le bâtiment a survécu et le musée a rouvert en 1999.

MAX REINHARDT (1873-1943)

D'origine autrichienne, Max Reinhardt commença sa carrière à Berlin en tant qu'acteur au Deutsches Theater, institution dont il prit la direction en 1905. Il proposa aussi des créations à la Kammerspiele, au Neues Theater am Schiffbauerdamm (l'actuel Berliner Ensemble) et au cirque Schumann (devenu le Friedrichstadtpalast), qu'il fit aménager selon ses indications par Hans Poelzig. Révolutionnaires, ses mises en scène de textes classiques et contemporains jouaient de tous les arts vivants et de toutes les techniques nouvelles. Elles eurent une profonde influence sur le théâtre européen. Contraint à l'exil en 1933 à cause de ses origines juives, Max Reinhardt s'établit aux États-Unis.

Dorotheenstädt-ischer Friedhof ⑯

Voir p. 106-107.

Brecht-Weigel-Gedenkstätte ⑰

MÉMORIAL BRECHT-WEIGEL

Chausseestrasse 125. *Tél. 200 571 844.* **Plan** 6 E1. 🇺 *Naturkunde-museum ou Oranienburger Tor.* 🚌 *147, 245.* 🚃 *M6, 12.* 🕐 *mar. 10h-11h30, 14h-15h30 ; mer. et ven. 10h-11h30 ; jeu. 10h-11h30, 17h-18h30, sam. 10h-15h30 ; dim. 11h-18h.* 📷 *obligatoire. Toutes les demi-heures (toutes les heures le dim.).* 🔴 *lun., j.f.* 📷

Bertolt Brecht, dont l'œuvre a marqué le théâtre contemporain, travailla dans la capitale allemande à partir de 1920, mais dut émigrer en 1933 pour échapper aux nazis. Après avoir vécu un temps aux États-Unis, il accepta en 1948 de rentrer à Berlin quand la RDA lui proposa de diriger son propre théâtre. Après sa mort en 1956, son épouse, l'actrice Helene Weigel, continua son œuvre à la tête de leur compagnie : le Berliner Ensemble.

Bertolt Brecht s'installa en 1953 au premier étage du n° 125 de la Chausseestrasse. Sa femme vécut d'abord au deuxième étage, mais, après le décès de son mari, en 1956, elle descendit au rez-de-chaussée. Elle l'habita jusqu'à sa mort en 1971. Le couple repose au

Squelette de brachiosaure au Museum für Naturkunde

Dorotheenstädtischer Friedhof (*p. 106-107*).

La demeure est devenue un musée. Elle abrite aussi les archives Bertolt-Brecht et un petit restaurant.

Museum für Naturkunde ⑱

MUSEUM D'HISTOIRE NATURELLE

Invalidenstrasse 43. **Plan** 6 E1. *Tél. 20 93 85 91.* 🇺 *Naturkunde-museum* 🚌 *147, 245.* 🕐 *mar.-ven. 8h30-18h, sam. et dim. 10h-18h.* 📷

Sa collection de plus de 60 millions de pièces fait du Museum für Naturkunde l'un des plus importants musées d'histoire naturelle du monde.

Il occupe un bâtiment néo-Renaissance construit entre 1883 et 1889 pour l'accueillir, et, malgré plusieurs rénovations, il conserve une atmosphère surannée très agréable.

Le musée possède pour fleuron le plus grand squelette de dinosaure du monde. Découvert en Tanzanie en 1909, il appartenait à un brachiosaure. Long de 23 m, il s'élève jusqu'à 12 m de hauteur sous la verrière de la salle centrale. Six autres squelettes de dinosaures et la réplique d'un fossile d'archéoptéryx, un reptile volant, complètent la présentation.

Le musée comprend aussi un département consacré à la zoologie, qui propose une riche exposition de coquillages, d'insectes, d'oiseaux et de mammifères naturalisés. Elle illustre la théorie de l'évolution. Des dioramas de grande qualité replacent les animaux dans leur environnement. Bien qu'empaillé, Bobby le gorille connaît toujours le succès auprès des jeunes enfants. Arrivé au zoo de Berlin à l'âge de deux ans en 1928, il y vécut jusqu'en 1935.

La section de minéralogie abrite, entre autres, des météorites et des pierres précieuses et semi-précieuses.

Bureau de Bertolt Brecht dans son ancien appartement

Hamburger Bahnhof ⑲

La gare de Hambourg, construite dans le style néoclassique en 1847, perdit sa fonction dès 1884 et abrita un musée des Transports jusqu'à la Seconde Guerre mondiale. Elle fut transformée par Josef Paul Kleihues pour accueillir le musée d'Art contemporain inauguré en 1996. L'installation de néon qui éclaire la façade est de Dan Flavin. Le musée possède des œuvres de Jospeh Beuys que complètent des pièces fournies par la Neue Nationalgalerie et accueille la collection Flick, de renommée mondiale. La gare, éclectique, est l'un des meilleurs musées d'art contemporain d'Europe. Cinéma, vidéo, musique et design ne sont pas oubliés.

★ **Richtkräfte** (1974-1977)
Une salle entière est consacrée au travail de Joseph Beuys.

Sans titre (1983)
Anselm Kiefer s'interroge dans sa peinture sur l'identité des Allemands et leur histoire.

SUIVEZ LE GUIDE !
Le musée dispose de plus de 12 000 m². Les œuvres de Beuys se trouvent dans l'aile ouest, la salle principale sert à accueillir des installations spéciales. Le Rieckhallen montre en alternance des œuvres de la collection Flick.

Premier étage

Rieckhallen

Rez-de-chaussée

Genova (1980)
Sandro Chia appartient au mouvement de la trans-avant-garde marqué par des influences venant du maniérisme italien et de l'expressionnisme allemand.

Entrée principale

Sans titre (1983)
La peinture de Keith Haring puise aux sources du graffiti, mais évoque aussi la gravure sur bois et la bande dessinée.

Sans titre (1990)

*Dans ses toiles, Cy Twombly
laisse libre sa main
dont gribouillis et traînées de
couleur enregistrent le parcours.*

MODE D'EMPLOI

Invalidenstrasse 50/51. **Plan**
6 D1. Ⓢ et Ⓤ *Hauptbahnhof.*
🚌 *120, 123, 147, 245, 240,
TXL.* **Tél.** *266 42 42 42.*
⬜ *mar.-ven. 10h-18h, sam.
11h-20h, dim. 11h-18h.*
⬛ *1er janv., 24, 25 et 31 déc.*
🔄 🍴 ♿ 🏪 📷 🚫 📷
www.hamburgerbahnhof.de

Bourgeois Bust – Jeff and Ilona (1991)

*Délibérément kitsch, cette
sculpture en marbre de Jeff Koons
le montre avec son épouse de
l'époque, Ilona (plus connue sous
le nom de La Cicciolina).*

Deuxième étage

Not Wanting to Say Anything About Marcel (1969)

*La mort de son célèbre ami
Marcel Duchamp inspira
cette œuvre à John Cage.*

★ Mao (1973)

*Les célèbres portraits
d'Andy Warhol nous incitent à
nous interroger sur l'évolution de
notre rapport à l'image.*

First Time Painting (1961)

*L'Américain Robert
Rauschenberg peignit
ce tableau alors qu'il
travaillait avec John
Cage au Black
Mountain College.*

LÉGENDE

▢ Expositions

▢ Collection Flick

À NE PAS MANQUER

★ *Mao*

★ *Richtkräfte*

TIERGARTEN

Aménagée en parc au XVIIIᵉ siècle, l'ancienne réserve de chasse des princes-électeurs forme aujourd'hui un vaste espace de promenade en plein cœur de Berlin. Le Tiergarten appartenait au secteur occidental pendant la guerre froide, et les autorités de la RFA y firent construire le vaste complexe culturel du Kulturforum et l'ensemble résidentiel de l'Hansaviertel conçu par certains des plus grands architectes des années 1950. De l'autre côté du Mur, les bombardements n'avaient laissé que des ruines du quartier densément peuplé qui s'était développé au XIXᵉ siècle autour de la Potsdamer Platz. L'endroit devint un terrain vague. Depuis la réunification, il s'est transformé en un gigantesque chantier.

Le Crieur, Strasse des 17. Juni

LE QUARTIER D'UN COUP D'ŒIL

Musées
Bauhaus-Archiv ⑭
Bendlerblock (Gedenkstätte Deutscher Widerstand) ⑫
Gemäldegalerie p.122-125 ⑧
Kunstbibliothek ⑥
Kunstgewerbemuseum p. 118-121 ④
Kupferstichkabinett ⑤
Musikinstrumenten-Museum ②
Neue Nationalgalerie ⑨

Quartiers, places et parc
Diplomatenviertel ⑮
Grosser Stern ⑰
Hansaviertel ⑲

Potsdamer Platz (p. 128-131) ⑩
Regierungsviertel ㉒
Tiergarten ⑯

Bâtiments historiques
Haus der Kulturen der Welt ㉑

Philharmonie und Kammermusiksaal ③
Reichstag ㉓
Shell-Haus ⑪
Schloss Bellevue ⑳
Staatsbibliothek ①
St-Matthäus-Kirche ⑦
Villa von der Heydt ⑬

Monuments
Siegessäule ⑱
Sowjetisches Ehrenmal ㉔

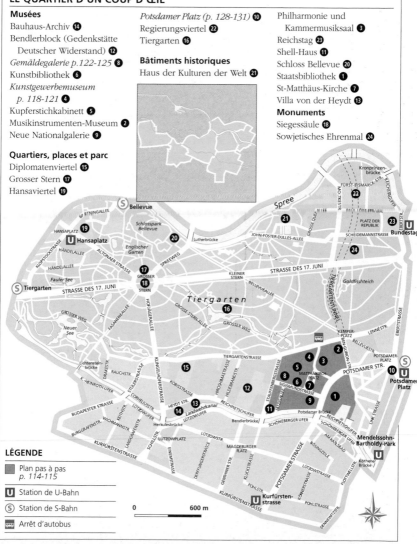

◁ Le Tiergarten renferme de nombreux plans d'eau

Autour du Kulturforum pas à pas

Pour compenser la perte des grands musées et théâtres qui se trouvaient de l'autre côté du Mur, l'Allemagne de l'Ouest décida à la fin des années 1950 la construction du Forum de la Culture sur un terrain que les nazis avaient réduit à l'état de friche. Hans Scharoun prit la direction du chantier et dessina la Philharmonie, inaugurée en 1963. D'autres grands noms de l'architecture moderne, tel Ludwig Mies Van der Rohe, participèrent au projet.

Sculpture de Henry Moore

★ **Kunstgewerbe-museum**
Un atelier d'Augsbourg fabriqua vers 1640 cette chope en argent et en ivoire exposée au musée des Arts décoratifs **4**

Kupferstichkabinett
Ce portrait de la mère de Dürer fait partie de la riche collection de gravures et de dessins du cabinet des Estampes **5**

★ **Gemäldegalerie**
La pinacothèque possède de nombreux chefs-d'œuvre, dont La Madone à l'église, *peinte vers 1425 par Jan Van Eyck* **8**

Kunstbibliothek
La Bibliothèque des beaux-arts est aussi un lieu d'exposition, d'affiches entre autres **6**

REICHPIETSCHUFER

LANDWEHRKANAL

À NE PAS MANQUER

★ Gemäldegalerie

★ Kunstgewerbe-museum

★ Philharmonie

LÉGENDE

‒ ‒ ‒ Itinéraire conseillé

Neue Nationalgalerie
Bordée d'un jardin de sculptures, la Nouvelle Galerie nationale occupe un gracieux bâtiment dessiné par Ludwig Mies Van der Rohe **9**

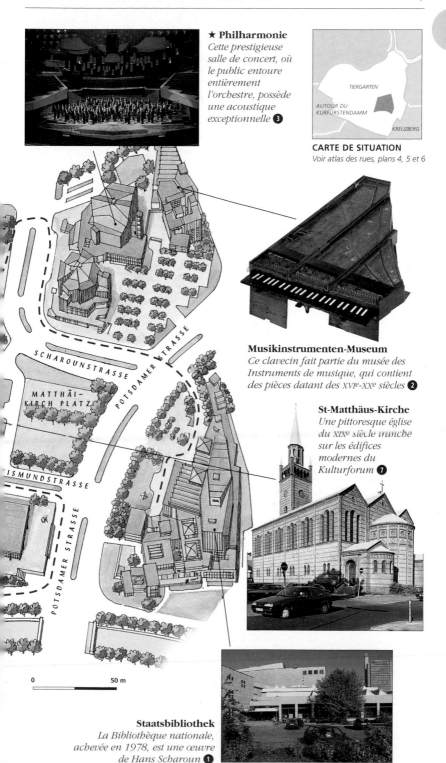

★ Philharmonie
Cette prestigieuse salle de concert, où le public entoure entièrement l'orchestre, possède une acoustique exceptionnelle ❸

CARTE DE SITUATION
Voir atlas des rues, plans 4, 5 et 6

Musikinstrumenten-Museum
Ce clavecin fait partie du musée des Instruments de musique, qui contient des pièces datant des XVIᵉ-XXᵉ siècles ❷

St-Matthäus-Kirche
Une pittoresque église du XIXᵉ siècle tranche sur les édifices modernes du Kulturforum ❼

Staatsbibliothek
La Bibliothèque nationale, achevée en 1978, est une œuvre de Hans Scharoun ❶

Principale salle de lecture de la Staatsbibliothek

Staatsbibliothek ❶

BIBLIOTHÈQUE NATIONALE

Potsdamer Strasse 33. **Plan** 6 D5.
Tél. 266 23 03. Ⓢ et Ⓤ Potsdamer
Platz. 🚌 147, 200, M29, M48.
⏰ lun.-ven. 9h-21h, sam. 9h-19h.

Affectueusement surnommée
Stabi par les Berlinois, la
Staatsbibliothek possède un
aspect inhabituel pour une
bibliothèque avec son dôme
doré orienté vers l'est. Hans
Scharoun et Edgar Wisniewski
l'édifièrent entre 1967 et 1978
pour abriter la partie des
archives nationales restée à
l'Ouest après la Seconde
Guerre mondiale.
Reconstituée après la
réunification, la Bibliothèque
nationale allemande abrite
aujourd'hui l'une des plus
riches collections de livres et
de manuscrits d'Europe.
L'aménagement intérieur du
bâtiment allie fonctionnalisme
et esthétique. Les réserves
installées à l'étage recèlent
environ 5 millions de
volumes. Dans la grande salle
de lecture, très lumineuse,
des ruptures de niveaux
animent l'espace. Des
expositions organisées
régulièrement permettent

de découvrir manuscrits,
documents ou livres rares.
La même administration gère
aujourd'hui la Staatsbibliothek
de Tiergarten, au Kulturforum,
et celle située sur Unter den
Linden *(p. 61)*.

Musikinstrumen-
ten-Museum ❷

MUSÉE DES INSTRUMENTS
DE MUSIQUE

Tiergartenstrasse 1. **Plan** 6 D5.
Tél. 25 48 11 78. Ⓢ et Ⓤ
Potsdamer Platz. Ⓤ Mendelssohn-
Bartholdy-Park. 🚌 200, 347.
⏰ mar.-ven. 9h-17h (10h jeu.), sam.-
dim. 10h-17h. **Démonstrations de
l'orgue Wurlitzer** sam. midi.
🖼️ ♿ 👨‍👩‍👧 🏪

Caché derrière la
Philharmonie, dans un petit
édifice bâti entre 1979 et 1984
par Edgar Wisniewski d'après
des plans de Hans Scharoun,
ce passionnant musée abrite
plus de 750 instruments de
musique. Commencée en
1888, la collection permet de
suivre l'évolution de certains
d'entre eux, du XVIe siècle à

nos jours. Elle compte parmi
ses plus belles pièces des
violons signés par Amati et
Stradivarius, ainsi qu'un
clavecin fabriqué par Jean
Marius et qui appartint à
Frédéric le Grand.
Moins ancien, mais plus
impressionnant, un orgue
Wurlitzer de 1929 reste en
parfait état de marche. Il
servait jadis à l'illustration
sonore de films muets et
possède une gamme assez
large pour permettre
d'imiter le grondement
d'une locomotive. Les
démonstrations proposées
le samedi attirent toujours
une foule de passionnés.
Des enregistrements
permettent d'écouter d'autres
instruments.

Philharmonie
und Kammer-
musiksaal ❸

PHILHARMONIQUE ET SALLE
DE MUSIQUE DE CHAMBRE

Herbert-von-Karajan-Str. 1.
Plan 6 D5. **Tél.** 25 48 81 32.
Ⓢ et Ⓤ Potsdamer Platz.
Ⓤ Mendelssohn-Bartholdy-Park.
🚌 200, 347.

Avec la Philharmonie, son
chef-d'œuvre construit entre
1960 et 1963, Hans Scharoun
révolutionna la conception
des salles de concerts.
L'orchestre y joue en effet sur
un plateau situé au centre
d'un espace pentagonal. Le
public prend place sur les
gradins qui l'entourent de
tous côtés et profite d'un son
d'une ampleur exceptionnelle.
L'extérieur du bâtiment
évoque un grand chapiteau.

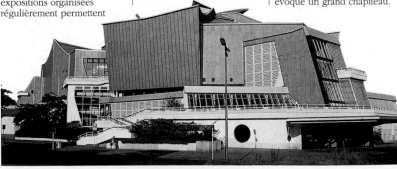

La Philharmonie et la Kammermusiksaal évoquent de grandes tentes dorées

Fondé en 1882, le prestigieux Orchestre philharmonique de Berlin (*Berliner Philharmoniker*) eut à sa tête de grands chefs d'orchestre tels que Hans von Bülow, Wilhelm Furtwängler et le controversé Herbert von Karajan qui le dirigea de 1954 à 1989. Ce dernier avait une si forte personnalité que la Philharmonie prit le surnom de cirque Karajan. Claudio Abbado l'a remplacé à sa mort et a laissé la direction en 2002 à sir Simon Rattle.

Edgar Wisniewski s'inspira d'esquisses dessinées par Hans Scharoun pour construire la Kammermusiksaal entre 1984 et 1987. Surnommée la Petite Tente, elle développe les mêmes partis pris esthétiques que la Philharmonie : les orchestres de musique de chambre qui s'y produisent jouent aussi au centre d'une salle où le public les entoure de tous côtés.

Kunstgewerbe-museum ❹

MUSÉE DES ARTS DÉCORATIFS

Voir p. 118-121.

Kupferstich-kabinett ❺

CABINET DES ESTAMPES

Matthäikirchplatz 8. **Plan** 5 C5. **Tél.** 266 29 51. Ⓢ et 🅄 *Potsdamer Platz ou* 🅄 *Mendelssohn-Bartholdy-Park.* 🚌 *200, 347.* **Expositions** *mar.-ven. 10h-18h, sam.-dim. 11h-18h.*

🖼 ♿ ⛰ 🏛 🍸 🍴 🚭

Commencée par le Grand Électeur en 1652 et accessible au public depuis 1831, cette collection de dessins et de gravures, un temps divisée entre l'Est et l'Ouest, a été réunie au Kulturforum en 1994. Elle compte environ 2 000 planches originales, près de 520 000 tirages et au moins 80 000 dessins et aquarelles. Malheureusement, beaucoup de ces trésors supportent mal les rayonnements lumineux. En conséquence, le

Jeune Fille sur la plage, **lithographie d'Edvard Munch**

Kupferstichkabinett ne possède pas d'exposition permanente et renouvelle les œuvres présentées. Les personnes justifiant d'un intérêt particulier peuvent demander à voir des pièces conservées en dépôt. Elles leur seront montrées, sur rendez-vous, à l'atelier.

Le cabinet des Estampes possède des œuvres de tous les artistes occidentaux de renom du Moyen Âge à nos jours. Parmi les mieux représentés figurent Dürer, Watteau, Goya, Daumier, les peintres du mouvement Die Brücke et les maîtres hollandais. Les pièces les plus précieuses comptent des illustrations de la *Divine Comédie* de Dante par Botticelli.

Kunstbibliothek ❻

BIBLIOTHÈQUE DES BEAUX-ARTS

Matthäikirchplatz 6. **Plan** 5 C5. **Tél.** 266 29 51. Ⓢ et 🅄 *Potsdamer Platz ou* 🅄 *Mendelssohn-Bartoldy-Park.* 🚌 *200, 347.* **Expositions** *mar.-ven. 10h-18h, sam.-dim. 11h-18h.* **Bibliothèque** *lun. 14h-20h, mar.-ven. 9h-16h.* 🖼

La Bibliothèque des beaux-arts occupe un bâtiment moderne, mais existe depuis 1867. Elle possède environ 350 000 volumes et attire 35 000 visiteurs chaque année. Elle expose dans les salles de lecture une partie de son fonds qui comprend la bibliothèque des costumes

de Lipperheide, près de 50 000 affiches et une collection d'environ 30 000 plans et dessins exécutés par des architectes tels que Johann Balthasar Neumann, Erich Mendelssohn et Paul Wallot. Elle propose également des expositions temporaires.

St-Matthäus-Kirche ❼

ÉGLISE SAINT-MATTHIEU

Matthäikirchplatz. **Plan** 5 C5. **Tél.** 262 12 02. Ⓢ et 🅄 *Potsdamer Platz ou* 🅄 *Mendelssohn-Bartholdy-Park.* 🚌 *200, 347.* ⏰ *mar.-dim. 12h-18h, et pour les offices.*

La St-Matthäus-Kirche se dressait jadis au centre d'une petite place entourée de bâtiments, mais l'architecte nazi Albert Speer fit raser une grande partie du quartier dans le cadre d'un projet trop ambitieux qui n'aboutit jamais. Les bombardements alliés achevèrent ce travail de démolition. Ce vaste espace en friche servit à la construction du Kulturforum à partir des années 1960.

L'église Saint-Matthieu offre un contraste frappant avec les bâtiments au modernisme affirmé du Forum de la Culture. Achevée en 1846 par Friedrich August Stüler et Herbert Wentzel, elle possède trois nefs dotées chacune d'un toit à double pente, mais s'inspire des sanctuaires romans de l'Italie du Nord avec son parement de brique polychrome qui fait alterner bandes ocre et crème.

La St-Matthäus-Kirche, église néoromane bâtie au XIXe siècle

Kunstgewerbemuseum ❹

Le musée des Arts décoratifs possède une collection d'une grande richesse qui illustre l'évolution des arts appliqués européens. Elle comprend des pièces d'orfèvrerie exceptionnelles, telles celles formant le trésor religieux d'Enger et celui des Guelfes de Brunswick. Le trésor municipal de Lüneburg se compose d'argenteries datant de la fin du gothique et de la Renaissance. L'exposition permet aussi de découvrir de belles majoliques italiennes, des costumes et textiles anciens, de la porcelaine des manufactures de Meissen et de Berlin et un bel ensemble d'objets Art nouveau. Pendant la rénovation (jusqu'en 2012), la collection médiévale est exposée au Bodemuseum.

Poupée en porcelaine de Meissen

★ **Reliquaire en dôme**
(1175-1180)
Il fait partie du trésor des Guelfes de Brunswick. Les personnages sont en ivoire de morse.

Entrée principale

Minneteppich (v. 1430)
Les personnages de cette tapisserie, inspirée par les règles de l'amour courtois, échangent des propos sur des sujets comme l'infidélité. Leurs paroles apparaissent sur les bannières qu'ils tiennent.

★ **Gobelet gothique** (v. 1480)
Des épisodes de la vie d'Adam et Ève décorent ce gobelet en verre de Venise.

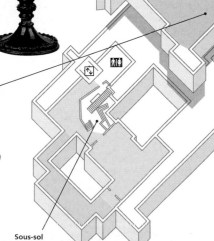

Lion de Lüneburg (1540)
Ce hanap en argent doré appartenait au conseil municipal de Lüneburg. Il provient de l'atelier de Joachim Worm.

Sous-sol

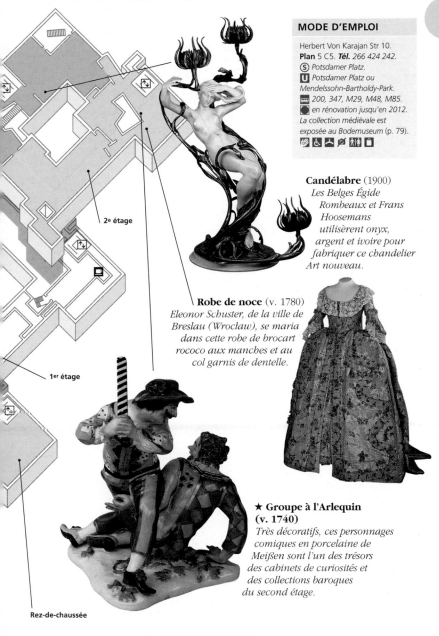

MODE D'EMPLOI

Herbert Von Karajan Str 10.
Plan 5 C5. **Tél.** 266 424 242.
Ⓢ Potsdamer Platz.
Ⓤ Potsdamer Platz ou
Mendelssohn-Bartholdy-Park.
200, 347, M29, M48, M85.
en rénovation jusqu'en 2012.
La collection médiévale est
exposée au Bodemuseum (p. 79).

Candélabre (1900)
*Les Belges Égide
Rombeaux et Frans
Hoosemans
utilisèrent onyx,
argent et ivoire pour
fabriquer ce chandelier
Art nouveau.*

Robe de noce (v. 1780)
*Eleonor Schuster, de la ville de
Breslau (Wrocław), se maria
dans cette robe de brocart
rococo aux manches et au
col garnis de dentelle.*

2ᵉ étage

1ᵉʳ étage

Rez-de-chaussée

★ **Groupe à l'Arlequin**
(v. 1740)
*Très décoratifs, ces personnages
comiques en porcelaine de
Meißen sont l'un des trésors
des cabinets de curiosités et
des collections baroques
du second étage.*

LÉGENDE

- ☐ Moyen Âge
- ☐ Renaissance
- ☐ Baroque
- ☐ Néoclassique, Art nouveau
- ☐ XXᵉ siècle
- ☐ Expositions temporaires

SUIVEZ LE GUIDE !

*L'entrée du musée et
le bureau d'information
se trouvent au premier étage.
Le sous-sol est consacré au
XXᵉ siècle, le rez-de-chaussée
au Moyen Âge et à la
Renaissance, et le deuxième
étage à la période allant
de la Renaissance à l'Art
nouveau.*

À NE PAS MANQUER

★ Gobelet gothique

★ Groupe
   à l'Arlequin

★ Reliquaire en dôme

À la découverte du Kunstgewerbemuseum

Fondé en 1867, le plus ancien musée des Arts décoratifs d'Allemagne occupa tout d'abord le Martin-Gropius-Bau (*p. 140*), puis, à partir de 1919, le Stadtschloss que venait de libérer l'abdication de Guillaume II (*p. 74*). Il s'installa en 1940 au Schloss Charlottenburg (*p. 160-161*). Son bâtiment actuel, construit entre 1978 et 1985, est fermé pour rénovation jusqu'en été 2012. La collection médiévale se trouve en attendant au Bodemuseum, une autre partie des collections au Schloss Köpenick (*p. 175*).

Pendentif de la douleur du Christ

MOYEN ÂGE

Une grande partie de cette collection est composée d'objets sacrés. Ils proviennent souvent de trésors d'églises, tel celui d'Enger, une localité de Westphalie, dont on remarquera un beau reliquaire du VIIIe siècle en forme de bourse des corporaux, le récipient utilisé pendant la messe pour garder les linges servant à poser le calice et l'hostie. Le musée possède aussi plusieurs reliquaires en forme de croix datant du XIe et du XIIe siècle, dont la Heinrichskreuz offerte à la cathédrale de Bâle par l'empereur germanique Henri II, et la Welfenkreuz, qui faisait partie du trésor des Guelfes de Brunswick. Ce dernier comprenait également un magnifique reliquaire en forme d'église à coupole et un retable portable, émaillé vers 1150 par l'artisan Eilbertus de Cologne.

La section consacrée à la période gothique (du XIIe au XVIe siècle) abrite le somptueux reliquaire de saint Georges provenant d'Elbing et fabriqué vers 1480. Elle permet également de découvrir des objets d'art séculiers, entre autres des coffrets, de la vaisselle, un miroir, une amulette de chevalier et la Minneteppich. Cette tapisserie montre plusieurs scènes d'amour courtois.

RENAISSANCE

L'espace consacré à la Renaissance permet de se faire une idée du décor dans lequel vivaient les princes italiens à la fin du Moyen Âge. L'exposition comprend en particulier de superbes majoliques, une forme de faïence importée de Majorque en Toscane au XVe siècle. Les céramiques présentées proviennent de certains des meilleurs ateliers du XVIe siècle, tels ceux de Faenza, de Cafaggiolo et d'Urbino.

Les vitrines abritent aussi de la verrerie vénitienne des XVe et XVIe siècles, de la vaisselle émaillée de Limoges, des meubles raffinés et des tapisseries.

Reliquaire du XIe siècle

Le fleuron de la collection reste néanmoins le trésor municipal de Lüneburg, acquis par le musée en 1874.

Il se compose de 32 bols, hanaps et brocs en argent plaqué or. Réalisés par les artisans de cette ville d'Allemagne du Nord, certains ont la forme d'un lion. Les orfèvres de Nuremberg jouissaient aussi d'une grande renommée, en particulier Wenzel Jamnitzer et son neveu Christoph Jamnitzer, dont on peut juger la qualité du travail.

Au XVIe siècle, la vogue des *Kunstkammern*, les cabinets de curiosité, explique la présence au musée de créations naturalistes et exotiques issues d'autres cultures. Une salle renferme de nombreux instruments scientifiques, ainsi que des pièces d'horlogerie du XVIIe siècle. Remarquez les quelques éléments provenant du Pommersche Kunstschrank.

BAROQUE

Le Kunstgewerbemuseum possède une collection de verrerie produite en Allemagne et en Bohême à l'époque baroque. Certaines pièces sont faites d'un verre dit « rubis », une technique qui eut pour pionnier Johann Kunckel (fin du XVIIe siècle).

Particulièrement riche et variée, l'exposition de céramiques du XVIIIe siècle comprend, parmi les faïences allemandes, quelques brocs et chopes aux formes et aux décors pleins de fantaisie. Elle commence par une série d'objets fabriqués par Johann

Tapisserie du XVIe siècle intitulée *Le Triomphe de l'amour*

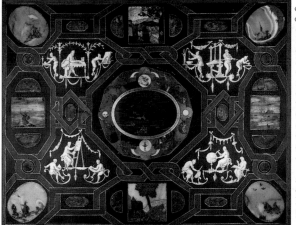

Cabinet d'art poméranien (v. 1610-1617)

Friedrich Böttger. Cet alchimiste et son assistant Ehrenfried Walther von Tschirnhaus permirent, au début du XVIIIe siècle, la mise au point à Meissen de la technique de la porcelaine dure. La production de cette ville de Saxe est particulièrement bien représentée. On remarquera notamment quelques créations de Johann Joachim Kaendler.

Par ailleurs, de nombreuses pièces témoignent de la qualité atteinte par la Königliche Porzellan-Manufaktur (Manufacture royale de porcelaine) de Berlin *(p. 133)*, réputée pour ses vues de la ville. De la vaisselle en argent provenant de divers ateliers européens de l'époque complète la présentation.

Une section est consacrée à la mode des chinoiseries.

DU NÉOCLASSICISME À L'ART NOUVEAU

Le néoclassicisme qui a tant marqué l'architecture berlinoise a aussi alimenté l'inspiration des artisans d'art de la fin du XVIIIe et du début du XIXe siècle. Des porcelaines issues de certaines des meilleures manufactures d'Europe, de l'argenterie allemande et française, de la verrerie et des meubles offrent un large

panorama de leur travail.

Les arts appliqués connurent un renouveau en Europe centrale pendant la deuxième moitié du XIXe siècle, comme en témoignent la sophistication de certains bijoux viennois. Cette section abrite aussi des meubles fabriqués en papier mâché, une technique apparue en Angleterre vers 1850. Des incrustations de nacre rehaussaient parfois le décor peint sur les bandes de papier imbibé de colle appliquées sur une ossature en bois ou en fil de fer.

Au tournant du XXe siècle, les mouvements de la Sécession et de l'Art nouveau ouvrirent de nouvelles voies à la décoration d'intérieur. L'exposition comprend les

Horloge baroque de Johann Gottlieb Graupner (1739)

créations d'artistes tels que Henry Van de Velde et Eugène Gaillard. Beaucoup de pièces ont été acquises lors de l'Exposition universelle de Paris en 1900. On remarquera des œuvres en verre ou en pâte de verre des Français Émile Gallé et René Lalique et de l'Américain Louis Comfort Tiffany, créateur des vases en verre irisé « Favrile » et de vitraux.

Deux meubles de 1885 sont particulièrement étonnants. Leur créateur, l'Italien Carlo Bugatti, a puisé dans le répertoire de l'art japonais et islamique et fait un usage spectaculaire d'essence rares et de délicates incrustations.

XXe SIÈCLE

Pendant l'entre-deux-guerres, alors que l'académisme tourné vers le passé reste dominant, de nombreux créateurs tentent de nouvelles approches, aussi bien au niveau des formes que de la décoration. Cette partie du musée renferme des objets illustrant les deux tendances, mais elle met surtout l'accent sur le style Art déco.

Vase Art nouveau d'Émile Gallé (1900)

Les pièces les plus remarquables comprennent un petit service à thé en porcelaine de Gertrud Kant et un service à café en argent décoré d'incrustations d'ébène dessiné par Jean Puiforcat.

La collection consacrée à la période contemporaine n'a jamais cessé d'être complétée depuis la fin de la Seconde Guerre mondiale. De nombreuses céramiques, des objets d'usage quotidien et des meubles dessinés par de célèbres stylistes illustrent les grands courants des arts décoratifs aujourd'hui.

Gemäldegalerie ❽

Le fonds de la pinacothèque de Berlin a pour origine les œuvres réunies par le Grand Électeur (1620-1688) et Frédéric le Grand (1712-1786), mais doit son exceptionnelle qualité au fait que l'acquisition de la majorité des tableaux fut confiée à des spécialistes. Ouverte au public en 1830 dans l'Altes Museum *(p. 75)*, la galerie de peintures prit un statut indépendant lors de son

Femme au bonnet par Rogier Van der Weyden

déménagement au Bodemuseum *(p. 79)* en 1904. Ce musée subit de graves dégâts pendant la Seconde Guerre mondiale, et les bombardements détruisirent 400 toiles. La division de Berlin en 1945 entraîna celle de la collection dont la majeure partie trouva un nouveau toit au musée de Dahlem *(p. 178-179)*. La réunification a permis de rendre son intégrité à la Gemäldegalerie, exposée dans un bâtiment du Kulturforum.

★ **L'Amour vainqueur** (1602)
Le joyeux Cupidon peint par le Caravage se rit des symboles des arts, de la gloire, du savoir et du pouvoir.

Vierge à l'Enfant (v. 1477)
Sandro Botticelli a représenté la Vierge et les anges qui l'entourent vêtus comme ses contemporains de la Renaissance.

Hall circulaire menant aux galeries

Naissance du Christ (v. 1480)
Cette belle composition est l'une des rares peintures de Martin Schongauer à nous être parvenues.

Portrait de Hieronymus Holzschuher (1529)
L'affection d'Albrecht Dürer pour son ami le maire de Nuremberg transparaît dans ce portrait.

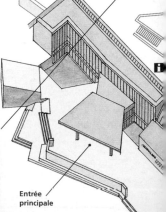

Entrée principale

23
24
25
XIII
27 26
28
XIV
29
30
XV
31
32
XVI
33 34
XVII
35
36
37
38
39
XVIII
40
41
IV
III
II
I

Le Verre de vin
(v. 1658-1661)
Composition et éclairage contribuent dans ce tableau de Jan Vermeer à évoquer avec délicatesse la relation entre les deux jeunes gens.

MODE D'EMPLOI

Matthäikirchplatz. 4-6.
Plan 5 C5. ***Tél.*** *266 29 51.*
Ⓢ et Ⓤ *Potsdamer Platz.*
Ⓤ *Mendelssohn-Bartholdy-Park.*
🚌 *129, 148, 200, 348.*
🕐 *mar.-dim. 10h-18h (jeu. 20h).*
⬤ *1er mar. après Pâques et la Pentecôte, 1er mai, 24, 25 et 31 déc.* 📷🍴🏛️🚻♿
🚫📷

L'Amour au Théâtre-Français
Le théâtre et les acteurs attiraient beaucoup Watteau comme le montrent ce tableau et son pendant : L'Amour au Théâtre-Italien *(p. 23).*

★ Portrait de Hendrickje Stoffels (1656-1657)
Ce portrait de la compagne de Rembrandt est typique de la technique du maître, qui néglige l'arrière-plan pour concentrer l'attention sur le personnage.

LÉGENDE

☐	XIIIe-XVIe siècles : peinture allemande
☐	XIVe-XVIe siècles : peintures néerlandaise et française
☐	XVIIe siècle : peintures flamande et néerlandaise
☐	XVIIIe siècle : peintures française, anglaise et allemande
☐	XVIIe-XVIIIe siècles : peinture italienne – XVIe siècle : peintures allemande, française et espagnole
☐	XIIIe-XVIe siècles : peinture italienne
☐	XVIe-XVIIIe siècles : miniatures
☐	Galerie numérisée
☐	Circulation et services

SUIVEZ LE GUIDE !
La galerie principale renferme plus de 900 œuvres regroupées par pays d'origine et périodes. La galerie d'étude du niveau inférieur abrite la peinture européenne des XIIIe-XVIIIe siècles et une galerie numérisée.

À NE PAS MANQUER

★ *L'Amour vainqueur*

★ *Portrait de Hendrickje Stoffels*

★ *Proverbes néerlandais*

★ **Proverbes néerlandais** (1559)
Pieter Bruegel réussit à illustrer plus de 100 proverbes dans ce tableau.

À la découverte de la Gemäldegalerie

Dessiné par Heinz Hilmer et Christoph Sattler, le bâtiment moderne qui abrite depuis 1998 la pinacothèque de Berlin offre aux peintures un superbe cadre de présentation. Pour mieux mettre en valeur les tableaux, le revêtement des murs absorbe la lumière naturelle diffuse qui tombe du plafond. Le musée s'organise autour d'une grande salle ornée d'une sculpture par Walter de Maria, installée au centre d'un bassin. Elle permet au cours de la visite de venir à tout moment se reposer avant de repartir admirer une collection riche en chefs-d'œuvre.

Malle Babbe ou Babette la folle (v. 1629-1630) par Frans Hals

Portrait du marchand Georg Gisze (1532) par Hans Holbein

PEINTURE ALLEMANDE

La collection de peintures allemandes est répartie en plusieurs sections. La première est consacrée à la période allant du XIIIᵉ au XVIᵉ siècle. D'un bel ensemble d'œuvres religieuses du Moyen Âge ressortent le retable de Westphalie, datant de la deuxième moitié du XIIIᵉ siècle, et les panneaux latéraux du retable de Wurzach attribué à Hans Multscher (v. 1400-v.1467). Ces derniers montrent la passion du Christ et des scènes de la vie de Marie.

Plusieurs grands artistes ont marqué la période de la Renaissance, dont Martin Schongauer qui reste surtout connu pour ses eaux-fortes, car seules quelques peintures comme *La Naissance du Christ* (v. 1480) nous sont parvenues. Il eut pour admirateur Albrecht Dürer, dont la galerie possède plusieurs tableaux : les portraits de Hieronymus Holzschuher et Jakob Muffels, deux patriciens de Nuremberg, et la *Madone au*

chardonneret peint pendant un voyage en Italie en 1506. *La Fontaine de Jouvence* de Lucas Cranach l'Ancien montre de vieilles femmes retrouvant leur jeunesse pour profiter des plaisirs de la vie. Hans Holbein le Jeune vivait à Londres quand il exécuta le *Portrait du marchand Georg Gisze,* remarquable par l'attention portée aux détails. L'exposition comprend aussi des œuvres de Hans Süss von Kulmbach, de Hans Baldung Grien et d'Albrecht Altdorfer.

Les peintures du XVIIᵉ et du XVIIIᵉ siècle, celles d'Adam Elsheimer et Johann Heinrich Tischbein, se trouvent dans une autre partie de la galerie.

PEINTURES FLAMANDE ET NÉERLANDAISE

L'exposition commence par les tableaux du primitif flamand Jan Van Eyck, aussi à l'aise dans les portraits que dans des scènes religieuses comme *La Madone à l'église.* Rogier Van der Weyden mit

une grande douceur dans ses retables, tandis que le modèle songeur du *Portrait de jeune femme* de Petrus Christus est d'une beauté presque irréelle. La gracieuse *Adoration des mages* de Hugo Van der Goes formait jadis la partie centrale d'un triptyque.

La galerie possède quatre toiles de Hans Memling, une petite *Vierge à l'Enfant* d'un de ses élèves, Michel Sittow, et de nombreuses œuvres de Gérard David, Jan Gossaert et Joos Van Cleve. Ne manquez pas la petite toile de Jérôme Bosch représentant *Saint Jean à Patmos.* Pour pleinement apprécier le chef-d'œuvre de Pieter Bruegel l'Ancien, *Les Proverbes néerlandais,* il faut pouvoir lire les explications sur les quelque cent proverbes que le tableau illustre. Ils ont deux thèmes principaux : la folie et la tromperie.

La vitalité et la diversité de la peinture flamande au XVIIᵉ siècle est manifeste dans les toiles d'artistes baroques tels que Rubens, Jacob Jordaens, Jan Bruegel l'Ancien

Cavaliers et bétail (1656) de Salomon Van Ruysdael

et Frans Snyders. Liés par l'amitié, ils collaboraient parfois. Les portraits d'aristocrates exécutés par Anton Van Dyck en Angleterre et à Gênes sont d'une rare profondeur psychologique.

La section consacrée à la peinture néerlandaise du XVIIe siècle abrite sans doute la collection la plus riche du monde. Elle comprend en particulier de splendides portraits par Frans Hals. Deux d'entre eux appartenaient à une série sur les cinq sens. *Le Jeune Chanteur avec une flûte* illustre l'ouïe, *Malle Babbe* (ou *Babette la folle*, une ivrogne en fait) symbolise le goût. Toute la subtilité des recherches sur la lumière de Jan Vermeer apparaît dans *La Femme au collier* et *Le Verre de vin*. Exceptionnelle, la collection de Rembrandt comprend plus de vingt tableaux, dont plusieurs autoportraits et *Le Prédicateur Mennonite Anslo avec sa femme, Samson et Dalila, Suzanne et les vieillards* et *Le Combat de Jacob et l'ange*. *L'Homme au casque d'or* lui a longtemps été attribué, mais une datation au carbone 14 a prouvé que ce portrait plein de gravité provenait plutôt de son atelier.

Jeune Dessinateur taillant son crayon (1737) de Chardin

PEINTURES FRANÇAISE, ANGLAISE ET ESPAGNOLE

Exposées près des tableaux néerlandais de la même période, les peintures françaises des XVe et XVIe siècles comprennent une des plus anciennes œuvres d'art sur toile à nous être

Vénus et l'organiste (1550-1552) de Titien

parvenues : une *Vierge à l'Enfant* exécutée vers 1410. Vers 1451, Jean Fouquet inscrivit dans un décor inspiré de la Renaissance italienne *Étienne Chevalier avec saint Étienne (p. 32)*, l'un des deux panneaux du Diptyque de Melun commandé par le trésorier de Charles VII puis de Louis XI. L'autre se trouve à Anvers.

Le XVIIe siècle est représenté par deux peintres qui vécurent longtemps à Rome : Nicolas Poussin, maître du classicisme, et Claude Lorrain, célèbre pour ses paysages idéalisés. Grâce et dextérité marquent au siècle suivant les créations de Jean Antoine Watteau, Jean-Baptiste Siméon Chardin et François Boucher.

Beaucoup moins riche en œuvres anglaises et espagnoles, la Gemäldegalerie possède néanmoins d'intéressants portraits de Diego Velázquez, sir Joshua Reynolds et Thomas Gainsborough.

Portrait de lady Sunderlin (1786) de sir Joshua Reynolds

PEINTURE ITALIENNE

La rétrospective de l'art italien commence par des peintures de grands maîtres du XIVe siècle, dont *La Dormition de Marie* de Giotto et deux *Scènes de la vie de sainte Humilité* par Pietro Lorenzetti.

Des tableaux de Fra Angelico, Masaccio, Piero della Francesca, Andrea del Verrocchio, Sandro Botticelli et Antonio del Pollaiulo illustrent la révolution picturale qui eut lieu à Florence et en Toscane au XVe siècle. Venise abrite aussi de grands peintres à cette époque, tels Vittore Carpaccio et Giovanni Bellini.

La pinacothèque possède cinq œuvres de Raphaël, dont la *Madonna di Casa Colonna* et la *Madonna di Terranuova*, peinte après son arrivée à Florence vers 1505. Au XVIe siècle, la richesse de la Sérénissime République permet le développement d'une école vénitienne féconde, comme en témoignent des tableaux tels que le *Portrait de jeune homme* de Giorgione, *La Jeune Fille au plateau de fruits* et *Vénus et l'organiste* de Titien, et *La Vierge et l'Enfant adorés par saint Marc et saint Luc* du Tintoret.

Réprouvant la sensualité de *L'Amour vainqueur* du Caravage, le cardinal Giustiani, dont le frère possédait ce tableau, commanda à Giovanni Baglione le plus orthodoxe *Amour céleste et terrestre*.

Giovanni Battista Tiepolo, Francesco Guardi et Antonio Canaletto représentent l'école vénitienne du XVIIIe siècle.

Ferme à Daugart (1910) de Karl Schmidt-Rottluff, Neue Nationalgalerie

Neue Nationalgalerie ❾
NOUVELLE GALERIE NATIONALE

Potsdamer Strasse 50. **Plan** 5 C5.
Tél. 266 424 510. Ⓤ et
Ⓢ *Potsdamer Platz* ou
Ⓤ *Mendelssohn-Bartholdy-Park*. 🚌 100, 347, M28. ◖ mar.-ven. 10h-18h. (jeu. 22h), sam. et dim. 11h-18h. 📷 ♿

La magnifique collection d'art moderne qui occupe aujourd'hui la Neue Nationalgalerie a un passé mouvementé. À l'origine, cette collection était composée de 262 peintures qui appartenaient à un banquier, J. H. W. Wagener. À sa mort, peu avant 1870, celui-ci les légua au régent Guillaume, qui installa ces œuvres dans la Nationalgalerie, sur la Museumsinsel.

En 1937, les nazis confisquèrent quantité de pièces de la collection, qui s'était enrichie de peintures de Monet, Manet et Renoir.

Après la Seconde Guerre mondiale, la municipalité de Berlin décida de redonner vie à la collection et commanda la construction d'un bâtiment à Berlin-Ouest pour l'accueillir. La tâche fut confiée au père de l'architecture moderne, Mies Van der Rohe, alors âgé de 75 ans. C'est ainsi que le premier musée du futur Kulturforum vit le jour. La Nouvelle Galerie nationale est un bâtiment minimaliste saisissant, coiffé d'un toit plat en acier qui semble flotter dans les airs, soutenu seulement par six fins piliers, au-dessus d'une salle vitrée. La collection permanente occupe le sous-sol du musée, tandis que la vaste salle vitrée du rez-de-chaussée accueille les expositions temporaires.

Si la collection de la Neue Nationalgalerie fait la part belle à l'art du XXᵉ siècle, elle réunit aussi des œuvres d'artistes de la fin du XIXᵉ siècle, comme Edvard Munch, Ferdinand Hodler et Oskar Kokoschka. Les courants artistiques allemands, comme Die Brücke, sont bien représentés, avec des œuvres de Ernst Ludwig Kirchner (notamment la *Potsdamer Platz*) et Karl Schmidt-Rottluff.

Outre les créations de maîtres du Bauhaus, comme Paul Klee et Wassily Kandinsky, le musée présente aussi des œuvres d'un réalisme à couper le souffle, comme celles d'Otto Dix et Georg Grosz. Des artistes célèbres originaires d'autres pays européens, notamment Pablo Picasso, Fernand Léger, ainsi que les surréalistes Giorgio de Chirico, Salvador Dalí, René Magritte et Max Ernst, sont également présents.

Quant à l'art de l'après-guerre, il n'a pas été oublié, grâce aux créations de Barnett Newmann et Frank Stella. Le jardin des sculptures abrite plusieurs œuvres magistrales, tant figuratives qu'abstraites.

Après la réunification, diverses pièces sont venues enrichir la collection.

Potsdamer Platz ❿

Voir p. 128-131.

Shell-Haus ⓫

Reichpietschufer 60. **Plan** 11 C1.
Ⓤ *Mendelssohn-Bartholdy-Park*. 🚌 M29, 200.

Véritable joyau de l'architecture de l'entre-deux-guerres, cet immeuble de bureaux moderniste, construit en 1930 et 1931 par l'architecte Emil Fahrenkamp, fut l'un des premiers bâtiments berlinois à ossature métallique.

L'aile la plus spectaculaire de la Shell-Haus s'étend le long du Landwehrkanal. D'une hauteur de cinq étages dans sa partie la plus basse, elle s'élève par paliers, pour en atteindre dix.

Endommagée durant la Seconde Guerre mondiale, la Shell-Haus a été restaurée en plusieurs temps. Elle a abrité le quartier général de la Marine allemande et un hôpital militaire. La beauté de ses proportions et l'originalité de son architecture en font l'un des bâtiments berlinois les plus remarquables de son époque.

La Shell-Haus, un immeuble à l'architecture spectaculaire

**Ancien quartier général
de la Marine, Bendlerblock**

Bendlerblock (Gedenkstätte Deutscher Widerstand) ⑫

Stauffenbergstrasse 13-14.
Plan 5 B5, 5 C5. **Tél.** 26 99 50 00.
Ⓤ *Mendelssohn-Bartholdy-Park.*
🚌 *200, 347, M29.* ◯ *lun.-ven.
9h-18h (jeu. 20h), sam.-dim.
10h-18h.* ◐ *1er janv., 24, 25 et
31 déc.* 📷

Agrandi pendant le
IIIe Reich, l'ancien quartier
général de la Marine abrita le
ministère de la Défense puis,
à partir de 1935, l'état-major
de la Wehrmacht. C'est là
qu'un groupe d'officiers, avec
à sa tête le comte Claus
Schenk von Stauffenberg,
prépara la célèbre tentative
d'assassinat de Hitler qui
échoua le 20 juillet 1944.
L'arrestation des conspirateurs
et leur condamnation à mort
à la prison de Plötzensee
(p. 186) eurent lieu le jour
même.
Le général Ludwig Beck fut
contraint au suicide, tandis
que Stauffenberg, Friedrich

Olbricht, Werner von Haeften
et Ritter Mertz von Quimheim
furent abattus dans la cour
du Bendlerblock.
Un monument dessiné par
Richard Scheibe en 1953
commémore cet événement
sur le lieu de l'exécution.
Au 2e étage, une exposition
très documentée retrace
l'histoire de la résistance en
Allemagne et des multiples
formes qu'elle prit pour lutter
contre le régime nazi.

Villa von der Heydt ⑬

Von-der-Heydt-Strasse 18.
Plan 11 B1. Ⓤ *Nollendorfplatz.*
🚌 *200, 347, M29.*

Construite par Hermann Ende
et G.A. Linke entre 1860 et
1862, cette belle villa
néoclassique est l'un des
derniers témoins de l'époque
où s'étendait au sud du
Tiergarten l'un des quartiers
résidentiels les plus huppés
de Berlin. Œuvres de
Reinhold Begas, les bustes de
Christian Daniel Rauch et
d'Alexander von Humboldt
ornaient à l'origine l'allée de
la Victoire du Tiergarten avant
d'être placés dans le jardin
de la villa.
Depuis sa restauration en
1967, la villa abrite le siège
du Stiftung Preussischer
Kulturbesitz (Fondation du
Patrimoine culturel prussien),
l'une des plus importantes
institutions culturelles
allemandes de l'après-guerre,
car elle eut à gérer la
répartition des collections
nationales restées à l'Ouest.

**La Bauhaus-Archiv dessinée
par Walter Gropius**

Bauhaus-Archiv ⑭

Klingelhöferstrasse 14. **Plan** 11 A1.
Tél. 254 00 20. Ⓤ *Nollendorfplatz.*
🚌 *100, 106, 187, M29.* ◯
mer.-lun.10h-17h 📷 ♿ 🚻 🛍 ☕

L'école du Bauhaus, fondée
en 1919 par Walter Gropius,
avait pour ambition d'intégrer
toutes les formes d'art et
d'artisanat à l'architecture,
et elle eut une très grande
influence sur l'esthétique
au XXe siècle, en particulier
le design industriel.
Installée tout d'abord à
Weimar, elle déménagea
en 1925 à Dessau, puis
à Berlin en 1932. Les nazis
la fermèrent en 1933.
L'école eut parmi ses
professeurs certains des plus
grands créateurs du début du
XXe siècle, dont Mies Van der
Rohe, Paul Klee, Wassily
Kandinsky, Theo Van
Doesburg et László Moholy-
Nagy. Les principes et les
réalisations du Bauhaus
jouèrent un rôle majeur dans
l'essor de l'art contemporain,
notamment aux États-Unis.
On commanda en 1964 à
Walter Gropius un bâtiment
destiné à abriter la Bauhaus-
Archiv à Darmstadt, mais le
projet n'aboutit qu'après le
déplacement de la collection
à Berlin. Alexander
Tcvijanovic adapta les
plans au nouveau site
entre 1976 et 1979.
Le musée propose des
expositions régulièrement
renouvelées et renferme
une bibliothèque et un
centre de documentation.

Façade néoclassique de l'élégante Villa von der Heydt

Potsdamer Platz ❿

C'est l'endroit à visiter pour prendre le pouls du nouveau Berlin et de son incroyable dynamisme. Dans les années 1920, la Potsdamer Platz était la place la plus animée d'Europe, et aussi un centre voué aux divertissements. Durant la Seconde Guerre mondiale, les bombardements la réduisirent à néant. Après-guerre, le site resta en l'état, gigantesque *no man's land*, non loin du Mur. Après la réunification, plusieurs grandes entreprises, comme DaimlerChrysler et Sony, s'y installèrent, et la place devint le plus grand chantier de la ville. Aujourd'hui, l'ancien point névralgique de Berlin est redevenu un centre animé doublé d'un chef-d'œuvre de l'architecture moderne, avec des projets conçus par de célèbres architectes.

Vue de la Potsdamer Platz aujourd'hui

Beisheim Center
Lennéstrasse, Bellevuestrasse et Ebertstrasse.
C'est à Otto Beisheim, le fondateur et propriétaire des magasins Metro, l'un des chefs d'entreprises les plus fortunés d'Europe, que l'on doit le Beisheim Center, de verre et d'acier. Achevées en 2004, les deux élégantes tours sur la face nord de la place abritent des appartements luxueux. Le plus spacieux d'entre eux a été vendu pour environ 5 millions d'euros à une Berlinoise émigrée aux États-Unis, de retour dans sa ville natale. C'est probablement l'appartement le plus cher de Berlin.
Le centre accueille aussi des hôtels, un Ritz-Carlton luxueux et un élégant Marriott.
Le bâtiment a été conçu par une équipe d'architectes berlinois, Hilmer, Sattler & Albrecht. Cependant, certaines parties sont dues à l'architecte David

Chipperfield. Les tours de 19 étages dont les niveaux supérieurs sont en retrait constituent une réinterprétation moderne du Rockefeller Center de New York.

Filmmuseum Berlin
Potsdamer Strasse 2 (au Sony Center). *Tél.* 30 09 030.
☐ *mar.-dim 10h-18h, jeu. 10h-20h.*
🖼 🚫 🎞
Le nouveau musée du cinéma permet aux visiteurs de découvrir les coulisses d'Hollywood et des mythiques studios UFA (Universal Film AG).

Installé dans le Sony Center, le musée, qui est géré par les Freunde der Deutschen Kinemathek, une association de cinéphiles, retrace l'Histoire du cinéma, du premier film muet aux dernières productions de science-fiction. L'accent est mis sur les films allemands de la grande époque de l'UFA, dans les années 1920, où le célèbre studio allemand produisait un succès après l'autre à Babelsberg (*p. 205*). Costumes, dessins des décors, scénarios, maquettes et photos évoquent des films comme *Le Cabinet du Dr Caligari* de Friedrich Wilhelm Murnau (1888-1931) ainsi que *M le Maudit* et *Metropolis* de Fritz Lang (1890-1976). L'époque du national-socialisme, qui se servit du cinéma comme outil de propagande, est intéressante. Le musée illustre aussi la vie et l'œuvre de l'acteur Kurt Gerron, qui trouva la mort à Auschwitz, et présente d'autres expositions liées à la propagande et au cinéma.

L'un des trésors du musée réside dans la collection d'effets personnels de Marlene Dietrich (1901-1992), diva du septième art née à Berlin. Elle réunit des vêtements, sa correspondance privée et ses bagages. L'une des pièces maîtresses de la collection est l'étui à cigarettes offert à l'actrice par le réalisateur Josef von Sternberg (1894-1969), portant l'inscription : « À Marlene Dietrich, femme, mère et actrice comme jamais il n'y en eut avant elle. » La collection réunit aussi les effets personnels de plusieurs stars allemandes du grand et du petit écran, comme Heinz Rühmann (1902-1994) et Hans Albers (1891-1960).

Façade du Filmmuseum Berlin

Les Arkaden, l'un des centres commerciaux les plus appréciés de la ville

Potsdamer Platz Arkaden
Alte Potsdamer Str. 7. **Tél.** 25 59 270. ○ lun.-sam. 8h-21h
CinemaxX Potsdamer Str. 5. **Tél.** Infos programme : 25 92 21 11 ; rés. : (0180) 524 63 62 99. 🖾

Ce centre commercial et de loisirs extrêmement apprécié des visiteurs réunit quelque 140 commerces et restaurants sur trois niveaux. Le sous-sol compte quantité de restaurants bon marché, proposant des spécialités de toutes les régions allemandes, ainsi que plusieurs épiceries. Le plus grand cinéma de

Berlin, le **CinemaxX**, n'est pas loin de là. Avec ses 19 salles, il peut accueillir 3 500 spectateurs. Les grandes productions hollywoodiennes y sont présentées, tout comme des films étrangers.

Theater am Potsdamer Platz
Marlene-Dietrich-Platz 1. **Tél.** (018 0) 544 44. ○ t.l.j 8h-20h. 🖾
Spielbank Berlin Marlene-Dietrich-Platz 1. **Tél.** 25 59 90. ○ t.l.j. 15h-3h. 🖾

Situé sur une place portant le nom de Marlene Dietrich, le moderne Theater am

Postdamer Platz fut conçu par Renzo Piano comme partie intégrante du Daimler Quartier *(p. 130-131)*. C'est la plus grande salle de comédies musicales de Berlin. Pendant longtemps, on y joua des versions allemandes des comédies musicales de Broadway. D'autres spectacles à succès sont programmés depuis.

L'Adagio, une élégante boîte de nuit, occupe le sous-sol du bâtiment, ainsi que le plus célèbre casino de la ville, le **Spielbank Berlin.** Les amateurs de jeux pourront s'adonner à la roulette et au Black Jack, ou bien préférer l'étage voué aux machines à sous.

Une grande sculpture bleue semblable à une bulle, *Balloon Flower*, de l'Américain Jeff Koons, se dresse sur la place face au bâtiment.

Balloon Flower de Jeff Koons

C'est également ici que se trouve le site principal de la Berlinale, le célèbre festival de cinéma *(p. 51)*.

HISTOIRE DE LA POTSDAMER PLATZ

Construite en 1831 à l'emplacement d'un parc, la Potsdamer Platz porte le nom d'une des portes de la ville, la Potsdamer Tor, située à l'est de la place actuelle. Grâce à la construction de la gare du même nom, où le premier train de la ville fut inauguré en 1838, elle devint un point névralgique, à l'intersection de la Potsdamer Strasse et d'autres artères. Plus tard, une ligne de métro ainsi que 31 lignes de bus et de tramways ajoutèrent encore à l'animation. Au début du XXe siècle, la place devint un haut lieu de la célèbre vie nocturne berlinoise, avec des établissements légendaires, comme la Haus Vaterland et le Café Josty (lieu de rendez-vous d'artistes célèbres, comme l'écrivain Theodor Fontane et le peintre Adolph von Menzel), et plusieurs palaces.

La première émission de radio allemande fut diffusée ici en 1923, depuis la Vox Haus. Durant la bataille finale de Berlin, en avril 1945, les bombardements alliés ravagèrent presque entièrement la place. Elle resta en l'état, à l'ombre du Mur. Des plates-formes y permettaient aux visiteurs occidentaux de regarder au-delà du Mur. La place vide apparaît dans les *Ailes du désir*, le film de Wim Wenders tourné en 1987. À partir de 1992, la Potsdamer Platz devint le plus grand chantier d'Europe, avec des investissements d'un montant d'environ 25 milliards d'euros.

Animation sur la Postdamer Platz, dans les années 1930

Sony Center

Potsdamer Strasse 2. ☐ *24 h/24.*

Construit entre 1996 et 2000 par Helmut Jahn, un architecte américano-allemand, le Sony Center est l'un des nouveaux complexes architecturaux les plus passionnants de Berlin. Sa coupole de verre et d'acier s'étend sur 4 013 m².

La place au cœur du Sony Center est devenue l'un des points d'attraction les plus prisés de Berlin. Installée sous un toit semblable à une tente, elle est ornée d'un bassin accueillant des fontaines en perpétuelle évolution, projetant loin au-dessus du bassin l'eau qui retombe ailleurs avant de rejaillir à nouveau. Claire et spacieuse, la place est entourée par les bâtiments du siège européen de Sony, mais aussi par des logements, des restaurants, des cafés et des magasins, comme la boutique Sony. On y trouve aussi le Cinestar *(p. 264-265),* un immense cinéma multiplex de huit salles, ainsi que le Filmmuseum Berlin *(p. 128).* À l'arrière du bâtiment, le cinéma IMAX, avec son dôme bleu, présente des films consacrés à la nature et aux sciences sur d'imposants écrans à 360 °.

L'intérieur du Sony Center abrite un joyau architectural historique, la **Kaisersaal,** présenté derrière une façade de verre. Cette salle à manger, qui est l'une des plus belles salles de la ville, mais à usage privé, faisait autrefois partie du Grand Hotel Esplanade, un palace presque

Sous la coupole du Sony Center, conçue par Helmut Jahn

entièrement détruit durant la Seconde Guerre mondiale. Lorsque la municipalité de Berlin céda le site à Sony, au début des années 1990, elle exigea que la Kaisersaal, les escaliers, les salles de bains et plusieurs petites pièces soient restaurés et intégrés au Sony Center. À l'origine, le bâtiment se dressait 46 m plus loin. En 1996, il a été déplacé sur coussins d'air. Restaurée, la Kaisersaal est dominée par un portrait du Kaiser Wilhelm II, le dernier empereur allemand. Elle doit son nom aux visites fréquentes de l'empereur à l'hôtel, qui toutefois n'y a jamais pris de repas.

Daimler Quartier

Près d'Alte Potsdamer Strasse.

Plate-forme d'observation
Potsdamer Platz 1. **Tél.** 25 29 43 72.
☐ *t.l.j. 11h-20h.* 🅿

Construit entre 1993 et 1998, ce vaste complexe recouvre 19 bâtiments modernes, chacun conçu dans un style différent dans le cadre d'un projet coordonné par les architectes Renzo Piano et Christoph Kohlbecker. Les bâtiments forment une longue rangée de chefs-d'œuvre de l'architecture moderne, qui s'étend du sud de la Potsdamer Platz jusqu'au Landwehr Kanal.

Reproduction d'un feu de croisement, Daimler Quartier

Installés de part et d'autre de l'Alte Potsdamer Strasse, deux hauts bâtiments en brique rouge, conçus par l'architecte berlinois Werner Kollhoff, marquent l'entrée du quartier.

Le gratte-ciel occidental est couronné par une plate-forme d'observation, perchée à 96 m de hauteur, le **Panorama Punkt.** Le site, qui offre une vue magnifique de la ville, est desservi par l'ascenseur le plus rapide d'Europe.

La tour verte du Daimler Quartier est une reproduction du premier feu de circulation automatique de Berlin, installé à cet emplacement précis en 1924.

La façade vitrée de la Kaisersaal, dans le Sony Center

Avant-guerre, plusieurs avenues se croisaient sur la Potsdamer Platz, qui était l'intersection la plus animée d'Europe.

À l'extrémité sud du complexe s'élève une autre tour, la **Debis-Haus** (ancienne filiale informatique de DaimlerChrysler). Couronnée par un cube vert, cette tour vert et jaune de 22 étages, qui se dresse à 90 m de haut, est l'œuvre de Renzo Piano et Hans Kollhoff *(p. 45)*.

Une sculpture de Jean Tinguely, *Meta-Maxi*, orne le hall du bâtiment. La sculpture animée par 16 moteurs symbolise le mouvement perpétuel du temps.

Diverses œuvres d'art spécialement commandées pour ce complexe en ornent les espaces publics.

Immeubles de bureau en brique rouge du bâtiment DaimlerChrysler

Leipziger Platz

Située à l'est de la Potsdamer Platz, cette petite place historique a subi d'importants travaux de rénovation. La place d'origine, octogonale, a vu le jour au XVIIIᵉ siècle, entre 1732 et 1734. Elle fut rebaptisée Leipziger Platz pour commémorer la bataille de Leipzig en 1813 (première défaite décisive de Napoléon). Au XIXᵉ siècle, les architectes Karl-Friedrich Schinkel (1781-1841) et Peter Joseph Lenné (1879-1866) en firent un joyau architectural avec de superbes jardins, bordé de quelques-uns des hôtels particuliers et des demeures les plus élégants de Berlin.

Au début du XXᵉ siècle, plusieurs bâtiments modernes y virent le jour, notamment le Kaufhaus Wertheim, un grand magasin construit en 1905 par Alfred Messel (1853-1909).

La place devint alors l'un des quartiers commerçants les plus en vogue du Berlin d'avant-guerre.

Malheureusement, il ne reste aucun bâtiment d'époque. Les nouvelles constructions présentent toutes une physionomie moderne, avec toutefois une hauteur limitée à 35 m, qui était celle des bâtiments d'origine. Elles abritent divers magasins, restaurants et cafés, ainsi que l'ambassade du Canada et le siège de plusieurs grandes entreprises internationales.

Riding Bikes, la sculpture de Rauschenberg, se dresse devant la Weinhaus Huth

Haus Huth

Alte Potsdamer Strasse 5.
Tél. *25 94 14 20.* ◯ *t.l.j. 11h-18h.*
Sammlung DaimlerChrysler Contemporary ◯ *comme Haus Huth.* ▓ *t.l.j. 18h.*
C'est le seul bâtiment historique de la Potsdamer Platz ayant survécu à la Seconde Guerre mondiale. En calcaire gris, il abritait autrefois un restaurant et la boutique d'un marchand de vin. Les architectes Conrad Heidenreich et Paul Michel conçurent en 1912 l'une des premières constructions à ossature métallique, destinée à supporter le poids du vin. Après-guerre, le bâtiment se dressait seul sur la vaste place réduite en poussière. Aujourd'hui, il abrite les bureaux de Daimler, ainsi qu'un restaurant, Diekmann im Haus Huth, un petit café et Hardy's, un marchand de vin haut de gamme.

Le bâtiment recèle aussi la **Sammlung DaimlerChrysler Contemporary,** une petite exposition présentant les nouvelles acquisitions de la collection d'art du XXᵉ siècle appartenant à l'entreprise, essentiellement des peintures abstraites et géométriques d'artistes allemands et internationaux.

La meilleure vue sur le bâtiment s'offre depuis sa face sud, où les visiteurs pourront également admirer une installation jubilatoire de Robert Rauschenberg, *Riding Bikes*.

La Haus Huth, bâtiment ancien de la Leipziger Platz

Diplomaten-viertel ⑮

QUARTIER DIPLOMATIQUE

Plan 4 F5, 5 A5, B5, C5.
Ⓤ *Nollendorfplatz.* 🚌 *100, 106, 187.*

Quelques consulats s'installèrent à proximité du Tiergarten à partir de 1918, mais c'est à l'époque nazie, entre 1933 et 1945, que la lisière sud du parc, entre la Stauffenbergstrasse et la Lichtensteinallee, devint véritablement le quartier diplomatique de Berlin avec la construction, de 1938 à 1943, des ambassades d'Italie et du Japon, les alliés de l'Allemagne.

Ces édifices monumentaux eurent des architectes différents, mais formèrent un ensemble homogène conforme à la vision du néoclassicisme qu'avait Albert Speer, l'inspecteur général des Bâtiments de Berlin. Pour la plupart, ils ne survécurent pas aux bombardements.

Un quartier diplomatique s'est développé le long de la Tiergartenstrasse. À l'angle de la Stauffenbergstrasse, l'ambassade autrichienne dessinée par Hans Hollein se dresse à côté des ambassades de Turquie et d'Afrique du Sud, tandis qu'aux nos 21-23, l'ambassade italienne d'avant-guerre a pour voisine une copie de la première ambassade du Japon.

Entre la Klingelhöferstrasse et la Rauchstrasse, un imposant complexe achevé en 1999 rassemble les ambassades de Norvège, de Suède, du Danemark, de Finlande et d'Islande.

Tiergarten ⑯

Plan 4 E4, 5 A3, 6 D3. Ⓢ *Tiergarten ou Bellevue.* 🚌 *100, 106, 187, 200.*

Le plus grand parc de Berlin occupe le centre géographique de la ville et possède une superficie de plus de 200 ha. Le paysagiste Peter Joseph Lenné l'aménagea dans les années

Dans le Tiergarten

1830 à partir d'une ancienne forêt utilisée comme réserve de chasse par les princes-électeurs.

À la fin du XIXe siècle, Guillaume II fit percer une allée de la Victoire qu'encadraient les statues de divers souverains et hommes d'État. Elle ne survécut pas aux dégâts causés par les bombardements, et la plupart des sculptures, que les Berlinois avaient surnommées les « poupées », se trouvent désormais au Lapidarium (p. 144). À la fin de la guerre, les survivants utilisèrent les derniers arbres encore debout pour se chauffer, et tous ceux qui ombragent aujourd'hui les pelouses et les allées ont été replantés à partir de 1949.

Près du Landwehrkanal et du lac du Neuer See, des monuments rendent hommage à Karl Liebknecht et Rosa Luxemburg, les chefs spartakistes assassinés en 1919 (p. 28). Une collection de lampadaires à gaz est exposée près de la station de S-Bahn Tiergarten.

Grosser Stern ⑰

GRANDE ÉTOILE

Plan 5 A4. Ⓤ *Hansaplatz.* 🚌 *100, 106, 187.*

Au centre du Tiergarten, cinq larges avenues convergent vers le rond-point où se dresse la colossale Siegessäule (colonne de la Victoire). Cette grande Étoile prit son aspect actuel à la fin des années 1930 lors de l'élargissement de la

Strasse des 17. Juni dans le prolongement d'Unter den Linden. Les nazis ôtèrent à l'occasion la majeure partie des statues qui décoraient les lieux pour les remplacer par des monuments provenant du Reichstag (p. 134-135).

Ils célèbrent les artisans de la victoire sur la France qui permit l'instauration de l'Empire allemand, notamment le chancelier Otto von Bismarck (1815-1898), dont l'effigie se dresse au milieu d'allégories sculptées par Reinhold Begas à la fin du XIXe siècle, et le feld-maréchal Helmut von Moltke (1800-1891), chef de l'état-major prussien entre 1858 et 1888 et vainqueur de la guerre de 1870.

Monument à Otto von Bismarck de la Grosser Stern

Siegessäule ⑱

COLONNE DE LA VICTOIRE

Grosser Stern. **Plan** 5 A4. **Tél.** 391 29 61. Ⓢ *Bellevue.* Ⓤ *Hansaplatz.* 🚌 *100, 106, 187.* 🕐 *t.l.j. 9h30-18h30 (hiver 17h30).* 📷

Construite d'après des plans de Johann Heinrich Strack pour célébrer la victoire de la Prusse sur le Danemark en 1864, cette colonne haute de 67 m reçut, après les succès contre l'Autriche en 1866 et la France en 1871, la statue de la Victoire dessinée par Friedrich Drake que les Berlinois appellent *Goldelse* (Else dorée).

Le monument se dressait à l'origine devant le Reichstag sur la Königsplatz (l'actuelle Platz der Republik), et fut transféré à son emplacement actuel par les nazis en 1938. Les bas-reliefs du socle commémorent des batailles. Œuvre d'Anton von Wermer, la mosaïque de la rotonde illustre l'établissement de l'Empire allemand en 1871.

La colonne est en rénovation jusqu'en 2011.

Siegessaüle (colonne de la Victoire)

Hansaviertel ⓲

Plan 4 E3, E4, F3. Ⓢ *Bellevue.* 🚌 *100, 106, 187.* **Akademie der Künste** Hanseatenweg 10. *Tél.* 20 05 72 00. 🕐 *mar.-dim. 11h-20h.* 📷

En 1957, pour l'Exposition internationale d'architecture (Internationale Bauausstellung

---

---

ou IBA 57), 48 architectes originaires de 13 pays transformèrent un champ de ruines situé à l'ouest du Schloss Bellevue en un quartier résidentiel dont les immeubles, qui renferment 1 400 logements, s'inscrivent dans la verdure. Les plus célèbres de ces architectes étaient l'Allemand Walter Gropius (nos 3-9 Händelallee), le Finlandais Alvar Aalto (nos 30-32 Klopstockstrasse) et le Brésilien Oskar Niemeyer (nos 4 14 Altonaer Strasse). Le quartier renferme également une école, un jardin d'enfants, un cinéma, un centre commercial et deux églises.

Au n° 10 Hanseatenweg, Werner Düttmann construisit, en 1960, le nouveau bâtiment de l'**Akademie der Künste** (Académie des beaux-arts), fondée en 1696. Intitulé *Reclining Figure* (1956), le bronze devant l'entrée principale est une œuvre du sculpteur anglais Henry Moore. Depuis 2003, l'Académie des beaux-arts a retrouvé sa place historique au n° 4 de la Pariser Platz.

Schloss Bellevue ⓴
CHÂTEAU BELLEVUE

Spreeweg 1. **Plan** 5 A3. Ⓢ *Bellevue.* 🚌 *100, 187.* 🚫 *au public.*

Palais d'été construit en 1786 par Philipp Daniel Boumann pour le frère de Frédéric le Grand, ce bel édifice néoclassique resta un palais royal jusqu'en 1861. Il connut un remaniement en 1935 pour accueillir le musée d'Ethnologie, puis un deuxième en 1938 quand le régime nazi le transforma en hôtel destiné aux invités de marque.

Une restauration après la Seconde Guerre mondiale lui a rendu son aspect d'origine. La reconstitution de la salle de bal ovale a suivi des plans de Carl Gotthard Langhans. Le parc respecte le dessin qu'on lui donna à la fin du XVIIIe siècle, mais un pavillons du jardin n'ont pas survécu aux bombardements.

Le Schloss Bellevue est depuis 1994 la résidence officielle du président de la République fédérale.

Le Schloss Bellevue, résidence officielle du président de la République fédérale allemande

Large Butterfly de Henry Moore devant la Haus der Kulturen der Welt

Haus der Kulturen der Welt ㉑

MAISON DES CULTURES DU MONDE

John-Foster-Dulles-Allee 10. **Plan** 5 C3. **Tél.** 39 78 70. Ⓢ et Ⓤ *Hauptbahnhof, Bundestag.* 🚌 100. 🔲 **Expositions** mar., mer. 10h-18h, jeu.-dim. 12h-20h. 🎫

À cause de son toit parabolique, cette ancienne salle de congrès est surnommée « l'huître enceinte ». Contribution américaine à l'exposition d'architecture Interbau 1957, l'édifice dessiné par Hugh Stubbins est contemporain du quartier résidentiel de l'Hansaviertel *(p. 133)*. Avec son bassin orné d'une sculpture de Henry Moore, *Large Butterfly,* le bâtiment devint pendant la guerre froide un symbole de la modernité de Berlin-Ouest, et son audace fut souvent comparée aux lourdeurs du réalisme socialiste de la Karl-Marx-Allee *(p. 172)*. Cette audace dépassait toutefois les capacités techniques de l'époque, et le toit s'effondra partiellement en 1980.

L'édifice changea de fonction lors de sa restauration et abrite, depuis sa réouverture en 1989, un centre culturel qui propose des expositions et des manifestations destinées à familiariser les Berlinois avec les cultures non européennes. La Haus der Kulturen der Welt organise, entre autres, des festivals de jazz réputés *(p. 49-50)*.

Érigée en 1987 pour le 750e anniversaire de la fondation de Berlin, la tour noire renferme le plus grand carillon d'Europe.

Regierungsviertel ㉒

QUARTIER DU GOUVERNEMENT

Plan 6 D2, E2. Ⓢ *Unter den Linden.* 🚌 100, 248.

L'aménagement du vaste complexe qui devait abriter le gouvernement de la République fédérale allemande dans sa nouvelle capitale a fait l'objet d'un concours remporté en 1992 par un projet d'Axel Schultes et Charlotte Frank. Les travaux ont été achevés en 2003 sur un site rectangulaire qui coupe un méandre de la Spree juste au nord du Reichstag.

Schultes et Frank ont aussi conçu le futur siège de la chancellerie (Bundeskanzleramt). Située face au Reichstag, elle est la résidence officielle du chancelier allemand. Mais

d'autres architectes participent au projet avec des bâtiments tels que les bureaux de Dorotheenblöcke, et ceux de l'Alsenblock et du Luisenblock, dessinés par Stephan Braunfels.

Un autre grand chantier a débuté, celui d'un réseau de transports qui comprendra un tunnel routier sous le Tiergarten et une vaste gare enterrée, la Berlin Hauptbahnhof.

Sa structure métallique vitrée permettra à la lumière naturelle d'y pénétrer.

Reichstag ㉓

Platz der Republik. **Plan** 6 D3, E3. Ⓤ *Bundestag.* 🚌 *100, 248.* **Tél.** 227 32 152. **Coupole** 🔲 *t.l.j. 8h-minuit. (dern. entr. 22h).* **Parlement** 🔲 *sur r.-v. seul.* 🎫 *t.l.j. 10h30, 13h30, 15h30 et 16h30, sf lors des séances.* 🔲 *1er janv., 24, 26 et 31 déc.*

Devenir capitale impériale imposa à Berlin de se doter d'un bâtiment digne d'accueillir le Parlement du Reich, fondé en 1871. Les indemnités de guerre versées par la France en financèrent la construction entre 1884 et 1894, sur des plans de Paul Wallot. L'édifice offre un exemple caractéristique du néoclassicisme monumental qui connut une grande vogue sous l'empire.

La dédicace « Au peuple allemand » (« Dem Deutschen Volke ») qu'il porte au fronton fut dévoilée le 23 décembre 1916. Le 9 novembre 1918, Philipp Scheidemann utilisa un balcon du premier étage pour proclamer l'instauration de la

Le Bundeskanzleramt, résidence officielle du chancelier fédéral

Le Reichstag et sa nouvelle coupole dessinée par sir Norman Foster

République. Quelques semaines après la nomination de Hitler au poste de chancelier, les nazis incendièrent le Reichstag dans la nuit du 28 février 1933 et en accusèrent les communistes. Les arrestations décimèrent l'opposition.

À la fin de la guerre, il ne restait que des ruines du Parlement allemand quand les soldats russes hissèrent sur son toit le drapeau soviétique, image qui fit le tour du monde. Une reconstruction effectuée entre 1957 et 1972 priva le Reichstag de son dôme et de la majeure partie de son ornementation extérieure. Le bâtiment ne remplit pas de fonction politique importante pendant la guerre froide, mais les grands concerts de rock qui se déroulaient devant exaspéraient les autorités de la RDA autant qu'ils ravissaient les jeunes Berlinois de l'Est à l'écoute de l'autre côté du Mur.

Le Reichstag est revenu sur le devant de l'actualité le 3 octobre 1990 pour la cérémonie officielle de la réunification de l'Allemagne, et le 2 décembre 1990 pour la première séance du Parlement élu après cette réunification.

Le 23 juin 1995, Christo et sa femme l'emballèrent dans un tissu luisant, une action artistique de deux semaines. Entre 1995 et 1999, lors de la dernière phase de rénovation, l'architecte Sir Norman Foster remplaça l'ancien dôme par une coupole de verre, lieu de rencontre moderne et ouvert. La vue est à couper le souffle.

Sowjetisches Ehrenmal ㉔

MÉMORIAL SOVIÉTIQUE

Strasse des 17 Juni. **Plan** 6 D3. Ⓢ et Ⓤ *Brandenburger Tor.* 🚌 100, 248.

L'inauguration de cet imposant monument, proche de la porte de Brandebourg, eut lieu le 7 novembre 1945, jour anniversaire du début de la révolution d'Octobre en Russie. Encadré des deux premiers tanks soviétiques qui entrèrent dans la ville, il rend hommage aux 300 000 soldats de l'Armée rouge qui périrent

pendant la conquête de Berlin.

Le marbre qui servit à l'érection de la colonne dessinée par Nicolaï Sergiejev provient de l'ancienne chancellerie de Hitler qui était alors en cours de démolition. La statue en bronze est l'œuvre de Lew Kerbel. Le monument se retrouva dans le secteur anglais après la partition de Berlin, mais garda un statut particulier et resta accessible aux soldats soviétiques en poste à Berlin-Est.

Monument aux morts de l'Armée rouge du Sowjetisches Ehrenmal

LES PONTS DE BERLIN

Malgré les dégâts causés par les bombardements de la Seconde Guerre mondiale, certains des plus beaux bâtiments de Berlin s'élèvent toujours le long de la Spree et de ses canaux, et nombre des ouvrages d'art qui jalonnent ces voies d'eau sont l'œuvre de grands architectes et sculpteurs. Karl Friedrich Schinkel dessina ainsi le pont qui est probablement le plus connu : le Schlossbrücke *(p. 74).* Plus au sud sur le Kupfergrabenkanal, le Schleusenbrücke date du début du XXᵉ siècle et ses reliefs évoquent l'histoire des premiers ponts et écluses de la ville. En continuant toujours vers le sud, on atteint ensuite le Jungfernbrücke, le dernier pont basculant de Berlin. Il date de 1798. Le pont suivant est le Gertraudenbrücke, construit en 1894 *(p. 85).* La Friedrichstrasse franchit la Spree grâce au Weidendammer Brücke, édifié en 1897 et reconstruit par la suite en 1923. Un motif en forme d'aigle anime la balustrade. Le Moltkebrücke (1886-1891) enjambe aussi la Spree. Un immense griffon tenant un écu orné de l'aigle prussien y monte la garde près du Regierungsviertel. Les angelots qui tiennent des lampadaires portent des tenues militaires.

Tête d'ours ornant le Liebknechtbrücke

KREUZBERG

Le quartier décrit dans ce chapitre ne forme qu'une partie de l'arrondissement du même nom. Le faubourg ouvrier de Kreuzberg se développa à la fin du XIXe siècle, mais le Mur l'enferma de trois côtés et les habitants qui en avaient les moyens déménagèrent pendant la période de la guerre froide. La modicité des loyers et les logements vacants attirèrent une popula-

Détail de la façade du Martin-Gropius-Bau

tion d'immigrés, de squatters, d'artistes sans le sou et de marginaux qui en fit un des hauts lieux de la culture alternative à Berlin. La réunification a remis le quartier au cœur de la cité et les immeubles décrépits se transforment peu à peu en maisons soigneusement rénovées habitées par des occupants aisés. Kreuzberg conserve une importante communauté turque.

LE QUARTIER D'UN COUP D'ŒIL

Musées
Berlinische Galerie ❺
Checkpoint Charlie ❹
Deutsches Technikmuseum
  Berlin ❾
Jüdisches Museum ❻
Lapidarium ❽
Martin-Gropius-Bau ❷
Topographie des Terrors ❸

Bâtiments historiques
Anhalter Bahnhof ❶
Flughafen
  Tempelhof ⓭
Riehmers
  Hofgarten ⓫

Place, parc et cimetière
Friedhöfe vor dem
  Halleschen Tor ❿
Mehringplatz ❼
Viktoriapark ⓬

0   800 m

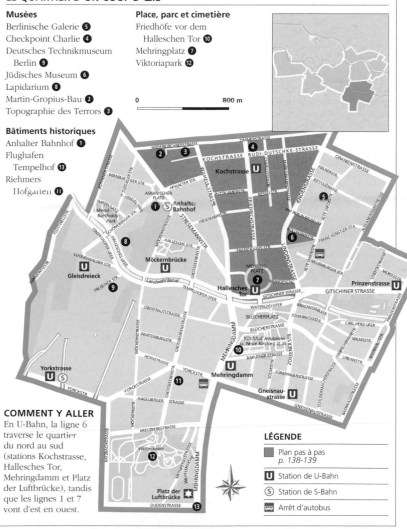

COMMENT Y ALLER
En U-Bahn, la ligne 6 traverse le quartier du nord au sud (stations Kochstrasse, Hallesches Tor, Mehringdamm et Platz der Luftbrücke), tandis que les lignes 1 et 7 vont d'est en ouest.

LÉGENDE
▨ Plan pas à pas
   p. 138-139
Ⓤ Station de U-Bahn
Ⓢ Station de S-Bahn
🚌 Arrêt d'autobus

◁ **Viktoriapark, Kreuzberg**

Mehringplatz et Friedrichstrasse pas à pas

Aménagée en même temps que l'Oktogon (Leipziger Platz) et le Quarré (Pariser Platz) lors de l'agrandissement en 1734 de Friedrichstadt, la Mehringplatz portait à l'origine le nom de Rondell. Au nord s'étend la partie la plus ancienne de Kreuzberg. Elle conserve quelques bâtiments historiques, mais la Seconde Guerre mondiale a bouleversé l'aspect du quartier, et des constructions modernes comme les Friedrichstadt Passagen, un immense complexe, continuent d'en transformer l'atmosphère.

★ **Checkpoint Charlie**
Ce petit abri marque l'emplacement de l'ancien poste frontière entre l'Est et l'Ouest ❹

Topographie des Terrors
Une exposition évoque les crimes des nazis à l'endroit où la Gestapo et les SS avaient leurs sièges ❸

Martin-Gropius-Bau
Ce bel édifice néo-Renaissance à la façade polychrome abrita jadis le Kunstgewerbemuseum (p. 118-121) ❷

Deutsches Technikmuseum ◄

Haus am Checkpoint Charlie
Ces papillons posés sur un fragment du Mur marquent l'entrée du musée.

0 — 150 m

À NE PAS MANQUER

★ Checkpoint Charlie

★ Jüdisches Museum

Springerhaus
Ce complexe récent de boutiques et de restaurants est situé près de la Axel-Springer Hochhaus. Cet édifice élevé fut édifié dans les années 1960 comme un défi à côté du mur de Berlin ❺

CARTE DE SITUATION
Voir atlas des rues, plans 12 et 13

Märkisches
Museum

RUDI-DUTSCHKE STRASSE

MARKGRAFENSTRASSE

CHARLOTTENSTRASSE

BESSELSTRASSE

ICHSTRASSE

NZ-KLUHS-STRASSE

★ Jüdisches Museum
Pour accueillir le Musée juif, l'architecte Daniel Libeskind a dessiné un immeuble conceptuel où les fenêtres évoquent des blessures ❻

Mehringplatz
L'ancienne Rondell, longtemps appelée Belle-Alliance-Platz, ne survécut pas à la Seconde Guerre mondiale. Hans Scharoun l'a reconstruite en suivant les plans originaux ❼

LÉGENDE
- - - - Itinéraire conseillé

Anhalter Bahnhof ❶

Askanischer Platz 6-7. **Plan** 12 E1.
Ⓤ *Mendelssohn-Batholdy-Park*
🚌 *200, 347, M29, M41.*

Aujourd'hui, il ne reste plus qu'un fragment de l'Anhalter Bahnhof d'antan, qui fut la plus grande gare de Berlin et la deuxième d'Europe.

L'imposant bâtiment dû à Franz Schwechten fut construit en 1880 pour devenir la plus grande gare d'Europe, et aussi la plus élégante, destinée à impressionner les visiteurs officiels de la capitale de l'empire allemand. Parmi ces voyageurs les plus célèbres, citons le tsar Nicolas de Russie, et le roi d'Italie Umberto, qui fut accueilli par le Kaiser Guillaume II en personne. D'ici, des trains partaient pour Dresde, Vienne, Rome et Athènes. Après la destruction de son toit par les bombardements alliés, la gare fut fermée en 1943.

Seuls subsistent des fragments de la magnifique façade d'antan et le portique, dominé par des sculptures endommagées, ainsi que l'orifice qui abritait autrefois une grande horloge électrique. Sur le vaste terrain derrière la gare s'étend le Tempodrom *(p. 269)*.

Martin-Gropius-Bau ❷

Niederkirchnerstr. 7 (à l'angle de Stresemannstrasse). **Plan** 12 E1.
Tél. 25 48 60. ⏰ *mer.-lun. 10h-20h.*
Ⓢ et Ⓤ *Potsdamer Platz.* 🚌 *200, 347, M29, M41.* ♿

À l'origine, ce bâtiment novateur construit en 1881 par Martin Gropius, avec la participation de Heino Schmieden, était destiné à abriter un musée des Arts décoratifs. Son style rappelle celui des palais italiens de la Renaissance. Il est doté d'une magnifique cour intérieure couronnée d'une verrière, d'un atrium majestueux et de façades présentant des décorations d'une richesse

Expositions sur les crimes nazis de la Topographie des Terrors

inhabituelle. Entre les fenêtres se trouvent des armoiries de villes allemandes. Quant aux reliefs des frises, ils illustrent les arts et les artisanats. Entre les fenêtres des étages supérieurs, de belles mosaïques figurent des personnages allégoriques représentant les cultures de différentes époques et de différents pays.

À partir de 1922, le Martin-Gropius-Bau accueillit le musée d'Ethnologie. Après la Seconde Guerre mondiale, le bâtiment abandonné resta en ruine. Jusque dans les années 1970, il fut menacé de destruction par des projets de construction d'une autoroute urbaine. Finalement, les travaux de reconstruction commencèrent en 1981, sous la houlette des architectes Winnetou Kampmann et Ute Westroem. Une seconde rénovation suivit en 1999. Depuis, le bâtiment a accueilli diverses expositions d'art, de photographie et d'architecture.

Mosaïque allégorique au Martin-Gropius-Bau

Topographie des Terrors ❸

Stresemannstrasse 110 (entrée par la Niederkirchnerstrasse). **Plan** 6 F5, 12 F1. **Tél.** 25 45 09 50. Ⓢ et Ⓤ *Potsdamer Platz.* 🚌 *200, M29, M41.* ⏰ *mai-sept. : t.l.j. 10h-20h ; oct.-avr. : t.l.j.10h-18h.* ♿

Sous le Troisième Reich, la Prinz-Albrecht-Strasse était incontestablement la rue la plus terrifiante de Berlin. En 1934, trois des plus sinistres services politiques nationalsocialistes installèrent leur quartier général dans un même pâté d'immeubles, entre la Stresemann Strasse, la Wilhelm Strasse, l'Anhalter Strasse et la Prinz-Albrecht-Strasse (actuelle Niederkirchner Strasse), où étaient concentrées les instances dirigeantes de l'Allemagne nazie.

Au n° 102 de la Wilhelm-Strasse, le palais Prinz-Albrecht, de style néo-classique, devint le quartier général de Reinhard Heydrich et du Service de sécurité (SD) du Troisième Reich. Le chef de la Gestapo, Heinrich Müller, lui, s'installa dans l'école des Arts décoratifs au n° 8 de la Prinz-Albrecht-Strasse, tandis que l'hôtel Prinz Albrecht, au n° 9, devint le quartier général de la Schutzstaffel (SS), dirigée par Heinrich Himmler. C'est dans ces murs que furent décidés la germanisation des régions occupées et le génocide des juifs d'Europe.

Après la Seconde Guerre mondiale, les bâtiments furent détruits. Cependant, en 1987, une exposition sur les crimes nazis fut montée dans les caves ayant servi de salles de torture. Elle était déconseillée aux âmes sensibles.

Un important tronçon préservé du mur de Berlin longe le terrain de la Topographie des Terrors, sur la Niederkirchner Strasse.

Checkpoint Charlie ❹

Friedrichstrasse 43-45. **Plan** 7 A5. *Tél.* 253 72 50. Ⓤ *Kochstrasse.* 🚌 *M29.* **Haus am Checkpoint Charlie** ◯ *t.l.j. 9h-22h* 📷

A Alpha, B Bravo, C Charlie : peu de gens se souviennent que ce célèbre point de passage entre le secteur américain et le secteur soviétique doit son nom au mot symbolisant la lettre C dans la signalisation phonétique internationale.

De 1961 à 1990, Checkpoint Charlie fut le seul point de passage pour les étrangers entre Berlin-Est et Berlin-Ouest. Le site était un symbole de liberté, mais aussi de division pour les nombreux Allemands de l'Est qui tentèrent d'échapper au régime communiste de RDA.

Aujourd'hui, il ne reste pas grand-chose du point de passage, où divers événements dramatiques se déroulèrent pendant la guerre froide, comme le face-à-face extrêmement tendu entre chars russes et américains qui dura deux jours en 1961.

En 1990, Checkpoint Charlie fut officiellement fermé en présence des ministres des Affaires étrangères américain, britannique, français et soviétique.

Désormais, il ne reste plus de portes, de barrières ni de barbelés. Seule une réplique de guérite, avec ses sacs de sable, et le célèbre signe installé du côté occidental, indiquant « Vous sortez du secteur américain », rappelle le passé.

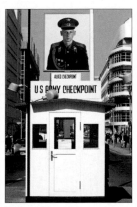

Réplique d'une guérite de Checkpoint Charlie

Sur la Friedrichstrasse, deux grandes photographies d'un soldat américain et d'un soldat russe font partie d'une série de clichés bien connus, du photographe berlinois Frank Thiel. Ses portraits de quatre soldats commémorent le départ des Alliés.

Le musée non loin de là, la **Haus am Checkpoint Charlie,** témoigne des conflits frontaliers durant la guerre froide et illustre la construction du Mur. L'un des anciens miradors se visite. On remarquera les objets liés aux tentatives de passage à l'Ouest des citoyens de RDA, faisant preuve d'une ingéniosité et d'un courage sans limite : compartiments secrets de voitures, valises construites à cette fin, etc.

Une exposition séparée est consacrée aux campagnes pacifiques menées au nom de la démocratie dans divers pays totalitaires.

Berlinische Galerie ❺

Alte Jakobstrasse 124-28. **Plan** 7 C5. *Tél.* 78 90 26 00. Ⓤ *Kochstrasse.* 🚌 *M29, 248.* ◯ *mer.-lun. 10h-18h.* 📷

Rouvert en 2004, le musée d'art moderne, de design et d'architecture de Berlin est l'un des plus intéressants musées du pays.

Des expositions thématiques qui changent régulièrement puisent dans sa vaste collection de peintures, photos ou objets d'artistes d'Allemagne, d'Europe de l'Est ou de Russie.

L'un des points forts du musée est la collection riche de 5 000 pièces qui retrace tous les mouvements artistiques majeurs de la fin du XIXᵉ siècle à nos jours. Elles comprend des œuvres de Max Liebermann, d'Otto Dix, de Georg Baselitz, d'Alexander Rodtschenko, d'Ivan Puni et de Via Lewandowsky.

Vous y verrez aussi des affiches des dadaïstes allemands George Grosz, Hanna Höch et Werner Heldt ainsi que des œuvres d'Ernst Ludwig Kirchner et de Hanns Schimansky.

La section architecturale du musée comprend des dessins et des maquettes de bâtiments qui n'ont jamais été construits. Un des plus beaux exemples de ces immeubles virtuels est la Sternkirche. Le projet de cette église qui devait ressembler à un coquillage a été conçu par l'architecte Otto Bartning en 1922.

***Letter Field* de Kühn Malvessi en face de la Berlinische Galerie**

Jüdisches Museum Berlin ❻

Conçu par Daniel Libeskind, le Musée juif est un chef-d'œuvre d'innovation de l'architecture de la fin du XXᵉ siècle. Tout, dans la structure, le plan, la disposition et l'aménagement intérieur et extérieur de ce passionnant bâtiment conceptuel a été conçu pour évoquer l'histoire et la culture de la communauté juive d'Allemagne, ainsi que les répercussions de l'Holocauste. Le musée présente quantité d'objets, notamment des livres et des photographies destinés à faire revivre les souvenirs et l'histoire de la communauté juive. Avec leur sol en pente et leurs angles vifs, les longues galeries étroites en zigzag du bâtiment évoquent un sentiment de perte et de dislocation. Quant aux espaces vides entrecoupant les galeries, ils figurent le vide laissé par l'anéantissement de la communauté juive.

★ Lunettes de Moses Mendelssohn
Ces lunettes sont exposées dans la partie « Moses Mendelssohn et les Lumières », qui illustre le combat du philosophe pour la tolérance religieuse, à une époque où les juifs étaient privés de droits.

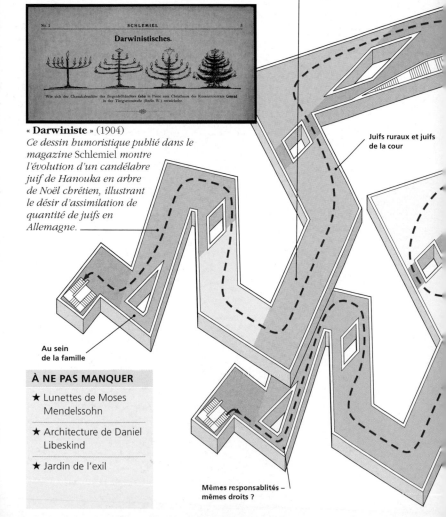

« Darwiniste » (1904)
Ce dessin humoristique publié dans le magazine Schlemiel *montre l'évolution d'un candélabre juif de Hanouka en arbre de Noël chrétien, illustrant le désir d'assimilation de quantité de juifs en Allemagne.*

Juifs ruraux et juifs de la cour

Au sein de la famille

À NE PAS MANQUER

★ Lunettes de Moses Mendelssohn

★ Architecture de Daniel Libeskind

★ Jardin de l'exil

Mêmes responsablités – mêmes droits ?

SUIVEZ LE GUIDE !

L'accès au musée s'effectue par un passage souterrain, depuis l'ancien Berlin-Museum. Des marches montent vers le début de l'exposition, divisée en 14 sections. Les visiteurs y découvrent l'histoire et la culture des juifs d'Allemagne, des temps les plus reculés jusqu'à nos jours, en passant par le Moyen Âge.

MODE D'EMPLOI

Lindenstrasse 9-14. **Plan** 13 A2.
Tél. 25 99 33 00. U *Hallesches Tor ou Kochstrasse.* M29, M41, 248. lun. 10h-22h, mar.-dim 10h-20h. fêtes juives et 24 déc.
www.jmberlin.de

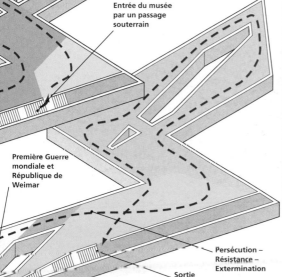

Entrée du musée par un passage souterrain

Première Guerre mondiale et République de Weimar

Persécution – Résistance – Extermination

Sortie

Est et Ouest

★ **Architecture de Daniel Libeskind**
Dans les deux années précédant l'ouverture du musée, l'extraordinaire structure couverte de zinc, qui évoque une étoile de David brisée, a attiré plus de 350 000 visiteurs.

Fer à repasser électrique AEG
Un fer à repasser produit par AEG, l'une des plus grandes entreprises électriques allemandes, fondée par Emil Rathenau, est présenté dans la collection rendant hommage à la position prépondérante des juifs dans le commerce et l'industrie à Berlin.

LÉGENDE

☐	Débuts
☐	Moyen Âge
☐	1500-1800
☐	Tradition et changement
☐	1850-1933
☐	Judaïsme moderne et vie urbaine
☐	1914-1933
☐	1933-1945
☐	Présent
☐	Circulation et services
--	Itinéraire conseillé

★ **Jardin de l'exil et de l'émigration**
Composé de 49 colonnes représentant la fondation de l'État d'Israël en 1948, le Jardin symbolise aussi l'exil auquel furent contraints les juifs allemands.

Allégorie de la Paix par Albert Wolff sur la Mehringplatz

Mehringplatz **❼**

Plan 13 A2. **U** *Hallesches Tor.* 🚌 *M41, 248.*

L'ancienne Rondell, aménagée en 1734 par Philipp Gerlach, devait son nom à sa forme circulaire. Les trois grandes artères de Friedrichstadt – la Wilhelmstrasse, la Friedrichstrasse et la Lindenstrasse – y convergeaient. Peter Joseph Lenné remodela la place dans les années 1840.

Au centre, la colonne de la Paix, dessinée par Christian Gottlieb Cantian, commémore la victoire sur Napoléon en 1815. La statue est de Christian Daniel Rauch.

Deux sculptures ajoutées dans les années 1870 représentent la Paix (due à Albert Wolff) et Clio, la Muse de l'histoire (par Ferdinand Hartzer). Apprécié au tournant du XXᵉ siècle par les diplomates et les aristocrates, le quartier dut être reconstruit après la Seconde Guerre mondiale. Hans Scharoun dirigea la rénovation de la place.

Lapidarium **❽**

Hallesches Ufer 78. **Plan** 12 E2. **U** *Mendelssohn-Bartholdy-Park.*

Cet intéressant bâtiment, doté d'une magnifique cheminée de style oriental, était jadis la station de pompage de Berlin. Construit entre 1873 et 1876 par Hermann Blankenstein, il a conservé ses machines à vapeur. Il renferme aussi de nombreuses sculptures.

C'est au Lapidarium qu'ont abouti la plupart des statues qui ornaient l'allée de la Victoire du Tiergarten, celles que les Berlinois avaient surnommées les « poupées ». La perte, qui d'un bras, qui d'une tête, qui d'une autre partie du corps, diminue quelque peu la prestance de ces fiers chefs de guerre et souverains dressés côte à côte.

En 2009, le Lapidarium a été vendu. Les statues qui s'y trouvaient ont été transférées à la Zitadelle Spandau.

Deutsches Technikmuseum Berlin **❾**

Trebbiner Strasse 9. **Plan** 12 E2. **Tél.** *90 25 40.* **U** *Gleisdreieck.* 🚌 *M29, M41.* ⭕ *mar.-ven. 9h-17h30, sam.-dim. 10h-18h.* ♿ 🏷

Fondé en 1982, ce musée réunit en un même lieu plus de 100 collections spécialisées. Il occupe un site industriel et ferroviaire, dont les dimensions ont permis la conservation de vieux châteaux d'eau et entrepôts.

La section des locomotives et des wagons et celle des automobiles anciennes sont les plus spectaculaires, mais le Deutsches Technikmuseum possède aussi des départements consacrés à l'aéronautique, à la fabrication du papier, à l'imprimerie, au tissage, à l'électromécanique et à l'informatique. Presque tous proposent des démonstrations et des activités.

Au Spectrum, plus de 250 expériences rendent la science accessible, notamment aux enfants. Le parc renferme aussi deux moulins à vent.

Friedhöfe vor dem Halleschen Tor **❿**

Mehringdamm, Blücher-, Baruther et Zossener Strasse. **Plan** 13 A3. **Tél.** *691 61 38.* **U** *Hallesches Tor.* 🚌 *140, 248, M41.* ⭕ *déc.-jan. : t.l.j. 8h-16h ; fév. et nov. : t.l.j. 8h-17h ; mars et oct. : t.l.j. 8h-18h ; avr. et sept. : t.l.j. 8h-19h ; mai-août t.l.j. 8h-20h.*

Les quatre cimetières établis en 1735 sur un terrain hors des murs près de Hallesches Tor renferment les tombes de certains des plus grands créateurs de Berlin, notamment le compositeur Felix Mendelssohn-Bartholdy, les architectes Georg Wenzeslaus von Knobelsdorff, David Gilly et Carl Ferdinand Langhans, le portraitiste Antoine Pesne...

Riehmers Hofgarten **⓫**

Yorckstr. 83-86, Grossbeerenstr. 56-57 et Hagelberger Strasse 9-12. **Plan** 12 F4. **U** *Mehringdamm.* 🚌 *M19, 140, 248.*

Baptisé d'après le maître-maçon Wilhelm Riehmer, qui en assura la construction entre 1881 et 1892, cet ensemble résidentiel occupe une grande part du pâté

Pierre tombale dans un des Friedhöfe vor dem Halleschen Tor

Balcon d'un des immeubles du Riehmers Hofgarten

de maisons défini par la Yorckstrasse, la Hagelberger Strasse et la Grossbeeren-strasse. Otto Mrosk participa à l'élaboration des plans.

Une vingtaine d'immeubles d'habitation soigneusement restaurés composent le Riehmers Hofgarten. Ils entourent une jolie cour arborée que dominent des façades néo-Renaissance aussi élaborées que celles du côté rue. Le complexe abrite plusieurs cafés, à l'instar de la Yorckstrasse.

À côté du Riehmers Hofgarten s'élève l'église Saint-Boniface, œuvre néogothique de Max Hasak. Un ensemble résidentiel du même style la borde.

Pour avoir une image du Kreuzberg d'antan, il suffit de rejoindre la Bergmannstrass, bordée de bâtiments du XIXᵉ siècle rénovés. Des lampadaires anciens, une rue piétonne, des bars et des galeries d'art renforcent son atmosphère élégante. La Marheinekeplazt, où se tient un marché couvert animé, a aussi beaucoup de charme.

Viktoriapark ⓬

Plan 12 E4, E5, F5. Ⓤ *Platz der Luftbrücke.* 104, 140.

Aménagé entre 1884 et 1894 par Hermann Machtig, cet agréable parc agrémenté de cascades artificielles s'étend au sommet de la plus haute colline de Berlin. Il entoure le Monument national des Guerres de libération, érigé entre 1817 et 1821 par Karl Friedrich Schinkel pour célébrer les victoires de la Prusse sur Napoléon. La croix de fer installée au sommet de la flèche néogothique en fonte a donné son nom au quartier. Christian Daniel Rauch, Friedrich Tieck et Ludwig Wichmann sculptèrent les douze figures allégoriques qui occupent les niches au bas du monument. Le point de vue ménage un superbe panorama de la ville.

Flughafen Tempelhof ⓭

Platz der Luftbrücke. **Plan** 12 F5. Ⓤ *Platz der Luftbrücke.* 104, 248.

Ernst Sagebiel agrandit pour les nazis le premier aéroport de Berlin, construit en 1923. Achevé en 1939, l'édifice est caractéristique de l'architecture du IIIᵉ Reich, même si les aigles qui servent de décoration datent d'avant l'arrivée au pouvoir de Hitler.

Érigé en 1951, le monument qui se dresse devant le Flughafen Tempelhof commémore le pont aérien mis en œuvre pendant le blocus de Berlin. Dessiné par Edward Ludwig, il porte à son sommet trois pointes qui symbolisent les trois couloirs utilisés par les avions alliés. Sur le socle figurent les noms des pilotes et des membres du personnel au sol qui périrent pendant l'opération.

LE BLOCUS DE BERLIN (1948-1949)

Le 24 juin 1948, dans l'espoir de prendre le contrôle complet de Berlin – contrôlée alors par quatre armées –, les soviétiques décident de fermer tous les accès terrestres et fluviaux aux secteurs sous contrôle occidental. Le général américain Lucius Clay réplique en organisant un pont aérien pour approvisionner la ville. Les avions américains et anglais assureront un total de 212 612 vols, transportant près de 2,3 millions de tonnes de marchandises : du charbon, des vivres, mais aussi une centrale électrique en pièces détachées. En avril 1949, ils atterrissent toutes les 63 secondes. Les Soviétiques finissent par lever le blocus le 12 mai 1949.

Avion du pont aérien assuré pendant le blocus

AUTOUR DU KURFÜRSTENDAMM

Urbanisée à partir de 1886, la partie orientale de Charlottenbourg devint au début du XXᵉ siècle un des quartiers résidentiels les plus recherchés de la capitale impériale. De luxueux immeubles d'habitation s'élevèrent le long de l'avenue du Kurfürstendamm (appelé ici le Ku'damm), tandis que les environs de la Breitscheidplatz et de la Wittenbergplatz s'imposaient comme l'un des principaux pôles de la vie mondaine avec l'ouverture de grands magasins, de cafés et de théâtres. Après la Seconde Guerre mondiale et l'édification du Mur, le Ku'Damm devint le cœur de Berlin-Ouest. Avec ses cinémas, ses restaurants et ses boutiques, il reste un lieu animé, y compris la nuit, bien qu'il ait retrouvé depuis la réunification une position excentrée par rapport à l'arrondissement historique de Mitte.

Sculpture du Jüdisches Gemeindehaus

LE QUARTIER D'UN COUP D'ŒIL

Musée
Käthe-Kollwitz-Museum ❿
Newton-Sammlung ❻

Rues et place
Fasanenstrasse ❾
Kurfürstendamm ❹
Savignyplatz ⓫
Tauentzienstrasse ⓮

Parc
Zoologischer Garten ❶

Bâtiments historiques
Europa-Center ❷
Jüdisches Gemeindehaus ❽
KaDeWe ⓯
Kaiser-Wilhelm-Gedächtnis-Kirche p. 152-153 ❸
Ludwig-Erhard-Haus ❺
Technische Universität ⓭
Theater des Westens ❼
Universität der Künste ⓬

LÉGENDE

Plan pas à pas *p. 148-149*

🚉 Gare ferroviaire

Ⓢ Station de S-Bahn

Ⓤ Station de U-Bahn

🚌 Station de bus

ℹ Information touristique

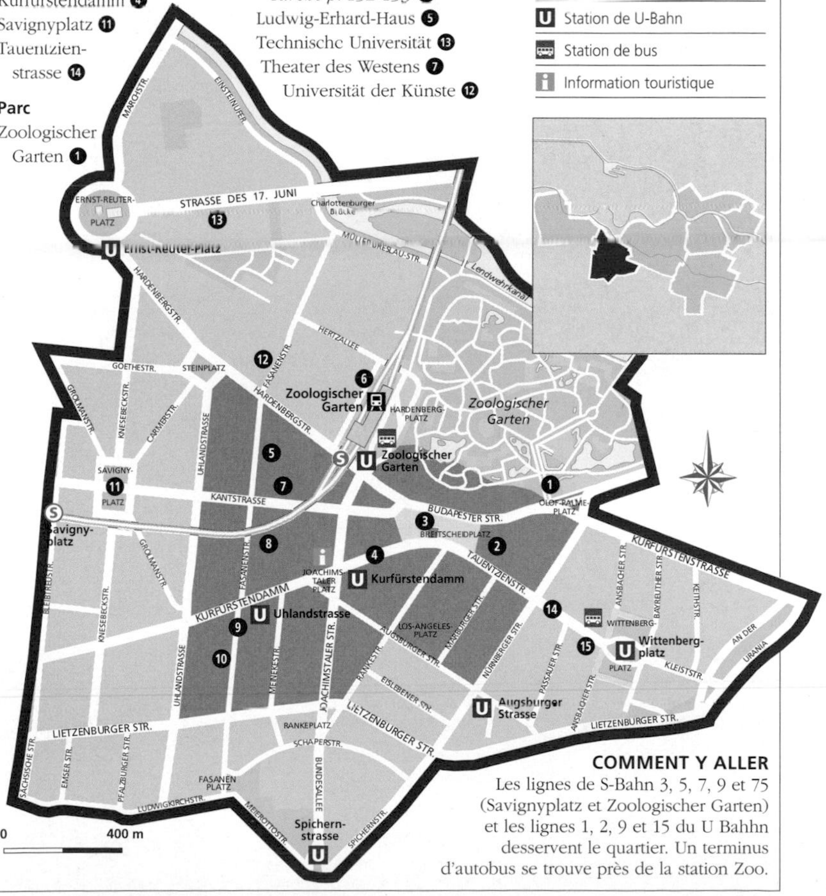

COMMENT Y ALLER
Les lignes de S-Bahn 3, 5, 7, 9 et 75 (Savignyplatz et Zoologischer Garten) et les lignes 1, 2, 9 et 15 du U Bahnn desservent le quartier. Un terminus d'autobus se trouve près de la station Zoo.

0 — 400 m

◁ **Mosaïque de la Kaiser-Wilhelm-Gedächtnis-kirche**

La Breitscheidplatz et le Ku'damm pas à pas

Le centre de Berlin-Ouest était l'extrémité est du Ku'damm, en particulier la Tauentzienstrasse et la Breitscheidplatz. Vitrine de l'Occident au cœur de l'Europe communiste, le quartier prit il y a trente ans un visage ultramoderne, et ses cinémas et ses centres commerciaux attiraient des visiteurs du monde entier. S'il n'a rien perdu de son atmosphère, il subit la concurrence de la Potsdamer Platz et des Friedrichstadtpassagen *(p. 65)*. Il n'existe toutefois pas à Berlin de lieu plus animé que la Breitscheidplatz, ni de grand magasin plus élégant que le KaDeWe.

Kantdreieck
La « voile » de son toit fait de cet immeuble dessiné par Josef Paul Kleihues un point de repère aisément reconnaissable.

Jüdisches Gemeindehaus
La façade du Centre de la communauté juive incorpore les vestiges d'une ancienne synagogue ❽

La Literaturhaus
abrite un café agréable et une bonne librairie.

KANTSTRA...

KURFÜRSTENDAMM

FASANENSTRASSE

MEINEKESTRASSE

AUGSBURGER STRASSE

JOACHIMSTALER STRASSE

Käthe-Kollwitz-Museum
Ce musée occupe une charmante villa de la Fasanenstrasse ❿

Fasanenstrasse
Cette rue tranquille abrite certaines des boutiques les plus chères de Berlin ❾

Ku'damm
Une visite de Berlin ne saurait être complète sans une balade sur cette artère toujours animée ❹

À NE PAS MANQUER

★ Kaiser-Wilhelm-
Gedächtniskirche

★ Zoologischer
Garten

LÉGENDE

━ ━ ━   Itinéraire conseillé

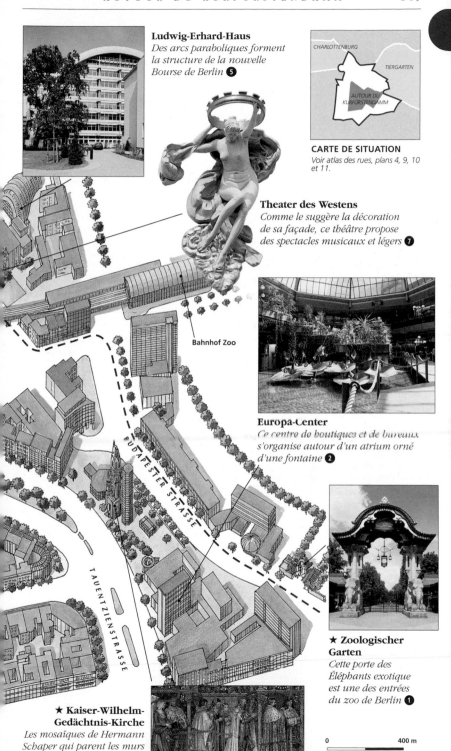

Ludwig-Erhard-Haus
*Des arcs paraboliques forment
la structure de la nouvelle
Bourse de Berlin* ❺

CARTE DE SITUATION
*Voir atlas des rues, plans 4, 9, 10
et 11.*

Theater des Westens
*Comme le suggère la décoration
de sa façade, ce théâtre propose
des spectacles musicaux et légers* ❼

Bahnhof Zoo

Europa-Center
*Ce centre de boutiques et de bureaux
s'organise autour d'un atrium orné
d'une fontaine* ❷

**★ Zoologischer
Garten**
*Cette porte des
Éléphants exotique
est une des entrées
du zoo de Berlin* ❶

**★ Kaiser-Wilhelm-
Gedächtnis-Kirche**
*Les mosaïques de Hermann
Schaper qui parent les murs
de la sacristie ont survécu
aux bombardements* ❸

0   400 m

Bao-Bao, le panda géant du Zoo Berlin

Zoo Berlin ❶

JARDIN ZOOLOGIQUE

Hardenbergplatz 8 ou Budapester Strasse 34. **Plan** 4 E5, 10 E1.
Tél. 25 40 10. Ⓢ et Ⓤ *Zoologischer Garten.* 🚌 100, 109, 110, 200, 204, 245, 249, X10, X34.
◯ *21 mars.-14 sept. : t.l.j. 9h-19h; 15 sept.-25 oct. : t.l.j. 9h-18h ; 26 oct.-20 mars : t.l.j. 9h-17h.* 🖼

Fondé en 1844 dans le Tiergarten grâce au don de la ménagerie royale par Frédéric-Guillaume, le zoo de Berlin fait partie des plus riches du monde avec plus de 12 000 animaux appartenant à près de 1 000 espèces.
Il possède deux entrées : la porte des Lions sur Hardenbergerplatz et la porte des Éléphants donnant sur Budapester Strasse.

Les attractions les plus populaires comprennent les pandas géants baptisés Bao-Bao et Yan-Yan, l'aire réservée aux singes, où vit notamment une famille de gorilles, un pavillon obscur permettant l'observation de mammifères nocturnes et le bassin aux hippopotames,

doté d'une paroi vitrée qui permet de contempler les ébats de ses occupants.

L'aquarium, l'un des plus importants d'Europe, abrite entre autres des requins, des piranhas et de curieuses espèces marines qui ne peuplent que les récifs de corail. Des crocodiles hantent la jungle du vaste terrarium.

Europa-Center ❷

Breitscheidplatz. **Plan** 10 E1.
Ⓢ et Ⓤ *Zoologischer Garten.* 🚌 100, 109, 146, 200, X9.

Construit en 1965 par Helmut Hentrich et Hubert Petschnigg, l'Europa-Center occupe l'emplacement du légendaire Romanisches Café où se retrouvaient les artistes du mouvement Dada dans les années 1920. Il regroupe plusieurs bâtiments qui renferment le plus grand centre d'information touristique de Berlin, une centaine de boutiques, de nombreux restaurants et bars, un casino et un cinéma multisalles.
Le complexe incorpore également le Palace Hotel (*p. 226*) et un immeuble de bureaux.

Les fontaines de l'Europa-Center n'ont pas échappé à l'ironie des Berlinois, toujours prêts à rebaptiser leurs monuments. Celle de l'escalier menant à l'entrée, censée représentée la Terre, est ainsi devenue la Quenelle, tandis que l'*Horloge du temps qui coule* du Français Bernard Gitton porte le surnom de Distributeur de jus de fruits.

Kaiser-Wilhelm-Gedächtnis-Kirche ❸

Voir p. 152-153.

Kurfürstendamm ❹

Plan 9 A2, B2, C3, 10 D1.
Ⓤ *Kurfürstendamm.* 🚌 109, 110, M29, M19.

Cette large avenue suit le tracé d'une route percée au XVIᵉ siècle pour rejoindre la forêt de Grunewald, et c'est le chancelier Bismarck qui donna l'impulsion de son développement urbain à la fin du XIXᵉ siècle. Pendant l'entre-deux-guerres, de grands cinémas ouvrirent sur le Ku'damm, où abondaient déjà cafés et théâtres, et il devint le cadre d'une intense vie culturelle et nocturne où se croisaient artistes, écrivains et réalisateurs célèbres.

Des bâtiments modernes ont remplacé des immeubles bourgeois, mais ils n'ont pas changé l'ambiance des « Champs-Élysées » berlinois.

Ludwig-Erhard-Haus ❺

Fasanenstrasse 83-84. **Plan** 4 D5.
Ⓢ et Ⓤ *Zoologischer Garten.* 🚌 245, M45, M49, X34.

Cet élégant immeuble moderne abrite la Bourse et la chambre de commerce et d'industrie de Berlin. Œuvre de l'architecte britannique Nicholas Grimshaw achevée en 1998, il a été comparé à un squelette géant ou à un coquillage, mais s'inspire en fait de la carapace du tatou.

Quinze arches elliptiques, qui s'élèvent au-dessus du toit et traversent les parois vitrées, forment l'ossature de la Ludwig-Erhard-Haus. Elles laissent ainsi l'espace intérieur libre de tout support ou mur de soutien.

Le bâtiment possède un système de jalousies qui s'ouvrent ou se ferment en fonction des conditions climatiques. Le mouvement des lattes donne l'impression que tout l'édifice clignote.

Fontaine représentant la sphère terrestre devant l'Europa-Center

Newton-Sammlung ❻

Jebensstrasse 2. **Plan** 4 D5. **Tél.** *31 86 48 25.* Ⓢ et Ⓤ *Zoologischer Garten.* ◯ *mar.-mer., ven.-dim. 10h-18h, jeu. 10h-22h.* 🖼

Le photographe Helmut Newton (1931-2004) légua le travail de sa vie à la ville de Berlin. Newton est né à Berlin et commença son travail de photographe dans cette ville. Il devint l'un des photographes les plus célèbres du XXe siècle grâce à ses nus et et à ses portraits de personnalités riches et célèbres.

Le musée a l'ambition d'élargir sa collection pour devenir le musée de la Photo de Berlin.

Actuellement, vous pouvez y admirer une selection du travail de Newton, et notamment ses premières photographies de mode et ses nus.

Façade du Theater des Westens sur la Kantstrasse

Theater des Westens ❼

Kantstrasse 9-12. **Plan** 10 D1. **Tél.** *(0180) 544 44.* Ⓢ et Ⓤ *Zoologischer Garten.* 🚌 *M49, X34.*

Avec le Théâtre de l'Ouest, Bernhard Sehring construisit en 1896 l'un des théâtres les plus pittoresques de Berlin, n'hésitant pas à associer sur sa façade des éléments néoclassiques, Renaissance et Art nouveau, tout en lui donnant un sompteux intérieur néobaroque. Pour compléter cette riche palette d'influences, l'arrière et la partie qui renferme la scène

ont été remaniés dans le style néogothique et incorporent des éléments décoratifs inspirés du jeu d'échecs.

Dès l'origine, le Theater des Westens se spécialisa dans des spectacles légers et populaires : opérettes et vaudevilles, puis revues, comédies musicales telles que *Les Misérables*. De nombreuses célébrités s'y produisirent, dont Joséphine Baker qui y interpréta sa célèbre danse des bananes en 1926. Non loin se trouve un cinéma réputé, le Delphi.

Jüdisches Gemeindehaus ❽

CENTRE DE LA COMMUNAUTÉ JUIVE

Fasanenstrasse 79/80. **Plan** 10 D1. Ⓤ *Uhlandstrasse ou Kurfürstendamm.* 🚌 *109, 110, X10, X34, M49.*

Devant le Jüdisches Gemeindehaus, une émouvante sculpture représente un rouleau de la Torah brisé. Elle rappelle qu'à cet emplacement s'élevait jadis une synagogue.

Édifié en 1912 dans le style néoroman-byzantin d'après des plans d'Ehenfried Hessel,

Portail d'une ancienne synagogue à l'entrée du Jüdisches Gemeindehaus

le sanctuaire fut incendié le 9 novembre 1938 pendant la Kristallnacht *(p. 29).*

Les ruines restèrent en l'état jusqu'au milieu des années 1950, quand se concrétisa la construction du bâtiment actuel. Dessiné par Dieter Knoblauch et Heinz Heise, il fut achevé en 1959. Les architectes ne conservèrent de l'ancienne synagogue que son portail et des fragments décoratifs de la façade.

Le Centre de la communauté juive réunit des bureaux, une école et un restaurant kasher appelé Arche Noah.

LE CINÉMA ALLEMAND

Le cinéma allemand connut un âge d'or pendant les années 1920. En absorbant les sociétés indépendantes qui avaient produit les premiers films influencés par l'expressionnisme, comme *Le Cabinet du docteur Caligari* (1920) de Robert Wiene, l'UFA (Universum Film Aktiengesellschaft, *p. 205*) réembaucha l'élite allemande du cinéma de l'époque, et ses studios de Babelsberg permirent le tournage – à côté d'innombrables navets – de chefs-d'œuvre tels que *Nosferatu* (1922) de Friedrich Murnau ou *Le Docteur Mabuse* (1922) et *Metropolis* (1927) de Fritz Lang. C'est là que Joseph von Sternberg tourna *L'Ange bleu* (1930), qui rendit célèbre Marlene Dietrich. L'arrivée au pouvoir de Hitler incita de nombreux réalisateurs et acteurs à quitter l'Allemagne. Certains avaient déjà cédé aux sirènes de Hollywood, tel Ernst Lubitsch.

Marlene Dietrich dans *L'Ange bleu* de Sternberg

Kaiser-Wilhelm-Gedächtnis-Kirche ❸

L'église commémorative de l'empereur Guillaume I𝑒𝑟 est devenue un des symboles les plus représentatifs de Berlin. Ce sanctuaire néoroman dessiné par Franz Schwechten fut consacré en 1895 et détruit par les bombes en 1943. Après la guerre, on décida de laisser debout le clocher au toit éventré (rebaptisé la Dent creuse par les Berlinois) et de créer à sa base une salle du souvenir : la Gedenkhalle. Elle retrace l'histoire du monument et contient ce qui reste des mosaïques, des reliefs en marbre et des objets liturgiques qui l'ornaient. Egon Eiermann construisit en 1961 l'église octogonale qui se dresse à côté. Vingt mille blocs de verre bleu fabriqués à Chartres lui donnent un très bel éclairage.

Mosaïque de l'Empereur
Elle montre Henri I𝑒𝑟 tenant les attributs du pouvoir.

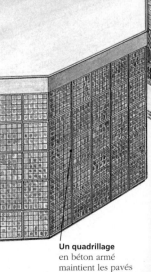

Clocher
La tour moderne hexagonale s'élève à l'emplacement de la nef détruite.

Rosace

Mosaïques
Des vestiges des mosaïques originelles subsistent près de l'escalier. Le duc de Prusse apparaît en médaillon au-dessus de la fenêtre.

Maître-autel
Le grand Christ en croix doré est de Karl Hemmeter.

Un quadrillage
en béton armé maintient les pavés en verre bleu.

Tour en ruine
Le clocher au toit effondré, dressé haut dans le ciel, est un symbole des ravages de la guerre.

Horloge
L'horloge de l'ancien clocher reprend un motif traditionnel.

★ La mosaïque des Hohenzollern
La mosaïque du vestibule montre les Hohenzollern en procession. La reine Louise ouvre la marche et l'empereur Guillaume Ier domine le centre.

Croix orthodoxe
Les évêques russes orthodoxes de Volokolamsk et de Youroueev l'offrirent en souvenir des victimes du nazisme.

Christ
Cette grande sculpture par Hermann Schaper a survécu aux bombardements. Elle ornait le maître-autel.

Entrée principale

★ Crucifix de Coventry
Cette humble croix est faite de clous retrouvés dans les cendres de la cathédrale de Coventry, détruite par des bombardements allemands.

À NE PAS MANQUER

★ Crucifix de Coventry

★ Mosaïque des Hohenzollern

La Fasanenstrasse, rue des boutiques de luxe

Fasanenstrasse ❾

Plan 9 C2, 10 D1, 10 D3.
🆄 *Uhlandstrasse.* 🚌 *109, 110, M49, X10, X34.*

Les grands noms du luxe ont succombé au charme discret de la Fasanenstrasse, en particulier entre la Lietzenburger Strasse et le Kurfürstendamm ; les vitrines de bijouteries, de galeries d'art et de boutiques de mode, ainsi que des immeubles bourgeois bien conservés et d'élégantes villas fin du XIXᵉ siècle en font un agréable lieu de promenade.

Les maisons des nᵒˢ 23-25 forment le Wintergarten-Ensemble. La première, au n° 23, date de 1889 et abrite au sein d'un beau jardin la Literaturhaus, réputée pour sa librairie et les expositions qu'elle organise. Elle possède aussi un excellent café prolongé par une véranda. Le n° 24 est devenu le musée Käthe-Kollwitz. Une galerie d'art et une salle des ventes occupent la villa du n° 25, construite en 1892 par Hans Grisebach.

Käthe-Kollwitz-Museum ❿

Fasanenstrasse 24. **Plan** 9 C2.
Tél. 882 52 10. 🆄 *Uhlandstrasse ou Kurfürstendamm.* 🚌 *109, 110, 204, 249, X10.* 🕐 *t.l.j. 11h-18h.*
🖼 🅿

Née à Königsberg en 1867, Käthe Schmidt épousa en 1891 le docteur Karl Kollwitz qui avait un cabinet dans un quartier ouvrier de

Berlin : Prenzlauer Berg *(p. 170)*. Les souffrances des classes populaires, décrites avec une sincérité sans concession, devinrent le principal sujet de ses dessins, de ses lithographies et de ses sculptures. Après qu'elle eut perdu un fils en 1914, les thèmes de la maternité, de la guerre et de la mort passèrent au premier plan dans son œuvre. Le musée expose ses créations, à savoir sculptures, affiches et dessins. Il présente aussi des documents tels que lettres et photos.

Mère et enfant, dessin conservé au Käthe-Kollwitz-Museum

Savignyplatz ⓫

Plan 9 C1. Ⓢ *Savignyplatz.* 🚌 *M49, X34.*

Fermée au sud par le viaduc ferroviaire qui apparaît dans *Cabaret,* le film de Bob Fosse, cette esplanade aux parterres de fleurs soigneusement entretenus ne renferme pas d'édifice

historique remarquable et ne semble pas présenter d'intérêt particulier pendant la journée, hormis pour les étudiants de l'université technique et de l'École des beaux-arts qui s'y retrouvent. Le quartier prend son vrai visage la nuit, quand ses cafés et ses restaurants font le plein. En été, la place et les rues voisines se transforment en un jardin. Les clients viennent de loin passer la soirée dans des établissements tels que le Zwiebelfisch, le Dicke Wirtin ou le XII Apostel *(p. 240)*. L'arcade du viaduc abrite des bars et des librairies, dont une succursale de Bücherbogen.

Universität der Künste ⓬

UNIVERSITÉ DES BEAUX-ARTS

Hardenbergstrasse 32-33 et Fasanenstrasse 1b. **Plan** 4 D5. Ⓢ *Zoologischer Garten ou* 🆄 *Ernst-Reuter-Platz.* 🚌 *245, M45, X9.*

L'Universität der Künste est la descendante de la Preussische Akademie der Künste (Académie prussienne des beaux-arts), fondée en 1696. L'institution eut pour directeurs des artistes de renom tels que Gottfried Schadow et Anton von Werner. Une réforme menée entre 1875 et 1882 la divisa en deux écoles supérieures qui s'installèrent dans des corps de bâtiments néobaroques, construits de 1897 à 1902 par Heinrich Keyser et Karl von Grossheim sur la Hardenbergstrasse et la Fasanenstrasse.

À la fin de la Seconde Guerre mondiale, il ne subsistait de ces édifices que deux grands bâtiments et leurs façades. La Hochschule für Bildende Künste (École des beaux-arts) bordait la Hardenbergstrasse, tandis que sur la Fasanenstrasse se dressait la Hochschule für Musik und Darstellende Kunst (École de musique et des arts de la scène). Cette dernière ayant perdu sa salle de concerts, Paul Baumgarten en édifia une nouvelle en 1955. Une troisième école, spécialisée dans la musique

Fronton néobaroque, Universität der Künste

religieuse, occupe le petit immeuble fin XIXe siècle qui ressemble à un château au n° 36 Hardenbergstrasse.

Technische Universität ⓭

UNIVERSITÉ TECHNIQUE

Strasse des 17 Juni 135.
Plan 3 C4. Ⓤ *Ernst-Reuter-Platz.*
🚌 *245, M45, X9.*

Le vaste campus de la Technische Universität s'étend à l'est de l'Ernst-Reuter-Platz le long de la Strasse des 17. Juni. Établie en 1879 par la réunion de l'École des arts et métiers et de la Bauakademie (Académie d'architecture), l'université technique, officiellement appelée Technische Hochschule Berlin (TUB), possède depuis l'origine cinq départements. Ils occupèrent à partir de 1884 un édifice néo-Renaissance dessiné par Richard Lucae, Friedrich Hitzig et Julius Raschdorff. À la fin de la Seconde Guerre mondiale, seules les ailes arrières et trois cours intérieures conservèrent leur aspect original.

En continuant sur la Strasse des 17. Juni, on atteint la colonnade de la Charlottenburger Tor (porte de Charlottenburg), élevée en 1908. Son décor montre Frédéric III et son épouse Sophie-Charlotte tenant dans leurs mains une maquette du château de Charlottenburg *(p. 160-161)*. Sur l'île située après la porte, un bâtiment peint en vert et un énorme tuyau rose créent un curieux décor. Il s'agit du centre de régulation du débit des voies d'eau. Il est entre autres chargé de répondre aux besoins de la navigation.

Tauentzien-strasse ⓮

Plan 10 E1. Ⓤ *Wittenbergplatz.*
🚌 *M19, M29, M46.*

Cette artère commerçante et animée prolonge le Kurfürstendamm. Moins luxueuses, les boutiques de la Tauentzienstrasse attirent une clientèle plus nombreuse. La façade du grand magasin Peek und Clopenburg mérite un coup d'œil. Gottfried Böhm a recouvert les murs du bâtiment de « tabliers » ondulés, transparents et légèrement inclinés.

L'esplanade centrale agrémentée de parterres de fleurs offre une belle vue de la Kaiser-Wilhelm-Gedächtniskirche. Près de la Marburger Strasse s'élève la sculpture de Brigitte et Martin Matschinsky-Denninghoff intitulée *Berlin*.

KaDeWe ⓯

Tauentzienstrasse 21-24. **Plan** 10 E2.
Tél. *21 21 00.* Ⓤ *Wittenbergplatz.*
🚌 *M19, M29, M46.* 🕐 *lun.-jeu. 10h-20h, ven. 10h-21h, sam. 9h30-20h.*

Le Kaufhaus des Westens (le magasin de l'Ouest) est le plus grand en taille, en Europe. Il ouvrit en 1912 dans un bâtiment entrepris en 1907 par Emil Schaudt. Le KaDeWe connut très vite un tel succès qu'il put bientôt revendiquer le slogan : « Chez nous, le client est un roi et le roi est un client ». Le magasin fut agrandi plusieurs fois.

À la fin de la Seconde Guerre mondiale, la reconstruction de ce temple de la consommation ne connut aucun retard, et il devint le symbole de la réussite économique de Berlin-Ouest. Le KaDeWe prétend posséder une surface de vente de 60 000 m², lui permettant de proposer près de 400 000 articles. Le sixième étage, consacré à l'alimentation, se révèle le plus intéressant. Le gourmet y a le choix entre 100 variétés de thé et 2 400 vins. Sous la verrière du dernier étage, un restaurant, le Wintergarten, offre un panorama de la ville.

La sculpture *Berlin*, érigée alors que la ville était encore divisée

CHARLOTTENBURG

Riche en bâtiments de la fin du XIXe siècle, l'arrondissement qui entoure le château de Charlottenburg est l'un des plus agréables de Berlin. À la fin du XVIIe siècle, le site n'abritait qu'un village : Lützow. L'électeur Frédéric III y fit construire un palais d'été en 1695, le Schloss Lietzenburg, qui prit son nom actuel à la mort de la reine Sophie-Charlotte en 1705. Entourée d'un parc, cette élégante demeure baroque a

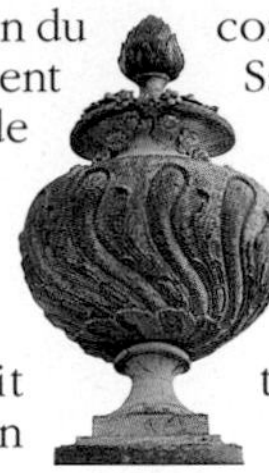

Urne du Schloss Charlottenburg

connu plusieurs agrandissements. Sa visite permet de découvrir les anciens appartements royaux, ainsi que plusieurs musées. Charlottenburg se développa autour du château à partir du XVIIIe siècle. Faubourg résidentiel où s'élevaient des villas, elle conserva son autonomie jusqu'en 1920. Elle comptait 335 000 habitants. Malgré les destructions de la Seconde Guerre mondiale, sa partie centrale a gardé son caractère historique.

LE QUARTIER D'UN COUP D'ŒIL

Musées
Bröhan-Museum ⓫
Gipsformerei Berlin ⓺
Museum Berggruen ⓾
Museum Scharf-Gerstenberg ⓽
Neuer Flügel ⓷

Bâtiments historiques
Belvedere ⓼
Luisenkirche ⓭
Mausoleum �７

Neuer Pavillon
   (Schinkel-Pavillon) ⓸
*Schloss Charlottenburg
   p. 160-161* ❶
Schlossstrasse Villas ⓬

Parc
Schlosspark ⓹

COMMENT Y ALLER
Pour rejoindre le château emprunter les lignes de bus 109, 110, X21, M45, 309, les lignes de U-Bahn 7 (station Richard-Wagner-Platz), 2 (Sophie Charlotte Platz) et les lignes de S-Bahn 41, 42 ou 46.

Monument
Reiterdenkmal des Grossen
   Kurfürsten ⓶

LÉGENDE

	Plan pas à pas *p.158-159*
U	Station de U-Bahn
S	Station de S-Bahn
🚌	Terminus de bus

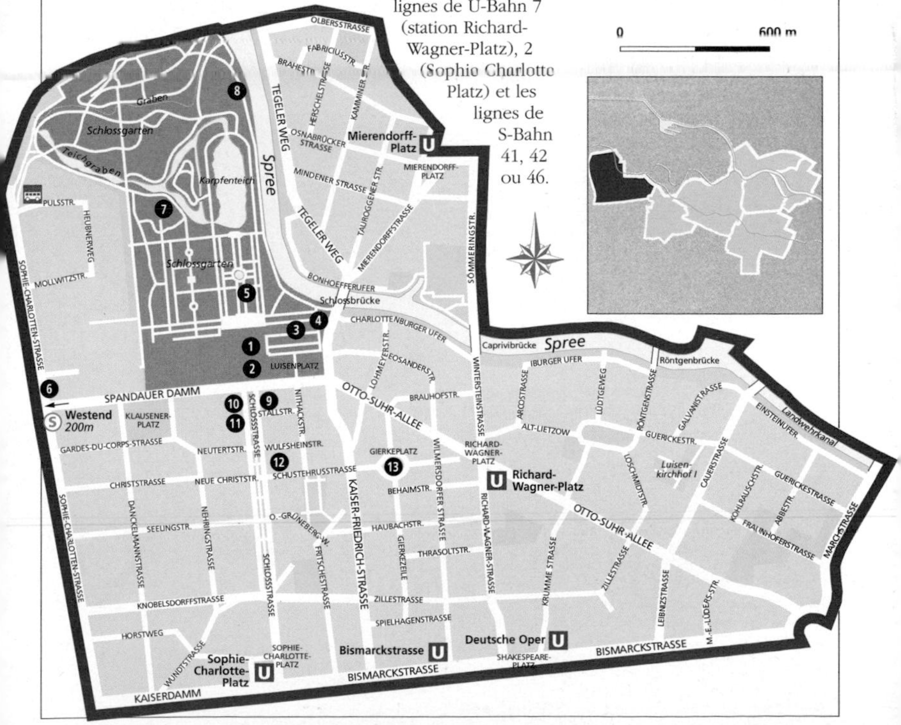

0   600 m

Charlottenburg pas à pas

Une restauration a rendu, après la Seconde Guerre mondiale, sa splendeur baroque au château de Charlottenburg, et il attire de nombreux visiteurs qui viennent admirer les appartements des anciens maîtres de la Prusse et les collections exposées. Après une promenade dans les jardins à la française et à l'anglaise, la Kleine Orangerie permet de prendre un rafraîchissement avant de découvrir le cœur historique de l'arrondissement de Charlottenburg.

Détail du portail principal

★ **Schloss Charlottenburg**
La partie centrale du palais a pris le nom de Nering-Eosanderbau, en l'honneur de ses architectes ❶

Museum für Vor- und Frühgeschichte
Ce musée archéologique occupe l'ancien théâtre de la cour, un pavillon dessiné par Gotthard Langhans ❺

Monument au Grand Électeur
Frédéric Ier commanda cette statue équestre de son père à Andreas Schlüter ❷

Kleine Orangerie

Neuer Flügel
La nouvelle aile du palais qui abritait la collection artistique royale accueille aujourd'hui des expositions temporaires ❸

LÉGENDE

 Itinéraire conseillé

Mausoleum
Le mausolée de la reine Louise abrite les tombes d'autres membres de la famille royale ❼

CARTE DE SITUATION
Voir atlas des rues, plan 2.

Belvedere
Exécutée en 1960 par Karl Bobeck, la sculpture au sommet du Belvédère est une imitation de l'œuvre d'origine dessinée par Johann Eckstein ❽

Parc
Un beau jardin à la française s'étend derrière le palais ❻

★ **Neuer Pavillon**
Devant la façade ouest de cette villa néoclassique, deux colonnes en granit (1820) portent des statues de la Victoire par Christian Daniel Rauch ❹

À NE PAS MANQUER

★ Neuer Pavillon

★ Schloss Charlottenburg

0   150 m

Schloss Charlottenburg ❶

Près du village de Lützow, Johann Arnold Nering entreprit en 1695 un palais d'été destiné à Sophie-Charlotte de Hanovre, l'épouse de l'électeur Frédéric III. Quand en 1701 celui-ci devint le roi de Prusse Frédéric Ier, il fit agrandir la demeure par Johann Eosander qui dota le bâtiment de sa cour d'honneur, de son orangerie et de sa coupole. À la mort de Sophie-Charlotte en 1705, le château de Lietzenburg prit le nom de Charlottenburg. Frédéric II commanda à Georg Wenzeslaus von Knobelsdorff la construction, entre 1740 et 1746, de la Neuer Flügel.

SUIVEZ LE GUIDE !
Les visiteurs peuvent découvrir à leur guise l'Altes Schloss et la Neuer Flügel avec un audioguide (allemand, anglais, français, espagnol italien et japonais).

Premier étage

Rez-de-chaussée

★ Porzellankabinett
Porcelaines chinoises et japonaises couvrent du sol au plafond les murs de cette pièce aménagée en 1706 pour Frédéric Ier.

Schlosskapelle
Hormis la chaire, il a fallu reconstituer tout le mobilier de cette chapelle, appelée aussi chapelle Eosander, notamment sa splendide loge royale.

Entrée principale

Façade
Le portail et l'entrée du Schloss Charlottenburg possèdent une élégance typique de l'époque baroque.

Coupole
La coupole ajoutée par Johann Eosander donne son aspect caractéristique au palais.

Fortuna
Au sommet de la coupole, une sculpture par Richard Scheibe a remplacé celle d'origine détruite pendant la guerre.

MODE D'EMPLOI

Luisenplatz. **Plan** 2 E2.
Altes Schloss (Nering-Eosanderbau) *Tél.* (0331) 96 94 198/199. Ⓤ *Richard-Wagner-Platz et Sophie-Charlotte-Platz.* Ⓢ *Westend.* 🚌 *109, 145, 210, X21.* ◯ *mar.-dim. 9h-17h.* 🎫 *obligatoire au rez-de-chaussée.*
🎫 **Neuer Flügel (Knobelsdorff-Flügel)** *Tél.* (0331) 96 94 198/199.
◯ *mer.-lun. 10h-18h (nov.-mars 17h).* 🎫 www.spsg.de

LÉGENDE

🟦	Salles de réception
🟦	Appartements de Sophie-Charlotte
🟦	Neuer Flügel ou Knobelsdorff Flügel
🟦	Appartements d'été de Frédéric-Guillaume II
🟦	Appartements mecklembourgeois
🟦	Appartements de Frédéric-Guillaume IV
🟦	Appartements d'hiver de Frédéric-Guillaume II
🟦	Appartements de Frédéric le Grand

Goldene Galerie
Dans cette galerie dorée se donnaient bals et concerts. Elle constitue un bel exemple du style rococo, avec ses couleurs vertes, roses et dorées.

Weisser Saal

Neuer Flügel
L'« aile neuve » abrite les appartements somptueusement meublés de Frédéric le Grand.

Entrée de la Neuer Flügel

À NE PAS MANQUER

★ *L'Enseigne de Gersaint*

★ *Porzellankabinett*

★ L'Enseigne de Gersaint (1720)
Frédéric le Grand réunit une riche collection de peintures françaises. Il acquit en particulier huit Watteau, dont ce célèbre tableau.

Le monument au Grand Électeur se dresse en face du Schloss Charlottenburg

Reiterdenkmal des Grossen Kurfürsten ❷
MONUMENT AU GRAND ÉLECTEUR

Luisenplatz. **Plan** 2 E2. 🆄 *Richard-Wagner-Platz et Sophie-Charlotte-Platz.* Ⓢ *Westend.* 🚌 *109, 309, M45, X9.*

La statue équestre du Grand Électeur (Frédéric-Guillaume) qui accueille le visiteur au milieu de la cour du château de Charlottenburg est la plus belle effigie de ce prince visible à Berlin. Son fils, Frédéric III (le futur Frédéric Ier), la commanda en 1696 à Andreas Schlüter. Le sculpteur voulait la couler d'une seule pièce et il ne l'acheva qu'en 1703. Elle se dressait à l'origine près du Stadtschloss, à côté du Lange Brücke (l'actuel Rathausbrücke), et cette situation exposée incita à la mettre en sécurité pendant la Seconde Guerre mondiale. Ironie du destin, la péniche qui la rapportait à la fin du conflit coula dans le port de Tegel.
   La statue en bronze sortit de l'eau intacte en 1949, mais elle avait perdu son socle, resté à Berlin-Est. On l'installa sur une copie dans la cour du château de Charlottenburg,

tandis que le socle originel aboutissait au Bodemuseum sous une réplique de la sculpture. Des scènes allégoriques décorent ce socle. L'une montre le Royaume entouré de l'Histoire, de la Paix et de la Spree, une autre le Royaume protégé par la Foi, la Force (sous les traits d'Hercule) et le Courage (personnifié par Mucius Scaevola, un soldat romain qui mit sa main dans un brasier pour se punir d'un échec). Dominant des prisonniers de guerre enchaînés, le Grand Électeur porte une perruque du XVIIe siècle, mais une armure beaucoup plus ancienne.

Neuer Flügel ❸

Luisenplatz (Schloss Charlottenburg–Neuer Flügel). **Plan** 2 E2. **Tél.** *(0331) 96 94 20.* 🆄 *Richard-Wagner-Platz et Sophie-Charlotte-Platz.* Ⓢ *Westend.* 🚌 *109, 309, M45, X9.* ⭕ *avr.-oct. : mer.-lun. 10h-18h ; nov.-mars : mer.-lun. 10h-17.*

Construite entre 1740 et 1746, la nouvelle aile du Schloss Charlottenburg abritait autrefois la célèbre Galerie der Romantik. L'essentiel de cette collection de peintures romantiques est revenu à

l'Alte Nationalgalerie *(p. 78)*, les autres œuvres occupant désormais le Neuer Pavillon *(voir ci-dessous)*. À la place, la nouvelle aile abrite les appartements privés de Frédéric le Grand. On peut y admirer les tableaux qu'il acheta et différents objets comme ses tabatières. L'aile accueille aussi des expositions temporaires.

Neuer Pavillon (Schinkel-Pavillon) ❹

Luisenplatz (Schlosspark Charlottenburg). **Plan** 2 F2. **Tél.** *208 64 44.* 🆄 *Richard-Wagner-Platz et Sophie-Charlotte-Platz.* Ⓢ *Westend.* 🚌 *109, 309, M45, X9.* ⭕ *jeu.-dim. 12h-dim.* 🅿

Œuvre de Karl Friedrich Schinkel, cette résidence d'été de Frédéric-Guillaume III et sa seconde épouse, la princesse Auguste von Liegnitz, s'inspire de la Villa Reale de Chiamonte, où le roi avait séjourné lors d'une visite à Naples. Achevé pour l'anniversaire du souverain le 3 août 1825, le pavillon possède deux niveaux où l'organisation des pièces respecte une parfaite symétrie autour d'une cage d'escalier centrale. Des loggias animent les façades latérales.
   Une fidèle reconstitution a rendu à l'intérieur sa décoration d'origine, ravagée par un incendie en 1943. Le mobilier, les peintures

Le Neuer Pavillon inspiré d'une villa napolitaine

Jardin à la française, Schloss Charlottenburg

et les sculptures recréent l'atmosphère des demeures aristocratiques de l'époque romantique. L'un des tableaux les plus intéressants, peint en 1834 par Eduard Gärtner, est un *Panorama de Berlin* vu du toit de la Friedrichswerdersche Kirche (*p. 63*). On peut également admirer des toiles de Kark Friedrich Schinkel.

Comme de nombreux autres bâtiments du Schloss Charlottenburg, le pavillon a brûlé durant la Seconde Guerre mondiale. Reconstruit en 1960, le Neuer Pavillon connaît actuellement des travaux de rénovation qui dureront jusqu'en 2012.

Schlosspark ❺
PARC DU CHÂTEAU

Luisenplatz (Schloss Charlottenburg). **Plan** 2 D1. Ⓤ *Richard-Wagner-Platz et Sophie-Charlotte-Platz.* Ⓢ *Westend.* 🚌 *109, 309, M45, X9.*

Lieu de promenade très apprécié des Berlinois avec ses allées gravillonnées soigneusement entretenues, le vaste espace vert qui entoure le Schloss Charlottenburg dut être presque entièrement reconstruit à la fin de la Seconde Guerre mondiale. Des gravures du XVIIIᵉ siècle ont permis de retrouver la disposition du jardin baroque à la française qui s'étend juste derrière le château. Le dessin géométrique des parterres de fleurs, agrémentés d'arbustes

soigneusement taillés et de fontaines ornées de répliques de sculptures antiques, s'inspire des créations de Le Nôtre, l'architecte paysagiste de Louis XIV, dont la princesse Sophie-Charlotte connaissait le travail.

Peter Joseph Lenné dirigea cntre 1819 et 1828 l'aménagement du parc à l'anglaise qui se trouve de l'autre côté de l'étang aux carpes. Il donna au plan d'eau des rives sinueuses. Les lacs et cours d'eau du parc hébergent toutes sortes d'oiseaux sauvages dont des hérons. Une piste cyclable le long de la Spree part du palais du parc pour rejoindre Grosser Tiergarten.

Gipsformerei Berlin ❻
ATELIER DE MOULAGES

Sophie-Charlotten-Strasse 17-18. **Plan** 2 D3. **Tél.** 326 769 0. Ⓤ *Sophie-Charlotte-Platz.* Ⓢ *Westend.* 🚌 *309, M45.* ⭕ *lun.-ven. 9h-16h, mer. 9h-18h.*

Fondé par Frédéric-Guillaume III en 1819, ce modeste bâtiment en briques situé à l'ouest de Schloss Charlottenburg abrite le Gipsformerei, un atelier de moulages où sont reproduites, en plâtre et grandeur nature, des œuvres des musées de Berlin et d'ailleurs, datant du Moyen Âge, de la Renaissance et du XIXᵉ siècle. Des sculptures endommagées y sont également réparées.

Le premier directeur du lieu fut le célèbre sculpteur Christian Daniel Rauch. Les visiteurs peuvent acheter des répliques d'œuvres sur place ou les commander.

Mausoleum ❼

Luisenplatz (Schlosspark Charlottenburg) **Plan** 2 D2. **Tél.** 32 09 14 46. Ⓤ *Richard-Wagner-Platz et Sophie-Charlotte-Platz.* Ⓢ *Westend.* 🚌 *109, 309, M45, X9.* ⭕ *avr.-oct. : mar.-dim. 10h-18h ; nov.-mars : mar.-dim. 12h-16h.* 📷

Très affecté par la mort de sa première épouse, la reine Louise, Frédéric-Guillaume III fit édifier en 1810 ce petit temple dorique par Heinrich Gentz et Friedrich Wilhelm Schinkel, afin qu'elle puisse reposer dans un parc qu'elle avait apprécié de son vivant.

Le tombeau de la souveraine se trouvait à l'origine dans la crypte, tandis que son splendide cénotaphe, sculpté par Christian Daniel Rauch, se dressait au centre du mausolée. À la mort de Frédéric-Guillaume en 1840, la construction d'une abside permit de déplacer le sarcophage de la reine pour faire de la place à celui de son mari, sculpté également par Rauch. La seconde épouse du roi, la princesse Auguste von Liegnitz, repose également dans la crypte mais n'eut pas droit à un tombeau.

Ajoutés entre 1890 et 1894, les sarcophages de Guillaume Iᵉʳ et de sa femme, Auguste von Sachsen-Weimar, sont des œuvres d'Erdmann Encke.

Temple dorique au Mausoleum, dernière demeure de la famille royale

Le Belvédère associe les styles baroque et néoclassique

Belvedere ❽

Spandauer Damm (Schlosspark Charlottenburg). **Plan** 2 E1.
Tél. *32 09 14 45.* 🇺 *Richard-Wagner-Platz et Sophie-Charlotte-Platz.* Ⓢ *Westend.* 🚌 *108, 309, M45, X9.* ⃝ *avr.-oct. : mar.-dim. 10h-18h ; nov.-mars : mar.-dim. 10h-16h.* 🎟

Le pavillon d'été du Belvédère accueillait les réunions qu'organisait Guillaume III avec ses amis rosicruciens. Il servit en temps de guerre de tour de guet. Carl Gotthard Langhans entreprit sa construction en 1788, et le bâtiment associe une rigueur néoclassique à des éléments baroques tels qu'une avancée ovale couronnée d'un dôme. Au sommet de ce dernier, trois enfants dorés portent une corbeille de fleurs.

Dévasté pendant la Seconde Guerre mondiale et transformé en un lieu d'exposition, le Belvédère abrite désormais un musée consacré à la Berlin Königliche Porzellan-Manufaktur (p. 133). L'exposition réunit des porcelaines, pour certaines exceptionnelles, allant de la période rococo à la fin du Biedermeier.

Museum Scharf-Gerstenberg ❾

Schlossstrasse 70. **Plan** 2 E3.
Tél. *34 35 73 15.* 🇺 *Richard-Wagner- Platz et Sophie-Charlotte-Platz.* Ⓢ *Westend.* 🚌 *M45, 309, X9.* ⃝ *mar.-dim. 10h-18h.* 🎟

Les deux pavillons de chaque côté du Schlossstrasse abritaient les casernes des officiers de la garde royale. Construits entre 1851 et 1859 par Friedrich August Stüler, ils étaient inspirés de dessins du roi Guillaume IV.

Le pavillon de l'est abritait l'Ägyptisches Museum (musée

Pastel d'Odilon Redon, Museum Scharf-Gerstenberg

de l'Égypte), qui s'est installé sur Museuminsel (p. 75) avant de retourner dans son lieu d'origine le Neues Museum.

Depuis le départ du musée de l'Égypte le Marstall (écurie) abrite le Museum Scharf-Gerstenberg. Surnommé le « monde surréaliste », le musée présente des tableaux, des sculptures et des dessins d'artistes surréalistes comme Goya, Piranesi et Redon, mais aussi des œuvres plus modernes de Dalí, Magritte, Max Ernst et Dubuffet.

Plus de 250 pièces sont présentées sur trois étages, dessinant une histoire complète du mouvement surréaliste. Une salle de projection diffuse des films classiques du surréalisme comme les œuvres de Luis Buñuel – *Un chien andalou* – et de Salvador Dalí.

Museum Berggruen ❿

Schlossstrasse 1. **Plan** 2 E3.
Tél. *3435 7315.* 🇺 *Richard-Wagner-Platz et Sophie-Charlotte-Platz.* Ⓢ *Westend.* 🚌 *M45, 309, 109.* ⃝ *mar.-dim. 10h-18h.* 🎟♿🎟

Né à Berlin en 1914, Heinz Berggruen dut s'exiler en 1936 à cause de ses origines juives. Après avoir séjourné aux États-Unis et travaillé pour l'Unesco, il ouvrit une galerie d'art à Paris dans l'île de la Cité. Elle lui permit de réunir une riche collection d'art moderne qu'il confia en 1996 à sa ville natale. Aménagé par Hilmer et Sattler, les architectes de la Gemäldegalerie (p. 122-125), le musée occupe le pavillon de l'aile occidentale (auparavant quartiers de soldats), à la place de l'Antikensammlung transférée à l'Altes Museum (p. 75). Il est surtout réputé pour sa section consacrée à Pablo Picasso – peintures, gravures, dessins et sculptures. La collection comprend aussi plus de 60 Paul Klee et plus de 20 tableaux de Matisse.

Femme au chapeau (1939) de Pablo Picasso, Museum Berggruen

Vous y verrez également des œuvres d'artistes majeurs de la même époque et des sculptures d'Henri Laurens et d'Alberto Giacometti.

Bröhan-Museum ⓫

Schlossstrasse 1a. **Plan** 2 E3. **Tél.** 32 69 06 00. Ⓤ Richard-Wagner-Platz et Sophie-Charlotte-Platz. Ⓢ Westend. 🚌 109, 309, M45. ⏰ mar.-dim. 10h-18h. 🔴 24 et 31 déc. 📷

Installé dans un bâtiment néoclassique qui, comme celui du Museum Berggruen, servait au logement des soldats, ce petit musée présente une très intéressante collection d'arts décoratifs rassemblée à partir de 1966 par un particulier : Karl H. Bröhan. Elle couvre une période allant de la fin du XIXe siècle au début de la Seconde Guerre mondiale, et est particulièrement fournie en objets Art nouveau et Art déco. Ils proviennent de toute l'Europe avec des meubles d'Hector Guimard, Eugène Gaillard, Henry Van de Velde et Joseph Hoffman, de la verrerie d'Émile Gallé et des porcelaines de Sèvres, de Berlin et du Danemark. Les pièces exposées comprennent aussi de l'argenterie et des objets en métal, ainsi que des peintures, notamment

Vase Art déco, Bröhan-Museum

LE GRAND ÉLECTEUR (1620-1688)

Frédéric-Guillaume de Hohenzollern hérita en 1640 des titres d'électeur du Brandebourg et de duc de Prusse. Dès la fin de la guerre de Trente Ans en 1648 *(p. 19)*, il entreprit de redresser ses États ravagés par le conflit et de renforcer son armée. En 1660, sa puissance militaire lui permit d'obtenir de la Pologne la souveraineté du duché de Prusse. Pour développer l'économie, il favorisa l'immigration. Des marchands hollandais, des juifs chassés de Vienne et des huguenots fuyant la France après la révocation de l'édit de Nantes s'installèrent à Berlin. Il prit le surnom de Grand Électeur après sa victoire sur les Suédois (1675).

---

des tableaux des membres de la Sécession berlinoise Karl Hagermeister et Hans Baluschek.

Schlossstrasse Villas ⓬

Schlossstrasse 65-67. **Plan** 2 E3. Ⓤ Sophie-Charlotte-Platz. 🚌 309.

La Schlossstrasse devint résidentielle au cours du XIXe siècle, mais la majorité des demeures qui la bordaient ont aujourd'hui disparu. Soigneusement restaurées, les rares à avoir survécu offrent un aperçu de l'atmosphère d'un quartier bourgeois de Berlin au tournant du XXe siècle. Il en existe trois aux nos 65, 66 et 67. La dernière, bâtie en 1873 dans le style néoclassique par G. Töbelmann, fut rénovée peu après la Seconde Guerre mondiale. Elle a conservé son jardin, caractéristique des villas de l'époque, qui a retrouvé son aspect originel en 1986. Si vous prenez la première rue à gauche en vous éloignant du Schloss Charlottenburg, la Schustehrusstrasse, vous découvrirez aux nos 39-43 une belle école de la fin du XIXe siècle. Le parc voisin appartenait

---

jadis à la villa Oppenheim. Un immeuble moderne dessiné par Inken et Heinrich Baller se dresse à l'angle de la Nithackstrasse, rue qui renferme une autre école intéressante. Elle date de 1913-1914, et de remarquables terres cuites décorent ses murs.

Luisenkirche ⓭
ÉGLISE DE LA REINE-LOUISE

Gierkerplatz. **Plan** 2 F3. **Tél.** 341 90 61. Ⓤ Richard-Wagner-Platz et Sophie-Charlotte-Platz. 🚌 109, M45, X9. ⏰ lun.-mar., jeu.-ven. 9h-19h, mer. 14h-18h et pendant l'office du dimanche (10h et 11h30).

Cette petite église en croix grecque, qui s'élève au bout de la Schustehrusstrasse, a connu son premier remaniement avant même sa construction, entreprise en 1713 et achevée en 1716, car l'architecte Martin Böhme adapta des plans de Philipp Gerlach. Elle perdit ensuite son style baroque et fut rebaptisée en l'honneur de la reine Louise décédée en 1810 lors de la dernière rénovation dirigée par Karl Friedrich Schinkel de 1823 à 1826. L'architecte lui donna alors sa tour.

La plus importante restauration date d'après la Seconde Guerre mondiale. La Luisenkirche reçut ses vitraux en 1956 seulement. Le mobilier intérieur n'est pas d'origine.

EN DEHORS DU CENTRE

Armoiries sur l'Oberbaumbrücke

À l'échelle de l'histoire européenne, Berlin n'est une grande métropole que depuis relativement peu de temps. Elle ne devint capitale royale qu'en 1701, sept siècles après Paris, et sa population ne s'accrut réellement qu'au XIXᵉ siècle, grâce à la révolution industrielle et la fondation de l'Empire allemand. Entourée de localités autonomes, elle se composait alors de ce qui correspond aux arrondissements actuels de Mitte, Tiergarten, Wedding, Prenzlauer Berg, Friedrichshain et Kreuzberg.

La capitale allemande prit ses dimensions actuelles en 1920, quand une réforme administrative l'unit à 7 villes de banlieue, 59 communes rurales et 27 domaines appartenant à des particuliers. Le *Gross Berlin* ainsi créé couvrait une superficie d'environ 900 km² et possédait quelque 3,8 millions d'habitants. Il incorporait des bourgs d'origine médiévale tels que Spandau, de vieux villages comme Marienfelde, dont l'église date du XIIIᵉ siècle, et des châteaux devenus pour certains des musées, tels ceux de Britz et de Niederschönhausen. Au cours des 80 dernières années, le développement économique et la construction de centres résidentiels modernes ont changé l'aspect de beaucoup de ces quartiers, mais ils gardent chacun une personnalité propre et donnent une grande diversité à Berlin. Depuis le centre d'une métropole tournée vers l'avenir, quelques minutes en S-Bahn suffisent pour rejoindre la vaste forêt de Grunewald, les plages du lac de Wannsee, le superbe jardin botanique et les rues bordées de villas de Dahlem, le cœur historique de Köpenick ou la citadelle Renaissance et l'église gothique de Spandau.

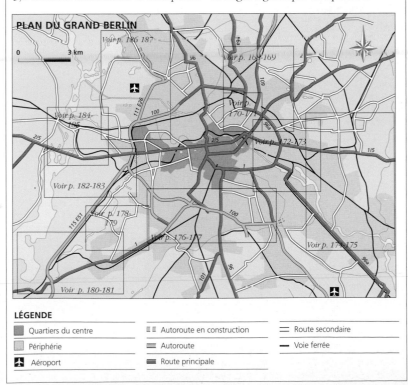

PLAN DU GRAND BERLIN

0   3 km

Voir p. 186-187
Voir p. 168-169
Voir p. 170-171
Voir p. 184-185
Voir p. 172-173
Voir p. 182-183
Voir p. 178-179
Voir p. 176-177
Voir p. 174-175
Voir p. 180-181

LÉGENDE

■ Quartiers du centre	▩ Autoroute en construction	═ Route secondaire
□ Périphérie	▬ Autoroute	▬ Voie ferrée
✈ Aéroport	▬ Route principale	

◁ **Le paisible jardin botanique dans le sud-ouest de Berlin**

Les quartiers nord-est

À Bernauer Strasse, toujours dans le quartier de Mitte, se trouve le centre de documentation du Mur qui retrace l'histoire de la division de la ville. Dans la rue, on peut observer un pan du mur ainsi qu'un mirador. À l'est, s'étend Prenzlauer Berg *(p. 170-171)*, un quartier ouvrier devenu aujourd'hui bohème chic. À Pankow s'élève le palais baroque de Schönhausen. De là, visitez le quartier de Weissensee qui possède l'un des plus grands cimetières juifs d'Europe.

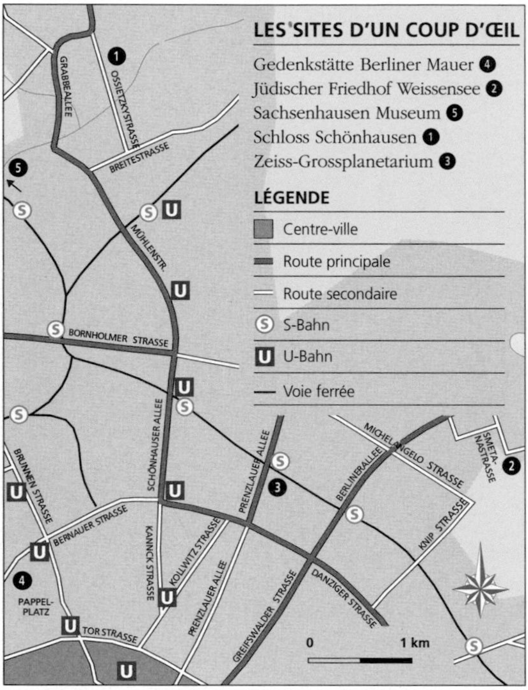
LES SITES D'UN COUP D'ŒIL
Gedenkstätte Berliner Mauer 4
Jüdischer Friedhof Weissensee 2
Sachsenhausen Museum 5
Schloss Schönhausen 1
Zeiss-Grossplanetarium 3
LÉGENDE
Centre-ville
Route principale
Route secondaire
S-Bahn
U-Bahn
Voie ferrée
GRABBEALLEE
OSSIETZKYSTRASSE
BREITESTRASSE
MÜHLENSTR.
BORNHOLMER STRASSE
SCHÖNHAUSER ALLEE
BRUNNEN STRASSE
BERNAUER STRASSE
PAPPEL-PLATZ
TORSTRASSE
KANNICK STRASSE
KOLLWITZSTRASSE
PRENZLAUER ALLEE
GREIFSWALDER STRASSE
DANZIGER STRASSE
BERLINERALLEE
MICHELANGELO STRASSE
SMETA-NASTRASSE
KNIP STRASSE
0
1 km

Schloss Schönhausen ❶

Tschaikowskistrasse. ***Tél.*** *(0331) 96 94 20. Ⓢ et Ⓤ Pankow. 107, 150, 250, X33. M1. avr.-oct. : jeu.-dim. 10h-18h ; nov.-mars : sam., dim. et vac. scol. 10h-17h.*

Ce domaine, situé dans un grand parc très agréable, appartenait au XVIIe siècle à la famille Dohna qui le céda en 1691 à l'électeur Frédéric III. Celui-ci confia à Johann Arnold Nering la construction d'un palais que Johann Friedrich Eosander von Göthe agrandit en 1704 en édifiant les ailes.

Frédéric le Grand en fit don en 1740 à son épouse, la reine Élisabeth-Christine avec laquelle il ne désirait pas vivre. Elle habita la propriété jusqu'à sa mort. Johann Boumann entreprit en 1763 un remaniement.

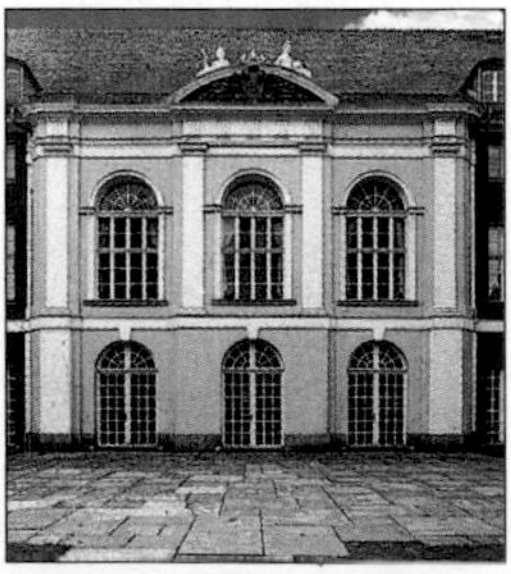

Une partie du Schloss Schönhausen vu depuis le jardin

Une autre épouse royale s'y réfugia au milieu du siècle suivant : la princesse Auguste von Liegnitz, veuve de Frédéric-Guillaume III.

Le château de Schönhausen devint après la Seconde Guerre mondiale la résidence du président de la République démocratique allemande Wilhelm Pieck. Il accueillit en 1990 les négociations qui aboutirent à la réunification de l'Allemagne, le 3 octobre de la même année.

Prenez le temps de faire un tour à travers le vaste parc à l'anglaise qui a conservé la disposition que lui donna Peter Joseph Lenné dans les années 1820.

Jüdischer Friedhof Weissensee ❷

Herbert-Baum-Strasse 45.
Tél. *925 33 30. avr.-sept. : lun.-jeu. 7h30-17h, ven. 7h30-14h30, dim. 8h-17h ; oct.-mars : lun.-jeu. 7h30-16h, ven. 7h30-14h30, dim. 8h-16h. sam. et j.f. Ⓢ Greifswalder Strasse, puis 12, M4, M13. 156, 200.*

Plus de 115 000 Berlinois reposent dans le plus vaste cimetière juif d'Europe, aménagé en 1880 d'après des plans de Hugo Licht. Beaucoup périrent sous les persécutions nazies, et un mémorial aux victimes de l'Holocauste se trouve près de l'entrée principale.

Des plaques portent les noms des camps de concentration. De nombreuses personnalités de la communauté juive de Berlin ont leur sépulture ici, dont l'éditeur Samuel Fischer et le restaurateur Berthold Kempinski.

Certaines tombes sont de véritables œuvres d'art, comme celles de la famille Panowsky et de Ludwig Hoffman, et le monument de style cubiste conçu pour Albert Mendel par Walter Gropius, le fondateur du Bauhaus.

En 1999, le cimetière de Weissensee fut profané par un acte de vandalisme antisémite.

Le Zeiss-Grossplanetarium, Ernst-Thälmann-Park

Zeiss-Grossplanetarium ❸

Prenzlauer Allee 80 (Ernst-Thälmann-Park). **Tél.** 42 18 45 12 (réservations). Ⓢ Prenzlauer Allee, puis 🚋 1, M2. 🕐 tél. pour infos. ✉

Ce dôme argenté que l'on repère de loin abrite un gigantesque planétarium, installé dans un parc dédié à Ernst Thälmann. Ce dirigeant communiste de l'entre-deux-guerres mourut dans le camp de concentration de Buchenwald. Le hall du planétarium présente une exposition d'accessoires et d'instruments d'optique fabriqués dans la célèbre usine de Carl-Zeiss-Jena.

Gedenkstätte Berliner Mauer ❹

Bernauer Str. 111. Ⓢ Nordbahnhof. Ⓤ Bernauer Strasse. 🚌 147, 245. **Centre de documentation sur le Mur Tél.** 467 98 36 66. 🕐 mar.-dim. 9h30-19h (nov.-mars 18h). ✉ sur rés.

Après que le gouvernement de la RDA eut décidé, entre le 12 et le 13 août 1961, de fermer tous les accès à Berlin-Ouest, le Mur *(die Mauer)*, destiné à empêcher les Allemands de l'Est de passer en RFA, prit d'abord la forme de rouleaux de fil de fer barbelé. Un rempart en béton commença à les remplacer deux jours plus tard. Haut de 4 m, il fut bientôt doublé par une deuxième enceinte. Les habitants des maisons qui se dressaient à proximité durent partir, et les fenêtres donnant à l'ouest furent murées. Les bulldozers dégagèrent un espace nu, le « couloir de la mort », où patrouillaient des gardes armés et des chiens. Le Mur finit par compter 293 miradors et pas moins de 57 casemates. Par la suite, on installa également des systèmes d'alarme.

Il perdit tout son sens à l'été 1989 quand la Hongrie ouvrit ses frontières, et il « tomba » le 9 novembre. Son démantèlement a demandé l'évacuation de plus d'un million de tonnes de déblais. Il ne reste aujourd'hui que de petits fragments. Long de 300 m, le pan qui borde la Bernauer Strasse, entre l'Ackerstrasse et la Bergstrasse, est devenu un mémorial.

Pendant toute la durée de vie du Mur (28 ans), environ 5 000 personnes tentèrent de franchir cet obstacle pour passer à l'Ouest ; 192 d'entre elles furent abattues par les gardes-frontière est-allemands.

Sachsenhausen Museum ❺

Strasse der Nationen 22, Oranienburg. **Tél.** 03301/2000. Ⓢ Oranienburg, puis 🚌 804. 🕐 mi-mars-mi-oct. : mar.-dim. 8h30-18h ; mi-oct.-mi-mars : mar.-dim 8h30-18h. ♿ **www**.stiftung-bg.de

Construit en 1936 par les nazis, le camp de concentration de Sachsenhausen a été libéré en 1945 par les Russes. Durant ces neuf années, plus de 200 000 personnes y furent incarcérées. Lorsque l'armée soviétique y entra, le camp ne comptait plus que 3 000 détenus, essentiellement des femmes et des malades.

Au-dessus du portail de fer, on peut lire « Arbeit macht frei » (« Le travail rend libre »). Dans un premier temps, de nombreux prisonniers furent libérés après avoir démontré qu'ils étaient devenus « de bons citoyens Allemands ». À partir de 1939, les libérations se firent plus rares. On estime que plus de 30 000 personnes y ont péri, de faim, de maladie ou furent exterminées.

Aujourd'hui, Sachsenhausen est un musée. Chaque zone du camp abrite une exposition : ainsi, l'ancienne infirmerie est consacrée à la médecine et au racisme sous les nazis. D'autres expositions illustrent la vie quotidienne des prisonniers, ou la période entre 1945 et 1950, où Sachsenhausen servit de camp d'internement soviétique pour des fonctionnaires nazis et des opposants politiques.

L'ancienne entrée du camp de Sachsenhausen

Prenzlauer Berg

Ce quartier, l'un des plus pauvres et des plus densément peuplés de Berlin sous le régime communiste, prisé des artistes contestataires, est aujourd'hui habité par une population de « bourgeois bohèmes » venus du monde entier, attirés par ses jolies maisons du XIXe siècle rénovées, sa vie nocturne animée et ses anciennes usines et brasseries converties en lieux de sortie. Kollowitzplatz, quant à elle, a des airs de Paris avec ses cafés et ses magasins branchés.

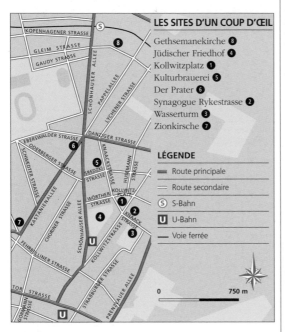

LES SITES D'UN COUP D'ŒIL

Gethsemanekirche ❽
Jüdischer Friedhof ❹
Kollwitzplatz ❶
Kulturbrauerei ❺
Der Prater ❻
Synagogue Rykestrasse ❷
Wasserturm ❸
Zionkirche ❼

LÉGENDE

▬▬ Route principale
── Route secondaire
Ⓢ S-Bahn
Ⓤ U-Bahn
── Voie ferrée

0   750 m

Kollwitzplatz ❶

Ⓤ *Senefelderplatz.*

Cette place verdoyante porte le nom de Käthe Kollwitz (1867-1945), peintre et sculpteur allemande, qui vécut non loin. Cette artiste engagée observa et peignit la dure vie de la classe ouvrière, installée dans des logements surpeuplés. L'une de ses sculptures orne la place où bat le pouls de la vie sociale du quartier avec ses bars « tendance », ses restaurants et ses boutiques, et où se tient un marché bio le dimanche. Diverses œuvres de l'artiste sont présentées au Käthe-Kollwitz Museum *(p. 154).*

Synagoge Rykestrasse ❷

Rykestrasse 53. **Tél.** *88 02 80 316*
⬜ *avr.-oct. : jeu. 14h-18h, dim. 13h-17h, ouv. pour les offices sam. 9h30.*
Ⓤ *Senefelderplatz.*

Cette petite synagogue est l'un des rares vestiges de l'ancienne communauté juive de Berlin. C'est aussi l'une des seules ayant survécu quasiment intacte au national-socialisme. Construit en 1904, le bâtiment en brique rouge présente un plan basilical à trois travées et certains éléments mauresques. La maison du culte, au cœur d'un quartier résidentiel, fut épargnée par les SA lors de la nuit de Cristal, le 9 novembre 1938, où

des centaines de synagogues furent incendiées. Endommagée par les bombardements, la synagogue restaurée a retrouvé sa splendeur d'antan.

Wasserturm ❸

Knaackstrasse/Belforter Strasse.
Ⓤ *Senefelderplatz.*

Ce château d'eau de 30 m de haut trône au cœur du quartier de Prenzlauer Berg, dont il est le symbole officieux. C'est ici, sur cette colline, que les moulins à vent produisaient la farine pour la ville de Berlin. Ce bâtiment, construit en 1874 par Wilhelm Vollhering, fut réservoir du premier système d'eau courante du pays. Plus tard, le château fut transformé en habitations. Dans les années 1930, le rez-de-chaussée servit de *wildes Konzentrationslager,* une prison de fortune où les soldats de la SA incarcérèrent et torturèrent des opposants communistes. Une plaque commémorative évoque ce sombre chapitre de l'Histoire.

Le Wasserturm domine la Knaackstrasse de toute sa hauteur

Jüdischer Friedhof ❹

Schönhauser Allee 22-25.
Tél. *441 9824.* Ⓤ *Senefelderplatz.*
⬜ *avr.-sept. : lun.-jeu. 7h30-17h, ven. 7h30-14h30, dim. 8h-17h ; oct.-mars : lun.-jeu. 7h30-16h, ven. 7h30-14h30, dim. 8h-16h.* ⬛ *sam., j.f.*

Bien que caché derrière d'épaisses murailles, ce petit cimetière juif, sur la Schönhauser Allee, attire des

Tombes du paisible Jüdischer Friedhof

visiteurs qui apprécient son atmosphère sereine, avec ses hauts arbres et sa végétation touffue. Le cimetière fut aménagé en 1827, mais la tombe la plus ancienne remonte au XIVe siècle. Il fut le deuxième cimetière juif de Berlin par la taille, après le Jüdischer Friedhof Weissensee *(p. 168)*. Parmi les Berlinois célèbres qui y reposent, citons le peintre Max Liebermann (1847-1935), le compositeur Giacomo Meyerbeer (1791-1864), qui fut aussi directeur musical du Staatsoper Unter den Linden, et l'écrivain David Friedländer (1750-1834).

Kulturbrauerei ❾

Schönhauser Allee 36-39. *Tél.* 44 31 51 00. Ⓤ *Eberswalder Strasse.* 🚋 20, 50, 53. **Sammlung Industrielle Gestaltung** ⭘ *horaires variables selon l'exposition. Appeler avant.*

L'ancienne brasserie Schultheiss, construite entre 1889 et 1892 par Franz Schwechten, est un grand bâtiment néogothique. Accueillant désormais la Kulturbrauerei, le vaste complexe est voué à la culture et aux loisirs, avec des théâtres, des restaurants et des cafés, ainsi qu'un cinéma et des ateliers d'artistes. À l'intérieur, la **Sammlung Industrielle Gestaltung** (Collection de design industriel) présente des expositions temporaires consacrées au design des produits d'Allemagne de l'Est.

Tour de la Kulturbrauerei

Der Prater ❻

Kastanienallee 7-9. *Tél.* 448 56 88. Ⓤ *Eberswalder Strasse.* 🚋 50, 53.

C'est l'une des plus célèbres institutions de loisirs berlinoises, et ce depuis plus d'un siècle. Le bâtiment et sa cour paisible ont été construits vers 1840, pour devenir le plus grand Biergarten de la ville *(p. 249)*. Aujourd'hui, le Prater compte un restaurant et accueille quantité de concerts pop, rock et folk.

Zionskirche ❼

Zionskirchplatz. *Tél.* 88 70 98 70. Ⓤ *Senefelderplatz, Rosenthaler Platz.* 🚋 M1, 12. ⭘ *dim. 12h-16h, lun. 8h-22h, jeu. 10h-19h.*

Véritable havre de paix au cœur de ce quartier animé, la Zionskirche, installée sur une place éponyme, est une église protestante, construite entre 1866 et 1873. La place et l'église ont été des hauts lieux de l'opposition politique. Sous le Troisième Reich, les résistants au régime national-socialiste se retrouvaient dans cette maison du culte. À l'époque communiste, la « bibliothèque de l'environnement » (un centre de documentation et d'information alternatif) y vit le jour. L'Église et d'autres groupes d'opposition basés ici ont joué un rôle décisif dans les changements survenus en RDA en 1989 et 1990.

Gethsemane-kirche ❽

Stargader Strasse 77. *Tél.* 44 57 745. Ⓤ et Ⓢ *Schönhauser Allee.* 🛐 *dim. 11h.*

Le petit quartier entourant cette église néogothique en brique rouge est l'une des communautés originelles les mieux préservées de Berlin. Il est dominé par la Gethsemanekirche, l'une des nombreuses églises protestantes construites par l'empereur Guillaume II pour accroître le sentiment religieux des classes ouvrières, essentiellement sociales-démocrates, de Prenzlauer Berg et d'autres quartiers. Les plans sont d'August Orth (1828-1911), un architecte auquel on doit quantité d'églises et de gares.

Cette communauté protestante s'enorgueillit d'être l'instigatrice des mouvements de défense des droits des citoyens, et d'avoir accueilli des réunions anti-nazies entre 1933 et 1945. Après la Seconde Guerre mondiale, la congrégation critiqua le régime socialiste. En octobre 1989, l'église servit de lieu de réunion aux opposants pacifiques. Le 2 octobre, le passage à tabac des fidèles par la police secrète est-allemande à l'heure de la prière déclencha des manifestations, sonnant le glas du régime communiste.

Aujourd'hui, la place est entourée de jolis bâtiments restaurés abritant de nombreux restaurants, cafés et petits magasins.

Entrée de la Gethsemanekirche, une église néogothique

Friedrichshain et Treptow

Ces deux arrondissements situés au sud-est de Mitte abritent de vastes parcs propices aux promenades à pied et conservent d'intéressants témoignages de l'histoire récente de Berlin. Les visiteurs pourront apprécier l'architecture socialiste réaliste de la Karl-Marx-Allee, typique de la RDA et le monument de l'armée rouge à Treptower Park, à l'image du patriotisme soviétique. Le mur de Berlin, l'East Side Gallery et le mirador attirent les visiteurs à Friedrichshain, doté aussi d'une riche vie nocturne.

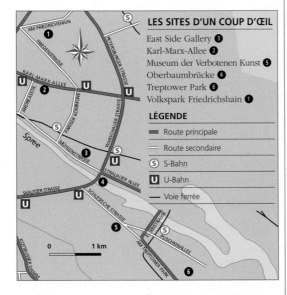

LES SITES D'UN COUP D'ŒIL

East Side Gallery ❸
Karl-Marx-Allee ❷
Museum der Verbotenen Kunst ❺
Oberbaumbrücke ❹
Treptower Park ❻
Volkspark Friedrichshain ❶

LÉGENDE

▬ Route principale
— Route secondaire
Ⓢ S-Bahn
Ⓤ U-Bahn
— Voie ferrée

0   1 km

collines artificielles. Elles recouvrent les ruines de deux abris de défense anti-aérienne bâtis par l'armée allemande pendant la dernière guerre. Ouvert en 1973, le Freizeitpark permet de nombreuses activités pour les adultes et les enfants telles que le bowling, l'escalade, le minigolf et le croquet.

Bas-relief réaliste-socialiste sur la Karl-Marx-Allee

Karl-Marx-Allee ❷

Plan 8 F3. Ⓤ *Strausberger Platz, Frankfurter Tor ou Weberwiese.* 🚊 *M10.*

La longue artère appelée Karl-Marx-Allee constitue un immense musée en plein air d'architecture réaliste-socialiste. Baptisée Stalinallee de 1949 à 1961, l'avenue qui menait à l'est vers la Pologne et Moscou occupait une position de choix pour devenir la vitrine de la nouvelle République démocratique allemande. Le régime porta sa largeur à 90 m et éleva de part et d'autre de grands immeubles d'habitation qui dominaient un rang de boutiques. Sous l'autorité de Hermann Henselmann, les architectes s'efforcèrent de créer des édifices « nationalistes dans la forme, mais socialistes dans le contenu », et le résultat associe le style dit « confiseur » typique du stalinisme, avec des éléments traditionnels allemands, notamment des motifs ornementaux inspirés des décors de la porcelaine de Meissen et des créations néoclassiques de Schinkel et de von Gontard. Classés monuments historiques, les bâtiments de la Karl-Marx-Allee sont en cours de restauration.

Volkspark Friedrichshain ❶

Am Friedrichshain/Friedenstrasse. **Plan** 8 F1. 🚌 *200, 240, M5, M6, M8.*

Labyrinthique, le vaste parc boisé de Friedrichshain fut l'un des premiers espaces verts publics de Berlin. Aménagé en 1840 par un élève de Peter Joseph Lenné, il devait offrir aux quartiers populaires de l'est de la ville un équivalent du Tiergarten.

Sa principale attraction, la Märchenbrunnen (fontaine des Contes de fées), fut construite dans le style néobaroque entre 1902 et 1913 par Ludwig Hoffmann. Des personnages des récits des frères Grimm entourent ses bassins en pierre de Tivoli où l'eau coule en cascade.

Le parc a connu de nombreux remaniements au cours du XXᵉ siècle et renferme aujourd'hui deux

La Märchenbrunnen néobaroque du Volkspark Friedrichshain

East Side Gallery ❸

Mühlenstrasse. Ⓢ *et* Ⓤ *Warschauer Strasse.* Ⓢ *Ostbahnhof.*
🚌 *140, 240.* 🚋 *M10.*

En 1990, l'artiste écossais Chris MacLean invita 118 artistes originaires de 21 pays à recouvrir de graffitis le pan du Mur qui borde la Mühlenstrasse entre la Hauptbahnhof et l'Oberbaumbrücke, créant une fresque de 1 300 m. Cette « galerie de l'Est » a été restaurée en 2009 à l'occasion du 20e anniversaire de la chute du Mur.

Oberbaum-brücke ❹

Ⓢ *et* Ⓤ *Warschauer Strasse*
Ⓤ *Schlesisches Tor.* 🚌 *347.*
🚋 *M10.*

Construit entre 1894 et 1896 par Otto Stahn, ce joli pont sur la Spree cache derrière la brique rouge qui pare ses arches une structure en béton armé. Il doit son cachet à la ligne de U-Bahn surélevée qui le franchit et aux deux tours néogothiques qui encadrent sa partie centrale.

L'Oberbaumbrücke resta fermé au trafic pendant de longues années avant la chute du Mur, car il reliait deux secteurs appartenant respectivement à Berlin-Est et Berlin-Ouest. Seuls les piétons munis des autorisations adéquates pouvaient l'emprunter.

Tours et arches néogothiques de l'Oberbaumbrücke

Museum der Verbotenen Kunst ❺

MUSÉE DE L'ART INTERDIT

Im Schlesischen Busch (Puschkinallee/ Schlesische Strasse). Ⓤ *Schlesisches Tor.* Ⓢ *Treptower Park.* 🚌 *265.* **Parc Tél.** *229 287.* ◐ *avr.-oct. : sam.-dim. 12h-18h.*

Un parc négligé, proche de l'ancien Mur, renferme le dernier des 293 miradors du système de surveillance de la frontière dressée en 1961 entre les Berlinois.

L'étage reste tel qu'il était à l'époque où le bâtiment était utilisé par les gardes en poste le long du Mur. Il est possible de visiter le parc, mais il est préférable d'appeler avant si vous souhaitez voir aussi la tour.

Le dernier mirador du Mur abrite le Museum der Verbotenen Kunst

Treptower Park ❻

Archenhold-Sternwarte, Alt-Treptow 1. Ⓢ *Treptower Park.* 🚌 *166, 167, 265.* **Archenhold Sternwarte Tél.** *536 06 37 19.* ◐ *mer.-dim. 14h-16h30.* 🎬 *jeu. 20h, sam. et dim. 15h.*

Dans ce vaste espace vert aménagé à Treptow dans les années 1860 par Johann Gustav Meyer, les spartakistes Karl Liebknecht, Wilhelm Pieck et Rosa Luxemburg rassemblèrent en 1919 150 000 ouvriers en grève.

Le parc reste toutefois plus connu pour le **Sowjetisches Erhenmal**, un colossal monument élevé entre 1946 et 1949 par l'architecte Jakow

Couronne monumentale du mémorial du Treptower Park

Bielopolski et le sculpteur Jewgien Wuczeticz, qui rend hommage aux combattants de l'Armée rouge qui périrent pendant la Seconde Guerre mondiale. Près de 5 000 d'entre eux, tombés pendant la dernière phase de la conquête de Berlin, reposent ici. À l'entrée, une statue en granit représente la Mère Patrie entre des soldats agenouillés. L'allée centrale conduit au mausolée. Un soldat de 11 m de haut le domine. Il porte un enfant dans un bras et appuie son glaive baissé sur une croix gammée brisée.

Derrière le Mémorial, l'**Archenhold Sternwarte** (observatoire Archenhold), bâti en 1896 pour une exposition d'arts appliqués, accueillit en 1915 une conférence d'Albert Einstein sur la théorie de la relativité. Il abrite un télescope long de 21 m et un petit planétarium.

De l'autre côté de Treptower Park, un autre parc, le Plänterwald, s'étend le long de la Spree. C'est un endroit parfait pour une promenade sur la rivière à bord d'une des embarcations qui se louent à côté.

Au début du xixe siècle, les Berlinois venaient nombreux se détendre dans les nombreuses auberges ouvertes au bord de la Spree. La seule à avoir subsisté, Zenner, occupe un bâtiment de 1822, mais ses origines remontent au xviie siècle.

Des prisonniers de guerre français construisirent en 1916 le pont ornemental (Abteilbrücke) qui mène à la petite Insel der Jugend (île de la Jeunesse). Elle abritait jadis une abbaye.

Les quartiers sud-est

Dans les faubourgs situés à l'extrême sud-est de Berlin, Lichtenberg et Hohenschönhausen, les locaux de la Stasi, l'ancien service de sûreté de la RDA, sont devenus des lieux de visite. Mais cela permet aussi de se promener dans le parc zoologique aménagé dans le jardin du château baroque de Friedrichsfelde ou de découvrir l'arrondissement de Köpenick, qui a conservé l'atmosphère d'une petite ville.

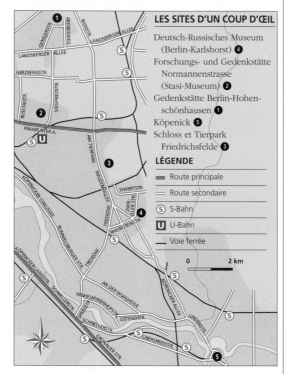

LES SITES D'UN COUP D'ŒIL

Deutsch-Russisches Museum (Berlin-Karlshorst) ❹
Forschungs- und Gedenkstätte Normannenstrasse (Stasi-Museum) ❷
Gedenkstätte Berlin-Hohenschönhausen ❶
Köpenick ❺
Schloss et Tierpark Friedrichsfelde ❸

LÉGENDE

▬ Route principale
— Route secondaire
Ⓢ S-Bahn
Ⓤ U-Bahn
▬ Voie ferrée

0   2 km

Gedenkstätte Berlin-Hohenschönhausen ❶

Genslerstrasse 66. **Tél.** 9860 82 30. Ⓢ Landsberger Allee, puis 🚊 M5, M6, M17, 27, 16. 🚌 256. ◐ t.l.j. 9h-18h. 🖼 (en allemand) t.l.j. 11h, 13h (et 15h sam. et dim.), (en anglais) mer. 14h30, sam. 14h.

Ce musée occupe depuis 1995 l'ancien centre de détention de la Stasi, le redouté service secret de la République démocratique allemande. L'édifice faisait partie d'un vaste complexe construit en 1938. Utilisé comme camp de transit par les autorités soviétiques à partir de mai 1945, il servit d'abord à l'internement de criminels de guerre en partance pour la Sibérie, puis à celui de prisonniers arrêtés pour des raisons politiques. En quelques mois, plus de 20 000 personnes passèrent par Hohenschönhausen.

Le corps de bâtiments devint en 1946 un lieu de détention du KGB, les services secrets de l'URSS, puis il passa sous l'autorité de la Stasi en 1951.

La visite permet de découvrir les cellules et les salles d'interrogatoire. Le sous-sol abritait le « sous-marin », une série de cachots où la lumière du jour ne parvenait jamais.

Forschungs- und Gedenkstätte Normannenstrasse (Stasi-Museum) ❷

Ruschestrasse 103 (Haus 1). **Tél.** 553 68 54. Ⓤ Magdalenenstrasse. ◐ lun.-ven. 11h-18h, sam. et dim. 14h-18h 🖼

Jusqu'à la réunification, cet immense corps de bâtiments situé sur la Ruchestrasse abritait le ministère de l'Intérieur de la République démocratique allemande, et la Stasi y avait son quartier général.

Depuis 1990, un musée occupe un des immeubles. Photos et documents retracent les activités d'un service secret qui avait fiché près d'un Allemand de l'Est sur trois, une efficacité sans équivalent dans aucun autre pays communiste. L'exposition comprend une maquette de son quartier général et du matériel utilisé pour espionner les citoyens soupçonnés d'opposition au régime. La visite permet de découvrir le bureau d'Erich Mielke, son directeur à partir de 1957, un homme dont l'ombre pesa sur la vie de millions de personnes.

Bureau du directeur de la Stasi Erich Mielke au Stasi-Museum

Schloss et Tierpark Friedrichsfelde ❸

Am Tierpark 125. Ⓤ Tierpark. **Tél.** 66 63 50 35. 🚌 296, 396. **Schloss** 🖼 obligatoire (en allemand) mar.-dim. 11h, 12h, 13h, 14h. **Tierpark Tél.** 51 53 10. ◐ mi-mars-mi-sept. : t.l.j. 9h-19h ; mi-sept.-oct. : t.l.j. 9h-18h ; nov.-mi-mars : t.l.j. 9h-17h. 🖼

Construit vers 1695 par Johann Arnold Nering pour le Néerlandais Benjamin von

Façade du Schloss Friedrichsfelde

Raule, le château baroque de Friedrichsfelde connut des remaniements. Le premier par Martin Heinrich Böhme, en 1719. Le second, entrepris en 1786 par Peter Biron lui a donné son aspect actuel.

Il possède un équilibre caractéristique de la période de transition du baroque au néoclassicisme. Transformé en musée, le palais abrite du mobilier et des objets d'art datant principalement des XVIIIe et XIXe siècles.

Le Tierpark Friedrichsfelde est l'ancien parc zoologique de Berlin-Est, fondé en 1957.

Deutsch-Russisches Museum (Berlin-Karlshorst) ❹

Zwieseler Strasse 4/Rheinsteinstrasse **Tél.** 50 15 08 10. Ⓢ *Karlshorst.* 🚊 *M17, 27, 37.* 🚌 *296, 396.* ⭕ *mar.-dim. 10h-18h.*

Le 8 mai 1945, c'est dans un ancien casino de la Wehrmacht, bâti dans les années 1930, que l'amiral Karl Dönitz, qui avait pris la succession de Hitler, accompagné par le maréchal Wilhelm Keitel, l'amiral Hans Georg von Friedeburg et le général Hans Jürgen Stumpff, signa la capitulation sans condition de l'Allemagne. La salle de la signature est restée en l'état, à l'instar du bureau du maréchal russe Zukov. Une exposition consacrée au conflit entre l'Allemagne et l'Union soviétique détaille les exactions commises en URSS.

Köpenick ❺

Kunstgewerbemuseum *Tél. 65 66 170.* Ⓢ *Spindlersfeld, puis* 🚌 *167, 169 ou* Ⓢ *Köpenick, puis* 🚌 *169, X-69.* 🚊 *60, 61, 62, 63, 68* ⭕ *jeu.-dim. 10h-17h.*

Le bourg de Köpenick a une histoire beaucoup plus ancienne que celle de Berlin car il tire ses origines d'une colonie fortifiée du IXe siècle appelée Kopanica. Ses habitants, des Slaves originaires de la région de la rivière Laban, avaient pour chef au XIIe siècle le duc Jaksa, qui disputait le Brandebourg à l'Ascanien Albrecht l'Ours *(p. 19)*. Ce dernier l'emporta et Köpenick passa sous l'autorité de ses descendants. Un château, entrepris vers 1240, permit l'essor d'une ville où s'installèrent des artisans.

Bien que des constructions dans le style de Schinkel aient remplacé entre 1838 et 1841

Partie de l'hôtel de ville de Köpenick

ses églises médiévales, et malgré les dégâts subis pendant la Seconde Guerre mondiale, la vieille ville a gardé des traces de son histoire. Autour de l'Alter Markt (« Vieux Marché ») et dans des rues telles que l'Alt Köpenick et la Grünstrasse, de modestes maisons du XVIIIe siècle voisinent avec des édifices de la fin du XIXe.

Au n° 21 Alt Köpenick s'élève le bel hôtel de ville paré de briques vernissées, construit entre 1901 et 1904 par Hans Schütte et Hugo Kinzer. Le 16 octobre 1906, il fut le théâtre d'une escroquerie restée dans l'Histoire. Vêtu d'un uniforme d'officier, Wilhelm Voigt, un repris de justice de 56 ans, ordonna à deux pelotons de soldats de l'accompagner en train de Berlin à Köpenick où il arrêta le maire et « saisit » les caisses de la municipalité. En 1931, l'auteur dramatique Carl Zuckmayer s'inspira de cet incident pour dénoncer dans une comédie, *Der Hauptmann von Köpenick (Le Capitaine de Köpenick)*, la soumission des Prussiens face à l'autorité. La principale attraction de la ville est l'élégant château construit entre 1677 et 1681 sur une île de la Dahme pour le prince héritier Frédéric, le futur Frédéric Ier. Le palais baroque dessiné par Rutger Van Langfeld reçut un agrandissement, achevé en 1693 d'après des plans de Johann Arnold Nering. Ce dernier dota entre autres la demeure de sa chapelle et de son portail d'entrée. Depuis 2004, le Schloss Köpenick abrite une annexe du musée des Arts décoratifs, **Kunstgewerbemuseum** *(p. 118-121)*, qui présente des salles consacrées à la Renaissance et au baroque.

Reconstitution d'un bureau de 1548 au Kunstgewerbemuseum du château de Köpenick

Le sud-ouest de Berlin

Au sud-ouest de Berlin, l'arrondissement de Britz recèle une des rares demeures seigneuriales à avoir survécu en périphérie, le Schloss Britz. Schöneberg a gardé de l'époque de son autonomie municipale l'hôtel de ville, où le président Kennedy prononça un discours resté dans l'Histoire. Marlene Dietrich repose dans le cimetière de ce quartier où elle grandit. À Dahlem, le jardin botanique mérite qu'on lui consacre une demi-journée.

La Königskolonnaden à l'entrée du Kleistpark

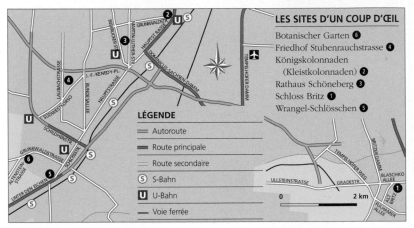

LES SITES D'UN COUP D'ŒIL

Botanischer Garten ❻
Friedhof Stubenrauchstrasse ❹
Königskolonnaden (Kleistkolonnaden) ❷
Rathaus Schöneberg ❸
Schloss Britz ❶
Wrangel-Schlösschen ❺

LÉGENDE

━━ Autoroute
━━ Route principale
── Route secondaire
Ⓢ S-Bahn
Ⓤ U-Bahn
── Voie ferrée

0   2 km

Schloss Britz ❶

CHÂTEAU DE BRITZ

Alt-Britz 73. **Tél.** 60 97 92 30.
Ⓤ Parchimer Allee. 🚌 144, 174, 181. ◻ mar.-ven. 10h-16h, sam.-dim. 11h-18h. 🎫 obligatoire.

Le Schloss Britz n'était à l'origine qu'un petit manoir bâti en 1706 pour Sigismund von Erlach. Un remaniement néoclassique, sous la houlette de Carl Busse entre 1880 et 1883, lui conféra sa taille actuelle en préservant des éléments baroques tels que les statues de la façade et la tour qui domine le jardin. Le château accueille des concerts et des expositions temporaires, et abrite une collection permanente de meubles datant de la période dite de « fondation » (*Gründerzeit*).

Le parc se prête à une agréable promenade. Il renferme un buste d'un ancien propriétaire du domaine : Rüdiger von Ilgen. La sculpture ornait jadis l'allée de la Victoire du Tiergarten (*p. 132*).

À côté du domaine s'étend la Hufeisensiedlung (« cité du Fer à cheval »), ensemble de logements sociaux qui doit son nom à la forme que lui donnèrent, à la fin des années 1920, les architectes Bruno Taut et Bruno Schneidereit.

Königskolonnaden (Kleistkolonnaden) ❷

Potsdamer Strasse **Plan** 11 B4.
Ⓤ Kleistpark. 🚌 148, 187, 348.

À quelques pas de la station du U-Bahn, l'élégante colonnade royale dotée de sculptures baroques, qui sert d'entrée au Kleistpark, tranche sur les immeubles de la Potsdamer Strasse. Dessinée par Carl von Gontard et exécutée entre 1777 et 1780, elle ornait la route entre la Königstrasse et l'Alexanderplatz. On la déplaça en 1911 pour la protéger de la circulation.

Ancien jardin potager du Grand Électeur, le Kleistpark renferme l'imposant Kammergericht, édifié entre 1909 et 1913 par Carl Vohl, Rudolf Mönnich et Paul Thoemer. Cette cour de justice devint le tristement célèbre Volksgericht (tribunal du Peuple) nazi, puis, jusqu'en 1990, le siège du commandement des forces alliées à Berlin.

Façade néoclassique du Schloss Britz

Rathaus Schöneberg ❸

HÔTEL DE VILLE
DE SCHÖNEBERG

John-F-Kennedy-Platz.
Ⓤ *Rathaus Schöneberg.*

Construit entre 1911 et 1914, avant le réaménagement urbain qui intégra en 1920 la commune de Schöneberg au Grand Berlin, cet imposant bâtiment, dont la tour mesure 70 m, fut, de 1948 à 1990, le siège du Sénat et le principal centre administratif de Berlin-Ouest. Le 26 juin 1963, c'est de son balcon que J. F. Kennedy prononça devant une foule de plus de 300 000 personnes la célèbre phrase : « *Ich bin ein Berliner* » (« *Je suis un Berlinois* »). Deux ans après la construction du Mur, il affirmait ainsi la solidarité des pays occidentaux avec Berlin-Ouest.

Le Rathaus Schöneberg, rendu célèbre par le président Kennedy

Friedhof Stubenrauchstrasse ❹

CIMETIÈRE DE
STUBENRAUCHSTRASSE

Stubenrauchstrasse/Südwestkorso.
Ⓢ et Ⓤ *Bundesplatz.* 🚌 *348.*

Ce petit cimetière dans l'ombre de l'autoroute est devenu un lieu de pèlerinage pour les admirateurs de Marlene Dietrich. Née en 1901, de son vrai nom Maria Magdalena von Losch, l'actrice grandit à Schöneberg au n° 65 Leberstrasse. Elle connut le succès en 1930 grâce à un rôle de

Dans le Botanischer Garten

chanteuse de cabaret dans le film *L'Ange bleu* réalisé par Josef von Sternberg, d'après un roman de Heinrich Mann intitulé *Professor Unrat*. Cette même année, elle suivit à Hollywood le réalisateur américain d'origine autrichienne, et elle ne monta plus sur scène à Berlin que pour un concert au Titania-Palast en 1960. Elle repose dans sa ville natale.

Wrangel-Schlösschen ❺

Schlossstrasse 48. *Tél. 902 99 3924*
Ⓤ *Rathaus Steglitz.* 🚌 *M48, 170, 185, 277, 280, 283, 285.*

La construction de ce petit palais, d'après des plans de Heinrich Gentz, remonte à 1804, mais il porte le nom du maréchal Wrangel qui en fut le propriétaire au milieu du XIXᵉ siècle. Sa simplicité jusque dans les détails en fait une superbe réussite des débuts du néoclassicisme.
Le Wrangel-Schlösschen abrite le centre culturel de l'arrondissement de Steglitz.

Botanischer Garten ❻

JARDIN BOTANIQUE

Unter den Eichen 5-10 et Königin-Luise-Strasse 6-8. *Tél. 83 85 01 00.*
Ⓤ *Dahlem-Dorf.* Ⓢ *Botanischer Garten.* 🚌 *M48, X83.*
🕐 *t.l.j. ; nov.-janv. : 9h-16h ; fév. : 9h-17h ; mars et oct. : 9h-18h ; avr. et août : 9h-20h ; mai-juil. : 9h-21h ; sept. : 9h-19h.*
Musée 🕐 *t.l.j. 10h-18h* 📷

Aménagé à la fin du XIXᵉ siècle sur un terrain vallonné agrémenté de lacs, le jardin botanique de Dahlem possède une superficie de 42 ha et offre un cadre très romantique à une promenade. Regroupées par continents d'origine, 18 000 variétés de plantes y poussent. La grande serre dessinée par Alfred Koemer date de 1906. Les serres plus récentes, construites entre 1984 et 1987, sont d'Engelbert Kremser. Près de l'entrée sur la Königin-Luise-Platz, le Botanisches Museum propose d'instructives expositions et abrite une riche bibliothèque.

LES ÉGLISES RURALES

Le réaménagement urbain de 1920 intégra au Grand Berlin près de 60 villages, pour certains fondés avant la ville elle-même. Ils se sont transformés en quartiers résidentiels, et ont souvent gardé leurs églises paroissiales. Plus de 50 de ces dernières ont survécu. Les plus anciennes datent du XIIIᵉ siècle et se trouvent dans le sud de l'agglomération, notamment à Britz (près de la Backbergstrasse), à Buckow (Alt-Buckow) et à Mariendorf (Alt Mariendorf). La doyenne dresse son clocher de granit à Marienfelde.

Ste-Anne de Dahlem

Wittenau

Marienfelde

Dahlem

Mentionné pour la première fois en 1275, Dahlem resta un petit village entouré de grands domaines privés jusqu'au XIXᵉ siècle. Le développement de Berlin le transforma en un faubourg résidentiel aisé où ont subsisté l'église paroissiale gothique et un manoir baroque. À partir de 1914, la construction d'un ensemble de musées a donné à Dahlem une vocation culturelle que confirma, après la Seconde Guerre mondiale, l'agrandissement des musées et la création de la Freie Universität. Le Botanischer Garten *(p. 177)*, qui s'étend un peu à l'écart, ajoute à l'attrait du quartier.

d'art asiatique). Ce dernier abrite la collection d'art asiatique ancien la plus importante au monde. On peut y admirer notamment des œuvres de la route de la soie, les toutes premières sculptures indiennes, des peintures du Japon et des laques d'Asie de l'Est. Le musée d'ethnologie expose des bijoux incas. Quand le Humboldt-Forum ouvrira en 2016 *(p. 74)*, ces collections seront transférées de Dahlem à Mitte, mettant ainsi l'art asiatique au cœur du Berlin cosmopolite.

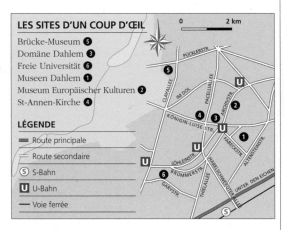

LES SITES D'UN COUP D'ŒIL

Brücke-Museum ❺
Domäne Dahlem ❸
Freie Universität ❻
Museen Dahlem ❶
Museum Europäischer Kulturen ❷
St-Annen-Kirche ❹

LÉGENDE

━━ Route principale
═ Route secondaire
Ⓢ S-Bahn
🅄 U-Bahn
── Voie ferrée

Tapis de la Prusse orientale au Museum Europäischer Kulturen

Museum Europäischer Kulturen ❷

MUSÉE DES CULTURES EUROPÉENNES

Arnimalee 25. **Tél.** 266 42 42 42. 🅄 Dahlem Dorf. 🚌 110, 183, X11, X83. 🕐 mar.-ven. 10h-18h, sam. et dim.11h-18h. ⬤ lun., 24 et 31 déc. 🖼

Ce musée, consacré aux traditions et aux folklores européens, accueille des expositions de longue durée, mais temporaires, généralement organisées en collaboration avec des institutions d'autres pays.

Museen Dahlem ❶

Museum für Asiatische Kunst, Ethnologisches Museum *(ancien Museum für Völkerkunde)*. **Museum Europäischer Kulturen** Lansstrasse 8. **Tél.** 266 424 242. 🅄 Dahlem Dorf. 🚌 110, X11, X83. 🕐 mar-ven. 10h-18h, sam. et dim. 11h-18h. ⬤ lun., 24 et 31 déc. 🖼

Les musées construits à Dahlem entre 1914 et 1923 prirent à la fin de la Seconde Guerre mondiale une importance que n'avaient pas prévue leurs fondateurs, car ils accueillirent les collections d'art restées à l'Ouest. Après un agrandissement effectué dans les années 1960, Museen Dahlem put rivaliser avec le complexe de la Museumsinsel de Berlin-Est.
Depuis la réorganisation des expositions, entraînée par la réunification, les peintures de la Gemäldegalerie se trouvent au Kulturforum *(p. 122-125)* et les sculptures au Bodemuseum *(p. 79)*, mais

Dahlem a conservé cinq intéressants musées spécialisés dans les cultures non européennes : l'Ethnologisches Museum (musée d'Ethnologie) ; le Museum für Europäischer Kulturen (musée des Cultures européennes) et le Museum für Asiatische Kunst (musée

Estampe japonaise du Museum für Ostasiatische Kunst

Domäne Dahlem ❸

FERME DE DAHLEM

Königin-Luise-Str. 49. **Tél.** 66 63 000. 🅄 Dahlem Dorf. 🚌 110, X11, X83. 🕐 mer.-lun. 10h-18h. 🖼 *(musée seulement)*.

Le Domäne Dahlem offre, en pleine zone urbaine, le dépaysement d'un petit espace de vie paysanne. Construit vers 1680 pour Cuno Johann von

Une association garde en activité la ferme du Dömane Dahlem

Wilmersdorff, son manoir baroque appartient au Stadtmuseum Berlin *(p. 91)* et abrite du mobilier d'époque.

Les bâtiments agricoles, datant du XIXe siècle, renferment une collection d'outils que complète une riche exposition de ruches. Le domaine comprend aussi un jardin, des ateliers et des enclos à animaux. Il accueille des fêtes et des marchés qui donnent lieu à des démonstrations de techniques traditionnelles. Les visiteurs peuvent ainsi voir ferrer un cheval, apprendre à traire une vache ou simplement se détendre devant un verre de bière.

De style gothique, la St-Annen-Kirche date du XIVe siècle

St-Annen-Kirche ❹

ÉGLISE SAINTE-ANNE

Königin-Luise-Strasse 55. *Tél. 841 70 50.* Ⓤ *Dahlem Dorf.* 🚌 *110, X11, X83.* ◯ *sam.-dim. 11h-13h.*

Ce sanctuaire gothique du XIVe siècle se dresse au centre d'un petit cimetière verdoyant. L'édifice actuel a vu le jour en plusieurs étapes : le chœur date du XVIe siècle, les voûtes du XVIIe et la tour du XVIIIe.

L'intérieur conserve des peintures murales du XIVe siècle représentant des épisodes de la vie de sainte Anne, ainsi qu'une *Crucifixion* du XVe siècle, onze effigies de saints datant de la fin du gothique et une chaire baroque du XVIIe siècle.

Brücke-Museum ❺

Bussardsteig 9. *Tél. 831 20 29.* 🚌 *115.* ◯ *mer.-lun. 11h-17h.*

Dans une rue paisible bordée de villas en lisière de forêt, ce petit musée occupe un élégant édifice fonctionnel construit par Werner Düttmann en 1967. Il est consacré au mouvement expressionniste Die Brücke (« le Pont »), fondé en 1905 à Dresde par Fritz Bleych, Erich Heckel, Ernst Ludwig Kirchner et Karl Schmidt-Rottluff. Emil Nolde et Max Pechstein les rejoignirent en 1906 et le groupe s'installa à Berlin en 1911. Il décida de se séparer en 1913. La collection permanente a pour origine 74 peintures offertes à la ville par Schmidt-Rottluff en 1964. Dons et acquisitions ont rapidement enrichi le fonds. Les pièces présentées, tableaux, dessins, sculptures et gravures, ainsi que les expositions temporaires qui les complètent permettent de se faire une meilleure idée des recherches de l'avant-garde allemande au début du XXe siècle. Elles permettent aussi de découvrir des œuvres plus tardives des membres de Die Brücke. Le siège de la fondation occupe non loin, au n° 8 Käuzchensteig, l'ancien atelier du sculpteur Bernhard Heliger. Le jardin qui borde le Brücke-Museum abrite plusieurs de ses créations.

Sculpture de Bernhard Heliger près du Brücke-Museum

Freie Universität ❻

Henry-Ford-Bau Garystrasse 35–39. Ⓤ *Thielplatz.* 🚌 *110.*

L'Université libre de Berlin fut fondée le 4 décembre 1948, en plein blocus, sur l'initiative d'intellectuels conduits par Ernst Reuter. Ils réagissaient aux restrictions d'accès à la Humboldt Universität imposées par les Soviétiques. La nouvelle université occupa tout d'abord des immeubles loués, et c'est grâce au soutien des Américains qu'elle put s'installer dans ses locaux actuels. La fondation Ford finança la construction, entre 1951 et 1954, du Henry-Ford-Bau qui abrite le bureau du recteur, l'auditorium et la bibliothèque. Franz Heinrich Sobotka et Gustav Müller lui ont donné d'harmonieuses proportions.

Henry-Ford-Bau, bureau du recteur et bibliothèque de la Freie Universität

Zehlendorf

Avec près de la moitié de sa surface couverte de forêts, de lacs et de rivières, l'arrondissement de Zehlendorf possède une atmosphère rustique qui paraît très éloignée de l'animation d'une grande métropole. Vingt minutes seulement, pourtant, le séparent du centre de Berlin. De belles villas ajoutent à l'intérêt des nombreuses promenades à pied possibles autour de la Wannsee. Les plus intéressantes, détaillées en pages 208-211, parcourent les domaines royaux de la Pfaueninsel, de Klein Glienicke et de Babelsberg.

Reconstruction d'un bâtiment médiéval au Museumdorf Düppel

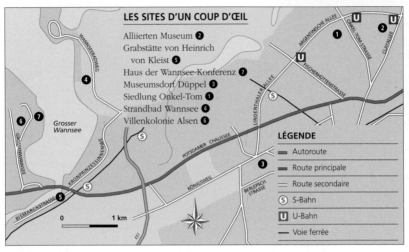

LES SITES D'UN COUP D'ŒIL

Alliierten Museum **2**
Grabstätte von Heinrich von Kleist **5**
Haus der Wannsee-Konferenz **7**
Museumsdorf Düppel **3**
Siedlung Onkel-Tom **1**
Strandbad Wannsee **4**
Villenkolonie Alsen **6**

Grosser Wannsee

LÉGENDE

— Autoroute
— Route principale
— Route secondaire
Ⓢ S-Bahn
Ⓤ U-Bahn
— Voie ferrée

0   1 km

Siedlung Onkel-Tom **1**

Riemeister Strasse/Argentinische Allee. Ⓤ Onkel-Toms-Hütte.

De tous les programmes de logements sociaux entrepris sous la république de Weimar, le Siedlung Onkel-Tom est peut-être le plus réussi. Bruno Taut, Hugo Häring et Otto Rudolf Salvisberg

Maison du Siedlung Onkel-Tom, construit entre 1926 et 1932

aménagèrent cet immense lotissement en bordure de la forêt de Grunewald entre 1926 et 1932. S'inspirant du concept anglais de cité-jardin, ils inscrivirent les maisons dans la verdure et leur donnèrent des proportions harmonieuses et des dimensions humaines, qu'elles soient individuelles ou destinées à plusieurs familles. Près de 15 000 personnes vivent dans la cité de l'Oncle Tom.

Alliierten-museum **2**

Clayallee 135. **Tél.** 818 19 90.
Ⓢ Zehlendorf, puis 🚌 115.
Ⓤ Oskar-Helene-Heim.
🕐 jeu.-mar. 10h-18h. 🎫 sur r.-v.

Le musée des Alliés, qui associe zones d'exposition et espaces à ciel ouvert, se trouve au cœur de l'ancien secteur militaire américain. Une fascinante exposition

d'objets quotidiens, de photographies et de films illustre la vie à Berlin pendant la guerre froide et dépeint l'histoire de la ville et de ses habitants entre 1945 et 1994.

Museumsdorf Düppel **3**

Clauerstrasse 11. **Tél.** 802 66 71.
Ⓢ Mexikoplatz ou Ⓤ Krumme Lanke, puis 🚌 629. 🕐 fin mars-déb. oct. : jeu. 15h-19h, dim. 10h-17h. 🎫

Les maisons à toit de chaume qui font partie de cette reconstitution d'un village médiéval de la Marche du Brandebourg occupent l'emplacement d'une implantation germanique du XIIIe siècle. Des passionnés y vivent comme les paysans du Moyen Âge et élèvent des races traditionnelles de porcs et de moutons.
Le dimanche, ils proposent des promenades en char à

bœufs et des démonstrations de méthodes anciennes de vannerie, de poterie, de travail du métal, de filage, de tissage et de teinturerie.

Strandbad Wannsee ❹

Wannseebadweg 2s. Ⓢ *Nikolassee.* 🚌 *218.*

Le lac de Wannsee s'étend à la lisière de la forêt de Grunewald et constitue une aire de loisirs appréciée des Berlinois. Ils peuvent s'y baigner, faire une croisière, pratiquer des sports nautiques ou simplement se reposer au bord de l'eau. La partie la plus aménagée se trouve dans l'angle sud-est du plan d'eau où la station de S-Bahn Wannsee dessert plusieurs ports de plaisance. Plus au nord, la Strandbad Wannsee est la plus grande plage intérieure d'Europe. Utilisée depuis le début du XXe siècle, elle a pris son visage actuel en 1929-1930 lors de la construction de cabines, de boutiques et de cafés sur des terrasses artificielles.

En été, le sable se couvre d'amateurs de bains de soleil, tandis que bateaux de plaisance et planches à voile sillonnent le lac. Une promenade sur l'île de Schwanenwerder permet de découvrir d'élégantes villas. Le magnat de la presse Axel Springer fit bâtir celle des nos 24-26 Inselstrasse.

Grabstätte von Heinrich von Kleist ❺

TOMBE DE HEINRICH VON KLEIST

Bismarckstrasse (près du no.3). Ⓢ *Wannsee.* 🚌 *114, 316, 318.*

Une rue étroite part de la Königstrasse, au niveau du viaduc de la station du S-Bahn Wannsee. Elle conduit à l'endroit où, le 21 novembre 1811, le poète romantique Heinrich von Kleist se suicida à l'âge de 34 ans en entraînant dans la mort sa compagne Henriette Vogel. Ils reposent tous les deux ici. Les fleurs et les bougies indiquent que leur tragédie continue d'émouvoir.

Villenkolonie Alsen ❻

Am Grossen Wannsee. Ⓢ *Wannsee,* puis 🚌 *114.*

Cette charmante station balnéaire au bord du lac est la plus ancienne de Berlin. Ses belles villas participent à son élégance un peu désuète. Aux nos 39-41 Am Grossen Wannsee, la Haus Springer date de 1901. Alfred Messel la couvrit de bardeaux à la mode américaine. Le peintre Max Liebermann passa de nombreux étés au no 42, dans la villa dessinée pour lui en 1909 par Paul Baumgarten. Bâtie en 1891 d'après les plans de Wilhelm Mertens, la luxueuse maison en forme de

Façade de la Haus der Wannsee-Konferenz

château médiéval du no 52 est caractéristique de l'éclectisme du XIXe siècle.

Haus der Wannsee-Konferenz ❼

Am Grossen Wannsee 56/58. **Tél.** 805 00 10. Ⓢ *Wannsee, puis* 🚌 *114.* ⭕ *t.l.j. 10h-18h.*

L'une des plus belles villas d'Alsen fut édifiée par Paul Baumgarten entre 1914 et 1915. Il lui donna la forme d'un petit palais néobaroque avec un gracieux portique. En 1940, le propriétaire suivant, Friedrich Minou, vendit la maison aux SS, la police militaire du régime hitlérien. Le 20 janvier 1942, Richard Heydrich et quatorze autres officiers des services secrets et des SS, dont Adolf Eichmann, s'y réunirent pour décider de « la solution finale de la question juive ». Au cours de cette conférence, ils planifièrent l'extermination de 11 millions de personnes sur tout le territoire de l'Europe, y compris celui de la Grande-Bretagne et des pays neutres.

Depuis 1992, la villa abrite un musée et un mémorial. Une exposition retrace l'histoire de l'Holocauste avec des documents et des photographies sur les ghettos et les camps de concentration.

Pour des raisons de sécurité, le portail d'entrée reste verrouillé en permanence. Pour pénétrer dans le parc, il faut se présenter à l'interphone.

Embarcadère de bateaux de croisière sur le lac de Wannsee

L'ouest de Berlin

Les grandes manifestations commerciales ou culturelles donnent souvent l'occasion aux Berlinois de franchir le boulevard périphérique pour se rendre à l'ouest de Charlottenburg au Centre international des congrès et au Parc des expositions que domine la Funkturm. La maison de la Radio voisine possède un splendide intérieur Art déco. Dans un domaine résidentiel aménagé après la Seconde Guerre mondiale, la villa qu'habitait le sculpteur Georg Kolbe est devenue un musée.

Extérieur futuriste de l'Internationales Congress Centrum

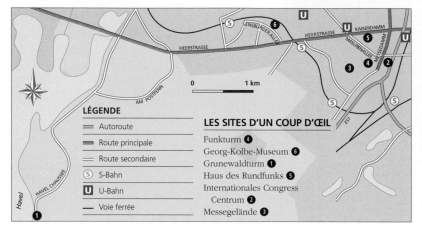

LÉGENDE

══	Autoroute
▬▬	Route principale
──	Route secondaire
Ⓢ	S-Bahn
Ⓤ	U-Bahn
──	Voie ferrée

LES SITES D'UN COUP D'ŒIL

Funkturm ❹
Georg-Kolbe-Museum ❻
Grunewaldturm ❶
Haus des Rundfunks ❺
Internationales Congress Centrum ❷
Messegelände ❸

Grunewaldturm ❶

Havelchaussee 61. 🚌 218.

Cette tour néogothique en brique rouge, parée d'éléments décoratifs en stuc, domine toute la région depuis le sommet de la colline du Karlsberg au bord de la Havel. Construite en 1899 par Franz Schwechten pour commémorer le centième anniversaire de la naissance de Guillaume Ier, devenu empereur d'Allemagne en 1871, elle s'appelait à l'origine Kaiser-Wilhelm-Turm. Une salle renferme sous un plafond en coupole une statue en marbre du souverain sculptée par Ludwig Mansel.

La tour de Grunewald mesure 56 m de hauteur, et il faut gravir 204 marches pour atteindre sa plate-forme panoramique. Une vue exceptionnelle du réseau de lacs et de cours d'eau de la Havel récompense de l'effort. Par temps clair, le regard porte jusqu'à Spandau au nord et Potsdam au sud. Un restaurant très apprécié des Berlinois occupe la base du monument.

La Grunewaldturm, tour néogothique élevée en 1899

Internationales Congress Centrum ❷

Messedamm 19. Ⓢ *Messe Nord/ICC.* Ⓤ *Kaiserdamm.* 🚌 *104, 218, X34, X49.*

L'immeuble futuriste du Centre international des congrès se dresse sur une péninsule isolée de deux côtés par un flot de voitures.

Cette ambitieuse réalisation vit le jour dans le cadre de la rivalité entre les deux Berlin : il s'agissait ici de répliquer à l'ouverture du chantier du Palast der Republik *(p. 74)* sur la Schlossplatz.

Construit par Ralf Schüler et Ursulina Schüler-Witte entre 1973 et 1979, l'International Congress Centrum (ICC) se présente comme un assemblage de volumes en aluminium et possède une organisation mûrement réfléchie. Ainsi, la zone réservée aux conférences est séparée des salles de concert pour améliorer l'insonorisation. Un système perfectionné de sécurité électronique et de gestion des circulations permet à des milliers de personnes de participer en même temps à des événements très variés. Plus de 80 salles permettent l'organisation de manifestations aussi diverses qu'un séminaire en petit comité et un concert de rock devant 5 000 spectateurs. Un jardin est aménagé sur le toit.

Une sculpture du Français Jean Ipoustéguy (1920-2006) se dresse à l'entrée : *Alexandre le Grand devant Ectabane*.

Façade monumentale de l'Ehrenhalle du Messegelände

Messegelände ❸

Hammarskjöldplatz. Ⓢ *Messe Nord/ ICC.* Ⓤ *Kaiserdamm.* 🚌 *104, 139, 349, X49.*

Constamment rénovés et agrandis, les pavillons du vaste Parc des expositions qui s'étend au sud de la Hammarskjöldplatz couvrent une superficie de plus de 16 hectares. Les foires internationales qu'ils accueillent, telle la Grüne Woche *(p. 51)*, semaine verte consacrée à l'agriculture et la gastronomie, font partie des plus importantes d'Europe.

Il ne reste rien des premières halles érigées sur le site au début du XXe siècle, et la partie la plus ancienne du Messegelände entoure la **Funkturm**. L'imposant bâtiment qui s'élève devant, l'Ehrenhalle, date de 1936. Dessiné par Richard Ermisch, il offre un des rares exemples d'architecture nazie à avoir survécu à Berlin.

L'autoroute rectiligne qui file derrière le Parc des expositions en direction du Nikolassee est la célèbre Avus, la première autoroute d'Allemagne, construite en 1921. Elle servit de circuit de course automobile. En 1937, un pilote de légende, Berndt Rosemeyer, y établit le record du tour à une vitesse de 276,4 km/h.

Funkturm ❹

Hammarskjöldplatz. ***Tél.** 30 38 19 05.* Ⓢ *Messe Nord/ICC.* Ⓤ *Kaiserdamm.* 🚌 *104, 139, 149, 218, X34.* **Plate-forme d'observation** ⭘ *lun. 10h-20h, mar.-dim. 10h-23h.*

Entreprise en 1924, la Funkturm, dessinée par Heinrich Straumer et haute de 150 m, ressemble à la tour Eiffel. Elle garde une fonction d'antenne émettrice, notamment pour le contrôle du trafic aérien. Sa plate-forme d'observation (125 m) offre un splendide panorama. Un restaurant occupe le premier étage, à 55 m du sol.

Haus des Rundfunks ❺

Masurenallee 8-14. Ⓢ *Messe Nord/ ICC.* Ⓤ *Theodor-Heuss-Platz.* 🚌 *104, 218, X34, X49.*

La maison de la Radio, vaste édifice construit entre 1929 et 1931 par Hans Poelzig, cache derrière une triste façade en brique un intérieur Art déco d'une rare beauté.

Le bâtiment obéit à un plan triangulaire. Les trois ailes qui abritent les studios rayonnent depuis un hall central éclairé par une verrière. L'harmonie des proportions et la maîtrise des couleurs et des matières, qui ôtent toute rigueur aux formes géométriques, en font une des plus belles réussites

Hall Art déco de la Haus des Rundfunks, achevée en 1931

architecturales de cette époque à Berlin.

Au pied des coursives se dresse une statue de Georg Kolb : *Grosse Nacht (Grande nuit)*. L'auditorium accueille des concerts retransmis par la station de radio SFB.

Fontaine du jardin de la villa du sculpteur Georg Kolbe

Georg-Kolbe-Museum ❻

Sensburger Allee 25. ***Tél.** 304 21 44.* Ⓢ *Heerstrasse.* 🚌 *218, X34, X49.* ⭘ *mar.-dim. 10h-18h.*

Le sculpteur Georg Kolbe (1877-1947) vécut et travailla jusqu'à sa mort dans cette villa, construite en 1929 à son intention par l'architecte suisse Ernst Reutsch et agrandie quelques années plus tard par Paul Lindner. Il la légua à la ville de Berlin avec 180 de ces œuvres et sa collection d'art qui comprend des peintures de l'expressionniste Ernst Ludwig Kirchner, l'un des fondateurs du mouvement Die Brücke *(p. 171)*.

L'exposition a pour thème principal la sculpture figurative du XXe siècle. De nombreuses œuvres de Kolbe décorent aussi le jardin, tandis que l'atelier renferme toujours le matériel qu'utilisait l'artiste, notamment les instruments de levage qui lui permettaient de déplacer les pièces les plus lourdes ou les plus volumineuses.

Du stade olympique à Spandau

Au nord-ouest du centre, une unité d'habitation de Le Corbusier, type d'immeuble toujours considéré comme un modèle d'habitat collectif, s'élève près du monumental Olympiastadion, conçu pour célébrer l'idéologie du national-socialisme. Au confluent de la Spree et de la Havel, la ville historique de Spandau a gardé ses rues médiévales et une forteresse Renaissance bien conservée. Au cœur du quartier ancien s'élève une église gothique : la St-Nikolai-Kirche.

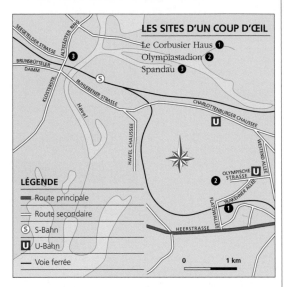

LES SITES D'UN COUP D'ŒIL

Le Corbusier Haus ❶
Olympiastadion ❷
Spandau ❸

LÉGENDE

- Route principale
- Route secondaire
- Ⓢ S-Bahn
- Ⓤ U-Bahn
- Voie ferrée

0   1 km

autonome possédant ses propres commerces et des services tels qu'un bureau de poste, une salle de sport et un jardin d'enfants. Toutefois, des contraintes financières l'obligèrent à réduire ses ambitions et à modifier les proportions du bâtiment par rapport aux plans initiaux.

Sculptures décorant l'Olympiastadion

Olympiastadion ❷

Olympischer Platz. *Tél. 25 00 23 22.* Ⓢ et Ⓤ Olympia-Stadion. 🚌 218. ◯ pour les visites : mi-mars-oct. : t.l.j. 9h-19h (juin-mi-sept. : 20h) : nov.-mi-mars : t.l.j. 9h-16h.

Construit pour accueillir les Jeux olympiques de 1936, qu'Hitler transforma en une opération de propagande, le Reichssportfeld, selon son nom d'origine, témoigne du goût des dignitaires nazis pour l'architecture monumentale inspirée de Rome.

L'Olympiastadion fut immortalisé dans le film d'Istvan Szabó *Mephisto*. À l'ouest s'étendent le champ de Mai (Maifeld) et la Waldbühne. Le premier est une vaste esplanade entourée de tribunes et dominée par la tour du Carillon (Glockenturm), haute de 77 m ; la seconde est un théâtre de verdure. Au nord se trouvent les piscines et les installations sportives qui constituaient l'infrastructure des jeux Olympiques de Berlin.

Le Corbusier Haus ❶

Flatowallee 16. Ⓢ Olympiastadion. 🚌 218.

Contribution de Le Corbusier à l'Exposition internationale d'architecture de 1957 *(p. 133)*, cet immeuble bâti sur une colline près de l'Olympiastadion renferme 527 appartements, dont 345 en duplex, prévus pour loger 1 500 personnes.

C'est la troisième « unité d'habitation » réalisée par le célèbre architecte, la plus connue, édifiée au lendemain de la Seconde Guerre mondiale, se trouvant à Marseille. Comme pour les autres, Le Corbusier voulait faire de celle de Berlin l'équivalent d'une ville

La Le Corbusier Haus, construite pour l'exposition de 1957

Intérieur de la St-Nikolai-Kirche de Spandau

Spandau ❸

Zitadelle Spandau Am Juliusturm.
Tél. *354 94 40.* 🅄 *Zitadelle.*
⬜ *t.l.j. 10h-17h.* 📷

Relativement épargné par les bombardements alliés de la Seconde Guerre mondiale, Spandau a gardé son cachet historique. Ce bourg, né sur un site au confluent de la Havel et de la Spree, où des Slaves s'installèrent dès le VIIIe siècle, a une riche histoire. Il reçut sa charte municipale en 1232, et resta indépendant jusqu'en 1920 et son intégration au Grand Berlin.

Au cœur du quartier ancien, quelques maisons à colombages bordent toujours les ruelles médiévales qui entourent une pittoresque place de marché. Au nord subsistent des pans de l'enceinte fortifiée qui protégeait la cité au XVe siècle. Datant du XVe siècle, la St-Nikolai-Kirche domine la Reformationsplatz, C'est là que l'électeur Joachim II se convertit à la foi protestante en 1639. De style gothique, l'église abrite des fonts baptismaux (1398), un bel autel Renaissance en pierre de 1592 et une chaire baroque (v. 1700) qui provient d'un palais royal de Potsdam.

Aigle héraldique prussien

La **Zitadelle Spandau** occupe l'emplacement d'un château des margraves ascaniens *(p. 17),* dont n'a survécu que la Juliusturm, tour massive haute de 36 m bâtie au XIIe siècle. La construction de la citadelle commença en 1560 d'après des plans du Vénitien Francesco Chiaramella da Gandino, mais elle dura plus de trente ans, et c'est Rochus Guerrini, comte de Lynar, qui dirigea la majeure partie des travaux.

La prison militaire où Rudolf Hess, l'adjoint de Hitler, resta enfermé jusqu'à son suicide en 1987 a laissé place à un centre commercial.

Armoiries des Hohenzollern au fronton de l'entrée principale de la citadelle

---

ZITADELLE SPANDAU

La citadelle de Spandau servit dès l'origine de chambre forte puisque les premiers margraves du Brandebourg gardaient leur trésor dans la Juliusturm. Le chancelier Otto von Bismarck les imita en y déposant, en 1874, l'or du Reichkriegsschatz, les indemnités de guerre versées par la France. Jusqu'en 1876, la citadelle abrita également une prison. Elle renferme désormais des musées consacrés à l'histoire locale. Le sommet de la tour offre un large panorama.

LÉGENDE

Bastion Kronprinz ①
Bastion
  Brandenburg ②
Palais ③
Entrée principale ④

Bastion König ⑤
Bastion Königin ⑥
Juliusturm ⑦
Ravelin
  Schweinekopf ⑧

Le nord de Berlin

Au nord du Tiergarten subsiste l'AEG-Turbinenhalle, dessinée par Peter Behrens, un édifice qui eut une grande influence sur l'architecture industrielle. Le site de la prison nazie de Plötzensee abrite un mémorial. En continuant au-delà de l'aéroport, les alentours du lac de Tegel renferment un beau château remanié par Schinkel, une pittoresque villa néobaroque et un quartier résidentiel hors du commun aménagé en 1987. Ces dernières visites peuvent être liées à une croisière sur la Havel et la découverte de Spandau.

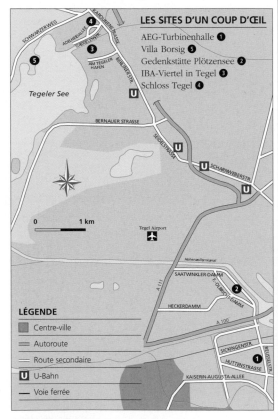

LES SITES D'UN COUP D'ŒIL

AEG-Turbinenhalle ❶
Villa Borsig ❺
Gedenkstätte Plötzensee ❷
IBA-Viertel in Tegel ❸
Schloss Tegel ❹

Tegeler See

BERNAUER STRASSE

SEIDELSTRASSE

SCHARNWEBERSTR.

0 1 km

Tegel Airport

Hohenzollernkanal

SAATWINKLER DAMM

HECKERDAMM

A 100

SICKINGENSTR.

HUTTENSTRASSE

KAISERIN-AUGUSTA-ALLEE

LÉGENDE

■ Centre-ville
═ Autoroute
─ Route secondaire
Ⓤ U-Bahn
─ Voie ferrée

AEG-Turbinen-halle ❶

Huttenstrasse 12-16.
Ⓤ *Turmstrasse, puis* 🚌 *227.*

Peu de bâtiments modernes du début du xxe siècle sont autant donnés en exemple que celui-ci. Commandé par AEG, la Compagnie générale d'électricité, et achevé en 1909 d'après des plans de Peter Behrens et Karl Bernhardt, il fait partie des premières constructions dépourvues de tout élément, décoratif ou non, faisant référence à un style architectural antérieur.

Ses concepteurs ont pris pour parti de ne pas tenter de déguiser ses matériaux de construction : béton, fer et verre. Agrandi en 1939, l'immense hangar borde sur 123 m la Berlichingenstrasse. Ses hautes fenêtres s'inclinaient vers l'intérieur.

Gedenkstätte Plötzensee ❷

LE MÉMORIAL DE PLÖTZENSEE

Hüttigpfad. ***Tél.*** *344 32 26.*
Ⓢ *Beuselstr., puis* 🚌 *123.*
🚪 *mars-oct. : 9h-17h ; nov.-fév. : 9h-16h.*

Depuis le Saatwinkler Damm, une petite rue conduit au site de la prison de Plötzensee, où les nazis pendirent près de 2 500 personnes accusées de crime contre le IIIe Reich. À l'exception des chefs du complot, exécutés dans la cour du Bendlerblock *(p. 127)*, c'est ici que périrent les conjurés qui tentèrent d'assassiner Hitler le 22 juin 1944. Le comte Helmut James von Moltke fut aussi éxécuté à Plötzensee. Il animait un des mouvements de la résistance allemande : le Kreisauer Kreis (cercle Kreisauer) qui, entre autres, fournit des renseignements aux Alliés. Les crochets conservés dans le mémorial rappellent la vocation sinistre du lieu.

Mémorial aux victimes des nazis exécutées à Plötzensee

IBA-Viertel in Tegel ❸

Karolinenstrasse et Am Tegeler Hafen. Ⓤ *Alt Tegel.*

D'une superficie de 4 km², le lac de Tegel est, au sein d'une région boisée, un but d'excursion apprécié des

L'élégante façade néoclassique du Schloss Tegel

Berlinois. Depuis la Berliner Strasse, une rue piétonnière, l'Alt-Tegel, conduit à la Greenwichpromenade et à l'embarcadère d'où partent les vedettes proposant des croisières.

Le quartier situé au sud du port de Tegel est un lotissement aménagé lors de l'Exposition internationale d'architecture de 1987 (IBA 87). Il ravira les amateurs d'architecture contemporaine, en particulier post-moderne. Plus de 30 architectes ont participé au projet sous la direction de Charles Moore, John Ruble et Buzz Yudell, et les bâtiments possèdent tous leur propre caractère. Par exemple, la maison du n° 8 Am Tegeler Hafen, œuvre de Stanley Tigerman, évoque un style traditionnellement associé aux villes de la Hanse, tandis que celle du n° 10, dessinée par Paolo Portoghesi, semble avoir été brisée en deux. Partie intégrante du projet, la Humboldt-Bibliothek joue de thèmes néoclassiques. Au nord de l'IBA-Viertel, le moderne Hotel Sorat incorpore la partie préservée d'un ancien moulin à vent.

Schloss Tegel ❹

Adelheidallee 19-21. **Tél.** 434 31 56.
Ⓤ *Alt Tegel* 124, 133, 222.
⬤ *pour rénovation. Appeler pour confirmer.*

Ce petit palais, l'un des plus intéressants de Berlin, tire ses origines d'un manoir bâti au XVIe siècle et transformé au siècle suivant en pavillon de

chasse à la demande de l'électeur Frédéric-Guillaume. La famille Humboldt acquit le domaine en 1766 et commanda à Karl Friedrich Schinkel un remaniement entrepris entre 1820 et 1824. L'architecte agrandit la demeure en la dotant de quatre tours d'angle, ornées au dernier étage de bas-reliefs par Christian Daniel Rauch. Ils représentent les divinités antiques du Vent. Schinkel conçut aussi la gracieuse décoration intérieure qui compose un cadre parfaitement adapté à une collection d'antiquités aujourd'hui principalement constituée de copies.

Le Schloss Tegel reste la propriété de la famille Humboldt, et on ne peut le découvrir que lors des visites guidées organisées le lundi. Un parc agréable l'entoure. Une allée de tilleuls conduit à

l'ouest au tombeau familial dessiné lui aussi par Schinkel. La sculpture qui le décore par Bertel Thorwaldsen est une réplique. L'original se trouve dans le château.

Villa Borsig ❺

Reiherwerder. Ⓤ *Alt Tegel.*
124, 133, 222, 224, *puis 15 minutes à pied.*

Cette villa bâtie sur une péninsule du Tegeler See possède un air de famille avec le Schloss Sanssouci de Potsdam, mais elle est de construction beaucoup plus récente. Alfred Salinger et Eugen Schmohl l'édifièrent entre 1911 et 1913 pour les Borsig, dynastie industrielle berlinoise connue dans le monde entier pour ses locomotives et ses machines à vapeur. Elle présente un visage particulièrement pittoresque vue du lac depuis un bateau de promenade.

Façade de la Villa Borsig donnant sur le jardin

KARL FRIEDRICH SCHINKEL (1781-1841)

Diplômé de la Bauakademie de Berlin, Karl Friedrich Schinkel compléta ses études d'architecture par un séjour de deux ans en Italie. Il remplit de nombreuses commandes de l'État prussien, à Berlin et à Potsdam, tout en travaillant pour des particuliers. Les palais, édifices publics et églises qu'il construisit se comptent par dizaines, et beaucoup existent toujours. Surtout connu pour ses réalisations néoclassiques, Schinkel fut pourtant l'un des premiers, en Europe, à se tourner vers le néogothique. Cet attrait pour le Moyen Âge influença notamment sa peinture, comme le montrent les tableaux exposés au Neuer Pavillon du Schloss Charlottenburg (p. 162-163). Schinkel créa également des décors d'opéra, entre autres pour le Staatsoper Unter den Linden.

L'escalier en terrasses du Schloss Sanssouci ▷

LES ENVIRONS DE BERLIN

POTSDAM

Commune autonome située à la périphérie de Berlin, Potsdam est la capitale du Brandebourg et possède une population de près de 140 000 habitants. Mentionnée dès 993, la ville se développa à partir du XVIIe siècle quand le Grand Électeur y établit une résidence princière. Elle souffrit beaucoup de la Seconde Guerre mondiale, en particulier des bombardements du centre historique qui eurent lieu dans les nuits du 14 et du 15 avril 1945. Aujourd'hui restaurée, elle

Sculpture du Park Sanssouci

séduit chaque année des milliers de visiteurs attirés par le quartier ancien dominé par la Nikolaikirche, les châteaux rococo édifiés par Frédéric II dans le Park Sanssouci et plusieurs autres demeures des Hohenzollern comme le Marmorpalais néoclassique du Neuer Garten ou le Schloss Cecilienhof de style anglais. Mais Potsdam a davantage encore à offrir : des datchas, un quartier hollandais, les plus vastes studios de cinéma d'Europe et le parc de Babelsberg *(p. 210-211)*.

LES SITES D'UN COUP D'ŒIL

Bâtiments historiques
Altes Rathaus ㉑
Bildergalerie ⑪
Chinesisches Teehaus ⑥
Communs ③
Historische Mühle ⑫
Marmorpalais ⑯
Neue Kammern ⑨
Neues Palais p. 194-195 ①
Orangerie ⑦
Römische Bäder ⑤
Schloss Cecilienhof ⑮
Schloss Charlottenhof ④

Schloss Sanssouci p. 200-201 ⑩
Wasserwerk Sanssouci ㉔

Quartiers historiques
Alexandrowka ⑬
Holländisches Viertel ⑰

Églises
Französische Kirche ⑲
Friedenskirche ⑧
Nikolaikirche ⑳
Peter und Paul Kirche ⑱

Parcs et parcs à thème
Filmpark Babelsberg ㉖
Neuer Garten ⑭
Park Sanssouci ②
Telegrafenberg ㉕

Musées
Marstall (Filmmuseum) ㉒
Potsdam-Museum ㉓

LÉGENDE

Plan pas à pas *p. 192-193*

Gare ferroviaire

Ⓢ Station de S-Bahn

0   750 m

COMMENT Y ALLER
La ligne 7 de S-Bahn relie Berlin à Potsdam. De la gare, le bus 606 conduit au Neues Palais et les trams 94, 96 et X98 mènent au centre-ville. Le bus 695 circule entre le Park Sanssouci et le Neuer Garten.

◁ **Galerie du cloître de la Friedenskirche**

Le Park Sanssouci pas à pas

Urne fleurie du Park Sanssouci

Ce vaste espace paysagé de 287 ha, l'un des plus beaux domaines royaux d'Europe, a pour origine un verger où Frédéric le Grand fit construire à partir de 1747 une splendide demeure rococo : le Schloss Sanssouci. Il commanda quelques années plus tard l'imposant Neues Palais, puis ses successeurs continuèrent à agrandir le parc et à y bâtir de nombreux édifices d'agrément. Le résultat est d'une grande variété et riche en surprises. Mieux vaut s'accorder au moins une journée entière pour en profiter.

Communs
Les quartiers des serviteurs du Neues Palais sont d'une élégance rare pour ce genre de bâtiment ❸

★ **Neues Palais**
La construction du majestueux Nouveau Palais rococo dura de 1763 à 1769 ❶

Römische Bäder
Attenants à un pastiche de villa Renaissance, ces bains avaient une fonction décorative ❺

0   200 m

À NE PAS MANQUER

★ Neues Palais

★ Schloss Sanssouci

Schloss Charlottenhof
Ce palais néoclassique doit son nom à Charlotte von Gentzkow, l'ancienne propriétaire du terrain où il se dresse ❹

Park Sanssouci
Ce vaste parc est composé de plusieurs jardins de styles différents, dont le Botanischer Garten (jardin botanique) près de l'Orangerie ❷

Orangerie
La plus grande demeure du parc, destinée aux hôtes étrangers, évoque la Renaissance, mais date du milieu du XIXe siècle ❼

Neue Kammern
Remaniée, l'ancienne Orangerie rococo du Schloss Sanssouci servit à l'accueil des invités ❾

★ Schloss Sanssouci
Sur un site choisi par Frédéric II pour sa vue, le premier palais bâti dans le parc domine six terrasses plantées de vigne ❿

Bildergalerie
La galerie de tableaux, achevée en 1764, fut le premier édifice d'Allemagne conçu pour abriter un musée ⓫

Chinesisches Teehaus
La ravissante maison de thé chinoise abrite une collection de porcelaines du XVIIIe siècle ❻

Friedenskirche
L'église de la Paix est inspirée de la basilique San Clemente de Rome ❽

Neues Palais ●

À la demande de Frédéric le Grand, Georg Wenzeslaus von Knobelsdorff dessina en 1750 les plans initiaux de l'imposant Nouveau Palais qui domine l'allée principale du Park Sanssouci. Toutefois la construction ne commença qu'en 1763, après la guerre de Sept Ans *(p. 21)*, sous la direction de Johann Gottfried Büring, Jean Laurent Le Geay et Carl von Gontard. Le résultat devait montrer au monde que le conflit n'avait pas ruiné la Prusse, et des centaines de sculptures ornent la vaste demeure royale qui comptait plus de 200 pièces richement décorées. Guillaume II l'appréciait beaucoup et y fit installer l'électricité.

Cabinet du bureau

Le Schlosstheater, achevé en 1768, est de J. C. Hoppenhaupt.

Façade
Deux guérites en pierre encadrent le portail d'entrée qui précède la façade principale du Neues Palais, qui fait face à l'ouest.

Bureau
Cette pièce au décor très rococo fait partie des appartements privés de Frédéric le Grand.

Galerie supérieure
Parquet en marqueterie et peintures italiennes créent une atmosphère raffinée.

À NE PAS MANQUER

★ Grottensaal

★ Marmorsaal

Statues du dôme
*Au sommet du dôme,
trois nymphes portent
la couronne de Prusse.*

Les bas-reliefs
du fronton
s'inspirent de la
mythologie et
représentent,
entre autres,
Minerve, les
Muses et Pégase.

MODE D'EMPLOI

Am Neuen Palais.
Tél. *(0331) 96 94 198/199.*
605, 606, 695. avr.-oct. :
mer.-lun. 10h-17h ; nov.-mars :
sam.-jeu. 10h-16h.
obligatoire. **www**.spsg.de

★ **Marmorsaal**
*Cette grande salle de bal
doit son nom au marbre
qui pare le sol et les
murs. Une belle fresque
orne le plafond.
L'orchestre s'installait
sur la tribune.*

Entrée principale

Commode
*La Chambre rouge des
appartements du duc abrite
ce meuble rococo fabriqué
par J. F. Spindler vers 1765.*

Le vestibule supérieur
*Carl von Gontard donna à cette
salle élégante ses murs parés de
marbre de Silésie et son plafond
où trônent Vénus et les Grâces.*

★ **Grottensaal**
*Des coquillages, du
corail, des pierres
semi-précieuses et
des stalactites
artificielles
composent un
décor marin dans
la salle de la
Grotte.*

Park Sanssouci ❷

Schopenhauerstrasse/ Zur Historischen Mühle. 🚌 *612, 614, 695.*

Aménagé de manière à mettre en valeur les palais et les édifices pittoresques qu'il renferme, le parc Sanssouci occupe une superficie de 287 ha. Ses créateurs l'ont paré de nombreuses sculptures, de monuments inspirés de l'Antiquité et de curiosités comme la grotte de Neptune. Ils s'offrent à la découverte au détour d'un sentier ou s'inscrivent dans d'harmonieuses perspectives, rendant la promenade particulièrement plaisante.

Le parc a pour origine un verger dont la vigne plantée sur les terrasses du Schloss Sanssouci *(p. 200-201)* entretient le souvenir. Il se compose de plusieurs jardins de styles variés, créés à des époques différentes et qui ont conservé ou retrouvé leur personnalité initiale.

La partie la plus ancienne s'étend au pied du château de Sanssouci. Agrémentée de fontaines, elle comprend le Jardin hollandais et le Lustgarten (jardin d'agrément) à la française. Œuvre de

Ludwig Persius, le Marlygarten qui entoure la Friedenskirche date du milieu du XIXe siècle.

Dans la partie orientale du parc, Peter Josef Lenné (1789-1866) transforma une réserve de chasse en « jardin du Chevreuil », l'élégant Rehgarten de style anglais qui s'étend jusqu'au Neues Palais. Il dessina le parc qui entoure le petit château néoclassique de Charlottenhof. Au nord, près de l'Orangerie, se trouvent le Nordischer Garten (Jardin nordique) et le Paradiesgarten (jardin du Paradis).

Communs ❸

Am Neuen Palais. 🚌 *606, 695.*

Carl von Gontard édifia entre 1766 et 1769, d'après des plans de Jean Laurent Le Geay, ces pavillons de deux étages attachés au Neues Palais. Le bâtiment nord abritait les logements des domestiques, celui du sud les cuisines. Avec la colonnade en hémicycle qui les relie et ferme une jolie cour, ils possèdent une élégance inhabituelle pour ce genre de dépendance, mais ils servaient aussi à cacher aux

Façade rococo des Communs du Neues Palais

hôtes du palais des champs cultivés situés en bordure du parc. Un passage souterrain permettait de relier la cuisine à la demeure royale.

Les Communs renferment aujourd'hui les bureaux du recteur de l'université de Potsdam.

Schloss Charlottenhof ❹

CHÂTEAU DE CHARLOTTENHOF

Geschwister-Scholl-Strasse (Park Charlottenhof). ***Tél.** (0331) 969 42 28.* 🚌 *605, 606, 610.* 🚊 *91, 94, 96.* 🔲 *mai-oct. : mar.-dim. 10h-17h.*

Sur un domaine portant le nom de sa propriétaire antérieure, le prince héritier, le futur Frédéric-Guillaume IV, commanda à Friedrich Schinkel un petit palais néoclassique, dans le style d'une villa romaine. La construction de cette résidence d'été s'acheva en 1829. Peter Josef Lenné aménagea le jardin.

À l'arrière de la demeure, un portique dorique s'ouvre sur une terrasse au bord d'un bassin. L'intérieur a conservé certaines des peintures murales inspirées de Pompéi que lui donna Schinkel. L'architecte dessina aussi une partie du mobilier. Destinée aux dames d'honneur de la princesse, la pièce la plus intéressante, la chambre Humboldt, est aussi appelée chambre de la Tente à cause de ses rayures blanches et bleues.

Une des nombreuses sculptures du Park Sanssouci

Römische Bäder ❺

BAINS ROMAINS

Lenné-Strasse (Park Charlottenhof).
Tél. *(0331) 969 42 25.* 🚌 *605, 606.*
🚃 *94, 96.* ⭕ *mai-oct. mar.-dim.*
10h-18h.

Bâti entre 1829 et 1840 par Karl Friedrich Schinkel et Ludwig Persius, ce groupe de pavillons situé au bord d'un lac servait au logement des invités du roi. Inspirée d'une villa de la Renaissance italienne et flanquée d'une tour basse asymétrique, l'ancienne maison du jardinier de la cour *(Hofgärtnerhaus)* offre depuis sa terrasse une belle vue du Schloss Charlottenhof. Pastiche raffiné de thermes antiques, les bains n'avaient d'autre fonction que d'offrir une retraite pittoresque et romantique. Ils accueillent désormais des expositions temporaires.

Les bâtiments entourent un jardin intérieur aux plantations multicolores. En regardant de plus près, on s'aperçoit qu'il s'agit souvent de légumes.

Fontaine des Römische Bäder

Chinesisches Teehaus ❻

MAISON DE THÉ CHINOISE

Ökonomieweg (Rehgarten).
Tél. *(0331) 969 42 25.* 🚌 *606.*
🚃 *94, 96.* ⭕ *mai-oct. : mar.-dim.*
10h-18h.

Ce pavillon, dont on voit scintiller de loin le mandarin doré perché sur la toiture, est caractéristique des

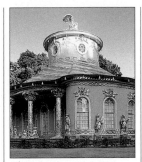

La Chinesisches Teehaus abrite une collection de porcelaines

chinoiseries dont s'enticha l'Europe pendant la période rococo, qu'il s'agisse de soieries, de meubles, de tentures murales, de vaisselle ou de folies construites pour agrémenter les jardins.

Bâtie entre 1754 et 1756 par Johann Gottfried Büring pour servir de maison de thé et de salle à manger d'été, la Chinesisches Teehaus possède une salle centrale circulaire qu'entourent trois cabinets séparés par de jolis portiques en trompe-l'œil. Elle abrite aujourd'hui une collection de porcelaines du XVIIIe siècle.

Des statues dorées de personnages grandeur nature ornent l'extérieur. À l'entrée, les groupes mis en situation au pied des colonnes en forme de palmier ont un aspect étrangement vivant.

Orangerie ❼

Maulbeerallee (Nordischer Garten).
Tél. *(0331) 96 94 280.* 🚌 *695.*
⭕ *avr. : sam., dim. et vac. 10h-18h ;*
mai-oct. : mar.-dim. 10h-18h.
Terrasse panoramique *avr. : sam.,*
dim. et vac ; mai-oct. :
mar.-dim. 10h-18h.

Frédéric-Guillaume IV participa personnellement à la conception de cette vaste demeure inspirée des villas Renaissance de Rome. Friedrich August Stüler l'édifia entre 1851 et 1860 sur une hauteur dominant le parc. Il suivit, en partie, des plans de Ludwig Persius.

Malgré son nom, l'Orangerie ne servait pas de serre, mais abritait les somptueux appartements de

Charlotte, sœur du roi de Prusse, et de son époux le tsar Nicolas Ier. Les pièces s'organisent autour de la Raffaelsaal qui renferme 47 copies de peintures de Raphaël datant du XIXe siècle. La terrasse panoramique de la tour offre une vue qui porte jusqu'à Potsdam.

Friedenskirche ❽

ÉGLISE DE LA PAIX

Allee nach Sanssouci (Marlygarten).
Tél. *(0331) 97 4009.* 🚌 *695.* 🚃 *91,*
94. ⭕ *mai-oct. : t.l.j. 10h-18h ; nov.-*
avr. : sam. 11h-16h, dim. 11h30-16h.

Cette église, commandée pour le 100e anniversaire de Sanssouci, fut conçue par Ludwig Persius, Friedrich August Stüler et Ludwig Hesse, qui s'inspirèrent de la basilique San Clemente de Rome. Frédéric-Guillaume IV posa la première pierre en 1845 et les travaux s'achevèrent en 1848.

À l'intérieur, une mosaïque byzantine du XIIe siècle orne la voûte de l'abside. Elle provient de l'église San Cipriano située sur l'île de Murano.

La Friedenskirche se mire dans un étang et son clocher domine au bord de l'eau un atrium entouré d'une colonnade et un mausolée qui contient les tombeaux de Frédéric-Guillaume Ier, de Frédéric-Guillaume IV et de l'empereur Frédéric III.

L'Orangerie s'inspire des villas romaines de la Renaissance

Neue Kammern

NOUVELLES CHAMBRES

Zur Historischen Mühle (Lustgarten). **Tél.** (0331) 969 42 06. 612, 614, 695, X15. avr. : sam., dim. 10h-18h ; mai-oct. : mar.-dim.10h-18h.

Cette ancienne orangerie, bâtie en 1747 par Georg Wenzeslaus von Knobelsdorff, fait pendant à la Bildergalerie. En 1777, à la demande de Frédéric II, Georg Christian Unger la convertit en appartements pour les invités de la cour, mais toucha peu à son élégant extérieur baroque. Le roi choisit personnellement les vues de Potsdam qui ornent les chambres.

Les suites ont conservé leur décoration rococo, cadre idéal à l'exposition d'une collection de figurines en porcelaine de Meissen. Quatre salles permettaient aux hôtes de se retrouver. La plus belle, l'Ovidsaal au sol dallé de marbre, possède des boiseries dorées illustrant les *Métamorphoses* d'Ovide.

Schloss Sanssouci ❿

CHÂTEAU DE SANSSOUCI

Voir p. 200-201.

Détail du *Thomas doutant* du Caravage à la Bildergalerie

Bildergalerie ⓫

Zur Historischen Mühle. **Tél.** (0331) 969 42 02. 695. mai-oct. : mar.-dim. 10h-18h.

Frédéric II commanda ce bâtiment, édifié entre 1755 et 1764 par Johann Gottfried Büring, afin d'y installer sa collection de peintures. La façade qui donne sur le jardin porte une scène allégorique où figurent l'Art, l'Éducation et les Métiers. Les bustes d'artistes réputés décorent les fenêtres.

Bien qu'une partie de la collection se trouve désormais à la Gemäldegalerie (*p. 122-125*), la galerie abrite toujours plus de 100 tableaux de maîtres italiens, flamands et hollandais, dont Rubens et Van Dyck. Parmi ses fleurons figurent un *Thomas doutant* du Caravage et *La Mort de Cléopâtre* de Guido Reni.

Historische Mühle ⓬

MOULIN HISTORIQUE

Mauelbeerallee 5. **Tél.** (0331) 55 06 851. 695. avr.-oct. : t.l.j. 10h-18h ; nov., janv.-mars : sam. et dim. 10h-16h.

Selon la légende, le moulin installé ici depuis le début du XVIIIe siècle faisait un tel bruit que Frédéric II décida qu'il devait s'arrêter. Toutefois, son propriétaire ne céda ni aux promesses ni aux pressions et l'affaire finit au tribunal. La cour donna raison au meunier et le roi s'inclina devant la justice. En 1790, ce premier moulin céda la place à un nouveau qui ne changea pas d'aspect jusqu'en 1945. Celui d'aujourd'hui est une reconstruction de 1993.

Alexandrowka ⓭

COLONIE RUSSE

ALEXANDROWKA

Russische Kolonie Allee/ Puschkinallee. 92, 96. 604, 609, 692, 697.

Des milliers de kilomètres pourraient séparer ce lotissement résidentiel du Park

Datcha sculptée de la colonie russe Alexandrowka

Sanssouci, tant ses maisons en rondins ornées de sculptures sur bois paraissent appartenir au monde de Pouchkine plutôt qu'à celui de Frédéric le Grand. Bien qu'elles semblent sorties tout droit de la steppe russe, c'est un architecte militaire allemand, le capitaine Snethlage, qui dirigea leur construction en 1826.

Frédéric-Guillaume III commanda ce domaine pour loger les chanteurs d'un chœur russe, fondé en 1812 pour distraire la troupe. Ses membres avaient été recrutés parmi plus de 500 prisonniers russes qui avaient combattu aux côtés de Napoléon. Au retour de la paix en 1815, après la bataille de Waterloo, le tsar Nicolas Ier les laissa à son allié le roi de Prusse.

Peter Joseph Lenné donna sa disposition générale au domaine, en prenant pour forme de base une croix de saint André inscrite dans un ovale. Les douze datchas de la colonie russe restent pour certaines la propriété des descendants des chanteurs du chœur. Un treizième bâtiment abrite un petit musée. Il s'agit de l'ancien presbytère de l'église orthodoxe Alexandre-Nevski (1829) qui s'élève au nord sur le Kapellenberg.

Orange cultivée au Marmorpalais du Neuer Garten

Neuer Garten ⓮
NOUVEAU JARDIN

Am Neuen Garten. 🚌 692.

Ce parc, d'une superficie de 74 ha, s'étend le long du Heiliger See à l'emplacement d'anciens vignobles. Johann August Eyserbeck le Jeune l'aménagea à l'anglaise entre 1787 et 1791 à la demande de Frédéric-Guillaume II. Un remaniement par Peter Joseph

Le Schloss Cecilienhof où résida la famille des Hohenzollern

Lenné lui donna en 1816 son aspect actuel. Il renferme de nombreux édifices de tailles et de styles variés : des résidences de la famille royale comme le charmant Marmorpalais qui se mire dans le lac, et le Schloss Cecilienhof bâti pendant la Première Guerre mondiale, mais aussi des maisons de jardiniers, une glacière en forme de pyramide et une bibliothèque.

Schloss Cecilienhof ⓯

Am Neuen Garten. **Tél.** (0331) 969 42 00. 🚌 692. ⬜ avr.-oct. : mar.-dim. 10h-18h ; nov.-mars : mar.-dim. 10h-17h.

Construite entre 1914 et 1917 d'après des plans de Paul Schultze-Naumburg, la plus récente des demeures royales allemandes a l'aspect d'un manoir rural anglais avec ses colombages en arête de poisson, même si des reliefs baroques ornent le portail conduisant aux cours intérieures. Destiné au prince héritier Frédéric-Guillaume et à son épouse, la princesse Cécile, le château de Cecilienhof compte plus de 100 pièces ; et il devint la résidence des Hohenzollern après l'abdication de Guillaume II en 1918. La famille habita Potsdam jusqu'en février 1945.

Mais le bâtiment est entré dans l'Histoire pour une autre raison : c'est là qu'eut lieu en juillet 1945 la conférence de Potsdam. La partie ouverte à la visite permet de découvrir les salles où travaillèrent les délégations russe, anglaise et américaine.

LA CONFÉRENCE DE POTSDAM

Le 17 juillet 1945, les chefs de gouvernement du Royaume-Uni (Winston Churchill, puis Clement Attlee), des États-Unis (Harry Truman) et de l'Union soviétique (Joseph Staline) se réunirent au Schloss Cecilienhof pour confirmer les décisions prises cinq mois plus tôt à Yalta, afin de résoudre les problèmes qui se posaient à la fin de la Seconde Guerre mondiale. Les Alliés réussirent à s'entendre sur l'interdiction du parti nazi, le contrôle du réarmement de l'Allemagne, la question des réparations et le jugement des criminels de guerre. Ils fixèrent aussi la frontière germano-polonaise à la ligne Oder-Neisse, rendant la Silésie à la Pologne. Les traités laissaient toutefois de nombreuses zones d'ombre. Elles furent des sources potentielles de conflits pendant la guerre froide.

Attlee, Truman et Staline au Cecilienhof

Schloss Sanssouci ❿

Le nom que le francophile Frédéric le Grand donna
à son château de Sanssouci indique bien la place
qu'il comptait y réserver aux plaisirs malgré la
charge de l'État. Il dessina lui-même les plans
de ce charmant palais rococo et confia
la construction à Georg Wenzeslaus von
Knobelsdorff. L'architecte conçut aussi
la splendide décoration intérieure en
collaboration avec Johann August Nahl. Le
roi adora cette demeure où il faisait donner
des concerts de flûte dans la Konzertzimmer
et soupait dans la Marmorsaal en compagnie
de philosophes tels que Voltaire.

Bacchantes
*Les Bacchantes
et les satyres
qui animent les
pilastres de la
façade sont
de Friedrich
Christian Glume.*

La colonnade
encadre la vue
du Ruinenberg.

Les ailes
datent de
1841 et 1842.

Chambre de Voltaire
*Cette pièce de la
Damenflügel (aile des
Dames), au décor plein de
fraîcheur, abrite un buste
du philosophe.*

Dôme
*Des sculptures baroques ornent
le dôme oxydé qui couvre la
Marmorsaal.*

À NE PAS MANQUER

★ *Fêtes galantes*
  D'Antoine Watteau

★ Konzertzimmer

Marmorsaal
*Les colonnes en marbre
de Carrare qui
l'entourent reflètent les
desiderata de Frédéric II.
Il voulait que la salle de
Marbre où il donnait ses
« soupers philosophiques »
rappelât le Panthéon
de Rome.*

Pergola
*Des tonnelles
ornées de
motifs solaires
agrémentent
les terrasses.*

MODE D'EMPLOI

Park Sanssouci.
Tél. *(0331) 96 94 198/199.*
612, 614, 650, 695. 91,
94, X98. avr.-oct. : mar.-dim.
9h-17h ; nov. et janv.-mars :
mar.-dim. 9h-16h.
Damenflügel *mai-oct. :
sam-dim. 10h-18h.*
obligatoire. **www.spsg.de**

★ **Les Fêtes galantes** (v. 1715)
*Frédéric II était un fervent admirateur
du peintre français Antoine Watteau
dont il acheta plusieurs tableaux.*

Urne de Weimar
(1785)
*Cette porcelaine
néoclassique
fabriquée à la KPM
(p. 133) est une copie
de l'urne originale
offerte à la duchesse
de Weimar.*

Bibliothèque
*Ses boiseries de
cèdre donnent
une atmosphère
chaleureuse à la
bibliothèque de
Frédéric II. Elle
contient environ
2 100 volumes.*

★ **Konzertzimmer**
*Antoine Pesne s'inspira des
Métamorphoses d'Ovide pour les
peintures de ce salon rococo.*

Marmorpalais
PALAIS DE MARBRE

Am Ufer des Heiligen Sees (Neuer Garten). *Tél.* (0331) 969 45 50. 🚌 692, 695. 🕐 mai-oct. : mar.-dim 10h-18h ; nov-avr. : sam.-dim. et vac. 10h-16h.

Résidence d'été commandée par Frédéric-Guillaume II, le palais de Marbre qui borde le Heiliger See du Neuer Garten *(p. 199)* doit son nom aux éléments ornementaux qui animent sa façade en brique.
 Achevée en 1791 par Carl von Gontard, la partie centrale est un des premiers exemples d'architecture néoclassique à Berlin. Carl Gotthard Langhans en assura la décoration intérieure.
 La demeure abritait de petites pièces disposées autour d'un escalier central et elle se révéla rapidement de dimensions trop modestes. L'ajout de deux ailes à colonnade lui donna en 1797 le caractère d'une villa palladienne.
 Le principal corps de bâtiment contient des meubles datant de la fin du XVIIIe siècle, dont certains furent fabriqués dans les ateliers de Roentgen. Certaines des porcelaines proviennent de la célèbre fabrique anglaise de Wedgwood. L'aménagement intérieur des ailes est plus récent puisque Ludwig Persius le dessina en 1845. La salle de musique de l'aile droite est particulièrement réussie.

Façade rehaussée de marbre du Marmorpalais

Maisons de style hollandais du Holländisches Viertel

Holländisches Viertel
QUARTIER HOLLANDAIS

Friedrich-Ebert-/Kurfürsten-/Hebbel-/Gutenbergstr. 🚌 604, 638, 639, 692, 695. 🚊 92, 93, 94, 96, 99.

Ce quartier au cachet aussi original que celui de la colonie russe d'Alexandrowka *(p. 198-199)* connaît un grand succès auprès des visiteurs, et des boutiques, des cafés et des bars à bière bordent la Mittelstrasse, l'une des rues les plus pittoresques.
 Il n'a rien d'une fantaisie. C'est dans l'espoir d'accélérer le drainage des environs de Potsdam par des spécialistes des Pays-Bas que Frédéric-Guillaume Ier commanda à Johann Boumann l'Ancien la construction, entre 1733 et 1742, de 134 maisons à pignon réparties en quatre blocs. Elles ont gardé leur aspect caractéristique mais ont perdu leurs jardins, sacrifiés lors d'un élargissement de la rue.

Peter und Paul Kirche
ÉGLISE SAINT-PIERRE-ET-SAINT-PAUL

Bassinplatz. *Tél.* (0331) 230 79 90. 🚌 604, 606, 609, 612, 638. 🚊 90, 92, 93, 96, X98. 🕐 t.l.j. 10h-16h. ⛪ dim. 10h.

Construite à l'initiative de Frédéric-Guillaume IV, la première grande église catholique de Potsdam date de 1870. Wilhelm Salzenberg acheva les travaux entrepris

d'après des plans de Friedrich August Stüler. Le sanctuaire en forme de croix romane abrite des peintures d'Antoine Pesne. Son clocher est une copie du campanile de San Zeno Maggiore de Vérone.

Portique de la Französische Kirche, dessinée par Boumann

Französische Kirche
ÉGLISE FRANÇAISE

Bassinplatz. *Tél.* (0331) 29 12 19. 🚌 604, 606, 609, 612, 638. 🚊 90, 92, 93, 96, X98. 🕐 mars-oct. : t.l.j. 13h30-17h.

Les nombreux huguenots qui répondirent à l'invitation de s'installer en Prusse lancée en 1685 par le Grand Électeur, en réponse à l'abrogation de l'édit de Nantes par Louis XIV *(p. 21)* dépendirent, après leur arrivée, de l'hospitalité des églises existantes pour assister aux offices religieux. La communauté française de Potsdam ne disposa de son lieu de culte qu'en 1752.
 Johann Boumann l'Ancien donna à la Französisches Kirche une forme elliptique et un haut portique dont le fronton triangulaire tranche

sur la courbe du toit en coupole. Des allégories de la Foi et de la Connaissance décorent les niches latérales qui servent d'entrées au sanctuaire. L'intérieur est basé sur des dessins de Karl Friedrich Schinkel.

Nikolaikirche ⑳
ÉGLISE SAINT-NICOLAS

Am Alten Markt. **Tél.** *(0331) 270 86 02.* 🚌 *604, 605, 609, 610, 695.* 🚊 *91, 92, 93, 94, 96, 99, X98.* ⭘ *t.l.j. 10h-17h.*

Imposant monument de style néoclassique tardif, la plus belle église de Potsdam est une œuvre de Karl Friedrich Schinkel dessinée en 1830. Son élève Ludwig Persius en dirigea la construction. De plan carré, elle possède un presbytère en hémicycle.

Schinkel avait envisagé dès le début de doter l'édifice d'un dôme supporté par un tambour à colonnade, mais la commande de Frédéric-Guillaume III ne prévoyait pas un tel élément, et il ne fut ajouté qu'après la mort de l'architecte survenue en 1841. La coupole et son tambour devaient reposer à l'origine sur une structure en bois, mais Persius et Friedrich August Stüler utilisèrent finalement l'acier. Lors de ce remaniement (1843-1848), ils élevèrent aussi les quatre tours d'angles.

Le mobilier et la décoration intérieure remontent aux années 1850. Le sanctuaire garde néanmoins dans sa partie principale l'aspect que lui avait donné Schinkel.

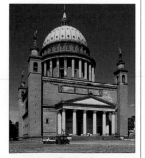

L'imposante Nikolaikirche sur l'Alter Markt

Sur l'Alter Markt, devant l'église, se dresse un obélisque dessiné par l'architecte prussien Georg Wenzeslaus von Knobelsdorff entre 1753 et 1755. Lors de sa restauration après la Seconde Guerre mondiale, les portraits de célèbres architectes ont remplacé les effigies de souverains prussiens.

Altes Rathaus ㉑
ANCIEN HÔTEL DE VILLE

Am Alten Markt. 🚌 *604, 609, 692, 694.* 🚊 *90, 92, 93, 96, X98.*

Édifié en 1753 par Johann Boumann l'Ancien, cet élégant bâtiment à colonnade qui domine le côté oriental de l'Alter Markt (place du Vieux-Marché) occupe l'emplacement d'un hôtel de ville antérieur. La façade porte au dernier étage les armoiries de la ville et des sculptures allégoriques. Au sommet de la petite tour, deux Atlas

Atlas de l'Altes Rathaus

dorés ploient sous le poids de globes terrestres. Un passage vitré relie l'Altes Rathaus à l'immeuble voisin : la Knobelsdorff-Haus, qui fut également bâti au milieu du XVIIIe siècle. Les deux édifices abritent un centre culturel qui comprend, entre autres, une salle d'exposition, un bar et une cave à vin.

De l'autre côté de l'Alter Markt s'élevait jadis le portail surmonté d'une tour qui ouvrait sur la cour du château royal de Potsdam. Construit en 1662 à l'initiative du Grand Électeur, ce bâtiment massif de deux étages possédait trois ailes et avait connu plusieurs agrandissements et modernisations. Frédéric II s'en servit pour loger des invités, et Voltaire y aurait habité quand il séjourna à la cour prussienne de 1750 à 1753.

Bombardé en 1945, le château resta en ruine pendant de nombreuses années. Le gouvernement de l'Allemagne de l'Est finit par décider de le démolir en 1960.

LES PORTES DE POTSDAM

En 1722, Frédéric-Guillaume Ier, le Roi-Sergent, enferma Potsdam dans un rempart. L'enceinte n'avait pas de fonction défensive : elle devait servir à tenir les criminels à l'écart et à empêcher les soldats de déserter. La muraille grandit avec la ville et entoura en 1733 de nouveaux quartiers. Des cinq portes qui la perçaient, trois ont survécu. La seule à avoir gardé son aspect initial, la Jägertor (porte des Chasseurs), date de 1733. La sculpture à son sommet montre un cerf aux prises avec des chiens. Œuvre de Johann Gottfried Bühring élevée en 1755, la Nauener Tor (porte de Nauen) est l'un des premiers exemples d'architecture néogothique hors de Grande-Bretagne. Le plus imposant de ces trois monuments, l'arc de triomphe de la Brandenburger Tor (porte de Brandebourg) néoclassique bâtie en 1770, commémore la victoire de la Prusse lors de la guerre de Sept Ans *(p. 21).* Ses architectes, von Gontard et Unger, l'ont couronné de plusieurs groupes sculptés où figurent des personnages héroïques et guerriers de la mythologie antique comme Hercule et Mars.

Nauener Tor   Jägertor   Brandenburger Tor

Façade baroque des anciennes écuries abritant le musée du Cinéma

Marstall (Filmmuseum) 22

Breite Str. 1A. **Tél.** (0331) 27 18 10. ◯ t.l.j. 10h-18h. 🖾 🚌 695.

Ce pavillon baroque est le seul bâtiment d'une ancienne résidence royale à avoir survécu. Il a pour origine une orangerie, construite en 1685 par Johann Nering et aménagée en écurie en 1714. Georg Wenzeslaus von Knobbelsdorff l'agrandit en 1746. Très endommagé pendant la Seconde Guerre mondiale, l'édifice fut transformé en musée du Cinéma après une importante restauration en 1977. La collection permanente illustre l'histoire des studios de Babelsberg, et comprend de vieux projecteurs, des caméras et des accessoires utilisés pour le tournage de certains des plus grands films allemands. Le Filmmuseum accueille également des expositions temporaires.

Potsdam-Museum 23

Benkert Strasse 8-12. **Tél.** (0331) 289 68 03. ◯ mar.-dim.10h-18h. 🖾 🚌 609, 692. 🚊 92, 96.

Ce musée consacré à l'histoire et à l'écologie de Potsdam et de ses environs illustre, entre autres, l'environnement du bassin de la Havel. Les documents historiques du bâtiment principal ne concernent que la période antérieure au XXe siècle, mais l'exposition se poursuit dans les Hiller-Brandt Häuser. Georg Christian Unger édifia

en 1769 ces deux copies de la Banqueting House (1622) du palais londonien de Whitehall.

Fenêtre ouvragée de la façade du Potsdam-Museum

Wasserwerk Sanssouci 24

Breite Strasse. **Tél.** (0331) 969 42 02. ◯ 15 mai-11 oct. : sam.-dim. 10h-18h. 🚌 605, 606. 🚊 91, 94, X98. 🖾

Pour alimenter les fontaines du Park Sanssouci, ce que Frédéric II n'avait pas réussi à faire, Frédéric-Guillaume IV commanda à la compagnie Borsig une pompe à vapeur, que Ludwig Persius dissimula en 1842 dans un bâtiment construit à l'image d'une mosquée. Sa coupole n'avait qu'une fonction strictement décorative, mais le minaret cache une cheminée. L'intérieur mérite une visite car il possède un décor aussi soigné que l'extérieur : carrelages polychromes et arcs trilobés offrent un curieux contraste avec la machinerie restée en place.

Telegrafenberg 25

Albert-Einstein-Strasse. Ⓢ Potsdam Hauptbahnhof. **Einsteinturm** 🛗 (0331) 29 17 41. ◯ sur r.-v. seul. 🖾 obligatoire.

Les édifices du Telegrafenberg intéresseront surtout les amateurs d'architecture moderne.

Un relais de télégraphe optique, sur la ligne servant aux communications entre Berlin et Koblenz, donna en 1832 son nom à la colline où plusieurs organismes d'enseignement s'établirent à la fin du XIXe siècle. L'Institut d'astrophysique en faisait partie. Ses bâtiments en brique jaune existent encore aujourd'hui.

Les rues qui serpentent sur le Telegrafenberg conduisent à une pittoresque clairière où la petite Einsteinturm (tour Einstein) apparaît au milieu des arbres qui l'entourent.

Construite entre 1920 et 1924 afin de permettre des observations du système solaire, destinées à vérifier la théorie de la relativité d'Albert Einstein, elle est considérée comme l'une des plus belles réussites de l'architecture expressionniste.

La forme élaborée que lui donna Erich Mendelsohn devait démontrer les possibilités offertes par le béton armé, mais des problèmes de coût imposèrent de finir la construction, au-dessus du premier étage, en briques.

La Wasserwerk Sanssouci, pastiche de mosquée

Filmpark Babelsberg ㉖

Pour les cinéphiles, le nom de Babelsberg évoque les studios de l'Universum-Film AG (UFA), qui produisirent à partir de 1917 certains des plus grands chefs-d'œuvre du muet, dont *Metropolis* de Fritz Lang *(p. 151)*. S'ils sont encore en activité aujourd'hui, une partie du complexe est toutefois devenue un parc à thème qui propose aux visiteurs de se promener parmi d'anciens décors, de voir la mise en scène des effets spéciaux et d'assister à des numéros de cascadeurs.

MODE D'EMPLOI

August-Bebel Strasse 26-53 (entrée par Grossbeeren Strasse). **Tél.** (0331) 721 27 50. 🚌 690, 696. Ⓢ Griebnitzsee. ⏱ avr.- oct. : t.l.j. 10h-18h. ● lun. 📷 www.filmpark-babelsberg.de

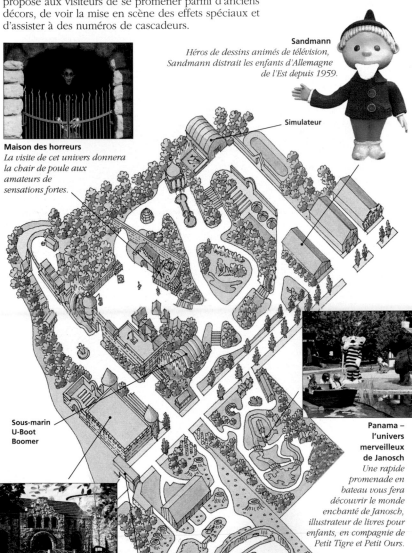

Sandmann
Héros de dessins animés de télévision, Sandmann distrait les enfants d'Allemagne de l'Est depuis 1959.

Simulateur

Maison des horreurs
La visite de cet univers donnera la chair de poule aux amateurs de sensations fortes.

**Sous-marin
U-Boot
Boomer**

**Panama –
l'univers
merveilleux
de Janosch**
Une rapide promenade en bateau vous fera découvrir le monde enchanté de Janosch, illustrateur de livres pour enfants, en compagnie de Petit Tigre et Petit Ours.

Adventure Restaurant
C'est un château fort construit pour le tournage du film Prinz Eisenherz (Prince Vaillant).

**Entrée
principale**

Cascadeurs
Le spectacle quotidien des cascadeurs de Babelsberg, au Vulkan, permet à ceux-ci de donner toute la mesure de leur talent.

TROIS PROMENADES À PIED

La périphérie de Berlin renferme de nombreux espaces verts agrémentés de lacs et de bâtiments pittoresques qui offrent des décors variés à découvrir à pied. Les trois itinéraires que nous vous proposons dans ce chapitre vous permettront d'échapper pendant quelques heures au bruit et à l'animation du centre-ville. Le premier parcourt la Pfaueninsel (île aux Paons), transformée à la fin du XVIIIe siècle en un parc à l'anglaise qui recèle un charmant petit palais néogothique et plusieurs pavillons. En quittant l'île, vous pourrez faire une pause à la datcha de Nikolskoe, maison de style russe construite pour le futur tsar Nicolas Ier et son épouse, la fille de Frédéric-Guillaume III.

Statue de Klein Glienicke

La deuxième promenade commence à Berlin dans le Klein Glienicke Park, commandé à Peter Joseph Lenné par le prince Charles de Prusse. Elle franchit ensuite l'ancienne frontière avec l'Allemagne de l'Est pour rejoindre, sur la commune de Potsdam, le parc romantique de Babelsberg aménagé autour d'un château néogothique bâti par Karl Friedrich Schinkel pour le futur Guillaume Ier.

Dans la forêt de Grunewald, la troisième promenade débute dans un quartier résidentiel recelant des villas, puis elle suit la rive du Grunewaldsee où se dresse un pavillon de chasse d'origine Renaissance. Elle mène ensuite au Brücke-Museum consacré à l'avant-garde picturale allemande du début du XXe siècle.

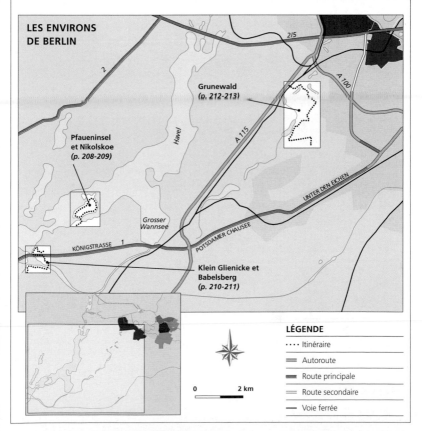

LES ENVIRONS DE BERLIN

Grunewald
(p. 212-213)

Pfaueninsel
et Nikolskoe
(p. 208-209)

Havel

Grosser
Wannsee

KÖNIGSTRASSE 1

POTSDAMER CHAUSEE

UNTER DEN EICHEN

Klein Glienicke et
Babelsberg
(p. 210-211)

0   2 km

LÉGENDE

···· Itinéraire

Autoroute

Route principale

Route secondaire

Voie ferrée

◁ Recoin pittoresque du château néogothique de Babelsberg

Pfaueninsel et Nikolskoe

Protégée par le statut de réserve naturelle, la Pfaueninsel devint un pittoresque parc à l'anglaise en 1795 lors de son aménagement par Johann August Eyserbeck à l'initiative de Frédéric-Guillaume II. Elle prit son visage actuel lors d'un remaniement par Peter Joseph Lenné. L'itinéraire de la promenade passe par les édifices et les sites les plus intéressants. En quittant l'île, vous pourrez prendre un rafraîchissement au bord du lac ou continuer directement jusqu'à Nikolskoe, datcha russe qui abrite un restaurant.

Statue du petit palais

La Jacobsbrunnen ressemble volontairement à une ruine

Des paons continuent de se promener en liberté sur la Pfaueninsel

Sur la Pfaueninsel

Depuis l'embarcadère ①, une petite vedette met quelques minutes à effectuer le trajet jusqu'à l'île. À terre, prenez le chemin qui part à gauche. Il longe le bord de l'eau et monte en pente douce jusqu'à la maison du Conservateur ②, puis au Chalet suisse, construit en 1830, où logeait le jardinier. Continuez jusqu'au vaste espace dégagé planté de fleurs derrière lequel s'élève le romantique Schloss Pfaueninsel ③. Frédéric-Guillaume II commanda ce pastiche

de ruine médiévale, bâti entièrement en bois en 1794 par Johann Gottlieb Brendel, pour y abriter ses amours avec sa maîtresse, Wilhelmine Encke (la future comtesse de Lichtenau). La façade, dissimulée aux regards, pouvait toutefois être aperçue depuis le Neuer Garten de Potsdam. Le pont en fonte qui relie les tours date de 1807. On peut visiter le château en été. Son mobilier date des XVIIIᵉ et XIXᵉ siècles.

Après le palais, restez sur le chemin qui suit la rive, dépassez le pavillon des cuisines ④, niché à gauche dans la verdure, et prenez à droite au premier croisement pour vous diriger vers l'intérieur de l'île. Après la Jacobsbrunnen ⑤, fontaine ressemblant à une ruine antique, vous traverserez un pré en direction du petit bois qui renferme la Kavalierhaus ⑥, maison de la Cour où logeait la suite du roi. C'est une œuvre de

Karl Friedrich Schinkel. L'architecte remploya la façade d'une maison de la fin du gothique qui s'élevait à Dantzig (aujourd'hui Gdańsk), ville de la Hanse annexée par la Prusse en 1793 et rattachée à la Pologne en 1945. Poursuivez

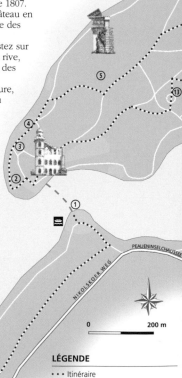

PEAUENINSELCHAUSSEE

NIKOLSKOER WEG

0   200 m

LÉGENDE

• • • Itinéraire

– – Trajet en bac

⚓ Embarcadère

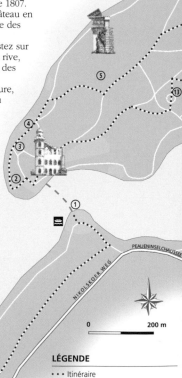

Le Schloss Pfaueninsel néogothique dessiné par J. Brendel

dans la même direction jusqu'à déboucher à nouveau sur un vaste espace dégagé. À gauche, au loin, s'étend la baie de Parschenkessel ⑦ dont les arbres morts servent de perchoirs

Sur la terrasse du Blockhaus Nikolskoe un jour d'été

en forme de temple grec. Déplacé en 1829, son portique en grès provient du mausolée de la reine Louise du Schlosspark Charlottenburg (p. 163). Le chemin continue de longer le lac. À droite, parmi les arbres, se trouve une stèle à la mémoire de Johannes Kunckel, un alchimiste qui habita sur la Pfaueninsel au XVIIe siècle. Malgré tous ses efforts, il ne réussit pas à changer du plomb en or, mais il découvrit la méthode de fabrication d'un verre couleur rubis. Poursuivez à travers la forêt, franchissez le Pont gothique ⑪, puis prenez à droite le chemin qui monte vers la colline de la Volière ⑫. Celle-ci abrite des perroquets et des faisans aux plumes multicolores. De là, continuez vers la haute colonne de la fontaine ⑬ dessinée par Martin Friedrich Rabe en 1824. Rejoignez ensuite le quai d'embarquement, longeant au passage des exploitations maraîchères et leurs serres.

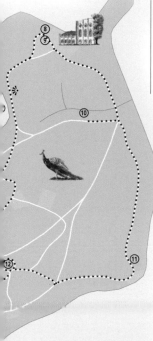

Havel

à des cormorans. Prenez à gauche le chemin qui mène à la Laiterie ⑧ néogothique et à la Maison hollandaise ⑨, ancienne étable construite en 1802. Fausse ruine d'abbaye médiévale, la laiterie date de 1795. De là, suivez vers le sud le chemin qui court parallèlement à la rive, offrant des vues magnifiques. À droite, à l'orée de la forêt, se dresse le Luisentempel ⑩

CARNET DE ROUTE

Départ : embarcadère du bac pour la Pfaueninsel.
Longueur : 4,4 km.
Durée : 2h30-3h.
Pour s'y rendre : en bus (216 ou 316) depuis la gare de S-Bahn Wannsee, ou en bateau depuis Wannsee ou Potsdam.
Où faire une pause : au Wirtshaus zur Pfaueninsel (près du quai) ou au Blockhaus Nikolskoïe, à Nikolskoïe.
⬤ avr.-oct. : t.l.j. 10h-17h ; nov.-déc. : sam.-dim., vac. 10h-17h30.
Tél. 805 86 830.

De l'embarcadère à Nikolskoe

En descendant de la petite vedette qui permet de traverser la Havel, dirigez-vous à droite vers le sud. Vous arriverez alors à une fourche. Prenez le chemin à gauche qui monte en pente douce à flanc de colline. Il conduit à l'église Saint-Pierre-et-Saint-Paul ⑭. Construit entre 1834 et 1837 d'après des plans de Friedrich August Stüler, le petit sanctuaire domine une large terrasse qui offre un beau panorama de la Pfaueninsel. Devant l'église s'élève une tour couronnée d'un dôme en bulbe qui ne déparerait pas une église orthodoxe. Non loin, le Blockhaus Nikolskoe ⑮ évoque aussi la Russie. Frédéric-Guillaume III fit construire cette datcha en bois en 1819 pour l'offrir à son gendre, le futur tsar Nicolas Ier (Nikolskoe signifie « à Nicolas »). Il choisit comme architecte le capitaine Snethlage qui réalisa plus tard la colonie Alexandrowka de Potsdam.

Vedette assurant le service de bac de la Pfaueninsel

Glienicke et Babelsberg

Griffon de Klein Glienicke

L'itinéraire que nous vous proposons parcourt deux domaines aménagés pour des membres de la famille royale au milieu du XIXᵉ siècle. Œuvres de Karl Friedrich Schinkel, Ludwig Persius et von Arnim, les bâtiments néoclassiques de Glienicke s'inscrivent dans une des créations les plus réussies du célèbre paysagiste Joseph Peter Lenné. Babelsberg possède une atmosphère très différente. Hermann von Pückler-Muskau a donné au parc un visage beaucoup plus romantique, bien adapté au style néogothique des édifices qui s'y dressent non loin de la Havel.

Mosaïque du Klosterhof, dans les jardins de Glienicke

Dans le parc de Glienicke

La promenade commence à l'entrée principale du parc, dont toute la partie sud évoque l'Italie. Peu après le portail, à gauche, un pavillon dessiné par Ludwig Persius, le Stibadium ①, s'élève à côté des fauves en bronze doré de la fontaine des Lions ②. Celle-ci prolonge l'axe de symétrie du château de Glienicke ③. Construit en 1825 d'après des plans de Karl Friedrich Schinkel pour le prince Charles de Prusse, le frère de Frédéric-

Le Gerichtslaube, galerie de tribunal médiévale

Guillaume III, ce palais néoclassique n'est ouvert qu'en été de 10 h à 18 h. Derrière la demeure, un groupe de bâtiments, dont une pergola et des pavillons destinés aux domestiques, entoure une cour. Dépassez le palais pour atteindre l'ancienne remise des voitures à chevaux ④, une œuvre de Schinkel maintes fois remaniée. Elle abrite désormais un restaurant, le Remise *(p. 243)*. Au-delà, on découvre l'orangerie et les serres construites par Persius ⑤. Un sentier prend la direction du lac. Faites un détour à droite pour voir le Klosterhof ⑥, pastiche de monastère conçu lui aussi par Persius. Les murs de tous ces bâtiments incorporent des fragments architecturaux byzantins et romans provenant d'Italie. Peter Joseph Lenné donna à la partie nord du parc, le long de la Havel, un aspect plus « sauvage » et plus alpin avec ses cascades artificielles, ses ponts en bois et ses pavillons de chasse.

Prenez la direction du lac, et montez vers le Casino ⑦ bâti par Schinkel. Cet édifice élégant servit autrefois au logement des hôtes. De là, un chemin longe la rive jusqu'à la Grosse Neugierde (Grosse Curiosité) ⑧, un pavillon circulaire au toit supporté par des colonnes corinthiennes. Il a pour modèle le monument de Lysicrates d'Athènes (334 av. J.-C.), et offre un beau point de vue de la Havel et du Glienicker Brücke ⑨, que le régime de la RDA baptisa paradoxalement pont de l'Unité. La frontière entre Berlin-Ouest et l'Allemagne

De Glienicke à Babelsberg

En sortant du parc, vous devez traverser la Potsdamer Chaussee et prendre la Mövenstrasse. Vous verrez à droite la silhouette massive du Jagdschloss Glienicke ⑪. Il occupe l'emplacement d'un ancien pavillon de chasse, et doit son aspect néomaniériste à un important remaniement entrepris en 1889 par Albert Geyer pour le compte du prince Frédéric-Léopold. Il abrite désormais un centre international de rencontres et une académie d'art populaire. Après avoir dépassé le Jagdschloss, vous tournerez à droite dans la Waldmüllerstrasse, puis à droite encore dans la Lankestrasse, qui mène au pont reliant Glienicke et Babelsberg.

Autour du Schloss Babelsberg

Après le pont, dirigez-vous à droite vers le bâtiment des machines ⑫ auquel Persius donna l'aspect d'un château médiéval, et dont la haute tour dissimule une cheminée. De là, prenez la direction du Schloss Babelsberg ⑬ dessiné par Karl Friedrich Schinkel pour le futur empereur Guillaume Ier. Construit entre 1833 et 1835, le château possède un style néogothique influencé par l'architecture anglaise de l'époque. Un remaniement effectué en 1854 a accentué

La Flatowturm néogothique (1853-1856), parc de Babelsberg

l'irrégularité que lui donnent ses nombreuses tours. Il est ouvert aux visites. Continuez sur le chemin qui mène au bord de la Havel jusqu'au Kleines Schloss ⑭. Les dames de la cour résidaient jadis dans ce palais néogothique, de taille plus modeste que celui de Babelsberg. Un café l'occupe aujourd'hui. Poursuivez le long du lac et prenez à gauche vers l'écurie néogothique ⑮. Tournez ensuite à droite vers le Gerichtslaube ⑯, galerie d'un tribunal qui siégeait au Moyen Âge à Berlin. Le dernier monument sur le parcours, la Flatowturm ⑰, élevée de 1853 à 1857, offre depuis son sommet une vue splendide des environs. Rejoignez ensuite la sortie du parc située sur la Grenzstrasse. En tournant à gauche, vous atteindrez un arrêt de bus. Le 694 dessert la station de S-Bahn Babelsberg.

de l'Est passait par ce pont, célèbre car il servait pendant la guerre froide aux échanges d'espions. Le chemin du retour suit le mur du portail principal et passe par la Kleine Neugierde (Petite Curiosité) ⑩. Ce pavillon de thé, élevé en 1825, possède la forme d'un temple antique et ses murs incorporent des fragments architecturaux romains et byzantins.

0 ____ 300 m

LEGENDE

• • • Itinéraire conseillé

⚓ Embarcadère

Le Schloss Babelsberg, dessiné par Karl Friedrich Schinkel

CARNET DE ROUTE

Départ : arrêt de bus de Glienicke. *Longueur :* 4,2 km. *Durée :* 3h. *Pour s'y rendre :* bus 116 depuis la gare de S-Bahn Wannsee, ou bateau depuis Wannsee ou Potsdam. *Où faire une pause :* Café du Park Babelsberg. Le Remise à Klein Glienicke. *Schloss Babelsberg* avr.-oct. : mar.-dim. 10h-18h. *Tél.* (0331) 969 42 50 pour plus d'informations.

Grunewald

Cette promenade traverse tout d'abord l'un des quartiers résidentiels les plus huppés de Berlin où les grands noms de l'industrie, de la politique et de la culture firent construire, à partir de 1889, de somptueuses villas. Beaucoup servent aujourd'hui de siège à des institutions universitaires. Elle s'enfonce ensuite dans la forêt jusqu'à un pavillon de chasse qui abrite une intéressante collection d'art, puis s'achève, à la lisière de Grunewald, au Brücke-Museum.

Élégante villa, n° 11 Winklerstrasse

De la station de S-Bahn Grunewald à la Hagenstrasse

Depuis la station de S-Bahn Grunewald ①, suivez les panneaux « Grunewald (Ort) ». Édifice à structure en bois datant de 1899, la gare elle-même est pittoresque. Elle a connu des heures sombres, car c'est d'ici que partaient les trains qui transportaient les juifs de Berlin vers les camps de concentration. De la place qui s'étend devant, prenez la Winklerstrasse et suivez-la quand elle tourne à gauche. Elle vous fera passer devant de magnifiques villas. Celle du n° 15 ②, bâtie dans le style néoclassique en 1899, fut la résidence de l'architecte Ewald Becher. Un peu plus loin du même côté, la demeure du n° 11 ③ date de 1906. À droite s'élève au n° 12 ④ la Villa Maren (1897) néo-Renaissance. Avec sa décoration en sgraffite, elle évoque un palais florentin. Construite en 1902, la villa du n° 8 ⑤ associe en façade un luxueux parement en pierre et une ornementation

inspirée de la Renaissance allemande. Prenez ensuite le Hasensprung à droite, qui mène à un pont décoré de lièvres en plein bond, qui enjambe le bras d'eau reliant deux petits lacs : le Dianasee et le Königssee. En atteignant la Königsallee, tournez à gauche, puis tout de suite à droite dans la Lassenstrasse et encore à droite dans la Bismarckstrasse. Cette rue conduit à la petite place où s'élève la Grunewald-Kirche ⑥, église néogothique asymétrique édifiée entre 1902 et 1904. De là, engagez-vous à gauche dans la Furtwänglerstrasse. Elle renferme au n° 15 ⑦ une magnifique villa inspirée des maisons rurales de l'Allemagne méridionale. Tournez ensuite à droite dans la Hubertusbader Strasse. La villa du n° 25 ⑧ a conservé des motifs néoclassiques. Arnold Hartmann en dirigea la construction en

Rosace, Grunewald-Kirche

1896. Il est aussi l'auteur de la maison du n° 23 Seebergsteig ⑨, petit château néogothique dont le style de la Sécession influença la décoration. Continuez ensuite sur la Hubertusbader Strasse jusqu'à la Hagenstrasse.

De la Hagenstrasse au Brücke-Museum

Traversez la Hagenstrasse et prenez le Wildpfad qui part en face de vous. Vous y tournerez à gauche dans la Waldmeisterstrasse qui longe la clôture d'un terrain appartenant à des clubs

privés. Prenez à droite dans l'Eichhörnchensteig. L'atmosphère change. Les arbres deviennent progressivement plus serrés, la rue se transforme en piste forestière. Après avoir dépassé le domaine des clubs privés, suivez une route qui s'incurve doucement à droite et descend jusqu'au bord du pittoresque Grunewaldsee. Longez ensuite la rive à gauche jusqu'au Jagdschloss Grunewald (pavillon de chasse de Grunewald) ⑩.

Bâti en 1452 pour l'électeur Joachim II, c'est l'un des plus anciens bâtiments séculiers à avoir survécu à Berlin. Il a connu un remaniement dans le style baroque vers 1700. Le portail ouvre sur une cour entourée de trois côtés par des bâtiments à usage domestique. Le petit palais conserve la seule salle Renaissance subsistant à Berlin. Elle abrite une collection de peintures comprenant plusieurs Lucas Cranach l'Ancien et des tableaux de Rubens et Van Dyck. Le petit Waldmuseum, installé dans l'aile gauche, est consacré à l'écologie de la forêt et à l'histoire de l'exploitation forestière. En raison d'un incendie qui a détruit la toiture et une partie du bâtiment, le Jagdschloss a été fermé pour rénovation et a rouvert en 2009.

Dans la cour du Jagdschloss Grunewald

Depuis le palais, continuez sur la rive jusqu'au Forsthaus Paulsborn ⑪. Ce restaurant *(p. 243)* occupe un bâtiment construit en 1905 d'après des plans de Friedrich Wilhelm Göhre. Revenez sur vos pas jusqu'au Jagdschloss Grunewald : au carrefour, prenez l'avenue centrale marquée « Wilmesdorf », qui vous fera traverser la forêt et déboucher sur la Pücklerstrasse. Continuez tout droit et tournez à droite dans le Fohlenweg, puis encore à droite dans le Bussardsteig. Au bout se trouve le Brücke-Museum *(p. 179)* ⑫. Ne manquez pas les sculptures de Bernhard Heliger exposées dans le jardin du n° 8 Käuzchensteig. Poursuivez jusqu'à la Clayallee (ligne 115).

Détail décoratif du n° 23 Toni-Lessler-Strasse

0 — 400 m

LÉGENDE

• • • Itinéraire conseillé

Ⓢ S-Bahn

Le restaurant Forsthaus Paulsborn près du Jagdschloss Grunewald

CARNET DE ROUTE

Départ : station de S-Bahn Grunewald. *Longueur :* 3 km. *Durée :* 2h30-3h. *Pour s'y rendre :* ligne 3 ou 7 du S-Bahn ; U-Bahn Oskar-Helene-Heim ; bus 115. *Musée :* Jagdschloss Grunewald. *Tél.* 813 35 97. ⬜ avr.-oct. : jeu.-dim. 10h-18h ; nov.-mars : vis. guidées seul., sam.-dim., vac. 11h, 13h, 15h. *Où faire une pause :* il existe de nombreux cafés et restaurants dans la zone résidentielle. Forsthaus Paulsborn est une adresse réputée près du Jagdschloss Grunewald.

LES BONNES ADRESSES

HÉBERGEMENT

S e loger à Berlin est relativement coûteux, mais le choix est vaste et devrait permettre à chacun de trouver un hébergement selon ses moyens. Le centre, notamment, renferme aussi bien des pensions aux tarifs raisonnables que des hôtels de luxe appartenant souvent à des chaînes internationales. Berlin-Est abrite de nombreux établissements de milieu de gamme, neufs ou rénovés, ainsi que quelques palaces autour d'Unter den Linden.

À l'ouest, nombre des hôtels les plus abordables ont un besoin urgent de réparations. Les alentours de la forêt de Grunewald forment une oasis de paix qui garantit un sommeil paisible. Dans ce chapitre, nous avons sélectionné plus de 80 hôtels parmi les meilleurs : ils sont classés par quartier et par ordre de prix. Les pages 220-229 les présentent brièvement en indiquant les prestations fournies. Pour d'autres formes d'hébergement, lisez les pages 218-219.

L'élégant hall de l'Hotel Adlon Kempinski (p. 220)

TROUVER UN HÔTEL

Plusieurs quartiers de Berlin regroupent dans un faible périmètre un ou plusieurs hôtels de luxe et des établissements meilleur marché. Ainsi, vous trouverez à Charlottenburg, autour du Kurfürstendamm et de la Tauentzienstrasse, des pensions aux tarifs accessibles proches d'adresses prestigieuses comme le Kempinski, le Savoy, le Palace Berlin et le Steigenberger. Pour éviter une déception, n'oubliez pas que cette partie de la ville a terriblement souffert des bombardements pendant la Seconde Guerre mondiale, et que les hôtels, sauf rares exceptions comme le Brandenburger Hof, occupent des bâtiments modernes. Les établissements les moins chers sont généralement situés dans des rues latérales. Demandez à voir les chambres avant de vous décider. L'est de

Tiergarten, autour de Lützowufer, abrite aussi de bons hôtels. Les plus luxueux d'entre eux sont situés dans l'ancien Berlin-Est, où ils occupent des bâtiments historiques magnifiquement restaurés ou des immeubles modernes construits ces dernières années pour répondre à l'afflux croissant de visiteurs. L'Adlon Kempinski, le Regent et l'Hotel de Rome se trouvent dans la partie occidentale de Mitte, sur Unter den Linden. Plus à l'est, autour d'Alexanderplatz, vous trouverez le luxueux Schlosshotel Berlin ainsi que des pensions et des petits hôtels dans des villas du XIXᵉ siècle.

Même quand tout est plein ailleurs, l'Estrel, le plus grand hôtel d'Allemagne, laisse toujours une chance de trouver de la place. Il faut toutefois se résigner à loger hors du centre, à Neukölln, près du Treptower Park.

TARIFS

Les chambres d'hôtel sont chères comparées aux tarifs français, et les prix varient peu selon la saison. Certains augmentent lors de grandes manifestations.

Les établissements de standing proposent souvent des forfaits le week-end, et il arrive qu'on fasse de bonnes affaires en se présentant sans avoir réservé. Tentez aussi les réservations en ligne, aux tarifs souvent intéressants. Pour un long séjour, essayez toujours de négocier une réduction.

SUPPLÉMENTS-SURPRISE

Dans toute l'Allemagne, le prix d'une chambre d'hôtel comprend les taxes, mais, comme partout ailleurs, un pourboire est attendu par le personnel qui porte vos bagages à votre chambre ou s'occupe de vous trouver une

La piscine de l'Hotel de Rome (p. 221)

Une des chambres au décor personnalisé du Arte Luise Kunsthotel *(p. 222)*

place à l'opéra. Toutefois, les succursales de la chaîne Dorint proposent sans supplément des services comme la mise à disposition de bicyclettes.

Il n'existe pas de règle stricte en ce qui concerne le petit déjeuner, mieux vaut donc demander s'il est inclus au moment de la réservation.

La plupart des hôtels de Berlin possèdent leur propre parc de stationnement, mais ils louent les emplacements à des tarifs parfois exorbitants. Les communications téléphoniques depuis la chambre, la télévision à péage et les consommations du minibar peuvent également réserver de mauvaises surprises.

SERVICES

Il n'existe pas en Allemagne de système standardisé de classification des hôtels, mais les prix demandés reflètent le plus souvent la catégorie des établissements. Les plus modestes incluent généralement le petit déjeuner dans le coût de la nuitée, mais ne possèdent pas toujours un restaurant. Pour un séjour prolongé, envisagez la solution de l'Aparthotel qui vous permettra de disposer d'une cuisine équipée.

SAUNAS ET SPAS

La plupart des hôtels les plus chers possèdent des Spas et des saunas. Ils sont

généralement unisexes (même si certains Spas proposent des jours réservés aux femmes), aussi n'est-il pas habituel de porter un maillot de bain, considéré comme non hygiénique. Sachez donc que pour accéder au sauna ou au Spa, vous n'aurez qu'une serviette pour vous couvrir et serez sinon nu.

Les règles exigent également de garder le silence. Dans le sauna, le mot « Aufguss » indique qu'on va rajouter sur la source de chaleur de l'eau additionnée d'huiles essentielles pour provoquer un nuage de vapeur. En entrant dans le sauna, nettoyez l'endroit où vous allez vous asseoir ; il y a généralement un broc d'eau à cet usage à l'entrée de la pièce. Restez 8 à 15 minutes dans le sauna, puis rincez-vous à l'eau

La salle de conférences de la Villa Kastania *(p. 228)*

fraîche (douche). La piscine d'eau froide est réservée à ceux qui ont une bonne condition physique. Reposez-vous et reprenez le cycle une ou deux fois. Ne buvez pas d'alcool et hydratez-vous régulièrement (eau et tranches de citron).

De nombreux Spas privés ou appartenant à des salles des sports, comme Aspiria, Ars Vitalis ou le Meridien Spa offre de meilleures prestations que les Spas aménagés dans les hôtels de luxe. Nous vous recommandons cependant les Spas du Grand Hyatt, de l'Hotel de Rome et de l'Hotel Intercontinental. En hiver, essayez le Badeschiff Arena, qui donne sur la rivière Spree *(p. 272)*.

RÉSERVATION

Vous pouvez réserver une chambre à Berlin par mail, par téléphone ou par Internet.

Vous pouvez aussi passer par l'office de tourisme municipal **Berlin Tourismus Marketing** *(www.visitberlin. de, p. 219)*. Il assure des réservations dans toute la ville. Que vous utilisiez ou non les services d'un intermédiaire, il vous faudra le plus souvent donner un numéro de carte bancaire.

Si vous êtes déjà sur place, le plus simple consiste à vous rendre dans un des grands bureaux de l'office de tourisme. Les plus importants se trouvent au **Neues Kranzler-Eck**, à la **porte de Brandebourg** sur **Hauptbahnhof** et **Alexanderplatz** *(p. 219)*.

CHAMBRES CHEZ L'HABITANT

Les formes d'hébergement comme les chambres d'hôte ou bed-and-breakfast sont peu répandues à Berlin, et se limitent aux quartiers résidentiels situés loin du centre. Vous pouvez vous renseigner auprès des bureaux de l'office de tourisme et des autres organismes de réservation indiqués dans les bonnes adresses, page 219.

Le luxueux salon du Kempinski Hotel *(p. 226)*

VOYAGER AVEC DES ENFANTS

La majorité des hôtels de Berlin disposent de berceaux et acceptent que les jeunes enfants partagent la chambre des parents sans surcoût. Au-delà d'un certain âge, la fourniture d'un lit supplémentaire devient parfois payante. Les établissements haut de gamme ont un service de baby-sitting. Les chaises hautes font partie de l'équipement habituel des restaurants d'hôtel.

L'élégant hall du Marriott Hotel *(p. 223)*

VOYAGEURS HANDICAPÉS

Presque tous les hôtels haut de gamme et de luxe sont équipés pour recevoir des personnes handicapées : au moins une entrée permet l'accès en fauteuil roulant, et certaines chambres possèdent une salle de bains adaptée. La situation se révèle malheureusement moins brillante dans les établissements de milieu ou de bas de gamme : rares sont ceux qui disposent d'un équipement approprié et beaucoup ne se trouvent pas en rez-de-chaussée. Dans les plus anciens, il n'existe même pas d'ascenseur. Nous recommandons l'**Hotel Mondial** *(p. 226)* situé près du Kurfürstendamm. L'aménagement des pièces communes les rend toutes pratiques en fauteuil roulant, et 22 chambres répondent aux besoins des personnes ayant des difficultés motrices.

ACOMPTES

Beaucoup d'établissements demandent un acompte ou des arrhes à la réservation d'une chambre. Par téléphone, il faut généralement donner son numéro de carte bancaire. Si vous n'en avez pas, il vous faudra alors envoyer un montant de 20 à 40 % du prix d'une nuitée. Certains petits hôtels et pensions réclament le paiement de la première nuit quand vous vous présentez pour prendre la chambre.

AUBERGES DE JEUNESSE

Berlin possède plusieurs auberges de jeunesse. Les moins chères sont affiliées à la fédération internationale, et il vous faudra obligatoirement une carte de membre. Vous pourrez l'obtenir auprès du **Landesverband Berlin-Brandenburg**. Il existe aussi des hôtels pour étudiants et des auberges de jeunesse indépendants. Ils sont un peu plus onéreux, mais certains offrent l'avantage d'une situation plus centrale. Quel que soit votre choix, mieux vaut toujours réserver vos places à l'avance (www.hostelworld.com).

Tous ces établissements permettent principalement de dormir en dortoirs à lits superposés, une salle de bains commune équipant chaque étage. Certaines auberges ferment pendant la journée, interdisant l'accès aux chambres, pensez à vous renseigner. La plupart possèdent une salle à manger et servent des petits déjeuners et des plats chauds le soir. Sauf exception, les hôtes disposent tout de même d'une cuisine où préparer leurs propres repas.

CAMPINGS

Le **Deutscher Camping Club (DCC)** offre la meilleure source d'informations sur les terrains de camping de Berlin

La façade illuminée du Westin Grand *(p. 220)*

et de ses alentours.

Tous ferment pendant l'hiver, en général de début novembre à fin mars, à l'exception du **Berlin-Kladow** de Spandau et de l'Am Krossinsee de Köpenick qui restent ouverts toute l'année. Attention, ce sont en général des jeunes qui se logent à Berlin en camping, et ils peuvent se révéler très bruyants, en particulier pendant l'Oktoberfest et le week-end de juillet où a lieu la célèbre Love Parade *(p. 49)*.

Le spacieux hall de l'Hotel Palace *(p. 226)*

SÉJOURS ORGANISÉS POUR LES JEUNES

Berlin offre de nombreuses possibilités d'hébergement pour les groupes, en particulier dans des institutions situées en périphérie, souvent en pleine nature, et proposant un accueil en dortoirs. Leur création n'avait pas pour seul but de permettre de recevoir des groupes scolaires d'Allemagne en visite. En fait, elles servaient avant tout à l'accueil de jeunes Berlinois de l'Ouest. En effet, jusqu'en 1990, pour sortir de la ville, ils ne pouvaient guère aller que dans la forêt de Grunewald, la partition de l'Allemagne leur interdisant les zones rurales proches de Berlin. **Le Berlin Tourismus Marketing** et les grands bureaux d'information, notamment celui du Neues Kranzler Eck, permettent de prendre renseignements et réservations.

ADRESSES

RENSEIGNEMENTS ET RÉSERVATIONS

Berlin Tourismus Marketing
Am Karlsbad 11
Berlin.
Plan 12 D1.
Tél. 25 00 25.
www.visitberlin.de

Tourist Information
Neues Kranzler-Eck,
Kurfürstendamm 21.
Plan 10 D1.
⏰ *lun.-sam. 10h-20h,
dim. 10h-18h.*

Alexanderplatz
À l'intérieur du centre
commercial Alexa,
près d'Alexanderplatz.
⏰ *lun.-sam. 10h-20h.*

Porte de Brandebourg
Pariser Platz,
immeuble Sud.
Plan 6 E3, 15 A3.
⏰ *t.l.j. 10h-18h.*

Hauptbahnhof
Europlatz 1, r.-d.-c.,
entrée nord.
Plan 6 D1.
⏰ *t.l.j. 8h-22h.*

Potsdam Tourismus Service
Brandenburger Strasse 3.
Tél. *(0331) 275 58 899.*
Fax *(0331) 275 58 29.*
www.potsdam
tourismus.de

CAMPING

Deutscher Camping Club
Kladower Damm 213-217
14089 Berlin. **Plan** 10 E3,
10 F3. **Tél.** 218 60 71.
⏰ *lun. 10h30-18h, mer.
8h-16h, ven. 8h-13h.*

DCC-Campingplatz Berlin-Kladow (Spandau)
Krampnitzer Weg
111-117 14089 Berlin.
Tél. 365 27 97.
Fax 365 12 45.

AUBERGES DE JEUNESSE

DJH (Landesverband Berlin-Brandenburg)
Schulstrasse 9 14482
Berlin. **Tél.** 264 95 20.

Hostelworld
www.hostelworld.com

Jugendherberge Berlin International
Kluckstrasse 3
10785 Berlin.
Plan 11 C1.
Tél. 747 68 79 10
Fax 747 68 79 11.

Jugendherberge Ernst Reuter
Hermsdorfer Damm 48
13467 Berlin.
Tél. *(0331) 581 30.*
Fax *(0331) 581 34 44.*

Jugendherberge Berlin am Wannsee
Badeweg 1
14129 Berlin.
Tél. 803 20 34.
Fax 803 59 08.

CHAMBRES D'HÔTES

Bed & Breakfast in Berlin
Tél. 746 14 46.
Fax 44 05 05 83.
www.bed-and-
breakfast-berlin.de

Coming Home
Tél. 21 79 800.
Fax 21 79 80 21.
www.coming-home.org

Erste Mitwohnzentrale
Sybelstrasse 53. 10629
Berlin-Charlottenburg.
Plan 9 A2. **Tél.** 324 30
31. **Fax** 324 99 77.

Fine and mine
Neue Schönhauser Str. 20
10178 Berlin. **Plan** 7 C2.
Tél. 23 55 120.
Fax 23 55 12 12.
@ office@fineandmine.de

Wohnwitz
Holsteinische Strasse 55
10717 Berlin-Wilmersdorf.
Plan 9 C4, 9 C5. **Tél.** 861
82 22. **Fax** 861 82 72.
www.wohnwitz.com

VOYAGEURS HANDICAPÉS

Berliner Behindertenverband
Jägerstrasse 63d
10117 Berlin-Mitte.
Tél. 204 38 47.

Behindertenbeauftragter des Landes Berlin
Oranienstrasse 106
10997 Berlin.
Tél. 90 28 29 17.

Choisir un hôtel

Les hôtels de ce guide ont été sélectionnés pour la qualité de leurs prestations et pour leur emplacement dans une large gamme de tarifs et dans tous les quartiers. Ils sont classés par quartier et par ordre alphabétique dans chaque catégorie de prix. Diverses informations vous aideront à trouver l'établissement adapté à vos besoins.

CATÉGORIES DE PRIX
pour une nuit en chambre double,
toutes taxes comprises.

€ moins de 80 €
€€ de 80 à 130 €
€€€ de 130 à 180 €
€€€€ de 180 à 230 €
€€€€€ plus de 230 €

UNTER DEN LINDEN ET LES ALENTOURS

Arcotel John F.
🛗 P 👥 🏃 📺 🗐   €€
Werderscher Markt 11, 10117 **Tél.** *405 046 0* **Fax** *405 046 100* **Chambres** *190*   *Plan 7 B4, 16 E3*

Cet hôtel élégant et abordable est situé entre Museumsinsel et Gendarmenmarkt. Il constitue un excellent point de départ pour explorer la ville. Les chambres vastes et lumineuses sont meublées avec le souci du détail. Wi-Fi gratuit, rocking chair (en hommage à John F. Kennedy), hammam et sauna. **www.arcotel.at**

Artist Riverside Hotel & Spa
🛏 👥   €€€
Friedrichstrasse 106, 10117 **Tél.** *284 900* **Fax** *284 90 49* **Chambres** *40*   *Plan 6 F3*

Se qualifiant fièrement de *tolles Hotel* (hôtel génial), voici un bel établissement aux chambres fin XIXe s. regorgeant d'objets Art nouveau. Lors de votre réservation, vous serez peut-être tenté par la plus jolie et la plus spacieuse des chambres, la Nuptiale, qui possède un lit à eau. **www.great-hotel.com**

Berlin Hilton
🛏 P 👥 ♒ 🏃 📺 🗐   €€€
Mohrenstrasse 30, 10117 **Tél.** *202 30* **Fax** *202 342 69* **Chambres** *591*   *Plan 7 A4, 16 D4*

L'hôtel est situé près de Gendarmenmarkt. Les chambres qui donnent sur l'avant offrent une vue splendide sur la Konzerthaus et les églises jumelles. Les chambres sont spacieuses et très bien meublées. L'hôtel propose aussi deux somptueux restaurants. **www.hilton.com**

Hotel Gendarm
🛏 📺   €€€
Charlottenstrasse 61, 10117 **Tél.** *206 06 60* **Fax** *206 066 66* **Chambres** *27*   *Plan 7 A4, 16 D4*

Réputé à juste titre comme étant l'un des meilleurs de tous les petits hôtels de Berlin, le *Gendarm* se distingue par la qualité de son service, un emplacement idéal à deux pas de Gendarmenmarkt et des chambres au mobilier Empire, qui en font un sérieux rival des cinq-étoiles du quartier. **www.hotel-gendarm-berlin.de**

Mandala Suites
🛏 P   €€€
Friedrichstrasse 185-190, 10117 **Tél.** *202 920* **Fax** *202 929 20* **Chambres** *81*   *Plan 6 F4, 15 C4*

Cet hôtel, qui propose uniquement de suites, offre un service de location de voitures et de vélos, des commerces, une boutique de retouche et un lecteur de CD dans chaque chambre. Idéal pour un séjour d'une semaine. Le prix par nuitée est meilleur marché que dans bien des hôtels. **www.themandala.de**

Maritim ProArte Hotel Berlin
🛏 P 👥 ♒ 🏃 📺 🗐   €€€
Friedrichstrasss 151, 10117 **Tél.** *203 35* **Fax** *203 334 090* **Chambres** *403*   *Plan 6 F3, 15 C2*

Si cet hôtel est avant tout un centre de conférences, sa situation centrale et la qualité de ses infrastructures en font l'un des plus prisés de Berlin. Le mobilier et les œuvres d'art exposées vont de pair avec une architecture ultramoderne. Les chambres sont luxueuses. Les salles de bains sont en marbre et en granit. **www.maritim.de**

Meliá Hotel Berlin
🛏 P 👥 📺 🗐   €€€
Friedrichstrasse 103, 10117 **Tél.** *206 079 00* **Fax** *206 790 444* **Chambres** *364*   *Plan 6 F2*

Niché au cœur du quartier animé de Friedrichstrasse, cet hôtel tenu par des Espagnols est le point de départ idéal pour visiter la Museumsinsel, l'Unter den Linden et le Hackescher Markt. Les chambres sont modernes, claires et parfaitement équipées. Le restaurant sert des tapas et des spécialités espagnoles. **www.meliaberlin.com**

Westin Grand
🛏 P 👥 ♒ 🏃 📺 🗐   €€€€
Friedrichstrasse 158-164, 10117 **Tél.** *202 70* **Fax** *202 733 62* **Chambres** *358*   *Plan 6 F3, 15 C3*

Ce palace construit à la fin du XIXe s. dans les styles Empire et Sécession s'enorgueillit d'un hall particulièrement impressionnant, avec un immense atrium et un escalier à vous couper le souffle. Proche de la plupart des sites touristiques, il est entouré de cafés et de bons restaurants. **www.westin-grand.com**

Hotel Adlon Kempinski
🛏 P 👥 ♒ 🏃 📺 🗐   €€€€€
Unter den Linden 77, 10117 **Tél.** *226 10* **Fax** *226 122 22* **Chambres** *386*   *Plan 6 E3, 15 A3*

Situé près de la porte de Brandebourg, ce palace a ouvert ses portes en 1997, perpétuant la tradition de son illustre prédécesseur bombardé durant la dernière guerre. Marbre, cuir et bois exotiques agrémentent l'intérieur. Le service est excellent et l'hôtel dispose de chambres spéciales pour les clients souffrant d'allergies. **www.kempinski.com**

Légende des symboles *voir le rabat arrière de couverture*

Hotel de Rome

🖥 🅿 🍽 ≋ 🚹 🎦 📧   €€€€€

Behrenstrasse 37, 10117 **Tél.** *460 60 90* **Fax** *460 60 92 000* **Chambres** *146*   **Plan** *7 A4*

C'est l'un des petits bijoux appartenant à Sir Rocco. Ce grand hôtel de Berlin se cache derrière la façade d'une ancienne banque, près d'Unter den Linden et de Friedrichstrasse. Les chambres sont spacieuses. Certaines offrent une superbe vue sur l'ancienne Opernplatz. Le service est impeccable. **www.hotelderome.com**

Regent Berlin

🖥 🅿 🍽 🚹 🎦 📧   €€€€€

Charlottenstrasse 49, 10117 **Tél.** *203 38* **Fax** *203 361 19* **Chambres** *195*   **Plan** *7 A4, 16 D3*

Classé parmi les meilleurs hôtels de Berlin, le *Regent Berlin*, situé près de Gendarmenmarkt, arbore une façade impressionnante et d'opulents intérieurs néobaroques. Ses chambres luxueuses sont classées en trois catégories. Le service est irréprochable. Le restaurant propose une délicieuse cuisine légère. **www.theregentberlin.com**

Sofitel Berlin Gendarmenmarkt

🖥 🅿 🍽 🚹 🎦 📧   €€€€€

Charlottenstrasse 50-52, 10117 **Tél.** *203 750* **Fax** *203 751 00* **Chambres** *92*   **Plan** *7 A4, 16 D4*

Cet établissement aux chambres joliment meublées et au service excellent a l'avantage d'être situé à deux pas de Gendarmenmarkt et d'Unter den Linden. Le restaurant *Aigner*, situé au rez-de-chaussée, est spécialisé dans la cuisine autrichienne. **www.accorhotels.com**

MUSEUMSINSEL

Art'otel Berlin Mitte

🖥 🅿 🍽 🚹   €€

Wallstrasse 70-73, 10179 **Tél.** *240 620 22* **Fax** *240 622 22* **Chambres** *109*   **Plan** *7 C4*

Donnant sur la Spree, cet hôtel pratique des tarifs raisonnables et son emplacement en fait l'un des endroits les plus populaires de Mitte. À l'intérieur, le mobilier conjugue simplicité et élégance. En été, son café s'installe sur une péniche au bord de la Spree. L'hôtel est apprécié par une clientèle jeune, tournée vers la culture. **www.artotel.de**

Derag Hotel Grosser Kurfürst

🖥 🅿 🍽 🎦 📧   €€

Neue Ross Strasse 11-12, 10179 **Tél.** *246 000* **Fax** *246 003 00* **Chambres** *144*   **Plan** *7 C5*

Bon hôtel de milieu de gamme aux installations modernes, bien situé près de la station de U-Bahn Märkisches Museum. L'entrée impressionnante est ornée d'une statue du Grand Électeur. Le service est impeccable. Le prix inclut l'accès aux transports en commun ou la location de vélos. **www.deraghotels.de**

Derag Residenz Hotel Henriette

🖥 🅿 🍽 🎦   €€

Neue Ross Strasse 13, 10179 **Tél.** *246 009 00* **Fax** *246 009 40* **Chambres** *54*   **Plan** *7 C5*

Situé en face du Grosser Kurfürst, petit et intime, l'*Henriette* est le plus charmant et le plus méconnu des hôtels *Derag* de la ville. Il exhale un parfum d'histoire et une incroyable élégance avec ses meubles en chêne, ses lits et ses tapis précieux. Le service est de grande qualité. **www.deraghotels.de**

Hotel Luisenhof

🖥 🅿 🚹   €€€

Köpenicker Strasse 92, 10179 **Tél.** *24 62810* **Fax** *24 28160* **Chambres** *27*   **Plan** *8 D5*

Proche du Märkisches Museum, cet hôtel occupe le plus vieux bâtiment (1882) de cette partie de la ville. D'importants travaux de restauration ont donné le jour à un charmant hôtel, avec de jolies chambres. Un bon restaurant a été aménagé dans la cave. **www.luisenhof.de**

Radisson Blu Hotel Berlin

🖥 🅿 🍽 ≋ 🚹 🎦 📧   €€€€

Karl-Liebknecht-Strasse 3, 10178 **Tél.** *238 280* **Fax** *238 28 10* **Chambres** *427*   **Plan** *7 B3, 16 F2*

Le *Radisson* est l'une des vedettes du groupe. Il s'organise autour de l'AquaDom, un immense aquarium cylindrique situé dans le hall. Les chambres Standard donnent sur l'aquarium, les chambres de catégorie supérieure et les suites sur la Berliner Dom et Alexanderplatz. Toutes possèdent des installations cinq-étoiles. **www.radissonblu.com**

NIKOLAIVIERTEL ET ALEXANDERPLATZ

Citystay Hostel

📋 🍽   €

Rosenstrasse 16, 10178 **Tél.** *236 240 31* **Fax** *279 071 70* **Chambres** *55*   **Plan** *7 C2*

Installé dans un ancien grand magasin de 1896, cet hôtel propre possède un jardin et propose des dortoirs et des chambres simples, avec ou sans salle de bains, dans une rue à la fois centrale et calme, entre Hackescher Markt et Alexanderplatz. La petite cafétéria sert des plats et des cocktails bio. **www.citystay.de**

Park Inn Berlin Alexanderplatz

🖥 🅿 🍽 🎦 📧   €€

Alexanderplatz 8, 10178 **Tél.** *238 90* **Fax** *238 943 05* **Chambres** *1012*   **Plan** *8 D2*

Malgré sa modernisation, cet immeuble de 37 étages qui date de la RDA n'a rien de séduisant vu de l'extérieur. Entièrement rénové, il propose cependant des chambres standard aux lits très confortables et de jolies vues sur le centre de Berlin. On profitera de son casino sur le toit et de ses restaurants. **www.parkinn.de**

Lux 11   🔲 P 🍴 🎛 📺 📧   €€€

Rosa-Luxemburg-Strasse 9-13, 10178 **Tél.** *936 28 00* **Fax** *936 280 80* **Chambres** *120*   **Plan** *7 C1*

Cet élégant hôtel situé au cœur du quartier branché du Mitte propose des chambres et des appartements lumineux, ultramodernes et minimalistes, dans un immeuble d'habitation typique du Berlin du XIXe s.. Le restaurant *Shiro i Shiro Asian* joue lui aussi la carte du raffinement. **www.lux-eleven.com**

Alexander Plaza Berlin   🔲 P 🍴 📺 📧   €€€€

Rosenstrasse 1, 10178 **Tél.** *240 010* **Fax** *240 017 77* **Chambres** *92*   **Plan** *7 B2, 16 F1*

Cet hôtel haut de gamme est situé près de la station de S-Bahn Hackescher Markt. Nichées dans un immeuble de la fin du XIXe s. offrant un curieux mélange de plafonds en stuc, de verre et d'acier, les chambres sont grandes, confortables, très lumineuses et insonorisées. Joli bar et café dans le hall d'accueil. **www.alexander-plaza.de**

DU SCHEUNENVIERTEL À L'HAMBURGER BAHNHOF

Hotel Garni am Scheunenviertel   €

Oranienburger Strasse 38, 10117 **Tél.** *282 21 25* **Fax** *282 11 15* **Chambres** *18*   **Plan** *7 A1, 16 E1*

Ce petit hôtel privé est situé en plein cœur du vieux quartier juif, près de la nouvelle synagogue. Point de départ idéal pour visiter Mitte et Prenzlauer Berg, il propose des chambres standard petites mais propres, et attire principalement une jeune clientèle internationale tournée vers l'art. **www.hotelas.com**

Märkischer Hof   P   €

Linienstrasse 133, 10115 **Tél.** *282 71 55* **Fax** *282 43 31* **Chambres** *20*   **Plan** *6 F1*

Petit hôtel douillet à l'atmosphère familiale. Si le bâtiment date du XIXe s., les chambres redécorées récemment sont d'un standing étonnamment élevé compte tenu des prix pratiqués. Toutes sont dotées d'une salle de bains privée et d'un téléviseur. Les chambres à trois lits sont les plus intéressantes. **www.maerkischer-hof-berlin.de**

The Circus Hotel   🔲 🍴 🧍   €€

Rosenthaler Strasse 1, 10119 **Tél.** *200 039 39* **Fax** *28 39 14 84* **Chambres** *64*   **Plan** *7 B1*

Mi-auberge, mi-hôtel, le *Circus* accueille aussi bien les petits que les plus gros budgets en bordure de Prenzlauer Berg. L'effort est mis sur l'environnement et le service est excellent. Très tendance, l'hôtel loue des vélos, des Segways et des Smarts. Son restaurant, le *Fabisch*, propose une solide cuisine allemande. **www.circus-berlin.de**

Flower's Boardinghouse Berlin   🔲 P   €€

Mulackstrasse 1, 10119 **Tél.** *280 45306* **Fax** *280 45308* **Chambres** *21*   **Plan** *7 C1*

L'établissement est constitué d'appartements lumineux et élégants, simples ou doubles, dotés de toutes les installations modernes d'une bonne chambre d'hôtel standard et d'une cuisine. Le séjour est de deux nuitées minimum, petit déjeuner inclus. L'endroit est idéal pour un long séjour. **www.flowersberlin.de**

Hotel Albrechtshof   🔲 P   €€

Albrechtstrasse 8, 10117 **Tél.** *308 860* **Fax** *308 861 00* **Chambres** *100*   **Plan** *6 F2, 15 B1*

Ce charmant hôtel est situé au bord de la Spree, dans un immeuble rénové du début du XIXe s.. Il possède un bar, un restaurant et une salle de réception, mais aussi une chapelle. Toutes les chambres spacieuses disposent d'un accès Internet. Tarifs forfaitaires pour le week-end. Service personnalisé et chaleureux. **www.hotel-albrechtshof.de**

MitArt Hotel & Cafe   🔲 P 🍴   €€

Linienstrasse 139, 10115 **Tél.** *283 904 3 0* **Fax** *283 904 32* **Chambres** *30*   **Plan** *6 F1*

Cet hôtel branché est situé près du Tacheles, le centre culturel alternatif. Petites mais calmes, les chambres sont toutes ornées de tableaux originaux. L'hôtel possède également sa propre galerie d'art au rez-de-chaussée. Le petit déjeuner, à base de produits bio, est un régal. La vie nocturne de Mitte est à deux pas. **www.mitart.de**

NH Berlin Friedrichstrasse   🔲 P 🍴 🏊 🧍 📧   €€

Friedrichstrasse 96, 10117 **Tél.** *206 26 60* **Fax** *206 266 933* **Chambres** *262*   **Plan** *6 F3*

Cet hôtel design se situe tout au nord de la Frierichstrasse, à deux pas du Hackescher Markt et d'Unter den Linden. Les chambres sont grandes et les lits extrêmement confortables. L'établissement possède un centre de remise en forme doté d'un hammam, ainsi qu'un restaurant italien. **www.nh-hotels.de**

Arte Luise Kunsthotel   P 🔲   €€€

Luisenstrasse 19, 10117 **Tél.** *284 480* **Fax** *284 484 48* **Chambres** *50*   **Plan** *6 E2*

Le *Künstlerheim* (littéralement « maison des artistes ») est un authentique hôtel d'artistes berlinois situé dans une maison du début du XIXe s. à proximité du Scheunenviertel. Les chambres personnalisées ont été décorées par différents artistes allemands. Le personnel est aux petits soins. **www.luise-berlin.com**

Hotel Hackescher Markt   🔲 P 🧍   €€€

Grosse Präsidentenstrasse 8, 10178 **Tél.** *280 030* **Fax** *280 031 11* **Chambres** *32*   **Plan** *7 B2, 16 F1*

Ce charmant hôtel est idéalement situé, en face du Hackesche Höfe. Les chambres meublées avec goût sont dotées de salles de bains élégantes avec chauffage au sol. Son restaurant, le *Mags*, sert une délicieuse cuisine française, mais le clou de l'établissement demeure sa jolie cour où l'on sert le petit déjeuner. **www.hotel-hackescher-markt.com**

Légende des catégories de prix *voir p. 220* **Légende des symboles** *voir le rabat arrière de couverture*

Casa Camper

🗺️ 🍴 €€€€

Weinmeisterstrasse 1, 10178 **Tél.** *200 034 10* **Fax** *200 034 11* **Chambres** *51* **Plan** *7 C1*

Dans ce quartier animé situé entre le Mitte et Prenzlauer Berg, les designers Fernando Amat et Jordi Tio ont créé un hôtel moderne très design dans un esprit « comme la maison » avec Wi-Fi gratuit, centre d'affaires et bibliothèque. Le bar sur le toit sert snacks et boissons 24h sur 24 à la clientèle. **www.casacamper.com/berlin**

Honigmond

🗺️ 🅿️ 🍴 €€€€

Tieckstrasse 12, 10115 **Tél.** *284 45 50* **Fax** *284 455 11* **Chambres** *60* **Plan** *6 F1*

L'hôtel est parfaitement situé pour découvrir la scène artistique de Mitte et de Prenzlauer Berg. Les chambres sont personnalisées, certaines ont un lit à baldaquin et du parquet. D'autres, aménagées dans un corps de bâtiment sur cour du XIXe, vous séduiront par leur côté pavillon d'été. **www.honigmond-berlin.de**

TIERGARTEN

Grand Hotel Esplanade Berlin

🗺️ 🅿️ 🍴 ♒ 🏋️ 📺 📋 €€

Lützowufer 15, 10785 **Tél.** *254 780* **Fax** *254 788 222* **Chambres** *391* **Plan** *11 A1*

Moderne et luxueux, l'hôtel qui donne sur le Landwehrkanal propose des chambres joliment meublées attirant des hôtes de marque. Son Harry's New York Bar est célébrissime, quant au restaurant Harlekin c'est l'un des meilleurs de Berlin. Le bateau de l'hôtel vous promènera au fil des canaux et des cours d'eau de la ville. **www.esplanade.de**

Pullman Berlin Schweizerhof

🗺️ 🅿️ 🍴 ♒ 🏋️ 📺 📋 €€€

Budapester Strasse 25, 10787 **Tél.** *269 60* **Fax** *296 610 00* **Chambres** *384* **Plan** *10 F1*

Ce luxueux hôtel abrite derrière sa façade élégante des chambres magnifiquement meublées, deux restaurants, une salle de bal et un centre de conférences. Sur le toit, la piscine et le centre de remise en forme sont parmi les plus beaux de Berlin. **www.pullmanhotels.com**

Berlin Marriott Hotel

🗺️ 🅿️ 🍴 ♒ 🏋️ 📺 📋 €€€€

Inge-Beisheim-Platz 1, 10785 **Tél.** *220 000* **Fax** *220 001 000* **Chambres** *379* **Plan** *6 D5*

Intégré au Beisheim Center, sur la Potsdamer Platz, le *Mariott* est un quatre-étoiles élégant avec un lobby d'une hauteur impressionnante. Les chambres offrent une superbe vue sur le Tiergarten et le quartier du gouvernement. Vous bénéficierez à moitié prix des mêmes installations que son voisin, le *Ritz-Carlton*. **www.marriott.com**

Inter-Continental Berlin

🗺️ 🅿️ 🍴 ♒ 🏋️ 📺 📋 €€€€

Budapester Strasse 2, 10787 **Tél.** *2602* **Fax** *2602* **Chambres** *584* **Plan** *10 F1*

L'*Inter-Continental* est situé en bordure du Zoologischer Garten ; il est difficile de manquer ce bâtiment imposant dont le hall est couronné d'une coupole en verre. L'hôtel propose des chambres spacieuses, dans plusieurs catégories. La piscine et l'espace bien-être sont une invitation à la détente. **www.interconti.com**

The Mandala Hotel

🗺️ 🅿️ 🍴 🏋️ 📺 📋 €€€€

Potsdamer Strasse 3, 10785 **Tél.** *590 050 000* **Fax** *590 050 500* **Chambres** *165* **Plan** *6 D5*

Cet hôtel quatre-étoiles possède uniquement des suites. Jouxtant le Sony Centre, c'est le point de départ idéal pour visiter le centre est et ouest. Les suites meublées avec élégance disposent de bureaux design, d'équipements audio high-tech, d'immenses écrans TV, ainsi que d'une kitchenette. Service irréprochable. **www.themandala.de**

Grand Hyatt Berlin

🗺️ 🅿️ 🍴 ♒ 🏋️ 📺 📋 €€€€

Marlene-Dietrich-Platz 2, 10785 **Tél.** *255 312 34* **Fax** *255 312 35* **Chambres** *342* **Plan** *6 D5*

Le *Hyatt*, près de la Potsdamer Platz et du Kulturforum, est l'un des hôtels les plus modernes et somptueux de Berlin. Le *Vox restaurant* propose un bar à sushi et le *Vox bar*, un large éventail de cocktails. En février, l'hôtel accueille officiellement le festival du film de Berlin, attirant les stars et leurs fans. **www.berlin.grand.hyatt.com**

The Ritz-Carlton Berlin

🗺️ 🅿️ 🍴 ♒ 📺 📋 €€€€

Potsdamer Platz 3, 10785 **Tél.** *337 777* **Fax** *337 775 555* **Chambres** *302* **Plan** *6 E5*

La façade moderne de cet hôtel ultra-luxueux rappelle le Rockefeller Center. Avec ses colonnes de marbre et ses dorures à la feuille d'or, le lobby est aussi étonnant que le bar, le *Curtain Club* et la *Brasserie Desbrosses*. Les chambres dans le style prussien néoclassique sont meublées confortablement. **www.ritzcarlton.com**

KREUZBERG

Hotel Transit

🗺️ €

Hagelberger Strasse 53-54, 10965 **Tél.** *789 04 70* **Fax** *789 047 77* **Chambres** *50* **Plan** *12 E4*

L'homonyme berlinois du célèbre homologue parisien est un petit hôtel de Kreuzberg ressemblant à une auberge de jeunesse privée, installé dans deux lofts. Chaque chambre possède une salle de bains moderne, les meilleurs tarifs s'appliquant aux chambres-dortoir. Les chambres sont grandes et lumineuses. **www.hotel-transit.de**

Pension Kreuzberg ▦ P €

Grossbeerenstrasse 64, 10963 **Tél.** *251 13 62* **Fax** *251 06 38* **Chambres** *12*   **Plan** 12 F3

Ce minuscule hôtel est l'une des rares *pensionen* haut de gamme de Kreuzberg. Sa propriétaire, Angelika Dehner, vous réserve un service chaleureux et personnalisé et fournit des informations touristiques. Le petit déjeuner est aussi appétissant que copieux. La vie nocturne du quartier est à quelques minutes.**www.pension-kreuzberg.de**

Hotel am Anhalter Bahnhof P €€

Stresemannstrasse 36, 10963 **Tél.** *258 00 70* **Fax** *251 48 97* **Chambres** *42*   **Plan** 12 E1

Ce petit hôtel accueillant est situé dans un ancien immeuble de logements. Ses tarifs bon marché ne s'appliquent qu'aux chambres dépourvues de salle de bains. Les chambres avec salle de bains et celles qui donnent sur cour coûtent plus cher. **www.hotel-anhalter-bahnhof.de**

Hotel Riehmers Hofgarten ▦ P ▯ €€

Yorckstrasse 83, 10965 **Tél.** *780 988 00* **Fax** *780 988 08* **Chambres** *23*   **Plan** 12 F4

Niché dans un complexe gothique en briques rouges du xixᵉ s., le *Riehmers Hofgarten* est l'un des plus beaux hôtels de la ville. Les chambres sont confortables et élégantes. Les meilleures donnent sur la cour. Ne ratez pas la cuisine allemande servie dans son restaurant *E.T.A Hoffman*. **www.hotel-riehmers-hofgarten.de**

Mövenpick Hotel Berlin ▦ P ▯ ⊹ ▥ ▤ €€€

Schöneberger Strasse 3, 10963 **Tél.** *230 060* **Fax** *230 061 99* **Chambres** *243*   **Plan** 12 E1

Le *Mövenpick* est un très bel hôtel de Kreuzberg, non loin de Postdamer Platz. Les chambres spacieuses au mobilier contemporain disposent toutes des équipements de bureau et de divertissement modernes. Les chambres Deluxe situées sous les toits sont particulièrement confortables. **www.moevenpick-berlin.com**

Relexa Hotel Stuttgarter Hof ▦ P ▯ ⊹ ▥ €€€€

Anhalter Strasse 9, 10963 **Tél.** *264 830* **Fax** *264 839 00* **Chambres** *206*   **Plan** 12 F1

Cet établissement haut de gamme très bien conservé date de 1907. Situé derrière la Potsdamer Platz, il propose des chambres modernes de taille respectable, un restaurant, le *Boulevard*, et une jolie cour verdoyante. L'emplacement est idéal pour visiter Kreuzberg et Mitte. **www.relexa-hotels.de**

AUTOUR DU KURFÜRSTENDAMM

A & O Hostel am Zoo ▦ €

Joachimstaler Strasse 1-3, 10623 **Tél.** *809 475300* **Fax** *809 475390* **Chambres** *550*   **Plan** 10 D1

Aménagée dans les locaux d'une ancienne épicerie Aldi, cette auberge de jeunesse vient en tête de liste des voyageurs à petit budget. Elle est très bien située en face de la gare ferroviaire du Zoo. Ses forfaits pour le week-end incluent l'hébergement, et la discothèque attire une clientèle jeune. **www.aohostels.com**

Hotel Berolina an der Gedächtniskirche ▦ P €

Rankestrasse 35, 10789 **Tél.** *236 396 82* **Fax** *236 396 83* **Chambres** *42*   **Plan** 10 E1

L'Hôtel *Berolina* dresse sa très voyante façade jaune vif à côté de la célèbre Église du Souvenir. Ses chambres confortables et bon marché attirent une clientèle de jeunes venus du monde entier. Les chambres doubles sont mieux meublées que les chambres simples. **www.berolinahotels.de**

Hotel Boulevard ▦ €

Kurfürstendamm 12, 10719 **Tél.** *884 250* **Fax** *884 254 50* **Chambres** *57*   **Plan** 10 D1

Situé dans le centre, sur le Kurfürstendamm, cet hôtel sans caractère est bien connu des initiés qui souhaitent séjourner au cœur d'une ville animée. Tous les sites touristiques du centre ouest sont à proximité. Le petit déjeuner est servi en terrasse sur le toit qui donne sur le célèbre boulevard. **www.ahc-hotels.com**

Hotel-Pension Elite ▦ €

Rankestrasse 9, 10789 **Tél.** *881 53 08* **Fax** *882 54 22* **Chambres** *14*   **Plan** 10 E1

Cette petite pension implantée dans une rue tranquille, non loin de l'effervescence de Breitscheidplatz, propose des chambres au mobilier classique fin xixᵉ, début xxᵉ dans une atmosphère élégante. Certaines sont dotées d'une salle de bains privée ; pour les moins chères, la salle de bains sera commune. **www.berolinahotels.de**

Art'otel City Center West ▦ P ▯ €€

Lietzenburger Strasse 85, 10719 **Tél.** *887 77 70* **Fax** *887 777 777* **Chambres** *91*   **Plan** 10 D2

Près du Kurfürstendamm, c'est l'un des meilleurs hôtels d'Allemagne en matière d'art et de design – nombreuses reproductions d'œuvres d'Andy Warrhol, notamment. Les chambres ont un mobilier ultra-contemporain. Le lieu rêvé pour les amateurs de design qui souhaitent se loger dans les quartiers ouest de la ville. **www.artotels.com**

Art Nouveau Hotel ▦ P ⊹ €€

Leibnizstrasse 59, 10629 **Tél.** *327 74 40* **Fax** *327 744 40* **Chambres** *14*   **Plan** 9 B1

Aménagé dans une demeure du xixᵉ s., cet hôtel typiquement berlinois propose des chambres très hautes de plafond. Si les stucs d'origine ont été conservés, chaque chambre décline un thème propre, ne concédant que quelques meubles à la modernité tels que les lits futon. **www.hotelartnouveau.de**

Légende des catégories de prix *voir p. 220* **Légende des symboles** *voir le rabat arrière de couverture*

Belmondo Am Kurfürstendamm

Joachimstaler Strasse 39-40, 10623 **Tél.** *889 110* **Fax** *889 111 50* **Chambres** *138* **Plan** *10 D1*

Cet hôtel très central du Kurfürstendamm, situé au cœur de l'un des carrefours les plus animés de Berlin, fait forte impression lorsque l'on découvre son hall somptueux, mais déçoit un peu par le manque de charme de ses chambres. Son atout ? Il est plus économique que les grands hôtels. **www.azimuthotels.de**

Berlin Excelsior Hotel S.A.

Hardenbergstrasse 14, 10623 **Tél.** *315 50* **Fax** *315 510 02* **Chambres** *316* **Plan** *3 C5*

Cet ancien hôtel de première catégorie possède une élégance internationale, mais n'offre pas les services et installations d'un grand hôtel. Ses vastes chambres décorées avec goût qui donnent sur la pittoresque Steinplatz sont cependant séduisantes. Les bars et cafés estudiantins sont à deux pas. **www.hotel-excelsior.de**

Crowne Plaza Berlin City

Nürnberger Strasse 65, 10787 **Tél.** *210 070* **Fax** *213 20 09* **Chambres** *423* **Plan** *10 E2*

Cet établissement luxueux se situe près de la Kaiser-Wilhelm-Gedächtniskirche et de la Tauentzienstrasse. Il possède une piscine, un bon restaurant, de vastes chambres dotées de toutes les prestations attendues et une atmosphère agréable. Il propose des forfaits pour le week-end incluant des visites guidées de la ville. **www.cp-berlin.com**

Hecker's Hotel

Grolmanstrasse 35, 10623 **Tél.** *889 00* **Fax** *889 02 60* **Chambres** *69* **Plan** *9 C1*

En plein cœur de la ville, cet hôtel privé discret a choisi de devancer les attentes de sa clientèle par une approche personnalisée. Sa façade sans caractère masque un intérieur plus raffiné au mobilier simple dans le style de Frank Lloyd Wright, qui sert de cadre à des expositions d'art contemporain. **www.heckers-hotel.com**

Hotel Askanischer Hof

Kurfürstendamm 53, 10707 **Tél.** *881 80 33* **Fax** *881 72 06* **Chambres** *16* **Plan** *9 B2*

C'est l'un des rares hôtels à avoir survécu à la dernière guerre. L'intérieur est décoré dans le style des années 1920. Les chambres sont douillettes et confortables. Des écrivains comme Franz Kafka et Arthur Miller aimaient y séjourner. L'hôtel possède aussi un petit bar intime. **www.askanischer-hof.de**

Hotel Astoria

Fasanenstrasse 2, 10623 **Tél.** *312 40 67* **Fax** *312 50 27* **Chambres** *32* **Plan** *4 D5*

Géré par la même famille depuis trois générations, cet hôtel intime qui occupe un immeuble du XIXe s. est considéré comme l'un des meilleurs de sa catégorie. Les chambres sont confortables et l'absence d'un restaurant est compensée par la proximité de la Savignyplatz. **www.hotelastoria.de**

Hotel Gates

Knesebeckstrasse 8-9, 10623 **Tél.** *311 060* **Fax** *312 20 60* **Chambres** *104* **Plan** *3 C5*

Offrant une gamme de prix et de catégories variée, cet hôtel d'art expose des œuvres contemporaines ; toutes les chambres sont équipées d'une élégante salle de bains, d'un mini-bar et d'une télévision. L'établissement offre l'avantage d'être à deux pas du Ku'damm. **www.hotel-gates.com**

Hotel Pension Augusta

Fasanenstrasse 22, 10719 **Tél.** *883 50 28* **Fax** *882 47 79* **Chambres** *47* **Plan** *10 D1*

Cette pension de famille relativement bon marché est située en plein cœur de Berlin. Le bâtiment date du XIXe s. et les chambres sont spacieuses et calmes. Certaines, sans salles de bains, sont beaucoup moins chères. Il n'y a pas de restaurant dans l'hôtel, mais les bonnes tables ne manquent pas aux alentours. **www.hotel-augusta.de**

Hotel Pension Dittberner

Wielandstrasse 26, 10707 **Tél.** *881 64 85* **Fax** *885 40 46* **Chambres** *22* **Plan** *3 B5*

Cet hôtel au charme suranné vous réserve un service personnalisé, un peu désorganisé, dans un cadre du XIXe s. Ses grandes chambres arborent un mobilier légèrement défraîchi, mais son emplacement de choix, à deux pas du Ku'damm, et son atmosphère compensent largement ce désagrément. **www.hotel-dittberner.de**

Ku'Damm Art'otel Berlin

Joachimstaler Strasse 29, 10719 **Tél.** *884 470* **Fax** *884 477 00* **Chambres** *133* **Plan** *10 D2*

On repère facilement cet hôtel grâce à la spectaculaire statue dorée représentant un lanceur de disque, qui orne la façade. L'intérieur et la décoration ont été conçus dans un style coloré et ultra-moderne. Vous serez également agréablement surpris par le service. **www.artotels.com**

NH Berlin Kurfürstendamm

Grolmanstrasse 41-43, 10623 **Tél.** *884 260* **Fax** *884 265 00* **Chambres** *167* **Plan** *9 C1*

Cet hôtel accueillant est installé dans un bâtiment moderne avec terrasse sur le toit. Si vous êtes très grand, vous pourrez demander une chambre avec un lit extra-long, et si vous aimez le calme, vous préférerez les chambres sur cour. En été, le dîner est servi dans la cour intérieure. **www.nh-hotels.com**

Propeller Island City Lodge

Albrecht-Achilles Strasse 58, 10709 **Tél.** *891 90 16* **Fax** *891 87 21* **Chambres** *30*

Situé dans une rue calme donnant sur le Kurfürstendamm, le *Propeller* a la réputation d'un hôtel d'art. Chaque chambre décorée – parfois outrageusement – sur un thème unique expose des œuvres originales. L'endroit est idéal pour tous ceux qui souhaitent un séjour mémorable. **www.propeller-island.de**

Bleibtreu Hotel

Bleibtreustrasse 31, 10707 **Tél.** *884 740* **Fax** *884 744 44* **Chambres** *60*   **Plan** *9 B2*

Cet hôtel occupe un immeuble rénové du XIXe s., dans une rue tranquille. L'intérieur raffiné joue la carte des matériaux naturels. Le restaurant sert une cuisine à base de produits bio provenant des fermes aux alentours de Berlin. Le jardin intérieur situé dans une charmante cour atteint son apogée en été. **www.bleibtreu.com**

Ellington Hotel Berlin

Nürnberger Strasse 50-55, 10789 **Tél.** *683 150* **Fax** *683 155 555* **Chambres** *285*   **Plan** *10 E2*

L'*Ellington* est un nouvel hôtel pratiquant des tarifs abordables. Il est implanté dans un immeuble du Bauhaus des années 1920, à deux pas de l'animation de Tauentzienstrasse et du Kurfürstendamm. Son emplacement idéal et la qualité du service compensent la petite taille de ses chambres. **www.ellington-hotel.com**

Hotel am Zoo

Kurfürstendamm 25, 10719 **Tél.** *884 370* **Fax** *884 377 14* **Chambres** *136*   **Plan** *10 D1*

Petit mais élégant, l'*Hotel am Zoo* allie avec charme, dans une ambiance intime, le luxe et la modernité. Très calmes, ses vastes chambres au mobilier intemporel se cachent dans l'un des rares hôtels particuliers ayant survécu sur le Kurfürstendamm. Idéal pour une flânerie sur le boulevard. **www.hotelzoo.de**

Hotel Mondial

Kurfürstendamm 47, 10707 **Tél.** *884 110* **Fax** *884 111 50* **Chambres** *75*   **Plan** *9 B2*

Très bien situé à proximité de la George-Grosz Platz et de nombreux restaurants, cet hôtel accueillant offre un service de très grande qualité. Il est muni d'une rampe d'accès pour fauteuils roulants, et un quart de ses chambres sont aménagées pour les personnes handicapées. **www.hotel-mondial.com**

Hotel Residenz Berlin

Meinekestrasse 9, 10719 **Tél.** *884 430* **Fax** *882 47 26* **Chambres** *77*   **Plan** *10 D2*

Dans un immeuble du XIXe s. rénové, cet établissement plein de charme borde une petite rue près du Kurfürstendamm. Il propose des suites de catégorie supérieure et des appartements avec cuisine. Le prix des chambres comprend le petit déjeuner. Il existe des forfaits pour les longs séjours. **www.hotel-residenz-berlin.com**

Ku'Damm 101 Hotel

Kurfürstendamm 101, 10711 **Tél.** *520 05 50* **Fax** *520 055 555* **Chambres** *170*   **Plan** *9 A2*

Sur la partie la plus chic du Kurfürstendamm, cet hôtel étonne par ses formes épurées, son mobilier minimaliste, ses toiles abstraites, et l'usage du verre, de l'acier et de bois rares. Chaque chambre possède un accès Internet. Le petit déjeuner est servi au salon ou dans la salle à manger panoramique au dernier étage. **www.kudamm101.com**

Swissôtel Berlin

Augsburger Strasse 44, 10789 **Tél.** *220 100* **Fax** *220 102 222* **Chambres** *316*   **Plan** *10 D1*

C'est l'un des rares hôtels haut de gamme sur le Ku'damm. Le bâtiment imposant domine un carrefour animé du boulevard. Les chambres au mobilier contemporain se déclinent dans une palette de brun et disposent de fauteuils confortables, d'épais rideaux et moquettes. **www.swissotel.com**

Hotel Palace Berlin

Budapester Strasse 45, 10789 **Tél.** *250 20* **Fax** *250 21 119* **Chambres** *119*   **Plan** *10 E1*

Sans caractère à l'extérieur, cet hôtel cache un intérieur plein de charme, discret et élégant. Il se distingue par son atmosphère intime qui lui a valu des hôtes de marque comme Julia Roberts et Isabella Rossellini. Les chambres vont de la catégorie double à la suite présidentielle. **www.palace.de**

Hotel Steigenberger Berlin

Los-Angeles-Platz, 10789 **Tél.** *212 70* **Fax** *212 71 17* **Chambres** *397*   **Plan** *10 E2*

Très bien situé, l'hôtel propose des chambres confortables récemment rénovées et des appartements de plusieurs catégories. Il dispose également d'une piscine, d'un sauna, d'un centre de massage, d'un bar et d'un restaurant, le *Berliner Stube*, qui sert une bonne cuisine berlinoise. **www.berlin.steigenberger.de**

Kempinski Hotel Bristol Berlin

Kurfürstendamm 27, 10719 **Tél.** *884 340* **Fax** *883 60 75* **Chambres** *301*   **Plan** *10 D1*

Rénové dans les années 1990, ce palace est l'un des plus célèbres de Berlin. L'intérieur est classique et les chambres, luxueuses, sont très confortables. Dix-huit d'entre elles comportent un accès pour fauteuils roulants. Son célèbre restaurant, le *Kempinski-Grill*, propose une carte internationale. **www.kempinski-berlin.de**

Louisa's Place

Kurfürstendamm 160, 10709 **Tél.** *631 030* **Fax** *631 031 00* **Chambres** *47*   **Plan** *9 A2*

Situé sur le Kurfürstendamm, à deux pas des boutiques des grands créateurs. De cet hôtel 5 étoiles émane un certain charme à l'ancienne. L'intérieur est luxueux et élégant, et toutes les suites sont spacieuses et équipées d'une cuisine, certaines d'un balcon. Sauna, massages et soins de beauté sont proposés sur place. **www.louisas-place.de**

Savoy Hotel

Fasanenstrasse 9-10, 10623 **Tél.** *311 030* **Fax** *310 33 33* **Chambres** *125*   **Plan** *10 D1*

C'est l'un des plus beaux hôtels de Berlin. Les chambres confortables et son atmosphère chaleureuse attirent une clientèle triée sur le volet. Les suites du 6e étage offrent de jolies vues sur la ville. Service de babysitting, billetterie de spectacles et excellent bar à cigares. **www.hotel-savoy.com**

Légende des catégories de prix *voir p. 220* **Légende des symboles** *voir le rabat arrière de couverture*

Hotel Brandenburger Hof
🔲 🍴 🕴 €€€€€

Eislebener Strasse 14, 10789 **Tél.** *214 050* **Fax** *214 051 00* **Chambres** *72* **Plan** *10 E2*

Atmosphère familiale et chaleureuse, service impeccable, calme, chambres luxueuses : autant d'atouts qui font de cet établissement un hôtel de premier ordre. Ce superbe bâtiment a été rénové avec goût et les chambres meublées dans le style Bauhaus. Son restaurant étoilé au Michelin est un *must*. **www.brandenburger-hof.com**

Hotel Concorde Berlin
🔲 🅿 🍴 🕴 🛗 ▤ €€€€€

Augsburger Strasse 41, 10789 **Tél.** *800 99 90* **Fax** *800 999 99* **Chambres** *311* **Plan** *10 D1*

Cet hôtel au cœur de Berlin ouest accueille une clientèle sophistiquée qui aime le savoir-vivre « à la française ». L'architecture est sobre et minimaliste, et les chambres sont grandes et confortables. L'hôtel a un restaurant français, un service irréprochable et de superbes vues sur le très animé Kurfürstendamm. **www.berlin.concorde-hotels.com**

CHARLOTTENBURG

Art Hotel Charlottenburger Hof
🍴 €€

Stuttgarter Platz 14, 10627 **Tél.** *329 070* **Fax** *323 37 23* **Chambres** *46* **Plan** *9 A1*

Un *must* pour tout voyageur en quête d'une authentique expérience berlinoise, le *Charlottenburger Hof* est une version réussie de l'*Hotel pensionen* traditionnel pour jeunes touristes. Les chambres, personnalisées, sont ornées d'œuvres de Mondrian. Le personnel est très serviable. **www.charlottenburger-hof.de**

Comfort Hotel an der Oper
🔲 🅿 €€

Bismarckstrasse 100, 10625 **Tél.** *315 830* **Fax** *315 831 09* **Chambres** *49* **Plan** *3 A4*

L'hôtel est situé près de l'opéra dans Charlottenburg. Certaines chambres donnent sur la Bismarckstrasse, très bruyante, mais les fenêtres sont insonorisées. Toutes les chambres sont spacieuses, au mobilier basique, dans un cadre pastel. Restaurant italien avec une carte méditerranéenne. **www.hotel-an-der-oper.de**

Hotel Econtel Berlin
🔲 🅿 🍴 🕴 €€

Sömmeringstrasse 24-26, 10589 **Tél.** *346 810* **Fax** *346 810 63* **Chambres** *205* **Plan** *3 A2*

Cet hôtel immense manque peut-être de caractère, mais c'est le plus intéressant en ville pour les familles. Nombreuses prestations pour les nourrissons et les plus petits, chambres conçues pour les enfants et grands appartements familiaux, fonctionnels et décorés avec goût. **www.econtel.de**

Schlossparkhotel
🔲 🅿 🍴 ♒ 🕴 €€€

Heubnerweg 2a, 14059 **Tél.** *326 90 30* **Fax** *326 903 600* **Chambres** *40* **Plan** *2 D2*

Cet établissement moderne a la réputation d'un hôtel de premier ordre. Situé près des superbes jardins du Schlosspark Charlottenburg, c'est le seul hôtel du centre entouré de verdure. La station de S Bahn Westend est à deux pas. Demandez une chambre avec un balcon donnant sur les jardins. **www.schlossparkhotel.de**

EN DEHORS DU CENTRE

Die Fabrik
▤ €

Schlesische Strasse 18, 10997 **Tél.** *611 71 16* **Fax** *618 29 74* **Chambres** *45*

Logé dans une ancienne usine au cœur du Kreuzberg alternatif, cet hôtel-auberge de jeunesse a des salles de bains communes et un mobilier simple, mais son atmosphère détendue séduit toutes les catégories de clients. Simples, doubles, ou dortoir, les chambres sont très bien tenues. **www.diefabrik.com**

Eastern Comfort
€

Mühlenstrasse 73-77, 10243 **Tél.** *667 63 806* **Fax** *667 63 805* **Chambres** *24*

L'*Eastern Comfort* est le plus inattendu des hôtels de Berlin, car il est aménagé dans un vieux bateau en bois restauré, amarré sur la rive de la Spree, à Friedrichshain. Il y a trois catégories de cabines, les plus belles étant celles du pont supérieur. La plupart offrent une très jolie vue du Warschauer Brücke. **www.eastern-comfort.com**

East-Side Hotel
🅿 🍴 €

Mühlenstrasse 6, 10243 **Tél.** *293 833* **Fax** *293 835 55* **Chambres** *36* **Plan** *8 F5*

L'*East Side Hotel* se trouve en face de l'East Side Gallery, dans un immeuble où logeaient autrefois les ouvriers. L'hôtel a ouvert ses portes en 1996. Vastes et lumineuses, les chambres sont équipées de toutes les installations modernes et de grandes salles de bains. L'atmosphère est familiale et conviviale. **www.eastsidehotel.de**

Holiday Inn Berlin City Center East
🔲 🅿 🍴 🕴 🛗 ▤ €

Prenzlauer Allee 169, 10409 **Tél.** *446 610* **Fax** *446 616 61* **Chambres** *123* **Plan** *8 D1*

S'il se qualifie lui-même d'hôtel d'art et expose effectivement des œuvres originales dans les parties communes et dans les chambres, cet *Holiday Inn* est avant tout un hôtel d'affaires classique aux tarifs compétitifs. La propreté et le confort des chambres sont satisfaisants, mais la décoration manque d'originalité. **www.hi-berlin.com**

Hotel Schöneberg

Hauptstrasse 135, 10827 **Tél.** 780 96 60 **Fax** 780 966 20 **Chambres** 31

Bien qu'il soit à l'écart de nombreux sites touristiques, cet hôtel trois-étoiles a des prix imbattables et un cadre agréable. Occupant un immeuble Art nouveau, le *Schöneberg* propose trois catégories de chambres. Toutes sont grandes et meublées dans le style des années 1990. Le personnel est accueillant. **www.hotel-schoeneberg.de**

Michelberger Hotel

Warschauer Strasse 39/40, 10243 **Tél.** 297 785 90 **Fax** 297 785 929 **Chambres** 119

Cet hôtel très original de Friedrichshain – pour vous en convaincre, visitez son site Internet – occupe un immeuble classé en brique rouge très bien situé et bien desservi près de l'East Side Gallery. Les chambres sont décorées avec fantaisie. Au programme : musiciens, jardin, Internet gratuit et service accueillant. **www.michelbergerhotel.com**

Forsthaus Paulsborn

Am Grunewaldsee/Hüttenweg 90, 14193 **Tél.** 818 19 10 **Fax** 818 191 50 **Chambres** 10

L'emplacement paisible, au cœur du Grunewald, convient plutôt aux visiteurs possédant une voiture. Les vitraux et la cheminée du hall ajoutent au charme de cet ancien pavillon de chasse qui possède aussi un beau restaurant où la viande est grillée au charbon de bois. Les chambres sont joliment décorées dans le style rustique. **www.paulsborn.de**

Frauenhotel Artemisia

Brandenburgische Strasse 18, 10707 **Tél.** 873 89 05 **Fax** 861 86 53 **Chambres** 12

L'*Artemisia* se distingue par sa clientèle exclusivement féminine, dont beaucoup de femmes d'affaires, les hommes étant acceptés en salle de conférences. Les jolies chambres n'ont pas toutes une salle de bains. L'hôtel a sa propre galerie d'art. Le petit déjeuner est servi dans une salle avec une charmante terrasse. **www.frauenhotel-berlin.de**

Hotel Müggelsee Berlin

Müggelheimer Damm 145, 12559 **Tél.** 658 820 **Fax** 658 822 63 **Chambres** 176

Cet excellent hôtel niché à Köpenick, sur le Müggelsee, dans un cadre de verdure à l'écart de l'effervescence de la ville, est une véritable invitation à la détente. Les chambres sont assez spacieuses, et chacun des trois étages a son propre style : italien, asiatique ou allemand. **www.hotel-mueggelsee-berlin.de**

Hotel-Pension Kastanienhof

Kastanienallee 65, 10119 **Tél.** 44 30 50 **Fax** 443 051 11 **Chambres** 35   **Plan** 1 B3

Le *Kastanienhof* est une *pension* pour les voyageurs à petit budget nichée dans un vieil immeuble typiquement berlinois. L'emplacement est idéal pour faire la tournée des night-clubs de Prenzlauer Berg. Les chambres sont étonnamment jolies, équipées d'un sèche-cheveux, d'un mini-bar et d'un coffre. **www.kastanienhof.biz**

Hotel Sylter Hof Berlin

Kurfürstenstrasse 114-116, 10787 **Tél.** 212 00 **Fax** 212 02 00 **Chambres** 178   **Plan** 10 F1

Le *Sylter Hof* figurait autrefois parmi les hôtels de premier ordre de Berlin. Il reste une bonne alternative. La décoration de l'entrée date des années 1960, mais une fois dans les chambres, vous serez agréablement surpris par le classicisme du mobilier, le luxe des salles de bains et le modernisme des équipements. **www.sylterhof-berlin.de**

Jurine

Schwedter Strasse 15, 10119 **Tél.** 443 29 90 **Fax** 443 299 99 **Chambres** 53

Ce petit hôtel est situé dans une rue tranquille, près de la Senefelderplatz, dans le centre de Prenzlauer Berg. La station voisine de U-Bahn permet de rejoindre facilement le centre-ville. Les chambres redécorées sont très élégantes et le jardin verdoyant caché à l'arrière de l'hôtel vous étonnera. **www.hotel-jurine.de**

Villa Toscana

Bahnhofstrasse 19, 12207 **Tél.** 768 92 70 **Fax** 773 44 88 **Chambres** 16

Cet hôtel paisible est logé dans une villa de style italien de la fin du xixe s.. Loin du centre et des stations de S et de U-Bahn, il convient mieux aux clients disposant de leur propre moyen de transport. Les chambres sont bien meublées et les salles de bains en marbre très élégantes. **www.villa-toscana.de**

Ackselhaus & Bluehome

Belforter Strasse 21, 10405 **Tél.** 443 376 33 **Fax** 441 611 6 **Chambres** 35

Cette maison de ville du xixe s., située dans l'un des quartiers les plus tendance, est une oasis de tranquillité. Ses studios et ses suites personnalisés sont équipés de kitchenettes et décorés dans le style marin ou oriental. Les appartements sont adorables, tout comme le jardin. **www.ackselhaus.de**

Albion Spreebogen Waterside Hotel

Alt-Moabit 99, 10559 **Tél.** 399 200 **Fax** 399 209 99 **Chambres** 224   **Plan** 4 F1

Cet hôtel magnifiquement situé dans une ancienne laiterie sur les rives de la Spree est cerné par les tours modernes à proximité du Tiergarten. Certaines chambres donnent sur le fleuve. L'hôtel dispose de son propre bateau et propose des croisières fluviales. En été, le restaurant ouvre sa grande terrasse. **www.hotel-spreebogen.de**

Estrel Hotel & Convention Center

Sonnenallee 225, 12057 **Tél.** 683 10 **Fax** 683 123 45 **Chambres** 1125   **Plan** 14 F5

L'*Estrel* est le plus grand hôtel d'Europe continentale. Il a ouvert ses portes en 1994 pour accueillir les grandes conférences. Relié au centre-ville par le S-Bahn, il est aussi apprécié des touristes. En été, vous pourrez savourer une bière dans le jardin, au bord du canal. Ses prix abordables et la qualité du service sont un plus. **www.estrel.com**

Légende des catégories de prix *voir p. 220* **Légende des symboles** *voir le rabat arrière de couverture*

Hotel Seehof Berlin
⊡ P � ≋ ★ ☰ €€€

Lietzenseeufer 11, 14057 **Tél.** *320 020* **Fax** *320 022 51* **Chambres** *75* **Plan** *2 D5*

Voici un hôtel étonnant, à dix minutes à pied seulement du Messegelände, le parc des expositions. Sa structure moderne ne laisse pas présager de l'élégance intérieure ni de la grandeur des chambres. Son charmant restaurant *Au Lac* est l'un des rares endroits où l'on dîne avec une vue sur le lac Lietzensee. **www.hotel-seehof-berlin.de**

Villa Kastania
⊡ P fi ≋ ★ ☑ €€€

Kastanienallee 20, 14052 **Tél.** *300 00 20* **Fax** *300 002 10* **Chambres** *45* **Plan** *1 A5*

Cet établissement chaleureux et intime se situe dans une rue tranquille, à quelques minutes à pied du Messegelände, le parc des expositions, bénéficiant ainsi de bonnes liaisons pour le centre. Le service est excellent. Toutes les chambres ont un balcon, et les chambres standard sont dotées d'une kitchenette. **www.villakastania.com**

Schlosshotel im Grunewald
⊡ P fi ≋ ☑ ☰ €€€€€

Brahmsstrasse 10, 14193 **Tél.** *895 840* **Fax** *895 848 00* **Chambres** *54*

Ce palace a élu domicile dans un palais construit en 1912 pour Walter von Panwitz, l'avocat personnel du Kaiser. Il doit son intérieur contemporain au couturier Karl Lagerfeld. Le somptueux plafond à caisson du hall et ses boiseries sculptées sont à couper le souffle. **www.schlosshotelberlin.com**

LES ENVIRONS DE BERLIN

Art'otel Potsdam
P fi ☰ €€

Zeppelinstrasse 136, 14471 **Tél.** *0331 981 50* **Fax** *0331 981 55 55* **Chambres** *123*

Ce luxueux hôtel borde la Havel. Les chambres situées dans un ancien grenier du XIXe s. possèdent de magnifiques plafonds aux poutres apparentes et du mobilier design. Celles de l'aile moderne ont l'avantage de disposer d'un balcon sur le fleuve. **www.artotel-potsdam.com**

Hotel am Luisenplatz
⊡ P €€

Luisenplatz 5, 14471 Potsdam **Tél.** *0331 971 900* **Fax** *0331 971 9019* **Chambres** *38*

Donnant sur la plus belle place de Potsdam, cet hôtel quatre-étoiles est décoré avec goût dans une chaude palette de brun et de bleu. Les chambres sont spacieuses et équipées de tous les équipements modernes nécessaires. Les suites qui coûtent 20 euros de plus sont encore plus jolies. **www.hotel-luisenplatz.de**

NH Voltaire Potsdam
P fi ★ ☑ €€

Friedrich-Ebert-Strasse 88, 14467 **Tél.** *0331 231 70* **Fax** *0331 231 71 00* **Chambres** *143*

Voici un hôtel de grand standing avec un restaurant et un bar, à côté du célèbre quartier hollandais. Étonnamment élégantes, les chambres au mobilier confortable déclinent chacune un thème de couleur. La partie moderne du bâtiment jouxte un palais baroque reconverti. **www.nh-hotels.com**

Steigenberger MAXX Hotel Sanssouci
⊡ P fi ☰ €€

Allee nach Sanssouci, 14471 Potsdam **Tél.** *0331 909 10* **Fax** *0331 909 19 09* **Chambres** *137*

Cet hôtel de province dispose de tous les équipements qu'un homme d'affaires peut attendre. Les chambres au mobilier en bambou déclinent les thèmes du cinéma hollywoodien des années 1940 et 1950, sans tomber dans le kitsch. L'hôtel possède un restaurant et un bar. **www.potsdam.steigenberger.de**

Hotel Schloss Lübbenau
⊡ P fi ★ €€€

Schlossbezirk 6, 3222 Lübbenau **Tél.** *03542 873 0* **Fax** *03542 873 666* **Chambres** *46*

Remontez le temps dans ce relais-château néoclassique construit en 1818 au cœur des paysages exceptionnels de la Spreewald (à 1 h 30 de Berlin). Sa rénovation en fait le lieu idéal pour des conférences, des mariages ou des week-ends détente. Le restaurant, excellent, propose des spécialités régionales. **www.schloss-luebbenau.de**

Relexa Schlosshotel Cecilienhof
P €€€

Neuer Garten, 14469 **Tél.** *0331 370 50* **Fax** *0331 370 52 21* **Chambres** *41*

Un régal pour les amateurs d'Histoire, l'hôtel, meublé dans un élégant style anglais, occupe presque tout le château de Cecilienhof. Le soir venu, une fois les visiteurs du château partis, les clients pourront flâner dans les jardins ou faire un tour en bateau sur le lac. Le restaurant de l'hôtel sert une délicieuse cuisine régionale. **www.relexa-hotel.de**

Travel Charme Hotel am Jaegertor
⊡ P fi ★ ☰ €€€

Hegelallee 11, 14467 Potsdam **Tél.** *0331 201 110 0* **Fax** *0331 201 133 3* **Chambres** *62*

Cet hôtel de charme 4 étoiles du vieux Potsdam, entre le château de Sanssouci et le quartier hollandais, est l'endroit idéal pour explorer la ville. Il possède une terrasse de style méditerranéen et des chambres magnifiquement décorées. Les deux restaurants de l'hôtel proposent une cuisine régionale et internationale. **www.travelcharme.com**

Zur Bleiche Resort & Spa
P fi ≋ ★ ☑ €€€

Bleichestrasse 16, 03096 Burg im Spreewald **Tél.** *03560 3620* **Fax** *03560 3602 92* **Chambres** *91*

Les voyageurs en quête de repos aimeront ce Spa à l'atmosphère détendue mais très luxueuse, installé dans un vieux manoir. Les chambres vont du style « campagne » au plus élégant. L'hôtel propose des forfaits bien-être et un centre de remise en forme. Son restaurant est l'un des meilleurs d'Allemagne de l'Est. **www.hotel-zur-bleiche.com**

RESTAURANTS, CAFÉS ET BARS

L'Allemagne n'a pas une haute réputation culinaire, mais la gastronomie a longtemps constitué un moyen d'évasion pour les habitants de Berlin-Ouest cernés de toutes parts. Vous trouverez en ville un choix de restaurants sans équivalent dans le reste du pays, que vous vouliez manger des spécialités indiennes, grecques, turques, chinoises, thaïlandaises ou cambodgiennes. Les solides recettes traditionnelles locales, souvent servies en portions généreuses, sont aussi à découvrir. Chaque quartier

Armoiries ornant
le Forsthaus Paulsborn

possède suffisamment de restaurants, de cafés et de bars pour répondre à des goûts et des moyens très variés. Les pages 236 à 243 proposent quelques-unes des meilleures tables. Nous les avons sélectionnées pour la finesse de leur cuisine et/ou leur bon rapport qualité-prix. Cette liste regroupe les établissements par quartiers et catégories de prix. Les pages 244 à 249 décrivent également les nombreuses possibilités qu'offre Berlin aux visiteurs en quête d'un en-cas ou d'un repas léger.

L'intérieur distingué du Margaux
(p. 236)

TROUVER
UN RESTAURANT

Bien qu'il y ait de bons restaurants et cafés partout, les grands hôtels de luxe abritent certains des établissements gastronomiques les plus réputés. Ainsi, le **Facil** du Mandala (p. 223) et le **Fischer's Fritz** du Regent (p. 221) en font partie. Quelques chefs de renom ont préféré s'installer dans des rues tranquilles, tel l'excellent restaurant français **Margaux** (p. 236) situé sur Unter den Linden.

Il existe dans certains quartiers une dense concentration de restaurants qui permettent de disposer dans un petit périmètre d'un vaste choix de styles, de cuisines et de tarifs. Dans l'ancien Berlin-Ouest, essayez

la Savignyplatz et ses alentours, dans le centre, les environs de l'Oranienburger Strasse, et à Prenzlauer Berg, l'arrondissement apprécié des jeunes à l'heure actuelle, la Kollwitzplatz et les rues voisines.

Kreuzberg reste très animé, en particulier aux alentours de l'Oranienstrasse, malgré les nombreux changements survenus dans cette partie de la ville depuis la chute du Mur.

QUE MANGER ?

Beaucoup d'établissements, y compris les hôtels, proposent de copieux petits déjeuners : les *Frühstücke*. Des œufs, du jambon, de la charcuterie, du fromage... ces repas substantiels tiennent plutôt du brunch et restent servis tard. Certains endroits les proposent le dimanche jusqu'à 14 h.

On peut, au déjeuner, trouver à peu près partout un bol de soupe ou une salade. Un menu complet est souvent moins cher à midi que le soir. L'éventail de possibilités pour le dîner est pratiquement illimité, depuis des spécialités brandebourgeoises comme la soupe de pomme de terre et le jarret porc à la choucroute (p. 232-233) jusqu'aux cuisines asiatiques particulièrement bien représentées à Prenzlauer Berg et autour de la Savigny platz. De nombreux restaurants italiens, grecs et turcs, de standing varié et souvent d'un bon rapport qualité-prix, témoignent du goût des Berlinois pour l'éclectisme. Beaucoup d'enseignes mexicaines ont également ouvert sur l'Oranienburger Strasse et à Kreuzberg.

Presque partout, des plats

La terrasse de l'Oxymoron (p. 238)

En terrasse devant le Dressler, Unter den Linden *(p. 236)*

sans viande figurent à la carte. Nous avons néanmoins mentionné pages 236-243 les adresses qui proposent une grande variété de plats végétariens.

PRIX ET POURBOIRES

Une carte près de l'entrée indique habituellement le menu et les prix. Ceux-ci varient beaucoup, en fonction du quartier notamment. Dans les plus populaires il est possible de faire un repas de trois plats pour une somme de 15 euros (sans boisson alcoolisée), mais dans le centre il faut s'attendre à payer de 20 à 25 euros. Dîner dans un établissement gastronomique peut revenir à plus de 80 euros. La note inclut toujours le service et les taxes, mais les Allemands arrondissent souvent la somme demandée. Dans les restaurants les plus chic, un pourboire de 10 % est la norme. Certains restaurants ont commencé à insérer la mention « service non compris » dans le menu et l'addition. Les pourboires ne sont pas obligatoires, mais il est poli de laisser quelque chose pour les serveurs.

HEURES D'OUVERTURE

En règle générale, les cafés ouvrent de 9 h à tard dans la nuit et les restaurants commencent à servir à midi. Certains ferment entre 15 h et 18 h. Dans les quartiers les plus animés, il reste possible de trouver où manger jusqu'à 2 h ou 3 h du matin. Certains établissements réputés ne servent pas à midi et font relâche un soir par semaine.

RÉSERVER

Il faut presque toujours réserver pour obtenir une table dans un grand restaurant, et il faut parfois s'y prendre longtemps à l'avance pour les plus renommés. Dans les établissements d'un standing moins élevé, la réservation n'est vraiment nécessaire que le vendredi et le samedi soir. Dans un quartier où les restaurants abondent, vous finirez toujours par trouver de la place quelque part.

VOYAGEURS HANDICAPÉS

Pour éviter les déconvenues, téléphonez avant de vous déplacer. N'oubliez pas que si la salle offre un accès aisé en rez-de-chaussée, il n'en va pas obligatoirement de même des toilettes, qui peuvent très bien se trouver au sous-sol ou dans un couloir étroit.

AVEC DES ENFANTS

Les enfants sont les bienvenus partout, hormis dans certains restaurants très chic. Ils ont le droit d'entrer dans les pubs et les bars. Beaucoup d'établissements fournissent des chaises hautes et proposent des menus spéciaux ou des portions réduites, en particulier au déjeuner.

LIRE LA CARTE

En général, dans les quartiers centraux de Berlin, les noms des plats apparaissent sur la carte écrits en allemand et en anglais, parfois aussi en français. Comme en France, les spécialités du jour ou du chef, quand il y en a, méritent qu'on s'y intéresse. Certains bistros les affichent sur une ardoise, et les noms, écrits à la main, peuvent poser des problèmes de déchiffrage à un étranger. N'hésitez pas à demander des précisions au personnel.

L'élégant Bocca di Bacco *(p. 236)*

LE TABAC

Depuis 2008, il est interdit de fumer dans les lieux publics, y compris les restaurants, les bars, les pubs et les discothèques. Quelques restaurants ont une salle ou un espace fumeur à part. Certains quartiers semblent encore ignorer cette interdiction.

Le restaurant Facil a une décoration sophistiquée *(p. 239)*

Que manger à Berlin ?

Pour satisfaire votre palais à Berlin, un petit tour sur les marchés, dans les vieilles halles ou les magasins de spécialités suffit. Les saucisses épicées telle la *Currywurst* ou la *Thüringer* vous attireront dans les boucheries traditionnelles, et l'odeur du pain chaud vous donnera envie d'entrer dans les boulangeries. Les étals d'herbes fraîches et de légumes du pays – chou rouge ou vert et champignons sauvages – sont un régal pour les yeux tout comme les poissons d'eau douce pêchés dans les lacs et les rivières de la région scintillant sur leurs lits de glace. Sandres, anguilles, truites et crabes y sont en vedette.

Harzer Roller et emmenthal

Les champignons sauvages sont très appréciés dans la région

UN SOLIDE HÉRITAGE CULINAIRE

Berlin n'a jamais été une capitale gastronomique, pas plus que la province rurale du Brandebourg qui l'entoure car la cour des Hohenzollern s'attachait plus à son armée qu'à la culture et à la cuisine. Mais les Grands Électeurs étaient d'excellents chasseurs, et le gibier

– sanglier, lapin et canard – tout comme les oies et les oiseaux de proie faisaient (et font) partie intégrante de la cuisine berlinoise. Au XIXe siècle, la bourgeoisie prussienne et la classe ouvrière préférèrent des plats simples et nourrissants à ce raffinement : non seulement Berlin était alors relativement pauvre, mais les hivers étaient longs et rigoureux et le climat peu clément.

PAINS ET POMMES DE TERRE

Sur les nombreuses variétés de pains proposées aujourd'hui, beaucoup sont des spécialités berlinoises tel le croustillant *Schusterjungen* (le fils du cordonnier), un pain complet foncé au seigle ou le *schrippen,* un petit pain présent sur toutes les tables. Héritage de Frédéric

Mehrkornbrötchen (pain aux céréales)   Berliner Landbrot (pain de seigle doux)

Laugenbrötchen (petits pains salés au levain)

Graubrot (pain de seigle au levain)   Semmel (pain au lait)

Quelques pains allemands, petits et grands

PLATS ET SPÉCIALITÉS LOCALES

Préparé de mille manières par les Berlinois, le porc est le plat le plus populaire. À l'exemple du *Kasseler* créé par le boucher berlinois Cassel à la fin du XIXe siècle, la viande est salée et séchée puis accompagnée de choucroute, de purée et d'une moutarde extra-forte. Le jarret de porc berlinois est accompagné de choucroute, de pommes de terre et d'une purée de pois. Les saucisses, dont la *Currywurst* inventée après la Seconde Guerre mondiale par Hedwig Mueller, propriétaire d'un *Imbissbude* berlinois, sont servies avec une sauce au curry, au piment et à la tomate et un petit pain ou des frites. On en trouve dans tous les Imbissbuden de la ville.

Zanderfilet *ou Havel-Zander : filet de sandre nappé d'une sauce aux oignons et aux légumes, avec de la purée.*

Saucisses traditionnelles allemandes en vitrine d'un boucher berlinois

le Grand, les pommes de terre figurent à chaque menu ou presque, accompagnant viandes et poissons, ou cuites en bouillon comme dans la *Kartoffelsuppe*.

L'INFLUENCE DES BRANDEBOURG

Les restaurants de Berlin n'ont redécouvert l'héritage de la région qu'après la chute du Mur, intégrant alors les traditions culinaires du Mark Brandebourg, une province rurale des environs de Berlin aux épaisses forêts, rivières et lacs. Les produits frais des fermes alentours font désormais partie de la cuisine berlinoise et les recettes d'antan sont modernisées. Le poisson d'eau douce et le gibier sont accommodés avec des herbes aromatiques. Le célèbre *Brandenburger*

Landente, canard à la brandebourgeoise farci aux pommes, aux oignons et aux herbes, puis laqué à l'huile et au miel pour un croustillant parfait, a quant à lui retrouvé sa place sur les menus berlinois.

Légumes frais de la région du Mark Brandebourg

LA RÉVOLUTION GASTRONOMIQUE BERLINOISE

Avec la réunification, une nouvelle influence internationale a donné le jour à de nombreux restaurants gastronomiques, certains étoilés au Michelin. Ceux-ci apportent une touche de légèreté ou d'exotisme à la cuisine berlinoise. Les célèbres champignons du Mark Brandebourg comme le *Pfifferlinge* ou le *Steinpilze* sont à l'honneur et des classiques tels la sauerkraut, le chou ou la betterave sont parfois mariés avec des poissons de la Méditerranée ou des épices d'Asie.

CUISINE LOCALE

Restaurants : Altes Zolhaus (p. 240) ; Leibniz-Klause (p. 241) : Reinhard's (p. 238) ; Lorenz-Adlon (p. 236) ; Zur Letzten Instanz (p. 237) ; Mutter (p. 242), Dressler (p. 236).

Magasins et marchés : Marheineke-Markthalle ; Türken Markt ; Maybachufer, l'épicerie fine du KaDeWe (p. 258) ; Rogacki (p. 259) ; les charcuteries de la chaîne Butter Lindner.

Imbissbuden (Kiosques) : Konnopke (sous le métro, station Eberswalder Strasse, Prenzlauer Berg), Ku'damm 195, Kurfürstendamm ; Currywurstbude, Amtgerichtsplatz, Charlottenburg.

Kasseler Nacken : *échine de porc salée et séchée servie avec de la choucroute ou du chou vert et de la purée.*

Berliner Leber : *foi de veau ou de porc sur un lit de purée, avec des oignons frits et des pommes poêlées.*

Brandenburger Landente : *canard farci avec du chou rouge, des galettes de pommes de terre ou de la purée.*

Que boire à Berlin ?

Comme dans tout le pays, la bière est de loin la boisson alcoolisée la plus consommée dans la capitale allemande, mais un séjour à Berlin offre aussi l'occasion de découvrir les vins du Rhin et de la Moselle. En apéritif, ou avec des plats de porc, les Berlinois apprécient le schnaps, une eau-de-vie proche de la vodka. Il existe de nombreux digestifs à base de plantes aromatiques.

Logo de la brasserie Engelhardt

Bières blondes brassées à Berlin

PILSNER

La bière joue un rôle essentiel dans la vie sociale allemande, et les Berlinois en boivent en toute occasion. La plus appréciée, la *Pilsner* blonde fabriquée avec du houblon, n'en doit pas moins son nom à la ville tchèque de Plzeň où elle fut fabriquée pour la première fois. Berlin possède ses propres brasseries, qui produisent notamment la *Schultheiss*, la *Berliner Kindl*, la *Berliner Pils* et l'*Engerhardt*, mais les bières provenant d'autres régions du pays sont aussi très appréciées. Dans les *Kneipen,* les bistros traditionnels, vous pourrez accompagner vos libations de plats simples et regarder les meilleurs serveurs remplir les chopes à la pression *(vom Fass)* avec toute la lenteur (plusieurs minutes) nécessaire à l'obtention de l'épaisseur de mousse exigée par les connaisseurs.

La *Bock,*
brune et forte

AUTRES BIÈRES

Les brasseries de Berlin, en particulier les petites entreprises artisanales, ne proposent pas que des *Pilsner.* Sombre et sucrée, la *Schwarzbier,* la « bière noire », devient de plus en plus populaire. Elle contient souvent un taux d'alcool supérieur aux quatre degrés habituels. La bière blanche *(Weizenbier)* est une spécialité d'origine munichoise à base de froment. On la sert par demi-litres, en général avec une rondelle de citron. La *Bock,* une bière d'orge, est particulièrement forte. Il en existe une version de printemps : la *Maibock,* disponible en mai.

Le *Brezel*, un amuse-
gueule apprécié avec la
bière

Berliner Weisse
à base
de froment

Berliner Weisse
teintée au sirop
d'aspérule
et de framboise

BERLINER WEISSE MIT SCHUSS

Spécialité locale, la « blanche de Berlin » *(Berliner Weisse)* est une bière de froment jeune et très pétillante, dont la fermentation se poursuit dans la bouteille. Acidulée et un peu amère, elle manque d'agrément seule et on la boit donc *mit Schuss* (litt. : avec un doigt), c'est-à-dire adoucie par du sirop de framboise ou d'aspérule, une plante qui lui donne un goût légèrement médicinal et une belle teinte verte. Servie dans un grand verre ballon avec une paille, la *Berliner Weisse mit Schuss* est une boisson très rafraîchissante et fort appréciée l'été.

VINS

Le climat du Brandebourg ne permet pas la viticulture, et les vignes du Schloss Sanssouci *(p. 188-189)* ont une fonction purement décorative. Il existe cependant des vignobles en Allemagne de l'Ouest et du Sud, et une visite à Berlin donne l'occasion de goûter leur production. Ce sont les blancs qui présentent le plus d'intérêt, en particulier les rieslings. Les plus chers proviennent des régions rhénanes. La mention d'un cépage sur l'étiquette indique qu'il entre pour au moins 85 % dans la fabrication du vin. Parmi les rouges du Rhin, vous pouvez essayer le *Assmanshausen Spätburgunder*, obtenu à partir de pinot noir. À défaut d'un classement par région comparable aux appellations d'origine françaises, un système national de contrôle de qualité sépare les crus en trois catégories : le *Tafelwein* (vin de table) ; le *Qualitätswein* et le *Qualitätswein mit Prädikat* qui ne peut être chaptalisé. *Trocken* signifie « sec », *halbtrocken* « demi-sec » et *süss* « doux ». Un *Sekt* est un mousseux.

Vin rouge de Franconie primé

Riesling du Schloss Vollrads

AUTRES BOISSONS ALCOOLISÉES

Sous le terme générique de *Schnaps,* les Allemands fabriquent toutes sortes d'eaux-de-vie. Ils s'en servent entre autres pour accompagner certains plats de porc. Une tradition consiste à boire un petit verre de *Korn,* un schnaps à base de grain, avec une chope de bière. Les différents cognacs sont connus sous le nom générique de *Weinbrand.* Des plantes aromatiques entrent dans la composition de nombreux digestifs dont, parmi les plus appréciés, le *Kümmerling,* le *Jägermeister* et la *Kaulzdorferkräuter Likör.* Vous remarquerez souvent sur les cartes des restaurants une spécialité au miel de l'est de la Prusse : le *Bärenfang.* Plus exotique, la *Goldwasser* de Dantzig contient des paillettes d'or. Le secret de cette liqueur à base d'herbes remonte au XVIe siècle.

Eau-de-vie de grain

Liqueur de plantes

Digestif à la saveur aigre-douce

BOISSONS NON ALCOOLISÉES

Les restaurants n'ont pas l'habitude de fournir à table une carafe remplie au robinet, et si vous voulez boire de l'eau il vous faudra commander une bouteille de *Mineralwasser* en précisant « ohne Kohlensäure » si vous la voulez plate. L'éventail de sodas et de boissons rafraîchissantes diverses ressemble beaucoup en Allemagne à ce qu'on trouve en France ou aux États-Unis. Restaurants et cafés proposent entre autres un large choix de jus de fruits. Essayez l'*Apfelschorle,* jus de pomme coupé d'eau minérale gazeuse.

Apfelschorle

CAFÉ, THÉ ET TISANES

Les restaurants et les bars de Berlin proposent surtout du café filtre, servi à la tasse ou dans un pot avec du lait concentré et du sucre. Si vous le préférez plus corsé, vous n'aurez toutefois aucun mal à trouver de l'espresso. En milieu d'après-midi, du thé *(Schwarzen Tee),* parfois au lait *(Tee mit Milch),* peut remplacer le café du traditionnel *Kaffee und Kuchen* (« café et gâteaux »). Les Allemands apprécient également les tisanes dont, parmi les plus répandues, les infusions de menthe *(Pfefferminztee)* et de camomille *(Kamillentee).*

Menthe et camomille, deux tisanes très répandues

Choisir un restaurant

Les restaurants de ce guide ont été choisis pour leur bon rapport qualité-prix, la qualité de leur cuisine et leur cadre. Notre sélection présente les restaurants de Berlin classés par quartier et dans l'ordre alphabétique par catégories de prix. Le cas échéant, quelques spécialités de la carte sont mentionnées.

CATÉGORIES DE PRIX
pour un repas avec entrée et dessert, taxes et service compris, mais sans les boissons :

€ moins de 25 €
€€ de 25 à 35 €
€€€ de 35 à 45 €
€€€€ de 45 à 55 €
€€€€€ plus de 55 €

UNTER DEN LINDEN ET LES ALENTOURS

Nante-Eck
€

Unter den Linden 35, 10117 **Tél.** 22 48 72 57   **Plan** 6 F3, 15 C3

Il est rare de pouvoir manger comme ici une *currywurst* assis à une table en regardant la vie s'écouler sur l'un des plus célèbres carrefours de Berlin. Cette *Kneipe* typiquement berlinoise offre un excellent rapport qualité-prix. Les plats sont simples et copieux, notamment les spécialités berlinoises – *Eisbein* et *Sauerkraut*, *Sülze* et *Erbssuppe*.

XII Apostel
€

Georgenstrasse 2 (S-Bahnbögen 177-180), 10117 **Tél.** 201 02 22   **Plan** 7 A2, 16 D2

Situé dans l'ancienne arcade d'un pont du S-Bahn, près de Museumsinsel, ce restaurant pittoresque sert une cuisine italienne familiale. On y savoure des pizzas inventives à la pâte fine et croustillante ; chacune porte le nom d'un apôtre. Ironie du sort, la pizza Juda est la plus craquante.

Bocca Di Bacco
€€

Friedrichstrasse 167/168, 10117 **Tél.** 206 728 28   **Plan** 7 A5

C'est l'un des plus vieux restaurants italiens de renom dans Berlin-Ouest et il attire le Tout-Berlin. Tom Hanks et Spielberg y ont leurs habitudes. Noté 14 au Gault Millau, le chef Lorenzo Pizetti régale ses clients de pâtes fraîches et de poissons excellents.

Dressler
€€€

Unter den Linden 39, 10117 **Tél.** 204 44 22   **Plan** 6 F3, 15 C3

C'est l'endroit idéal pour un dîner rapide avant ou après le spectacle. La cuisine traditionnelle allemande ou française est servie dans une salle à manger Art déco. En saison, il propose d'excellents fruits de mer de Berlin. En hiver, goûtez les spécialités allemandes comme le canard rôti au chou rouge et aux boulettes.

Lutter & Wegner
€€€

Charlottenstrasse 56, 10117 **Tél.** 202 95 40   **Plan** 7 A4

Le premier restaurant à relancer la gastronomie dans le centre historique de Berlin-Est. Le restaurant qui porte le nom d'un champagne allemand de qualité est à présent synonyme d'une délicieuse cuisine austro-allemande. Goûtez le *Wiener Schnitzel* et sa salade de pommes de terre, meilleure tiède, ou l'oie et le canard en hiver.

Borchardt
€€€€

Französische Strasse 47, 10117 **Tél.** 818 862 62   **Plan** 6 F4, 15 C3

C'est l'un des rares restaurants de Berlin qui ait conservé son cadre d'origine : colonnes en marbres, mosaïques et sols à motifs de style wilhelminien. On y sert de la bonne cuisine, comme le steak frites à la française, à des prix raisonnables. Le restaurant est bondé le week-end. N'oubliez pas de réserver.

Lorenz-Adlon-Gourmet
€€€€€

Unter den Linden 77, 10117 **Tél.** 226 119 60   **Plan** 6 E3, 15 A3

L'établissement est digne du palace l'*Adlon*, qui l'accueille. Dès son ouverture, il a été coté parmi les meilleurs restaurants de Berlin. Sous nouveau chef, Thomas Neeser, a su maintenir sa réputation. On y sert aujourd'hui une nouvelle cuisine légère. Fermé le dimanche et le lundi.

Ma Tim Raue
€€€€€

Behrenstrasse 72, 10117 **Tél.** 30 11 17 333   **Plan** 6 E4, 15 A3

Le chef Tim Raue propose ici une cuisine légère très inventive d'inspiration chinoise qui lui a valu une étoile au Michelin et un 18 au Gault Millau. Son voisin, le *Shochu Bar*, sert exclusivement des alcools chinois et japonais dans une ambiance exquise. Fermé le dimanche, le lundi et en août.

Margaux
€€€€€

Unter den Linden 78, 10117 **Tél.** 226 526 11   **Plan** 6 E3, 15 A3

Dans le style chic et urbain, le *Margaux* incarne la gastronomie du nouveau Berlin. La cuisine, française, est à la fois classique et créative. Le restaurant propose aussi une longue carte des vins et des plats du jour abordables à midi. Fermé le dimanche.

Légende des symboles *voir le rabat arrière de couverture*

Parioli

Behrenstrasse 37, 10117 **Tél.** *460 60 912 01*

🅿️ 🚻 ♿ 📧   €€€€€

Plan 7 A4

Le *Parioli* est un restaurant italien chic et tranquille logé dans le nouvel Hotel de Rome. Les pâtes et le risotto sont la spécialité du chef, mais les menus complets sont plus avantageux. En été, on pourra dîner plus simplement dans la petite cour intérieure.

Vau

Jägerstrasse 54-55, 10117 **Tél.** *202 97 30*

€€€€€

Plan 6 F4, 15 C4

Ce restaurant se distingue par son cadre élégant et sans ostentation. Il doit sa délicieuse cuisine créative d'inspiration française et autrichienne à la star des chefs berlinois, Kolja Kleeberg. Le service est accueillant et la carte des vins séduisante. Une petite cour reçoit les clients à midi. Fermé le dimanche.

MUSEUMSINSEL

Brauhaus Georgbräu

Spreeufer 4, 10178 **Tél.** *242 42 44*

🚻 ♿   €

Plan 7 C3

À première vue, ce restaurant aux longues tables et aux grandes salles bondées ressemble à un piège à touristes. Si vous n'êtes pas amateur de saucisses, goûtez le *Brauhausknüller*, le jarret de porc berlinois accompagné de purée de pois, de choucroute et de pommes de terre, le tout arrosé d'une bière fraîche.

The Factory & Bar

Wallstrasse 70-73, 10179 **Tél.** *240 629 03*

€€€

Plan 7 C4

Le restaurant qui fait partie du complexe gastronomique de l'*Art'Otel* est aménagé dans un sous-sol élégant. Il sert une bonne cuisine régionale mais moderne aux accents méditerranéens. Après un copieux filet de bœuf aux pommes de terre sautées et aux haricots verts, allez siroter un cocktail au bar.

Heat

Karl-Liebknecht-Strasse 3, 10178 **Tél.** *238 283 472*

🅿️ 🚻 ♿   €€€

Plan 7 B2, 16 F2

C'est le dernier endroit à la mode pour la cuisine fusion. On y sert un mélange éclectique d'inspiration asiatique, indienne et méditerranéenne. À midi, sa cuisine légère est axée sur les poissons frais et les salades. En été, ses tables en terrasse donnent directement sur le Spreekanal.

NIKOLAIVIERTEL ET ALEXANDERPLATZ

Blaues Band

Alte Schönhauser Strasse 7/8, 10119 **Tél.** *283 850 99*

🅿️ 🚻   €

Plan 7 C1

Pourtant situé dans le quartier branché de Mitte, le *Blaues Band* reste méconnu de bien des Berlinois. L'ambiance est amicale et décontractée et la cuisine exquise. Les plats allemands sont chaudement recommandés. Asperges fraîches à la carte au début de l'été, canard et oie en hiver.

Brauhaus Mitte

Karl Liebknecht Strasse 13, 10178 **Tél.** *308 789 89*

🚻 ♿   €

Plan 7 C2

En face de la vivante Alexanderplatz, cette brasserie au cadre rustique est idéale pour se détendre après une visite du centre-Est. À la carte, des spécialités assez lourdes mais délicieuses : jarret de porc avec choucroute et purée, ou *Bouletten,* boulettes de bœuf froides à la berlinoise.

Monsieur Vuong

Alte Schönhauser Strasse 46, 10119 **Tél.** *992 969 24*

🚻 ♿   €

Plan 7 C1

Ce minuscule restaurant vietnamien est l'une des nouvelles adresses de la jeunesse chic de Mitte. On y sert de délicieux plats asiatiques et vietnamiens à des prix très sages. Monsieur Vuong, dont la photo en noir et blanc trône dans le restaurant, est le père de l'actuel propriétaire, le chef Doug Vuong.

Zum Nussbaum

Am Nussbaum 3, 10178 **Tél.** *242 30 95*

€

Plan 7 C3

Situé dans une ruelle de Nikolaiviertel, le restaurant sert une cuisine berlinoise traditionnelle : jarret de porc, rollmops et *Berliner Boulette,* un hamburger épicé sans le pain. En été, dînez dans le jardin et goûtez les différentes bières de la région.

Zur Letzten Instanz

Waisenstrasse 16, 10179 **Tél.** *242 55 28*

🅿️   €

Plan 8 D3

Le restaurant qui date de 1621 est le plus vieux de Berlin. Aujourd'hui, presque tous les chefs d'État en visite passent par ce pub spécialisé dans la cuisine traditionnelle allemande : jarret de porc *(Eisbein),* bœuf aux olives *(Rinderroulade)* et énormes chopes de bières allemandes. Fermé le dimanche.

Oxymoron

€€

Rosenthaler Str. 40-41, 10178 **Tél.** *283 918 86* **Plan** *7 B2*

Ce restaurant à la mode au décor rouge et or évoquant un salon du XIXe s. propose une cuisine axée sur des plats méditerranéens et une cuisine allemande légère. À midi, et pour un prix raisonnable, vous apprécierez un repas léger dans la cour, la plus belle de toutes à l'intérieur du Hackesche Höfe.

Zoe

€€

Rochstrasse 1, 10178 **Tél.** *240 456 35* **Plan** *7 C 2*

Le *Zoe* est un mariage très réussi entre l'Asie et la nouvelle cuisine allemande. La carte change tous les jours, mais présente invariablement une viande rôtie, sautée ou frite, un poisson ou une variation de légumes, accompagnés de nouilles, de champignons et de salades, et de délicieuses sauces asiatiques.

Reinhard's

€€€

Poststrasse 28, 10178 **Tél.** *238 42 95* **Plan** *7 C3*

Décoré dans le style des Années folles, ce restaurant offre un cadre enchanteur. La cuisine est excellente. Sa spécialité, le *Das Geheimnis aus dem Kaiserhof* (« le secret de la cour du kaiser ») : un steak succulent servi avec une sauce créée, paraît-il, pour le peintre Max Liebermann.

DU SCHEUNENVIERTEL À L'HAMBURGER BAHNHOF

Kamala

€

Oranienburger Strasse 69, 10117 **Tél.** *283 27 97* **Plan** *7 A1*

Ce petit restaurant, meublé simplement, sert une cuisine savoureuse. À la carte, des classiques thaï, préparés avec un savant usage des épices, à l'instar de ses délicieuses soupes aux délicates fleurs thaï. Le *Kamala* appartient à la chaîne Mao Thaï, composée des quatre meilleurs restaurants thaï de la ville.

Nolle

€

Georgenstrasse, S-Bahnbogen Nr. 203, 10117 **Tél.** *208 26 45* **Plan** *7 A3*

Installé sous les voies du S-Bahn, le *Nolle* est un restaurant au décor agréable, style années 1920. La verdure luxuriante qui l'entoure et les tables dressées avec élégance offrent un cadre parfait à sa cuisine internationale et allemande. Le choix de *Schnitzel* est impressionnant.

Orange

€

Oranienburger Strasse 32, 10117 **Tél.** *283 852 42* **Plan** *7 A1*

Ce café-restaurant au cadre agréable propose une cuisine italienne et internationale. On vient y manger sur le pouce ou prendre un repas complet. Bien situé pour se restaurer avant la visite du Scheunenviertel, c'est aussi une excellente adresse pour le petit déjeuner..

Yosoy

€

Rosenthaler Strasse 37, 10787 **Tél.** *283 912 13* **Plan** *7 B2*

Un restaurant agréable et bon marché avec un grand choix de plats et de vins espagnols. Les *tapas* sont une merveille : vous aurez le choix entre 20 créations variées présentées derrière une vitre. Le *Yosoi-Tapasplatte*, à 7,50 euros, proposant un assortiment des meilleurs *tapas* est très intéressant.

Hackescher Hof

€€

Rosenthaler Strasse 40/41, 10178 **Tél.** *283 52 93* **Plan** *7 B2*

Ce café-restaurant très fréquenté est composé d'un bar et d'un pub d'une part et d'une salle à manger de l'autre. On y sert le petit déjeuner dès l'aube, des menus bon marché à midi et des repas italiens le soir. La cuisine est délicieuse et inventive. En été, les meilleures tables sont à l'extérieur. Réservez à l'avance.

Kellerrestaurant im Brecht-Haus

€€

Chausseestrasse 125, 10115 **Tél.** *282 38 43* **Plan** *6 E1*

Ce restaurant est installé dans la cave de la maison où vécut Bertold Brecht. Les plats, plutôt consistants, sont préparés d'après les recettes de Helene Weigel, l'épouse du célèbre écrivain. À noter parmi les créations, le *Tafelspitz*, un rumsteck bouilli et mariné.

Ganymed Brasserie

€€€

Schiffbauerdamm 5, 10117 **Tél.** *285 990 46* **Plan** *6 F2, 15 C1*

Cette brasserie de bonne qualité jouit d'un cadre enchanteur avec un petit jardin et vue sur la Spree. On y mange des spécialités berlinoises à base de poisson, mais elle propose aussi des classiques de la cuisine française : steak tartare, noix de Saint-Jacques sautées au vin blanc, et plateau de fromages.

San Nicci

€€€€

Friedrichstrasse 101, 10117 **Tél.** *30 64 54 980* **Plan** *6 F3, 15 C2*

Idéalement situé dans le vieux théâtre de l'Admiralspalast, près de la gare de Friedrichstrasse, le très élégant *San Nicci* et sa cuisine d'inspiration italienne séduisent une clientèle de célébrités. Au menu : pâtes maison et panzarotti aux noix délicieusement fondant. Un vrai moment de dolce vita culinaire en plein cœur de Berlin !

Légende des catégories de prix *voir p. 236* **Légende des symboles** *voir le rabat arrière de couverture*

Grill Royal   €€€€€

Friedrichstrasse 105, 10117 **Tél.** *28 87 92 88*   **Plan** *6 F2, 15 C1*

Les réservations sont de mise dans ce restaurant très tendance que fréquentent les Claudia Schiffer et autres Quentin Tarantino. C'est l'un des rares endroits d'Allemagne qui servent du bœuf de Kobe. Le service n'est pas toujours à la hauteur de la qualité de la viande, mais quelques tables surplombent le fleuve, et le salon fumeurs est splendide.

Weinbar Rutz   €€€€€

Chausseestrasse 8, 10115 **Tél.** *246 287 60*   **Plan** *6 E1*

L'une des meilleures tables de Berlin s'est vu décerner une étoile au Michelin pour sa cuisine pleine de fraîcheur et d'imagination, entre Allemagne et Méditerranée. Son excellente carte des vins et son adresse très centrale offrent une formidable alternative aux poids lourds du quartier du Mitte.

TIERGARTEN

Desbrosses   🅿 🚹 ♿ 🎵   €€€

Potsdamer Platz 3 (dans le Beisheim Center et sur la Potsdamer Platz), 10785 **Tél.** *337 763 40*   **Plan** *6 D5*

Murs de lambris foncés, superbes banquettes de cuir très confortables, chaises bistro, cuisine ouverte pour le spectacle et Piaf en fond sonore : tout ici vous donne l'impression que vous êtes en France. Le plateau de fruits de mer est un *must*.

Midtown Grill   🅿 🚹 ♿   €€€

Eberstrasse 3, 10785 **Tél.** *220 005 411*   **Plan** *6 E5*

Steaks et fruits de mer sont à l'ordre du jour dans ce restaurant. En attendant les plats, vous pourrez observer les chefs dans la cuisine ouverte et apprécier un grand cru choisi sur l'une des meilleures cartes de vins étrangers de Berlin en écoutant du jazz. Le service est parfois lent.

Oktogon Fusion Restaurant   🚹 ♿   €€€

Leipziger Platz 10, 10117 **Tél.** *206 428 64*   **Plan** *6 E5*

Si la cuisine et le service ont la classe d'un grand restaurant, les prix restent abordables. La carte se lit comme un voyage autour du monde en cinq étapes : raviolis chinois, falafels de Turquie, caille à la française aux lentilles d'Inde, et filet de saumon écossais mariné à la thaï.

Käfer im Bundestag   🚹   €€€€

Reichstag, Platz der Republik, 10557 **Tél.** *226 29 90*   **Plan** *6 D3*

Son emplacement unique sur le toit du Reichstag, juste à côté de la coupole de sir Norman Foster, explique le succès de ce restaurant de Mitte. La cuisine allemande est créative et digne de son propriétaire, Käfer, la star de la restauration allemande. Réservez à l'avance pour le déjeuner.

Facil   🅿 🚹 ♿   €€€€

Potsdamer Strasse 3, 10785 **Tél.** *590 051 234*   **Plan** *6 D5*

Le plus raffiné (et le plus abordable) des restaurants allemands étoilés au Michelin comble les connaisseurs en matière de gastronomie comme de design. Son menu à sept plats, français et allemands, est un régal pour les yeux. Située sur le toit, la salle élégante, aux lignes épurées, ouvre sur un petit jardin en été. Fermé le samedi et le dimanche.

Hugo's   🅿   €€€€€

Budapesterstrasse 2, 10787 **Tél.** *260 20*   **Plan** *10 F1*

Installé depuis peu dans l'*Inter-Continental*, le *Hugo's* est l'une des meilleures tables de Berlin. On y sert des recettes françaises et internationales originales aux influences allemandes. Les plats de poissons et fruits de mer témoignent du savoir-faire incontesté du chef. Réservation indispensable. Fermé le dimanche.

Vox   🅿 🚹 ♿ 🎵   €€€€€

Marlene Dietrich Platz 2, 10785 **Tél.** *255 317 72*   **Plan** *6 D5*

Restaurant principal du *Grand-Hyatt*, le *Vox* est sans aucun doute un grand nom de la gastronomie berlinoise. D'inspiration japonaise et internationale, sa cuisine fusion minimaliste met l'accent sur le Japon (sushi) et les créations franco-italiennes. La réservation est indispensable.

KREUZBERG

Defne   🍽 🚹 ♿   €

Planufer 92c, 10967 **Tél.** *817 971 11*   **Plan** *14 D3*

Ce lieu intime doit probablement son titre de meilleur restaurant turc de Berlin au fait qu'il se démarque de ses homologues dans le quartier. Les plats traditionnels de viande et de poisson sont légèrement modernisés. En été, on est séduit par le jardin en terrasse avec vue sur le canal.

Hasir
⊟ P ♿ ♿   €

Adalbertstrasse 10, 10999 **Tél.** *614 23 73*   **Plan** *14 E2*

Parmi les plus vieux et les plus traditionnels des restaurants turcs, le *Hasir* fait désormais partie de la chaîne du même nom dont il est le premier-né. On y sert l'un des plus grands choix de plats arabo-turcs de la ville. *Kebabs* et soupes sont particulièrement délicieux.

Osteria No. 1
€€

Kreuzbergstrasse 71, 10965 **Tél.** *786 91 62*   **Plan** *12 E4*

Cette Osteria fut l'une des premières de Berlin, ce qui lui valut d'être le restaurant italien le plus branché de la ville. Cette époque est révolue, mais l'on apprécie toujours ses pizzas cuites au four. Salades fraîches et délicieuses variations autour des pâtes.

Sale E Tabacchi
P ♿   €€

Rudi-Dutschke-Strasse 23, 10969 **Tél.** *252 11 55*   **Plan** *13 A1*

Cet établissement propose une cuisine italienne de qualité constante (rarement de pizzas) dans une ambiance confortable. En été, on préfère sa cour, très fréquentée par les hommes politiques et les journalistes des quotidiens du quartier. À midi, choisissez le menu déjeuner bon marché à trois plats.

Altes Zollhaus
P ♿   €€€€

Carl-Herz-Ufer 30, 10961 **Tél.** *692 33 00*   **Plan** *13 B3*

Sur la rive pittoresque du Landwehrkanal, ce restaurant a remplacé un ancien poste de contrôle de frontière. On y sert une excellente cuisine gastronomique allemande sans les sauces lourdes habituelles. En saison, les plats à base de champignons sauvages sont un régal. Fermé le dimanche et le lundi.

E.T.A. Hoffmann
♿ ♿   €€€€

Yorckstrasse 83, 10965 **Tél.** *780 988 09*   **Plan** *12 F4*

Cet ancien chef de file de la gastronomie berlinoise a réouvert ses portes avec un nouveau chef. Le jeune Thomas Kurt réinvente la cuisine allemande avec une touche internationale. En été, il signe des plats de poisson légers rehaussés de légumes et de sauces élaborées. En hiver, la cuisine allemande est plus riche. Fermé le mardi.

AUTOUR DU KURFÜRSTENDAMM

Ali Baba
♿ ♿   €

Bleibtreustrasse 45, 10623 **Tél.** *881 13 50*   **Plan** *9 B1*

Appréciée de longue date des étudiants berlinois, cette pizzéria à petit budget ouverte jusqu'au petit matin propose essentiellement deux types de pizzas à la part : au fromage ou au salami. Les pizzas sont délicieuses et à des prix raisonnables. La réservation n'est pas indispensable.

Francucci's
♿ ♿ ▤   €

Kurfürstendamm 90, 10711 **Tél.** *323 33 18*   **Plan** *9 A2*

Parmi les secrets les mieux gardés de Berlin, et très apprécié des Berlinois, ce restaurant haut de gamme situé en haut du Kurfürstendamm offre une délicieuse cuisine consistante, inspirée de la campagne toscane. Parmi ses spécialités, les pâtes fraîches préparées selon vos désirs, le sanglier d'Italie, ou la pizza Francucci's, servie à la part.

Good Friends
Kantstrasse 30, 10623 **Tél.** *313 26 59*   **Plan** *9 B1*

Le *Good Friends* est assailli tous les soirs par une clientèle de touristes, d'étudiants et d'habitants du quartier qui vient savourer ses spécialités cantonaises et orientales. L'intérieur n'est pas du meilleur goût, le service n'est pas particulièrement accueillant, et l'endroit est bruyant, mais la cuisine vaut le détour.

Kuchi
€

Kantstrasse 30, 10623 **Tél.** *315 078 15*   **Plan** *9 B1*

Le *Kuchi* est probablement l'un des meilleurs restaurants japonais de Berlin pour son rapport qualité-prix. Il sert d'excellents sushis et plats régionaux. Le tapis roulant de sushis et leur assortiment sont particulièrement séduisants. La réservation est conseillée.

Lubitsch
♿   €

Bleibtreustrasse 47, 10623 **Tél.** *882 37 56*   **Plan** *9 B1*

Situé dans l'une des rues les plus vivantes autour de la Savignyplatz, ce restaurant très apprécié propose un vaste choix de plats allemands et internationaux, à des prix très sages à midi. Le soir, les menus à deux ou trois plats sont intéressants.

Marché
€

Kurfürstendamm 14, 10719 **Tél.** *882 75 78*   **Plan** *10 D1*

Self-service à l'ombre du Mövenpick, le *Marché* nourrit les nombreux touristes qui viennent visiter la Kaiser-Gedächniskirshe. Au programme : viande, volaille et poissons, force desserts, bières et vins. Les plus jolies tables sont à l'étage.

Légende des catégories de prix *voir p. 236* **Légende des symboles** *voir le rabat arrière de couverture*

XII Apostel

Bleibtreustrasse 49, 10623 **Tél.** *312 14 33* **Plan** *9 B1*

Ouvert presque 24 h/24, ce restaurant italien ne désemplit pas. Ses plats de pâtes et ses pizzas cuites au four rivalisent d'inventivité. On y dîne dans une salle confortable, sous l'auvent ou dans une ruelle pittoresque en été. Réservation vivement recommandée le soir.

Zing

Grolmanstrasse 21, 10623 **Tél.** *375 91 339* **Plan** *9 C1*

Ce restaurant asiatique décontracté sert une délicieuse cuisine fusion chinoise et thaïlandaise dans un cadre chaleureux et élégant. Tous les plats, plutôt épicés, jouent sur la fraîcheur de leurs ingrédients. En tête, le hors-d'œuvre de poissons pour deux et le poulet General Tsao.

Austeria Brasserie

Kurfürstendamm 184, 10719 **Tél.** *881 84 61* **Plan** *9 B2*

Ce restaurant d'huîtres et de poissons est surtout fréquenté à midi par les Berlinois travaillant près du Ku'damm. On y sert de bons plats de fruits de mer influencés par la cuisine allemande et française. Les soirs d'été, les quatre tables de sa petite terrasse sont très agréables.

Café Einstein

Kurfürstenstrasse 58, 10785 **Tél.** *261 50 96* **Plan** *11 A2*

Cette institution berlinoise est installée dans une élégante villa, ancienne propriété d'une vedette de cinéma allemande. Les garçons en noir et blanc et nœud papillon, et la cuisine viennoise raffinée confèrent à ce lieu un parfum autrichien de fin de siècle. Le *Wiener Schnitzel* et le *Gulash* sont exceptionnels.

Cassambalis Taverna

Grolmanstrasse 35, 10623 **Tél.** *885 47 47* **Plan** *9 C1*

Le *Cassambalis,* au parfum de taverne grecque haut de gamme, possède un immense buffet dominant la salle à manger. Outre les classiques grecs et turcs, on y sert aussi des plats italiens : des pâtes fraîches, plusieurs plats de poisson, de bœuf et toutes sortes de salades.

El Borriquito

Wielandstrasse 6, 10625 **Tél.** *312 99 29* **Plan** *9 B1*

Avec une petite salle regorgeant de souvenirs ibériques et son personnel plus vrai que nature, l'endroit est charmant. Les fruits de mer et les plats de viande sont délicieux, le meilleur étant sans doute l'agneau à la sauce tomate maison. En été, on sort quelques tables dans la rue.

Florian

Grolmannstrasse 52, 10623 **Tél.** *313 91 84* **Plan** *3 C5*

Les plats du jour de ce restaurant fréquenté par les metteurs en scène et les acteurs varient au fil des saisons, les meilleurs étant proposés pendant la saison des asperges et des champignons sauvages. Le *Florian* propose aussi un vaste choix de vins. Réservation indispensable.

Leibniz-Klause

Leibnizstrasse 46, 10629 **Tél.** *323 70 68* **Plan** *3 B5*

Ce restaurant de quartier allemand est l'une des rares bonnes adresses où la cuisine est exclusivement berlinoise. *Eisbein, Berliner Leber, Havelzander, Wurst* et *Sauerbraten* accompagnés de chou rouge ou vert, et autre *Sauerkraut* sont tous les jours au programme. Portions généreuses.

Marjellchen

Mommsenstrasse 9, 10629 **Tél.** *88 32 676* **Plan** *9 B1*

Ce petit restaurant de quartier revisite les spécialités des anciennes provinces allemandes, dont le *Schlesisches Himmelreich* (viande fumée accompagnée de fruits cuits et de brioche vapeur) dans un décor confortable et sombre qui rappelle le Berlin d'avant-guerre. Les entrées sont très copieuses. Fermé le dimanche.

Nu

Schülterstrasse 55, 10629 **Tél.** *887 098 11* **Plan** *9 B1*

Le *Nu* est l'un des restaurants préférés des habitants du centre ouest pour sa cuisine fusion asiatique. Avec son fascinant mélange de plats de Thaïlande, Singapour, Chine et Vietnam servis sur de grandes tables à partager avec d'autres convives, le *Nu* attire une clientèle jeune et branchée. DJ et lounge-music ven., sam. et dim. soir.

Ottenthal

Kantstrasse 153, 10623 **Tél.** *313 31 62* **Plan** *10 D1*

L'intérieur simple est orné d'une horloge de l'église d'Ottenthal en Autriche. L'ambiance musicale fait la part belle à Mozart. On y sert une cuisine autrichienne raffinée et des desserts exquis. Avec plus de 150 crus des Alpes, la liste des vins est somptueuse. Réservation indispensable.

Paris Bar

Kantstrasse 152, 10623 **Tél.** *313 80 52* **Plan** *9 C1*

Voici un bistrot élégant fréquenté par des artistes et des hommes politiques. Les prix sont élevés, mais la cuisine excellente – goûtez le boudin noir aux pommes de terre *(Blutwurst mit Kaartoffeln).* Réservez à l'avance. Si vous avez un peu d'attente, prenez un verre au bar *Le Nouveau Bar du Paris.*

Shaan II

Marburger Strasse 14, 10789 **Tél.** *634 206 56*

Plan 10 E1

Ce superbe restaurant indien propose une cuisine authentique sans être exagérément épicée, inspirée de recettes royales anciennes, en particulier des plats tandoori sortis tout droit d'un four en terre cuite. Le chef n'utilise que des produits frais et des épices rares qu'il fait venir directement d'Inde.

Bacco

Marburger Strasse 5, 10789 **Tél.** *211 86 87*

Plan 10 E1

Atmosphère intime, cadre moderne et merveilleuse cuisine toscane : voici une version plus tranquille et plus décontractée du désormais chic et célèbre *Bocca di Bacco* de Mitte. Les prix sont assez élevés et les portions petites, mais la qualité compense le tout. Fermé le dimanche en été.

Die Quadriga

Eislebener Strasse 14, 10789 **Tél.** *214 050*

Plan 10 E2

Le clou de l'*Hotel Brandenburger Hof* est sans aucun doute ce restaurant gastronomique, parmi les meilleurs de Berlin. Confortable, il sert une cuisine française originale doublée d'un service irréprochable. Le chef Bobby Brauër adore les produits frais français et réinvente les plats traditionnels et internationaux. Réservez à l'avance.

First Floor

Budapester Strasse 45, 10787 **Tél.** *250 210 20*

Plan 10 E1

Étoilé au Michelin, ce restaurant élégant propose une cuisine allemande haut de gamme. Il est tenu par le grand chef berlinois Matthias Buccholz qui propose des plats traditionnels et des créations exquises à base de poissons, d'écrevisses et de truffes. La carte varie avec les saisons. Réservez à l'avance. Fermé le dimanche et le lundi.

CHARLOTTENBURG

Le Piaf

Schlossstrasse 60, 14059 **Tél.** *342 20 40*

Plan 2 E3

Un petit bistrot à la française comme les aime la clientèle aisée du quartier. La cuisine simple est un savant mélange de recettes françaises et alsaciennes présentées par le propriétaire Claude Trendel, ou son personnel accueillant. En été, on sirotera une bière dans le jardin. Fermé à midi et de dimanche à lundi.

Ana e Bruno

Sophie-Charlotten-Strasse 101, 14059 **Tél.** *325 71 10*

Plan 2 D3

L'un des meilleurs restaurants italiens de Berlin. L'intérieur élégant offre le cadre idéal pour déguster les sublimes créations du chef. Tout ici est délicieux – goûtez l'esturgeon grillé à la sauce méditerranéenne. Fermé le dimanche et le lundi.

EN DEHORS DU CENTRE

DAHLEM : Diekmann im Chalet Suisse

Clayallee 99, 14195 **Tél.** *832 63 62*

Ce pittoresque chalet en bois est l'adresse idéale pour se détendre après une promenade dans la forêt de Grunewald. L'établissement appartient désormais à la chaîne Diekmann. Le service est irréprochable et la carte propose un vaste choix de plats suisses et allemands. La crème brûlée est à tomber.

FRIEDRICHSHAIN : Umspannwerk Ost

Palisadenstrasse 48, 10243 **Tél.** *428 094 97*

L'ambiance et les dimensions de cet ancien poste de transformation magnifiquement aménagé sont impressionnantes. De la cuisine ouverte sort un grand choix de plats de saison accompagnés d'une carte des vins soigneusement composée. De temps à autre, des spectacles de théâtre, de flamenco et autres sont programmés.

GRUNEWALD : Forsthaus Paulsborn

Hüttenweg 90, 14195 **Tél.** *818 19 10*

Ce restaurant excellent est installé au rez-de-chaussée d'un ancien pavillon de chasse converti en hôtel dans la forêt. La cuisine est fabuleuse. Le week-end, superbe buffet brunch. Gâteaux et pâtisseries maison vous y attendent l'après-midi. Fermé le lundi.

GRUNEWALD : Vivaldi

Brahmsstrasse 10, 14193 **Tél.** *895 840*

Le *Vivaldi* est un restaurant de luxe installé dans le non moins luxueux *Schlosshotel*. La décoration intérieure – lambris, dorures à la feuille d'or et chandeliers – est signée Karl Lagerfeld. Le niveau a un peu baissé, mais la table française reste excellente. Réservez à l'avance. Fermé le mardi et le mercredi.

Légende des catégories de prix *voir p. 236* **Légende des symboles** *voir le rabat arrière de couverture*

NEUKÖLLN : Merhaba

Wissmannstrasse 32, 12049 **Tél.** *692 17 13*

On vient de tout Berlin pour manger avec les Turcs et les Allemands du quartier. Même si vous n'avez pas très faim, vous ne résisterez pas aux hors-d'œuvre. En été, des tables sont installées en plein air. Danse orientale le ven. et le sam.

PRENZLAUER BERG : Mao Thai

Wörtherstrasse 30, 10405 **Tél.** *441 92 61*

C'est l'un des meilleurs restaurants thaïlandais de Berlin. L'intérieur regorge de superbes antiquités. La carte offre un large éventail de plats parfumés mais peu épicés. Les légumes frais découpés avec originalité sont une spécialité du lieu. Réservation conseillée le soir.

PRENZLAUER BERG : Pasternak

Knaackstrasse 22-24, 10405 **Tél.** *441 33 99*

Expatriés russes, étudiants allemands et artistes viennent au *Pasternak* pour son atmosphère gaie et sa délicieuse cuisine, quoiqu'un peu lourde, en particulier le *borchtch* (soupe de betterave), les blinis et le bœuf Stroganov. Brunch au caviar et à la vodka.

PRENZLAUER BERG : Gugelhof

Kollwitzstrasse 59, 10435 **Tél.** *442 92 29*

L'un des restaurants les plus connus de la ville – surtout depuis que Bill Clinton y a passé une soirée – dévoile une carte des vins aussi impressionnante qu'abordable. L'ambiance électrique séduit aussi bien les gens du quartier qu'une clientèle de passage.

PRENZLAUER BERG : Restauration 1900

Husemannstrasse 1, 10435 **Tél.** *442 24 94*

Ce restaurant, l'un des plus vieux et des plus traditionnels de l'est de Berlin, accueille ses clients dans une salle simple où trônent un superbe bar à l'ancienne et autres antiquités. La cuisine, légère, fait la part belle aux végétariens, avec quelques spécialités d'origine allemande. La terrasse donne sur Husemannstrasse.

SCHÖNEBERG : Pranzo e Cena

Goltzstrasse 32, 10781 **Tél.** *216 35 14*

Plan *11 A3*

Cette pizzeria de quartier, installée dans un pub berlinois simple mais confortable, est une adresse en vogue de Schöneberg. Le choix de pâtes fraîches est impressionnant. Goûtez *Tris di Pasta* : un assortiment de trois variétés. La carte des vins, classique, affiche une sélection de crus italiens et allemands. Réservation indispensable.

WEDDING : Maxwell

Bergstrasse 22, 10115 **Tél.** *280 71 21*

Ce célèbre restaurant haut de gamme doit sa réputation à une succulente cuisine allemande et berlinoise aux influences méditerranéennes. L'ambiance est décontractée et le personnel accueillant et serviable. La carte du déjeuner est meilleur marché à midi, mais peu de vins sont à des prix abordables.

WILMERSDORF : Bieberbau

Durlacherstrasse 15, 10715 **Tél.** *853 23 90*

Stephan Garkisch a transformé cette ancienne boîte de nuit légendaire en restaurant gastronomique. Les amateurs de cuisine berlinoise pourront déguster des plats typiques comme l'*Eisbein* ou le *Berliner Leber*, servis avec une salade et des pommes de terre Pommery. La réservation est conseillée.

ZEHLENDORF : Wirtshaus Moorlake

Moorlakeweg 6, 14109 **Tél.** *805 58 09*

Situé sur les rives de la Havel, ce restaurant historique sert une cuisine allemande. Le gibier en ragoût accompagné de canneberges et de *spaetzle* au beurre tout comme l'assortiment de grillades *Moorlake* et ses filets de porc en sauce béarnaise sont savoureux.

ZEHLENDORF : Blockhaus Nikolskoe

Nikolskoer Weg 15, 14109 **Tél.** *805 29 14*

Le restaurant occupe une ancienne datcha que le roi de Prusse Frédéric-Guillaume III fit construire pour sa fille, épouse du tsar Nicolas Ier. La terrasse offre une belle vue sur le lac. Ne ratez pas les spécialités à base de gibier ou de poisson. La carte propose aussi des plats allemands et de savoureux gâteaux.

ZEHLENDORF : Waldhaus

Onkel-Tom-Strasse 50, 14169 **Tél.** *813 75 75*

Dans un cadre verdoyant, le *Waldhaus* est un endroit charmant le soir pour y déguster des grillades, sa spécialité. Porc, bœuf et poisson sont grillés au feu de bois, à la commande. En hiver, les classiques allemands sont à l'honneur : canard, oie et gibier, chassé dans les forêts de la province de Berlin.

ZEHLENDORF : Goldener Grief im Schloss Klein-Glienicke

Konïgstrasse 36 (Klein-Glienicke), 14109 **Tél.** *805 40 00*

Tenu par Franz Raneburger, l'un des chefs les plus en vogue de Berlin, le restaurant propose une excellente cuisine allemande, avec entre autres des recettes de perche, d'écrevisses, et de gibier, accommodées avec beaucoup d'imagination. C'est aussi une bonne adresse pour déjeuner.

Repas légers et snacks

Les chaînes internationales de fast-foods ont ouvert des succursales à Berlin comme dans toutes les grandes villes occidentales, mais il existe beaucoup d'autres formules permettant de manger sur le pouce sans se limiter au hamburger ou à la pizza. Partout en ville, les cafés proposent aussi des plats chauds ou froids à prix abordables, tandis que d'innombrables kiosques, les *Imbissbuden,* vendent dans la rue des spécialités locales comme la *Currywurst* ou des mets plus exotiques tels que le *döner kebab* ou le *falafel.*

IMBISSBUDEN ET SNACK-BARS

Omniprésent partout en ville, en particulier dans les rues et les carrefours animés ainsi que les alentours des stations de S-Bahn et de U-Bahn, l'*Imbissbude* est généralement un petit kiosque vendant des snacks comme la *Currywurst* et des portions de frites *(Pommes)* accompagnées de mayonnaise et de ketchup. Spécialité berlinoise, la *Currywurst* consiste en une saucisse grillée *(Bratwurst)* coupée en morceaux et nappée d'une sauce parfumée. Quelques établissements, **Ku'damm 195** et **Konnopke** entretiennent la tradition et préparent leur propre sauce, meilleure que le ketchup saupoudré de curry et de paprika que proposent la plupart de leurs concurrents.

Grillées ou cuites à l'eau, les saucisses servent de base à de nombreux autres en-cas. Les plus répandues sont la saucisse de Francfort *(Wienerwurst* « de Vienne » !) et la *Bockwurst,* plus épaisse. Une variante du hamburger à l'allemande porte le nom français de *Bulette.*

Il existe malheureusement peu d'endroits comparables à l'*Imbissbude* où les visiteurs peuvent goûter les cuisines d'autres régions d'Allemagne. Le **Weizmann** fait exception. Installé sous une arcade du viaduc du S-Bahn près de la station Bellevue, il propose des plats typiques du Sud à base de courtes nouilles épaisses appelées *Spätzle.* **Spätzleexpress** sert aussi des plats du sud de l'Allemagne comme le *spätzle,* le *knödel* et le *Maultaschen.*

SPÉCIALITÉS DU MONDE

Berlin abrite une importante communauté turque et des *Döner Kebab* concurrencent désormais dans toute la ville les autres vendeurs de snacks. Le *kebab* typique est une galette de pain plat, ou *pitta,* garnie de feuilles de laitue, de tranches de mouton grillé, de rondelles d'oignon, de concombre et de tomate que vient recouvrir une épaisse sauce épicée à base de yaourt. Les meilleurs se trouvent à Kreuzberg, l'arrondissement où s'installent traditionnellement les immigrants turcs, et vous n'aurez que l'embarras du choix aux alentours de la Kottbusser Tor et de l'Oranienstrasse. Nous vous conseillons aussi **Maroush.**

Les végétariens apprécieront également le *falafel,* une spécialité du Moyen-Orient très répandue. Des boulettes de purée de pois chiche parfumée à la coriandre ou au persil sont roulées dans de la panure, passées à la friture, puis posées sur de la salade dans une galette de pain et nappées d'une sauce au yaourt. Les environs de la Winterfeldtplatz renferment d'excellents marchands de *falafel,* dont **Habibi, Dada Falafel et Baharat Falafel. Hasir** se trouve dans la partie orientale de la ville.

Les cuisines d'Extrême-Orient ont aussi leurs représentants dans les rues de Berlin. Sur la Goltzstrasse, **Fish & Vegetables** prépare des plats thaïlandais, tandis qu'à Kreuzberg, sur la Bergmannstrasse, **Pagode** sert des mets chinois. Si vous voulez goûter la cuisine coréenne, allez au **Korea-Haus,** sur Danziger Strasse. Vous pourrez les comparer aux spécialités vietnamiennes de **Vietnam Imbiss.** Pour manger indien, essayez la Grolmanstrasse. L'italien **Briganti**, sur la Wielandstrasse, mérite une mention spéciale pour ses pâtes et ses pizzas. Les restaurants japonais sont plutôt chic et chers, mais ils servent de bonnes soupes et de savoureux sushis. Nous vous conseillons le **Sushi Bar Ishin**, le **Saganoxpress**, le **FUKU Sushi** et le **Musashi.**

SANDWICHS ET EN-CAS

Les personnes qui préfèrent des snacks plus traditionnels trouveront de nombreux stands vendant des sandwichs à la viande ou au fromage près des stations de S-Bahn et de U-Bahn et le long des rues les plus fréquentées.

Les rayons des boulangeries renferment également de quoi combler un petit creux, du croissant moelleux au bretzel croquant et saupoudré de gros sel.

À l'heure du déjeuner, les restaurants de la chaîne **Nordsee** proposent des sandwichs au poisson à emporter, tout comme l'élégant **Let's Go Sylt.**

Quiches et tartes salées ont de nombreux adeptes. Si vous en faites partie, nous vous conseillons le snack-bar **Fressco** situé à Kreuzberg. **Bagles & Bialys**, sur la Rosenthaler Strasse, et **Salomon Luna Bagels**, sur la Joachimstaler Strasse, ont transplanté à Berlin la tradition des traiteurs juifs américains. L'éventail de garnitures disponibles est sidérant.

Soup-Kultur et **Intersoup** ne préparent que des soupes, mais quelle diversité entre les chaudes, les froides, les exotiques, les pimentées ou les douces ! À Prenzlauer Berg, **Knofel** enchantera les amateurs d'ail.

Diekmann im Weinhaus Huth est un bistrot haut

de gamme caché dans la Weinhaus Huth, **Deli Street** et **Deli 31** méritent aussi une mention.

Pour un repas rapide, pas cher et copieux, optez pour un snack-pizzeria comme **Piccola Italia**. Et pour une formule plus légère, les focaccia de **La Focacceria** seront garnis selon vos désirs.

MANGER DANS LES CENTRES COMMERCIAUX

Le self-service du grand magasin **KaDeWe**, au dernier étage, a une vue très agréable.

Le self-service des **Galeries Lafayette** de la Friedrichstrasse, au sous-sol, est très fréquenté. Entre le KaDeWe et Peek & Cloppenburg, sur Tauenzienstrasse, **The Duke** est un restaurant dont l'élégance et la cuisine légère ont fait la réputation.

Si vous avez envie de manger une nourriture sophistiquée, même sur le pouce, rendez-vous à la galerie marchande **Arkaden** située près de la Potsdamer Platz. Elle compte de nombreux cafés et bars, notamment une succursale de Salomon Bagels, un pavillon asiatique et un établissement baptisé Pomme de Terre qui met à toutes les sauces l'humble *Kartoffel*.

Pour combler une envie de sucré, nous vous recommandons le **Wiener Café** pour ses savoureux gâteaux et le **Caffé e Gelato** pour ses crèmes glacées.

RESTAURANTS DE MUSÉES

De nombreux musées de Berlin disposent de cafés et bistrots particulièrement agréables.

Le **Café im Zeughaus** au Deutsches Historisches Museum propose un superbe petit déjeuner avec vue sur la Spree. Le **Liebermanns**, au Jüdisches Museum, sert des spécialités juives d'Europe centrale. Le **Bistro Sarah Wiener**, à côté de la porte de Brandebourg, confectionne

quelques-uns des meilleurs gâteaux allemands tandis que le **Café Dix**, à la Berlinische Galerie, est l'un des plus agréables cafés artistiques de Berlin.

CAFÉS

Le large éventail de plats chauds, en-cas et gâteaux disponibles dans les très nombreux cafés de Berlin permet en cours de visite, à peu près n'importe où en ville, de trouver à se restaurer quels que soient ses goûts et ses moyens.

Les cafés ouvrent en général à 9 h ou à 10 h et ne ferment que tard dans la nuit. Après le petit déjeuner, servi à la carte ou en buffet, et dont les composantes restent souvent disponibles une grande partie de la journée, les mets proposés comprennent tradition-nellement plusieurs salades et quelques plats chauds simples, des ragoûts *(Eintöpfe)* notamment. Raisonnables, les prix ne dépassent habituellement pas 10 euros. Tous les cafés offrent aussi un grand choix de desserts, de gâteaux, de glaces et de boissons alcoolisées.

Près de l'université technique, le **Café Hardenberg** est apprécié des étudiants. Du côté de la Kantstrasse, le **Schwarzes Café** reste ouvert 24 h/24. Si vous vous trouvez sur la Savignyplatz, nous vous conseillons le **Café Aedes** installé sous l'arcade du viaduc du S-Bahn. Il en existe un deuxième à Mitte, dans une cour des Hackesche Höfe. Dans le Tiergarten, vous pourrez vous détendre au bord de l'eau au **Café am Neuen See**.

La **Patisserie Buchwald** de l'Hansaviertel est renommée pour ses *Baumkuchen*, « gâteaux-arbres » en forme de troncs. À Kreuzberg, Oranienstrasse est remplie de bons cafés, à l'image du **Milch und Zucker** et du **Pfeiffers**. Sur Graefestrasse, vous trouverez également le délicieux **Café Matilda**.

Son jardin d'hiver donne

beaucoup de charme au **Café Wintergarten** de la Literaturhaus, dans la Fasanenstrasse. Le **Café Einstein**, de style viennois, occupe une jolie villa de la Kurfürstenstrasse. Il torréfie son café et a ouvert une nouvelle enseigne à Mitte, sur Unter den Linden, où sa délicieuse pâtisserie entre en compétition avec celle de l'**Opernpalais** *(p. 259)*. Près de Checkpoint Charlie, **Sale e Tabacchi** abrite sous son toit un excellent restaurant italien.

Les nombreux établissements qui permettent de prendre un repas léger ou une boisson du côté de l'Oranienburger Strasse et des Alte et Neue Schönhauser Allees attirent en soirée une foule remuante en quête de bière et de bonne musique. Une ambiance animée et enfumée règne au **Die Eins**.

Depuis la chute du Mur, Prenzlauer Berg devient un haut lieu de la vie nocturne et vous pourrez vous mêler à une faune branchée chez **Anita Wronski**, savourer des crêpes au **Tantalus** ou écouter des ballades russes devant une cheminée au **Chagall**. Aux beaux jours, profitez de la terrasse du **November** ou du **Seeblick**.

Il existe beaucoup d'autres cafés accueillants qui méritent une visite. Citons notamment l'**Atlantic**, le **Keyser Soze**, le **Rathauscafé**, le **Telecafé**, et le **Voltaire**.

SALONS DE THÉ

Le **Barcomi's** possède sa propre salle de torréfaction et propose une sélection de cafés du monde entier. On vous servira des petits gâteaux et des biscuits, qui permettent de grignoter en sirotant sa tasse. Si vous aspirez à quelque chose de plus consistant, vous pourrez composer votre sandwich au **Barcomi's Deli**.

Les amateurs de thé jouiront d'un très grand choix au **Tadschikische Teestube** ou chez **TTT (Tee, Tea, Thé)**.

ADRESSES

IMBISSBUDEN ET SNACK-BARS

Konnopke
Schönhauser Allee 44a
(U-Bahnhof Eberswalder
Str). *Tél. 442 77 65.*
⬜ *lun.-ven. 6h-20h,
sam. 12h-19h.*

Ku'damm 195
Kurfürstendamm 195.
Plan 9 B2.
⬜ *lun.-jeu. 11h-17h,
ven.-sam. 11h-18h,
dim. 12h-17h.*

Spätzleexpress
Wiener Strasse 14a,
Kreuzberg.
Plan 14 F3.
Tél. 69 53 44 63.
⬜ *t.l.j. 12h-22h.*

Weizmann
Lüneburger Strasse 390.
Plan 5 A3.
Tél. 394 20 57.
⬜ *lun.-sam. 18h-23h.*

SPÉCIALITÉS DU MONDE

Baharat Falafel
Winterfeldstrasse 37.
Plan 11 B3.
Tél. 216 83 01.
⬜ *t.l.j. 11h-14h.*

Briganti
Wielandstrasse 15.
Plan 9 B1.
Tél. 323 53 62.
⬜ *mar.-ven. 11h-19h,
sam. 10h-16h.*

Dada Falafel
Linienstrasse 132.
Plan 6 F1.
Tél. 27 59 69 27.
⬜ *dim.-mer. 10h-2h,
jeu.-sam. 10h-3h.*

Fish & Vegetables
Goltzstrasse 32.
Plan 11 A3.
Tél. 215 74 55.
⬜ *t.l.j. 12h-22h.*

FUKU Sushi
Rosenthaler Strasse 61.
Plan 7 B1.
Tél. 28 38 77 83.
⬜ *lun.-ven. 12h-23h,
sam.-dim. 16h-23h.*

Habibi
Goltzstrasse 24.
Plan 11 A3.

Tél. 215 33 32.
⬜ *dim.-jeu. 11h-3h,
sam.-dim. 11h-5h.*

Hasir
Oranienburger Strasse 4.
Plan 7 B2.
Tél. 28 04 16 16.
⬜ *t.l.j. 11h30-1h.*

Korea-Haus
Danziger Strasse 195.
Tél. 423 34 41.
⬜ *t.l.j. 12h-22h.*

Maroush
Adalbertstrasse 93.
Plan 14 E2.
Tél. 69 53 61 71.
⬜ *t.l.j. 10h-23h.*

Musashi
Kottbusser Damm 102.
Plan 14 E3.
Tél. 693 20 42.
⬜ *lun.-sam. 12h-22h30,
dim. 19h-22h.*

Pagode
Bergmannstrasse 88.
Plan 13 A4.
Tél. 691 26 40.
⬜ *t.l.j. 12h-minuit.*

Saganoxpress
Wilmersdorferstrasse 94.
Plan 9 A2.
Tél. 88 77 38 87.
⬜ *lun.-sam. 12h-minuit.*

Sushi Bar Ishin
Schlossstrasse 101.
Plan 2 E4.
Tél. 797 10 49.
⬜ *lun.-sam. 11h-20h.*

Sushi Imbiss
Pariser Strasse 44.
Plan 9 B2.
Tél. 881 27 90.
⬜ *lun.-sam. 12h-23h,
dim. 16h-23h.*

Vietnam Imbiss
Damaschkestrasse 30.
Tél. 324 93 44.
⬜ *lun.-sam. 12h-21h.*

EN-CAS

Bagels & Bialys
Rosenthaler Strasse
46-48.
Plan 7 B2.
Tél. 283 65 46.
⬜ *t.l.j. 8h-1h.*

Diekmann im Haus Huth
Alte Potsdamer Str. 5.

Plan 6 D5.
Tél. 25 29 75 24.
⬜ *t.l.j. 12h-1h.*

Deli 31
Bleibtreustrasse 31.
Plan 9 B2.
Tél. 88 47 46 02.
⬜ *lun.-sam. 8h-22h,
dim. 8h-20h.*

Deli Street
Chauseestrasse 4.
Plan 6 F1.
Tél. 28 09 28 33.
⬜ *lun.-ven. 8h30-
16h30.*

Fressco
Zossener Strasse 24.
Plan 13 A4.
Tél. 69 40 16 13.
⬜ *mar.-dim. 17h30-1h.*

Intersoup
Schliemanstrasse 31.
Plan 6 F1.
Tél. 23 27 30 45.
⬜ *t.l.j. 17h-minuit.*

Knofel
Wichertstrasse 33.
Tél. 447 67 17.
⬜ *lun.-sam. 18h-tard,
ven. 14h-tard, dim.
13h-tard.*

La Focacceria
Fehrbellinerstrasse 24.
Plan 6 F1.
Tél. 44 03 27 71.
⬜ *t.l.j. 11h-23h.*

Nordsee
Spandauer Strasse 4.
Plan 7 C3, 16 F2.
Tél. 24 26 881.
⬜ *t.l.j. 10h-21h.*

Piccola Italia
Oranienburger Strasse 6.
Plan 7 B2.
Tél. 283 58 43.
⬜ *lun.-jeu. 11h-1h,
ven.-dim. 11h-3h.*

Salomon Luna Bagels
Joachimstaler Strasse 13.
Plan 10 D2.
Tél. 8870 26 17.
⬜ *lun.-sam. 9h-18h.*

Soup-Kultur
Kurfürstendamm 224.
Plan 10 D1.
Tél. 88 62 92 82.
⬜ *lun.-sam. 12h-19h30.*

DANS LES CENTRES COMMERCIAUX

Duke
Nurnbergerstrasse 50-55.
Plan 10 A2.
Tél. 68 31 54 00.
⬜ *t.l.j. 11h30-23h.*

Galeries Lafayette
Französische Strasse 23.
Plan 6 F4, 15 C3.
Tél. 20 94 80.
⬜ *lun.-sam. 10h-20h.*

KaDeWe
Tauentzienstrasse 21-24.
Plan 10 E1.
⬜ *lun.-ven. 10h-20h,
sam. 9h30-20h.*

Karstadt
Kurfürstendamm 231.
Plan 10 D1.
Tél. 880 030. ⬜ *lun.-
jeu. 10h-20h, ven. 10h-
22h, sam. 10h-20h.*

Potsdamer Platz Arkaden
Alte Potsdamer Strasse 7.
Plan 6 D5.
⬜ *lun.-sam. 10h-21h.*

RESTAURANTS DE MUSÉES

Bistro Sarah Wiener
Akademie der Künste,
Pariser Platz 4.
Plan 6 E3.
⬜ *t.l.j. 10h-18h.*

Café Dix
Berlinische Galerie,
Alte Jakobstrasse 128.
Plan 7 C5.
⬜ *mer.-lun. 10h-19h.*

Café im Zeughaus
Deutsches Historisches
Museum, Unter den
Linden 2.
Plan 7 A3, 16 E2.
⬜ *t.l.j. 10h-18h.*

Liebermanns
Jüdisches Museum,
Lindenstrasse 9-14.
Plan 13 A2.
⬜ *t.l.j. 12h-20h
(lun. 22h).*

CAFÉS

Anita Wronski
Knaackstrasse 26-28.
Tél. 442 84 93.
⬜ *t.l.j. 9h-2h.*

Atlantic
Bergmannstrasse 100.
Plan 12 F4.
Tél. 691 92 92.
🕐 *t.l.j. 9h-1h.*

Buchwald
Bartningallee 29.
Plan 4 F2.
Tél. 391 59 31.
🕐 *lun.-sam. 9h-18h, dim. 10h-18h.*

Café Aedes
Rosenthaler Strasse 40-41
(Hackesche Höfe,
2e cour).
Plan 7 B2.
Tél. 28 58 275.
🕐 *t.l.j. 10h-minuit.*
Aedes West au
Savignyplatz (arcade sous
le pont du S-Bahn).
Plan 9 C1.
Tél. 31 50 95 35.
🕐 *t.l.j. 8h-20h.*

Café am Neuen See
Lichtensteinallee 1.
Plan 4 F5.
Tél. 254 49 30.
🕐 *avr.-nov : t.l.j. 10h-23h ; déc.-mars : lun.-ven. 10h-22h, sam.-dim. 10h-23h.*

Café Cinema
Rosenthaler Strasse 39.
Plan 7 B2.
Tél. 280 64 15.
🕐 *t.l.j. 12h-2h.*

Café Einstein
Kurfürstenstrasse 58.
Plan 11 A2.
Tél. 261 50 96.
🕐 *t.l.j. 8h-minuit.*
Unter den Linden 42.
Plan 6 F3, 15 C3.
Tél. 204 36 32.
🕐 *t.l.j. 7h-22h.*

Café Hardenberg
Hardenbergstrasse 10.
Plan 3 C5.
Tél. 312 26 44.
🕐 *t.l.j. 9h-1h.*

Café Lebensart
Unter den Linden 69-73.
Plan 6 E3, 15 B3.
Tél. 229 00 18.
🕐 *lun.-ven. 8h-21h, sam.-dim. 10h-minuit.*

Café Matilda
Graefestrasse 12.
Plan 14 D4.
Tél. 81 79 72 88.
🕐 *t.l.j. 9h-1h.*

Café Morgenrot
Kanstanienallee 85.
Tél. 44 31 78 44.
🕐 *mar.-jeu. 12h-1h, ven. et sam. 11h-3h, dim. 11h-23h.*

Café Oliv
Münzstrasse 8.
Plan 7 C2.
Tél. 89 20 65 40.
🕐 *lun.-sam. 8h30-19h, dim. 10h-16h.*

Café Ständige Vertretung
Schiffbauerdamm 8.
Tél. 282 39 65.
🕐 *t.l.j. 10h30-1h.*

Café Tomasa
Motzstrasse 60.
Plan 10 F3.
Tél. 213 23 45.
🕐 *lun.-ven. 8h-minuit, sam. 8h-1h, dim. 9h-minuit.*

Café Wintergarten im Literaturhaus
Fasanenstrasse 23.
Plan 10 D1.
Tél. 882 54 14.
🕐 *t.l.j. 9h30-1h.*

Chagall
Kollwitzstrasse 2.
Tél. 441 58 81.
🕐 *t.l.j. 10h-1h.*

Deli Lama
Quartier 205,
Friedrichstrasse 68.
Plan 6 F4.
Tél. 609 80 69 12.

Die Eins
Wilhelmstrasse 67A
(eingang Reichstagsufer).
Plan 6 E3.
Tél. 22 48 98 88.
🕐 *lun.-sam. 9h-minuit, dim. 10h-minuit.*

Dolores
Rosa-Luxemburg-
Strasse 7.
Plan 7 C2.
Tél. 28 09 95 97.
🕐 *lun.-sam. 11h30-22h, dim. 13h-22h.*

Filmbühne am Steinplatz
Hardenbergstrasse 12.
Plan 4 D5.
Tél. 312 65 89.
🕐 *t.l.j. 9h-1h.*

Kaffeestube am Nikolaiplatz
Poststrasse 19.

Plan 7 C3.
Tél. 24 63 06 41.
🕐 *t.l.j. 9h-minuit.*

Keyser Soze
Tucholskystrasse 33.
Plan 7 A1.
Tél. 28 59 94 89.
🕐 *t.l.j. 8h-3h.*

Kleine Orangerie
Spandauer Damm 20.
Plan 2 E3.
Tél. 322 20 21.
🕐 *t.l.j. 9h-21h.
(10h-20h en hiver).*

Milch und Zucker
Oranienstrasse 37.
Plan 14 D2.
Tél. 61 67 14 97.
🕐 *lun.-ven. 7h-19h, sam. 9h-19h, dim. 10h-18h.*

November
Husemannstrasse 15.
Tél. 442 84 25.
🕐 *lun.-ven. 10h-2h, sam.-dim. 9h-2h.*

Operncafé
Unter den Linden 5.
Plan 7 A3, 16 E3.
Tél. 20 26 83.
🕐 *t.l.j. 9h-minuit.*

Pfeiffers
Oranienstrasse 17.
Plan 14 E2.
Tél. 61 65 86 09.
🕐 *t.l.j. 8h30-minuit.*

Sale e Tabacchi
Kochstrasse 18.
Tél. 252 11 55.
🕐 *t.l.j. 12h-minuit.*

San Remo
Falckensteinstrasse 46.
Tél. 74 07 30 88.
🕐 *lun.-ven. 16h-2h, sam.-dim. 3h-2h.*

Schwarzes Café
Kantstrasse 148.
Plan 9 C1.
Tél. 313 80 38.
🕐 *t.l.j. 24h/24.*

Seeblick
Rykestrasse 14.
Tél. 442 92 26.
🕐 *t.l.j. 12h-tard.*

Let's Go Sylt
Kurfürstendamm 212.
Plan 9 C2.
Tél. 88 68 28 00.
🕐 *lun.-sam. 11h-minuit.*

Telecafé
Alexanderplatz (tour TV).
Plan 8 D2.
Tél. 242 33 33.
🕐 *t.l.j. 10h-minuit.*

CAFÉS ET SALONS DE THÉ

Balzac Coffee
Knesebeckstrasse 1.
Plan 3 C5.
Friedrichstrasse 125.
Plan 15 C4, 6 F4.
🕐 *lun.-ven. 7h30-20h, dim. 9h-18h30.*

Barcomi's
Bergmannstrasse 21.
Plan 13 A5.
Tél. 694 81 38.
🕐 *lun.-sam. 8h-21h, dim. 9h-21h.*

Barcomi's Deli
Sophienstrasse 21
(deuxième cour).
Plan 7 B1.
Tél. 28 59 83 63.
🕐 *lun.-sam. 9h-21h, dim. 10h-21h.*

Einstein Coffeeshop
Friedrichstrasse 166.
Plan 15 C4.
🕐 *lun.-ven. 7h-20h30, sam. 7h30-20h30, dim. 9h-18h.*
Friedrichstrasse185.
Plan 6 F4.
🕐 *lun.-sam. 7h30-20h30, dim. 9h-20h.*
Savignyplatz 11.
Plan 9 C1.
🕐 *lun.-ven. 7h30-20h, sam. 9h-20h, dim. 9h-18h.*

Tadschikische Teestube
Am Festungsgraben 1.
Plan 7 A3, 16 E2.
Tél. 204 11 12.
🕐 *lun.-ven. 17h-minuit, sam.-dim 15h-minuit.*

TTT – Tee, Tea, Thé
Goltzstrasse 2.
Plan 11 A4.
Tél. 21 75 22 40.
🕐 *oct.-avr. : lun.-ven. 9h-22h, sam. 9h-20h, dim. 10h-20h ; mai-sept. : lun.-sam. 9h-20h, dim. 10h-20h.*

Bars et bars à vin

Tracer des frontières rigides entre bars à cocktails, bars à vin et *Bierstuben* est à peu près aussi difficile que de vouloir donner une définition précise d'une *Kneipe*. Tous ces établissements partagent des caractéristiques communes : ce sont principalement des débits de boisson, même si on peut souvent y manger, et ils ouvrent en général en fin d'après-midi ou en début de soirée pour fermer tard dans la nuit ou au petit matin quand l'ambiance le justifie.

KNEIPEN

Pour les Allemands, le terme *Kneipe* évoque avant tout un lieu chaleureux où se retrouver pour discuter en buvant de la bière. D'autres boissons sont toutefois disponibles et on peut y manger un morceau. Une *Albertliner Kneipe* typique possède des boiseries au mur, un grand comptoir et un buffet garni d'en-cas tels que des *Buletten* à la viande de porc, des *Soleier* (œufs marinés), des *Rollmöpse* (filets de hareng au vinaigre), de la charcuterie et du boudin. Des tavernes à l'ancienne de ce genre existent encore dans les arrondissements les plus populaires de Berlin, par exemple Moabit, Kreuzberg et Neukölln, mais elles sont devenues rares dans le centre. Les plus populaires comprennent **Zur Kneipe** et **Ranke 2** près du Kurfürstendamm et **Zum Nussbaum** dans le Nikolaiviertel.

De plus en plus de *Kneipen* optent aujourd'hui pour des décors modernes et certaines se spécialisent dans des formes de cuisines moins traditionnelles. Mais, qu'elles proposent des recettes régionales ou des plats, français, italiens ou orientaux, une atmosphère décontractée et un large choix de boissons alcoolisées restent la norme. De nombreuses *Kneipen*, tel **Reingold** dans le quartier de Mitte, ont évolué vers un mélange de *Kneipe*, de bar, de salon et de *Biergarten*. Près de la Savignyplatz, vous pourrez vous restaurer d'un solide

Eintopf (ragoût) au **Dicke Wirtin**. Les quartiers de Kreuzberg et Prenzlauer Berg (en particulier autour de la Kollwitzplatz) renferment beaucoup de ces établissements à la mode.

C'est à l'**Ankerklause**, que de nombreux étudiants et politiciens activistes se donnent rendez-vous, pour boire, danser et refaire le monde.

BIERGARTEN

Le *Biergarten* est un débit de boisson en plein air qui n'ouvre qu'en été et occupe souvent un site privilégié, dans un parc ou au bord d'un lac par exemple. Des grillades au barbecue complètent l'éventail de plats habituellement disponibles. Les Berlinois apprécient dans le centre le **Golgatha** et le **Schleusenkrug**. En vous promenant dans Prenzlauer Berg, vous pourrez faire une pause au **Prater**. Après une promenade dans le parc Tiergarten, le **Café am Neuen See** offre un cadre agréable où finir la journée. Les bars de plage sont devenus très à la mode, le plus populaire est le **Bundespressestrand**.

BARS À VIN

Le bar à vin berlinois typique possède une ambiance méditerranéenne et rustique, ouvre en début de soirée, ferme tard dans la nuit et offre un large choix de crus servis au verre, en carafe ou en bouteille. Les plats proposés pour les accompagner sont en général italiens, espagnols et français.

Le **Vienna Bar** sert ainsi des vins et des spécialités de

France, tandis qu'au **Weinstein**, à Prenzlauer Berg, la France et aussi l'Espagne sont à l'honneur.

À Mitte, le **Lutter & Wegener** permet toutefois d'apprécier les productions viticoles et les cuisines allemandes et autrichiennes. Le **Billy Wilden's** sert des en-cas et des cocktails américains.

BARS À COCKTAILS

Ces établissements offrent un cadre élégant où finir une soirée et la plupart n'ouvrent pas avant 20 h. Ne comptez pas vous y restaurer et, bien qu'ils n'imposent pas d'obligations vestimentaires strictes, vous vous sentirez déplacé dans une tenue trop décontractée.

Le **Riva Bar**, l'un des bars les plus élégants et les plus branchés, se cache sous les arcades du S-Bahn et sert quelques-uns des meilleurs cocktails de la ville. Le **Roter Salon** recrée une ambiance latino-américaine grâce au tango argentin, à la salsa, et à de fantastiques danseurs. Le **Vox Bar** est réputé pour son vaste choix de cocktails et son décor de film d'avant-guerre. Les bars des grands hôtels constituent aussi des lieux de rendez-vous appréciés des noctambules, notamment le **Harry's New York Bar** (plus c'est tard, mieux c'est) de l'Hotel Esplanade et le **Newton bar**.

BARS GAYS ET LESBIENS

La scène homosexuelle berlinoise possède des facettes multiples. Dans la majorité des bars qu'ils fréquentent, tels le **Haus B**, gays et lesbiennes se mêlent librement, mais certains lieux, comme le **Café Seidenfaden**, acceptent uniquement les femmes, tandis que le **Roses** est exclusivement réservé aux hommes.

Le **Heile Welt** et le **So 36** comptent aussi des hétérosexuels parmi leur clientèle d'habitués.

ADRESSES

KNEIPEN

Ankerklause
Maybachufer 1.
Plan 14 E3.
Tél. 693 56 49.

Dicke Wirtin
Carmerstrasse 9.
Plan 3 C5.
Tél. 312 49 52.

**Diener
Tattersall**
Grolmanstrasse 47.
Plan 9 C1.
Tél. 881 53 29.

**Gasthaus
Lenz**
Stuttgarter Platz 20.
Tél. 324 16 19.

Meilenstein
Oranienburger Strasse 7.
Plan 7 B2, 16 F1.
Tél. 282 89 95.

Ranke 2
Rankestrasse 2.
Plan 10 E1.
Tél. 883 88 82.

Reingold
Novalisstrasse 11.
Plan 6 F1.
Tél. 28 38 76 76.

**Restaurant Zur
Gerichtslaube**
Poststrasse 28.
Plan 7 C3.
Tél. 241 56 97.

Slumberland
Goltzstrasse 24.
Plan 11 A3.
Tél. 216 53 49.

**Zum
Nussbaum**
Am Nussbaum 3.
Plan 7 C3.
Tél. 242 30 95.

Zum
Patzenhofer
Meinekestrasse 26.
Plan 10 D1.
Tél. 882 11 35.

Zur Kneipe
Rankestrasse 9.
Plan 10 D2.
Tél. 883 82 55.

BIERGARTEN

Bundespressestrand
Kapelle-Ufer 1. Plan 6 D2.
Tél. 28 09 91 19.

Café am Neuen See
Lichtensteinallee 2. Plan 4
F5. *Tél. 25 44 93 00.*

Golgatha
Dudenstrasse 40, in
Viktoriapark.
Plan 12 E5.
Tél. 78 52 453.

Prater
Kastanienallee 7-9.
Plan 1 A5, 1 B3.
Tél. 448 56 88.

Schleusenkrug
Müller-Breslau-Strasse/at
Tiergartenschleuse.
Plan 4 E4.
Tél. 313 99 09.

BARS À VINS

Billy Wilder's
Potsdamer Strasse 2.
Plan 6 D5.
Tél. 26 55 48 60.

Lutter & Wegener
Charlottenstrasse 56.
Plan 7 A4, 16 D4.
Tél. 202 95 40.

Vienna Bar
Kantstrasse 152.
Plan 10 D1.
Tél. 313 80 52.

**Vox Bar at the
Grand Hyatt**
Marlene-Dietrich-PLatz 2.
Plan 6 D5.
Tél. 030 2553 1772.

Weinstein
Lychener Strasse 33.
Tél. 441 18 42.

BARS À COCKTAILS

Altes Europa
Gipsstrasse 11.
Plan 7 B1.
Tél. 28 09 38 40.

Ballhaus Berlin
Chausseestrasse 102
Plan 6 F1. *Tél. 282 75 75.*

Bar am Lützowplatz
Lützowplatz 7.
Plan 11 A1.
Tél. 262 68 07.

b-flat
Rosenthaler Strasse 13.
Plan 7 B1.
Tél. 283 31 23.

**Gainsbourg – Bar
American**
Savignyplatz 5.
Plan 9 B1 and 9 C1.
Tél. 313 74 64.

Green Door
Winterfeldtstrasse 50.
Tél. 215 25 15.

Haifischbar
Arndtstrasse 25.
Plan 13 A5.
Tél. 691 13 52.

**Harry's New
York Bar**
Lützowufer 15 (à l'Hotel
Esplanade). Plan 11 A1.
Tél. 25 47 88 633.

Kumpelnest 3000
Lützowstrasse 23.
Plan 11 B1.
Tél. 26 16 918.

Newton Bar
Charlottenstrasse 57.
Plan 16 D4.
Tél. 20 29 54 21.

Riva Bar
Dircksenstrasse,
S-Bahnbogen 142.
Plan 7 C2.
Tél. 24 72 26 88.

Roter Salon
Rosa-Luxemburg-Platz 2.
Plan 7 C1.
Tél. 24 06 56 24.

**Times Bar
(cigar bar)**
Fasanenstrasse 9-10.
Plan 10 D1.
Tél. 31 10 33 36.

Trompete
Lützowplatz 9.
Plan 11 A1.
Tél. 23 00 47 94.

Zur Fetten Ecke
Schlesische Strasse 16.
Tél. 44 65 16 99.

BARS GAYS
ET LESBIENS

Ackerkeller
Bergstrasse 68.
Tél. 36 46 13 56.

**Café
Seidenfaden**
Dircksenstrasse 47.
Plan 7 C3.
Tél. 283 27 83.

Haus B
Mühlenstrasse 11-12.
Tél. 296 08 00.

Heile Welt
Motzstrasse 5.
Plan 11 A2.
Tél. 21 91 75 07.

**Möbel
Olfe**
Dresdener Strasse
(au bout). Plan 14 D2.
Tél. 23 27 46 90.

Roses
Oranienstrasse 187.
Plan 14 E2.
Tél. 615 65 70.

So 36
Oranienstrasse 190.
Plan 13 B1, 14 D1.
Tél. 61 40 13 06.

FAIRE DES ACHATS À BERLIN

Malgré les galeries marchandes construites depuis la chute du Mur sur la Friedrichstrasse, c'est dans le quartier du Kurfürstendamm, grand pôle commercial de l'ancien Berlin-Ouest, que restent concentrées la majorité des enseignes les plus chic, qu'il s'agisse de boutiques de mode, de magasins de porcelaine ou d'antiquaires. Les arrondissements de Prenzlauer Berg, Friedrichshain, Schöneberg ou Kreuzberg recèlent aussi de nombreuses boutiques intéressantes. Si les grands magasins berlinois comme l'historique KaDeWe et les Galeries Lafayette ne manquent pas d'intérêt, certains préféreront les stands bigarrés des marchés aux puces qui se tiennent sur la Museumsinsel et au Tiergarten. Et depuis quelques années, les galeries d'art contemporain et les boutiques vendant les créations de jeunes stylistes se sont mutipliées autour de la Sophienstrasse, dans la partie nord de l'arrondissement de Mitte.

Sous la verrière du moderne Europa-Center (p. 150)

HEURES D'OUVERTURE

Les commerces ouvrent de 10 h à 20 h du lundi au vendredi et de 10 h à 18 h le samedi, sans interruption pour la pause déjeuner, sauf s'ils ne sont tenus que par une seule personne. Quelques grands magasins lèvent leurs rideaux dès 9 h. Pendant les six semaines qui précèdent Noël, les magasins restent ouverts tard le samedi. Le dimanche, la plupart des commerces sont fermés. Si vous cherchez une épicerie ou une alimentation, essayez l'une des garcs principales. Des supermarchés sont ouverts dans Hauptbahnhof, Friedrichstrasse et Ostabahnhof.

GRANDS MAGASINS

Sur la Wittenbergplatz, le Kaufhaus des Westens, plus connu sous le diminutif de **KaDeWe** (p. 155), est sans aucun doute le plus vaste et le plus intéressant des grands magasins d'Allemagne. Ses rayons ne renferment que des articles de qualité, depuis les parfums rares jusqu'à la haute couture en passant par la lingerie fine. Les gourmets apprécieront le sixième étage consacré à l'alimentation, où les rayons présentent plus de 2 000 vins et autant de sortes de charcuteries.

Si les **Galeries Lafayette** (p. 65) de la Friedrichstrasse n'ont pas l'importance de leur maison mère parisienne, le bâtiment conçu par Jean Nouvel mérite une visite pour son architecture. Vins et produits alimentaires français aideront à surmonter un éventuel mal du pays. Très apprécié également, le **Karstadt** domine le Ku'damm, et son restaurant, au dernier étage, offre une vue magnifique de la ville.

Un éventaire de souvenirs dans un quartier touristique

CENTRES COMMERCIAUX

Le grand pôle commercial de Berlin-Ouest était le Ku'damm. Après la chute du Mur, l'un des premiers chantiers de réhabilitation du centre-ville concerna la Friedrichstrasse, où les Friedrichstadtpassagen (p. 65) forment aujourd'hui une immense galerie marchande.

Le grand magasin Hugendubel

Magasin de cravates italiennes, Kurfürstendamm

ADRESSES

GRANDS MAGASINS

Karstadt
Kurfürstendamm 231.
Plan 10 D1.
Tél. 88 00 30.

KaDeWe
Tauentzienstrasse 21-24.
Plan 10 F2. *Tél.* 21 21 0.

Galeries Lafayette
Französische Strasse 23.
Plan 7 A4.
Tél. 20 94 80.

CENTRES COMMERCIAUX

Alexa
Alexanderplatz. **Plan** 8 D3.
Tél. 26 93 40.

Das Schloss
Schlossstrasse 34. *Tél.* 66 69 120.

Potsdamer Platz Arkaden
Alte Potsdamer Strasse 7.
Plan 6 E5. *Tél.* 25 59 270.

Guides shopping
www.berlin-shopper.com

De nouveaux centres commerciaux sont depuis régulièrement mis en construction, généralement près d'une station de S-Bahn. Ces structures massives de trois étages abritent un éventail de commerces qui va du supermarché à la pharmacie en passant par des boutiques de mode, des restaurants, des bars et des librairies. Ils respectent en semaine les horaires habituels et ferment à 20 h.

Les **Potsdamer Platz Arkaden** attirent chaque jour des milliers de Berlinois, d'hommes d'affaires de passage et de visiteurs. Le centre commercial **Das Schloss** et le Forum Stegliz, sur Schlossstrasse, à Stegliz dans le sud de Berlin, sont aussi des temples de la consommation.

Sur Alexanderplatz, l'**Alexa** est un immense centre commercial de plus de 180 boutiques réparties sur près de 5 niveaux avec une vaste aire de restauration et un immense parking souterrain. Les plus grandes marques internationales de vêtement, de matériel électronique, de jouets et de biens culturels y sont toutes représentées.

SOLDES

Il existe en Allemagne deux périodes de soldes *(Schlussverkauf)*. Fixées par la loi, elles durent chacune dix jours. Les soldes d'hiver commencent le dernier lundi de janvier, celles d'été à la fin du mois de juillet. Les réductions pratiquées sur les vêtements soldés dépassent parfois 50 %. Officiellement les commerçants ne sont pas tenus de reprendre un achat soldé, mais si vous avez acheté un article qui ne vous convient vraiment pas, négociez la reprise directement avec le personnel du rayon.

Certaines boutiques proposent à prix réduit des invendus de la saison précédente étiquetés « deuxième saison », qui sont toutefois toujours des articles de qualité équivalente à celle d'articles neufs. Vous trouverez aussi des magasins proposant à très bon marché des jeans de marque considérés comme étant de second choix, car ils présentent de petits défauts.

MODES DE PAIEMENT

L'argent liquide reste le moyen de paiement le plus largement accepté. Dans le centre-ville, il est toujours possible de trouver un distributeur automatique *(p. 284)*. Toutefois, l'usage de la carte bancaire internationale se répand, en particulier dans les grands magasins.

GUIDES SHOPPING

Dans une ville étrangère, dénicher les bonnes affaires, ou simplement le souvenir ou le cadeau original que l'on tient à rapporter, peut demander un temps dont on ne dispose pas toujours. Par chance, il existe à Berlin des « guides shopping » prêts à vous conduire aux adresses qui vous intéressent.

Un rayon au rez-de-chaussée du KaDeWe (p. 155)

Vêtements et accessoires

Presque chaque arrondissement de Berlin possède sa rue commerçante où les habitants du quartier font leurs achats, mais trois grands centres regroupent l'essentiel des parfumeries et des magasins de mode les plus chic. Ils ont pour pôles le Kurfürstendamm, la Friedrichstrasse et la Potsdamer Platz. C'est là, en particulier, que les maisons de couture de renom international ont ouvert leurs boutiques. Et si vous voulez découvrir les créations des jeunes stylistes berlinois, explorez les environs du Hackescher Markt à Mitte ou l'arrondissement de Prenzlauer Berg.

MODE FÉMININE

Les grands couturiers affectionnent le Ku'damm (Kurfürstendamm) et les rues voisines, notamment l'élégante Fasanenstrasse, et vous trouverez dans ce quartier les succursales des griffes internationales comme **Yves Saint Laurent**, **Max Mara**, **Sonia Rykiel**, **Gianni Versace**, **Bogner**, **Louis Vuitton**, **Chanel** et **Gucci**. **Designer Depot** a bâti sa renommée sur la sobriété et la coupe de ses vêtements. Gucci possède une succursale au Quartier 206 *(p. 65)*, sur la Friedrichstrasse, où il est en concurrence avec de nombreux autres magasins de mode féminine, dont **Evelin Brandt**, **Department Store 206**, **Strenesse**, **Strenesse Blue** et **ETRO**. Le premier magasin de mode internationale, **The Corner Berlin**, propose les créations de stars comme Roland Mouret ou John Galliano, des accessoires et des produits de beauté.

MODE MASCULINE

Les magasins de prêt-à-porter pour homme les plus élégants sont concentrés dans le quartier du Kurfürstendamm. **Patrick Hellmann** a une sélection de vêtements de stylistes comme Giorgio Armani, Helmut Lang, Christian Dior et Dolce & Gabbana. **Anson's** et **Mientus**, qui a ouvert une deuxième boutique sur la Wilmersdorfer Strasse, sont très populaires. Outre les créations de stylistes connus, comme Boss, Armani, Joop et autres, **Peek & Cloppenburg**, le deuxième

grand magasin de prêt-à-porter d'Allemagne, vend aussi ses propres marques, meilleur marché. **Zegna**, le célèbre styliste italien, a ouvert un magasin sur le Kurfürstendamm et vend les meilleurs costumes de toute l'Allemagne.

VÊTEMENTS POUR ENFANT

Berlin compte des magasins pour enfant pour tous les budgets. **I Pinco Pallino** propose des vêtements haute couture pour tous les âges, les prix sont en rapport avec la qualité proposée. Le quartier de Prenzlauer Berg qui affiche le plus haut taux de naissances de toute l'Allemagne compte de nombreuses boutiques de vêtements pour les enfants, produits de marque ou artisanaux.

JEUNES STYLISTES

Bien qu'il n'existe pas à proprement parler d'école de couture berlinoise, de nombreux jeunes stylistes s'efforcent de percer dans la capitale allemande en profitant de l'espace d'exposition que leur offrent des galeries, des ateliers et des boutiques. Les collections mises en vente se composent généralement d'articles fabriqués en très petit nombre. Les magasins proposant leurs créations étaient auparavant disséminés dans toute la ville, mais ils sont désormais principalement concentrés dans la partie nord de l'arrondissement de Mitte. Coupes classiques et tissus

lourds et sombres placent les vêtements de **NIX** hors de toute mode éphémère.

Sur la Sophienstrasse, **Fishbelly** diffuse la lingerie sexy dessinée par Jutta Teschner. **Molotow** présente à Kreuzberg une gamme plus classique. À Charlottenburg, les vêtements de **Chapeaux** sont très populaires chez les Berlinois. Le magasin **Lisa D.** propose à ses clientes les robes élégantes et classiques dessinées par l'une des meilleures stylistes pour femmes de Berlin.

Les jeunes fashionistas à l'affût des dernières tendances underground se retrouvent chez **Apartment** et **Redspective**, tous deux situés dans le quartier très tendance du Mitte.

CHAUSSURES ET ACCESSOIRES

Les trois succursales que possède **Schuhtick** à Berlin comptent parmi les plus grands magasins de chaussures de la ville, tandis que la chaîne **Budapester Schuhe** propose surtout du haut de gamme. Vous trouverez aussi un bon choix chez **Görtz**, près du Kurfürstendamm. Les dernières fabrications italiennes sont disponibles chez **Riccardo Cartillone**.

Situé sur la Tucholskystrasse, **Penthesileia** abrite une gamme ludique de sacs à main de toutes tailles et formes. Si c'est un chapeau que vous cherchez, filez droit chez **Hut Up**, dans le Heckmannhöfen. Vous y trouverez aussi bien des chapkas russes que des couvre-chefs permettant d'exhiber des *dreadlocks* de rasta le temps d'une soirée.

PARFUMERIE

Toutes les marques internationales sont représentées dans les grands magasins comme **KaDeWe** et les **Galeries Lafayette**, mais il existe aussi partout en ville des boutiques spécialisées dans les produits de beauté, dont les succursales de la chaîne **Douglas**. Elles offrent

une large gamme de parfums à prix très raisonnables.
Le **Quartier 206** permet de bénéficier d'un bon choix de cosmétiques de marque, mais si vous cherchez quelque chose d'original, filez chez

Harry Lehmann. Perpétuant une tradition familiale, M. Lehmann fabrique des parfums personnalisés à partir de 50 essences. Il vend aussi des créations oubliées depuis longtemps. **Body Shop** connaît

un succès grandissant à Berlin grâce à sa démarche écologique : parfums sans produits chimiques, refus des expérimentations sur les animaux et politique de récupération des emballages.

ADRESSES

MODE FÉMININE

Bogner
Kurfürstendamm 42.
Plan 9 C2.
Tél. 88 71 77 80.

Chanel
Kurfürstendamm 188.
Plan 9 C3.
Tél. 885 14 24.

Department Store Quartier 206
Friedrichstrasse 71.
Plan 6 F4.
Tél. 20 94 68 00.

Designer Depot
Rochstrasse 2.
Plan 7 C2.
Tél. 28 04 67 00.

ETRO
Friedrichstrasse 71.
Plan 6 F3.
Tél. 20 94 61 20.

Evelin Brandt
Savignyplatz 6.
Plan 9 C1.
Tél. 313 80 80.

Gucci
Kurfürstendamm 190-192.
Plan 9 C2.
Tél. 885 63 00.
Friedrichstrasse 71.
Plan 6 F3.
Tél. 201 70 20.

Louis Vuitton
Friedrichstrasse 71.
Plan 6 F4.
Tél. 20 94 68 68.

Max Mara
Kurfürstendamm 178.
Plan 10 D1.
Tél. 885 25 45.

Sonia Rykiel
Kurfürstendamm 186.
Plan 9 A2.
Tél. 882 17 74.

Strenesse & Strenesse Blue
Friedrichstrasse 71.
Plan 6 F3.
Tél. 20 94 60 35.

The Corner Berlin
Französische Strasse 40.
Plan 7 A4.
Tél. 20 67 09 40.

Yves Saint Laurent
Kurfürstendamm 52.
Plan 9 A2.
Tél. 883 39 18.

MODE MASCULINE

Anson's
Schlossstrasse 34.
Tél. 79 09 60.

Mientus
Wilmersdorfer Strasse 73.
Plan 2 F3, 3 A5, 9 A1.
Kurfürstendamm 52.
Plan 9 A2,
Tél. 323 90 77.

Patrick Hellmann
Kurfürstendamm 190-192.
Plan 10 D2.
Tél. 884 87 711.

Peek & Cloppenburg
Tauentzienstrasse 19.
Plan 10 E1.
Tél. 21 29 00.

Zegna
Kurfürstendamm 185.
Plan 9 B2.
Tél. 887 190 90.

VÊTEMENTS POUR ENFANT

H&M Kinder
Friedrichstrasse 78/80.
Plan 6 F4. **Tél.** 201 20 10.

Pinco Pallino
Kurfürstendamm 46.
Plan 10 D1.
Tél. 881 28 63.

JEUNES STYLISTES

Apartment
Memhardtstrasse 8 10178.
Plan 7 C2.
Tél. 28 04 22 51.

Chapeaux
Bleibtreustrasse 51.
Plan 9 B1.
Tél. 312 09 13.

Fishbelly
Sophienstrasse 7a.
Tél. 28 04 51 80.

Lisa D.
Hackesche Höfe,
Rosenthaler
Strasse 40-41.
Plan 7 B2.
Tél. 28 29 061.

Molotow
Gneisenaustrasse 112.
Plan 13 A4.
Tél. 693 08 18.

NIX
Oranienburger
Strasse 32.
Plan 7 A2.
Tél. 281 80 44.

Redspective
Rosa-Luxemburg-Strasse
18. **Plan** 7 C1.
Tél. 27 59 54 09.

CHAUSSURES ET ACCESSOIRES

Budapester Schuhe
Kurfürstendamm 43 et
199. **Plan** 10 D1.
Tél. 88 11 707.
Bleibtreustrasse 24.
Plan 9 B1.
Tél. 62 95 00.

Görtz
Kurfürstendamm 13-14.
Plan 10 D1.
Tél. 88 68 37 52.

Hut Up
Oranienburger Strasse 32.
Plan 7 A2.
Tél. 28 38 61 05.

Penthesileia
Tucholskystrasse 31.
Plan 7 A2, 16 D1.
Tél. 282 11 52.

Riccardo Cartillone
Savignyplatz 4.
Plan 9 C1.
Tél. 312 97 01.

Schuhtick
Savignyplatz 11.
Plan 9 C1.
Tél. 315 93 80.
Potsdamer Platz Arkaden,
Alte Potsdamer Strasse 7.
Plan 6 D5.
Tél. 25 29 33 58.

PARFUMERIE

Body Shop
(dans le hall principal de
la gare du Zoologischer
Garten). **Plan** 10 D1.
Tél. 31 21 391.

Douglas
Kurfürstendamm 216.
Plan 10 D1.
Tél. 881 25 34.

Galeries Lafayette Parfümerie
Französische Strasse 23.
Plan 6 F4. **Tél.** 20 94 80.

Harry Lehmann
Kantstrasse 106.
Plan 9 A1.
Tél. 324 35 82.

KaDeWe Parfümerie
Tauentzienstrasse 21-24.
Plan 10 E1. **Tél.** 21 210.

Quartier 206
Friedrichstrasse 71.
Plan 6 F3.
Tél. 20 94 68 00.

Cadeaux et souvenirs

Que vous vouliez rapporter en souvenir de Berlin un morceau du Mur ou un soldat de plomb de l'armée prussienne, vous n'aurez que l'embarras du choix dans l'une des grandes galeries commerciales de la ville. Si vous recherchez des souvenirs plus raffinés, une porcelaine de la Königliche Porzellan-Manufaktur Berlin (p. 133) pourrait vous satisfaire. Les musées possèdent également de belles boutiques, en particulier le Bauhaus Museum. Pour un enfant, l'ours en peluche reste incontournable – d'autant que c'est l'emblème de la ville. Pour les bijoux artisanaux et l'art contemporain, rendez-vous le dimanche au Berliner Kunstmarkt Unter den Linden. Et en décembre, les nombreux marchés de Noël, en particulier celui de Gendarmenmarkt, sont une mine de magnifiques cadeaux artisanaux.

LIVRES ET MUSIQUE

Aucune enseigne privée n'égale les boutiques des musées en ce qui concerne les livres d'art, qui proposent également une bonne sélection de cartes postales, d'affiches et de souvenirs. Les meilleures se trouvent à l'**Hamburger Bahnhof** (p. 110-111), à la **Gemäldegalerie** (p. 122-125), au **Museum Berggruen** (p. 164), au **Schloss Charlottenburg** (p. 160-161) et à l'**Altes Museum** (p. 75).

Réputée dans les domaines du design, de l'architecture, de la photo et du cinéma, la chaîne **Bücherbogen** possède plusieurs succursales. À Charlottenburg, **Autorenbuchhandlung** organise des rencontres avec des auteurs. Aux Hackesche Höfe, **Artificium** intègre une galerie d'art.

Si vous avez plus de facilité à lire l'anglais que l'allemand, vous trouverez des journaux dans cette langue et des romans d'auteurs britanniques et américains à **Books in Berlin** et **Saint Georges**. **Prinz Eisenherz** est spécialisé dans la littérature homosexuelle. À Kreuzberg, **Another Country** vend des livres d'occasion et propose un système de troc. **Do You Read Me?!**, dans le Mitte, et **Motto Bookshop**, à Kreuzberg, vendent tous deux un grand choix de magazines, y compris des éditions indépendantes et rares. Dans toutes ces librairies,

le personnel est très aimable et prêt à vous renseigner. **Artificium**, sur la Schlossstrasse, **Cover Music** près du Ku'damm proposent un large choix de CD. Les passionnés de musique classique se retrouvent chez **L & P Classics.** La clientèle de **Gelbe Musik**, sur la Chauseestrasse, apprécie l'avant-garde. **Grober Unfug** et **Lehmann's** sont aussi des adresses à recommander.

Les CD d'occasion abondent au marché aux puces qui se tient le dimanche sur la Strasse des 17. Juni (p. 256).

JOUETS

Emblème de Berlin, l'ours apparaît sous diverses formes partout dans la ville, en particulier dans les boutiques de cadeaux du Nikolaiviertel. Toutefois, vous ne trouverez nulle part autant d'ours en peluche qu'au **KaDeWe** (Kaufhaus des Westens, p. 155). Ce célèbre grand magasin leur consacre toute une section au sein d'un rayon de jouets assez riche pour satisfaire les goûts d'enfants de tous âges, et vous pourrez y acquérir aussi bien un plantigrade mesurant 2 cm que 2 m. Si vous choisissez le plus encombrant, rassurez-vous, le magasin peut se charger des expéditions à l'étranger.

Des artisans continuent de fabriquer des jouets en bois à

l'ancienne, depuis les puzzles traditionnels jusqu'aux meubles de poupée. **Heidi's Spielzeugladen**, sur la Kantstrasse, **Original Erzgebirgs-Kuvst**, sur la Sophienstrasse, et **Spielen**, sur la Hufelandstrasse, font partie des établissements les mieux approvisionnés.

Sur la Nürnberger Strasse, **Michas Bahnhof** est le grand fournisseur berlinois en rails, locomotives, wagons, gares et autres miniatures destinées aux circuits de trains électriques. Le choix offert laisse rêveur.

La capitale de l'ancienne Prusse ne saurait décevoir les collectionneurs de petits soldats de plomb. La plupart de ceux vendus par **Berliner Zinnfiguren Kabinett** sont destinés aux enfants, mais certaines pièces rares peuvent atteindre des prix extrêmement élevés.

FLEURS

Que vous cherchiez un bouquet afin d'égayer votre chambre d'hôtel, pour l'offrir à des amis qui vous ont invité à dîner ou dans un but plus romantique, vous trouverez à Berlin des fleuristes installés à presque tous les coins de rue. La plupart sont ouverts le dimanche. **Blumen-Koch**, à Wilmersdorf, a fondé sa renommée sur le soin qui est apporté pour réaliser des arrangements raffinés de fleurs exotiques. **Blumen Damerius** propose un grand choix de fleurs, d'une grande fraîcheur.

PORCELAINE ET CÉRAMIQUE

En 1708, c'est un alchimiste de Meissen, Johann Friedrich Böttger, qui découvrit le premier en Europe comment fabriquer de la « vraie » porcelaine, dite aussi porcelaine dure. La porcelaine de Meissen reste depuis une référence, et l'on en trouve dans plusieurs magasins du Kurfürstendamm. Frédéric II fonda en 1763 la **KPM (Königliche Porzellan-Manufaktur)** (p. 133) de Berlin. Cette manufacture est toujours en activité, et elle vend sa production dans la boutique aménagée sur place. Il s'agit toutefois d'objets neufs. Si vous cherchez des pièces anciennes, tentez votre chance auprès des nombreux antiquaires que compte la ville *(p. 256-257)*.

Moins onéreuse, la céramique traditionnelle de Thuringe possède aussi beaucoup de cachet avec ses motifs blancs et bleus. **Bürgel-Haus** en propose un bel assortiment sur la Friedrichstrasse.

BOUTIQUES SPÉCIALISÉES

Berlin compte de nombreuses boutiques tenues par des passionnés où vous pourrez dénicher des cadeaux et des objets sortant de l'ordinaire.

Knopf Paul est ainsi spécialisé dans les boutons, et a rassemblé un assortiment hors du commun, tandis que les ballons de **Bären-Luftballons**, proposés dans toutes les couleurs, ont des formes amusantes.

Tee Gschwendner et **Berliner Teesalon** proposent les meilleurs thés et toute sorte d'accessoires. **Papeterie** vend de beaux papiers à lettres et des stylos de qualité.

Si vous restez bredouille, rien ne vous interdit d'aller chercher l'inspiration dans les départements spécialisés du **KaDeWe** *(voir rubrique jouets)*. Pour dénicher des cadeaux ou des vêtements réalisés par des artisans locaux, rendez-vous à **Berlinomat**, sur Frankfurter Allee.

ADRESSES

LIVRES ET MUSIQUE

Another Country
Riemannstrasse 7.
Plan 13 A4.
Tél. 69 40 11 60.

Artificium
Rosenthalerstrasse 40/41.
Plan 7 B1.
Tél. 30 87 22 80.

Autorenbuch-handlung
Carmerstrasse 10.
Plan 3 C5
Tél. 313 01 51.

Books in Berlin
Goethestrasse 69.
Plan 3 B5.
Tél. 31 31 233.

Bücherbogen
Savignyplatz.
Plan 9 C1.
Tél. 31 86 95 11.

Cover Music
Kurfürstendamm 11.
Plan 10 D1.
Tél. 88 55 01 30.

Do You Read Me?!
Auguststrasse 28.
Plan 7 A1.
Tél. 69 54 96 95.

Gelbe Musik
Chausseestrasse 128.
Plan 6 F1.
Tél. 211 39 62.

Gemäldegalerie
Matthäikirchplatz 8.
Plan 5 C5.
Tél. 266 424 242.

Grober Unfug
Zossener Strasse 33.
Plan 13 A3.
Tél. 69 40 14 90.

Hamburger Bahnhof
Invalidenstrasse 50/51.
Plan 6 D1.
Tél. 266 424 242.

Hugendubel
Tauentzienstrasse 13.
Plan 10 E1.
Tél. (01801) 48 44 84.

Lehmann's
Hardenbergstrasse 5.
Plan 3 C4.
Tél. 61 79 110.

Kulturkaufhaus Dussmann
Friedrichstrasse 90.
Plan 15 C2.
Tél. 202 51 111.

L & P Classics
Knesebeckstrasse 33-34.
Plan 9 C1.
Tél. 88 04 30 43.

Motto Bookshop
Skalitzer Strasse 68.

Museum Berggruen
Schlossstrasse 1.
Plan 2 E3.
Tél. 266 424 242.

Prinz Eisenherz
Lietzenburger Strasse 9a.
Plan 9 B2.
Tél. 313 99 36.

Saint Georges
Wörther Strasse 27,
Prenzlauer Berg.
Tél. 81 79 83 33.

JOUETS

Berliner Zinnfiguren Kabinett
Knesebeckstrasse 88.
Plan 3 C5.
Tél. 315 70 00.

Heidi's Spielzeugladen
Kantstrasse 61.
Plan 2 F5.
Tél. 323 75 56.

Original Erzgebirgs-Kurst
Sophienstrasse 9.
Plan 7 B1.
Tél. 282 67 54.

Michas Bahnhof
Nürnberger Strasse 24.
Plan 10 E2, 10 F2.
Tél. 218 66 11.

FLEURS

Blumen Damerius
Potsdamer Platz
Arkaden. **Tél.** 45 38 005.

Blumen-Koch
Westfälische Strasse 38.
Plan 9 A4.
Tél. 896 69 00.

PORCELAINE ET CÉRAMIQUE

Bürgel-Haus
Friedrichstrasse 154.
Plan 6 F3, 15 C3.
Tél. 204 45 19.

KPM
Wegelystrasse 1.
Tél. 39 00 92 15.
Kurfürstendamm 27.
Plan 10 D1.
Tél. 88 62 79 61.

BOUTIQUES SPÉCIALISÉES

Bären-Luftballons
Kurfürstenstrasse 31/32.
Plan 9 C1.
Tél. 26 97 50.

Berliner Teesalon
Invalidenstrasse 160.
Tél. 28 04 06 60.

Berlinomat
Frankfurter Allee 89.
Tél. 42 08 14 45.

Knopf Paul
Zossener Strasse 10.
Plan 13 A4.
Tél. 692 12 12.

Papeterie
Uhlandstrasse 28.
Plan 9 C2.
Tél. 881 63 63.

Tee Gschwendner
Kurfürstendamm 217.
Plan 10 D1.
Tél. 881 91 81.

Antiquités et objets d'art

Berlin connaît une véritable effervescence artistique
et de nouvelles galeries ouvrent constamment. Depuis
la chute du Mur, ce dynamisme a principalement
profité au quartier de la Sophienstrasse (p. 104) dans
le nord de Mitte. Les expositions organisées par des
associations comme NGbK, NBK et KunstWerke offrent
des vitrines supplémentaires aux jeunes créateurs.
Les visiteurs qui préfèrent les souvenirs du passé
trouveront peut-être leur bonheur parmi le bric-à-brac
des marchés aux puces, les curiosités rassemblées
par les boutiques de Kreuzberg et les objets d'art
des magasins chic du Ku'damm.

SALLES DES VENTES

Les salles des ventes les plus
anciennes et les plus
prestigieuses de Berlin, **Gerda
Bassenge** et **Villa Grisebach**,
organisent des ventes au
début de l'année et à
l'automne. La première est
spécialisée dans l'art
graphique et, un mois avant
chaque vente, elle met aux
enchères les livres et des
autographes. Quelques jours
après les enchères principales,
des photographies sont mises
en vente.

Les prix grimpent à Villa
Grisebach, qui négocie des
peintures du XIXe siècle et des
œuvres de maîtres modernes.
Une autre bonne salle de
ventes, la **Kunst-Auktionen
Leo Spik**, se trouve sur le
Ku'damm.

GALERIES D'ART

Depuis la chute du Mur,
quelque 30 galeries ont vu
le jour dans le Spandauer
Vorstadt autour de
la Linienstrasse, de
l'Auguststrasse, de la
Sophienstrasse et de
la Gipsstrasse. Parmi les
plus intéressantes figurent
Arndt & Partner, **Eigen & Art**,
Contemporary Fine Arts,
Gebauer, **Max Hetzler**, **Mehdi
Chouakri**, **Wohnmaschine**,
**Galerie & Buchladen Barbara
Wien** et **Neugerriemen-
schneider**. Trois ou quatre fois
par an, elles organisent
ensemble des journées
« portes ouvertes » pour
présenter leurs nouvelles
collections. Une de ces
journées a toujours lieu à
l'automne à l'occasion de l'Art

Forum (p. 50), une foire
internationale d'art
moderne. Ce quartier est
particulièrement agréable
le vendredi soir, jour que
choisissent les galeries pour
organiser leurs vernissages.

Les galeries du quartier
du Kurfürstendamm, à
l'atmosphère plus feutrée,
comme **Brusberg** et, sur la
Knesebeckstrasse, **Galerie
Stühler**, proposent un grand
choix d'œuvres de qualité.
Anselm Dreher, **Barbara
Weiss**, **Thomas Schulte** et
Eva Poll méritent aussi que
vous leur rendiez visite.

ANTIQUITÉS

Les magasins d'antiquités
les plus chic de Berlin
se trouvent près du
Kurfürstendamm et de la
Ludwigkirchplatz. Même
si l'on n'a pas l'intention
d'acheter, les objets d'art
qu'ils abritent méritent un
coup d'œil, qu'il s'agisse de
meubles chinois à **Alte
Asiatische Kunst,** de bibelots
Sécession à **ART 1900**.

Les spécialistes du
mobilier sont regroupés
sur la Suarezstrasse à
Charlottenburg, et ils vendent
aussi bien d'authentiques
Thonet que les créations en
acier de stylistes plus récents.

Si vos moyens ne vous
permettent pas des
achats aussi coûteux, la
Bergmannstrasse, à
Kreuzberg, permet parfois
de dénicher des pièces
intéressantes au milieu d'un
fatras sans valeur. **Das Zweite
Büro**, dans la Zossener
Strasse, a pour spécialité les
meubles de bureau anciens,

et ses prix élevés reflètent la
qualité de la sélection. De
l'autre côté de la rue, **Radio
Art** abrite une riche collection
d'appareils de radio et de
tourne-disques. **Bleibtreu
Antik** et **Art Déco** comptent
parmi les autres boutiques
intéressantes.

Près de la Friedrichstrasse,
vous trouverez fripes, livres,
argenterie et ustensiles de
cuisine.

MARCHÉS AUX PUCES

Le plus populaire des
marchés aux puces
berlinois, le Trödel-und
Kunstmarkt, se tient sur
la Strasse des 17. Juni près
de la station de S-Bahn
Tiergarten. Dans la partie
réservée aux objets anciens,
les éventaires proposent
aussi bien de vieux livres et
magazines que des raretés
hors de prix. Les étals
d'artisanat s'installent
de l'autre côté du
Charlottenburger Brücke.
Ils offrent un très large choix
d'articles en cuir, de
céramiques, de bijoux,
de tissages et de soieries.

Quelques pas seulement
séparent le **Berliner Kunst-
und Nostalgiemarkt an der
Museumsinsel** de certaines
des plus prestigieuses
institutions culturelles
allemandes. Il s'étend en effet
en face du Pergamonmuseum
et de l'Altes Museum, le long
du Kupfergraben. Vous
trouverez objets d'art, livres,
disques et autres antiquités
autour du Zeughaus.

Les jeunes adoreront le
Flohmarkt am Mauerpark.
Ce marché très animé regorge
d'antiquités, de curiosités,
de vêtements, d'objets d'art
et d'artisanat. Il est ouvert
tous les dimanches ainsi
que les samedis en été.
On y vient aussi pour
l'ambiance festive, les
musiciens et les artistes
de rue. Le dimanche, le
Flohmarkt Boxhagener Platz
de Friedrichshain est l'un
des petits marchés aux puces
les plus intéressants. Pour
les tissus et l'alimentation,
rendez-vous au marché turc.

Le marché aux puces
organisé sur un parc de

stationnement à côté de la station de U-Bahn Fehrbelliner Platz commence le week-end à 8 h, et mieux vaut s'y rendre tôt avant que les professionnels et les collectionneurs se soient rués sur les affaires les plus intéressantes. Si vous êtes en quête de souvenirs de la RDA, promenez-vous près de Postdamer Platz et Leipziger Platz. Toutefois la qualité et l'authencité des objets vendus est souvent contestable.

Sur l'Eichenstrasse, le **Treptower Hallentrödel** réunit les objets les plus hétéroclites sous le même toit, et les vieilles bottes militaires y côtoient les accessoires de salle de bains et les piles de livres bradés. La halle elle-même, un ancien dépôt d'autobus, mérite un coup d'œil pour son architecture.

Les autres marchés aux puces dignes d'une visite comprennent l'**Antik & Trödelmarkt am Ostbahnhof**.

ADRESSES

SALLES DES VENTES

Gerda Bassenge
Erdener Strasse 5a.
Tél. 89 38 02 90.
🕐 *lun.-jeu. 10h-18h, ven. 10h-16h.*

Kunst-Auktionen Leo Spik
Kurfürstendamm 66.
Plan 10 D1.
Tél. 883 61 70.

Villa Grisebach
Fasanenstrasse 25.
Plan 10 D2.
Tél. 885 91 50.

GALERIES D'ART

Anselm Dreher
Pfalzburger Strasse 80.
Plan 9 C2.
Tél. 883 52 49.
🕐 *mar.-ven. 14h-18h, sam. 11h-14h.*

Arndt & Partner
Invalidenstrasse 50-51.
Plan 6 D1.
Tél. 280 81 23.
🕐 *mar.-sam. 11h-18h.*

ATM Gallery
Brunnenstrasse 24.
Tél. 0176 62 55 58 10.
🕐 *mar.-sam. 13h-19h.*

Barbara Weiss
Zimmerstrasse 88-91. **Plan** 7 A5. *Tél.* 262 42 84.
🕐 *mar.-sam. 11h-18h.*

Brusberg
Kurfürstendamm 213.
Plan 9 C1.
Tél. 882 76 82.
🕐 *mar.-ven. 10h-18h, sam. 10h-14h.*

C/O Berlin
Oranienburger Strasse 35-36. **Plan** 7 A1.
Tél. 28 09 19 25.

Contemporary Fine Arts
Am Kupfergraben 10.
Plan 7 A2.
Tél. 28 87 870.
🕐 *mar.-ven. 11h-18h, sam. 11h-16h.*

Eigen & Art
Auguststrasse 26.
Plan 7 B1.
Tél. 280 66 05.
🕐 *mar.-sam. 11h-18h.*

Galerie Crystal Ball
Schönleinstrasse 7.
Plan 14 E4.
Tél. 600 52 828.
🕐 *mar., ven. et dim. 15h-20h.*

Galerie Poll
Anna-Louisa-Karsch Strasse 9. *Tél.* 261 70 91.
🕐 *mar. ven. 11h-18h, sam. 11h-16h.*

Galerie Stühler
Fasanenstrasse 69.
Plan 10 D1.
Tél. 881 76 33.

Galerie und Buchladen Barbara Wien
Linienstrasse 158.
Plan 7 C1.
Tél. 28 38 53 52.
🕐 *mar.-ven. 13h-18h, sam. 12h-18h.*

Gebauer
Markgrafenstrasse 67.
Plan 7 A4.
Tél. 24 00 86 30.
🕐 *mar.-sam. 11h-18h.*

Max Hetzler
Oudenarder Strasse 16-20. **Plan** 6 F5.
Tél. 229 24 37.
🕐 *mar.-sam. 11h-18h.*

Mehdi Chouakri
Schlegelstrasse 26.
Plan 7 B1.
Tél. 28 39 11 53.
🕐 *mar.-sam. 11h-18h.*

Michael Schultz
Mommsenstrasse 34.
Tél. 31 99 130.
🕐 *mar.-ven. 10h-19h, sam. 10h-14h.*

Neugerriem-schneider
Linienstrasse 155.
Plan 7 A1.
Tél. 28 87 72 77.
🕐 *mar.-ven. 10h-18h, sam. 11h-18h.*

Thomas Schulte
Charlottenstrasse 24.
Plan 7 A3.
Tél. 20 60 89 90.
🕐 *mar.-sam. 12h-18h.*

Wohnmaschine
Invalidenstrasse 50-51.
Plan 6 D1. *Tél.* 87 20 15.
🕐 *mar.-sam. 11h-18h.*

ANTIQUITÉS

Alte Asiatische Kunst
Fasanenstrasse 71.
Plan 10 D1.
Tél. 883 61 17.

Art Déco
Grolmanstrasse 51.
Plan 3 C5.
Tél. 31 50 62 05.

ART 1900
Kurfürstendamm 53.
Plan 9 B2.
Tél. 01578 212 22 00.

Bleibtreu Antik
Schlüterstrasse 54.
Plan 9 B1.
Tél. 883 52 12.

Das Zweite Büro
Zossener Strasse 6.
Plan 13 A3.

Tél. 693 07 59.
🕐 *lun.-ven. 10h-18h.*

Lakeside Antiques
Neue Kantstrasse 14.
Plan 2 E5.
Tél. 25 45 99 30.

Radio Art
Zossener Strasse 2.
Plan 13 A3.
Tél. 693 94 35.
🕐 *jeu.-ven. 12h-18h, sam. 10h-13h.*

MARCHÉS AUX PUCES

Antik & Trödelmarkt am Ostbahnhof
Erich-Steinfurth-Strasse.
🕐 *dim. 10h-17h.*

Berliner Kunst- und Nostalgiemarkt an der Museumsinsel
Museumsinsel & Kupfergraben.
Plan 7 A2, 16 D1.
🕐 *sam.-dim. 11h-17h.*

Flohmarkt Boxhagener Platz
Boxhagener Platz.
🕐 *dim. 10h-18h.*

Flohmarkt am Mauerpark
Bernauer Strasse 63-64.
🕐 *dim. 7h-19h.*

Treptower Hallentrödel
Puschkinallee.
🕐 *sam.-dim. 10h-18h.*

Turkish Market
Maybachufer Neukölln.
🕐 *mar. et ven. 11h-18h30.*

Gastronomie

Depuis de nombreuses années, la gastronomie a pris à Berlin un air d'évasion, et l'époque où l'on devait se contenter de jarret de porc, de *Currywurst* et de pommes de terre est révolue. Presque toutes les cuisines du monde sont aujourd'hui représentées. Ce qui n'interdit pas de profiter des spécialités germaniques que la ville a à offrir : l'immense choix de charcuteries, tout d'abord, et les gâteaux, péché mignon des Allemands. Installés dans des halles du XIXe siècle ou en plein air, les marchés alimentaires sont en prise directe avec la vie quotidienne des quartiers. De plus en plus de boutiques proposent des produits biologiques, légumes et pain complet, mais aussi bière et vin.

PÂTISSERIES ET CONFISERIES

Les Allemands ont un faible pour les douceurs, et la tentation règne partout à Berlin. La spécialité pâtissière locale est un beignet fourré, qui porte le nom de *Berliner*. Le choix de friandises exposé dans la plupart des vitrines déborde toutefois largement des frontières nationales avec, en particulier, des gâteaux français et viennois. **Buchwald**, l'une des meilleures adresses de la ville, vend surtout des pâtisseries à emporter, mais vous pourrez en consommer sur place, dans de nombreuses *Konditoreien* comme l'**Opernpalais** et le **Wiener Conditorei Caffeehaus**.

Autres tentations, les chocolats et les pralines de **Leysieffer** ne déçoivent pas les connaisseurs. Le **Feinschmecker Etage** du **KaDeWe** et le département **Gourmet** des **Galeries Lafayette** abritent tous les deux des rayons fortement conseillés aux gourmets.

FROMAGES

Si vous avez le mal du pays, une visite au rayon fromages, au Gourmet des **Galeries Lafayette**, le mieux fourni de Berlin, devrait contribuer à vous remonter le moral. Celui du **KaDeWe** ne manque pas non plus d'intérêt. **Maître Philipe** ne vend que les fromages de petits producteurs sélectionnés, et vous ne verrez pas de réfrigérateur dans ce magasin

entièrement climatisé où flotte un parfum qui met en appétit. Vous trouverez un bel assortiment de fromages au **Giovanni's Käsekellerei**. **Einhorn** est spécialisé dans les produits internationaux, pâtes, viandes et fromages. Les bonnes adresses comprennent aussi **Salumeria**.

VINS

Une fois encore, ce sont le **KaDeWe** et les **Galeries Lafayette** qui offrent le plus grand choix, car beaucoup de petits détaillants préfèrent se concentrer sur les crus d'une seule région. Ainsi, **Der Rioja-Weinspezialist** ne vend que des vins de La Rioja, le terroir le plus réputé d'Espagne, tandis que **Vendemmia** a pour spécialité la Toscane. **Viniculture** garde en cave une riche sélection de vins allemands.

CHARCUTERIE ET CONSERVES DE POISSON

La charcuterie est sans conteste le domaine où excelle la gastronomie allemande, et les spécialités à base de viande de porc disponibles à Berlin, les saucisses entre autres, sont d'une diversité stupéfiante. Cette richesse se remarque surtout au KaDeWe et aux Galeries Lafayette, mais de petits commerces comme **Neuland Fleischerei Bachhuber** propose des produits de grande qualité. Il garantit une viande sans hormones ni traitement

chimique. Le rayon traiteur du KaDeWe propose une bone sélection de poissons, d'eau douce et de mer, ainsi que du gibier. **Rogacki** est connu pour ses poissons et ses savoureux plats cuisinés. Chez **Kropp Delikatessen und Feinkost**, vous trouverez une belle variété de viandes.

MARCHÉS COUVERTS

Les vastes halles construites au XIXe siècle pour abriter les marchés d'alimentation restèrent jusqu'à la Seconde Guerre mondiale les principaux centres d'approvisionnement des Berlinois. L'activité ne cessait jamais dans la plus grande, située sur Alexanderplatz, mais elle perdit son utilité après la partition, et les autorités de la RDA ne virent pas d'intérêt à réparer les dégâts causés par les bombardements.

Il ne reste aujourd'hui que trois marchés d'alimentation couverts dans la capitale allemande : l'**Arminiushalle** de Moabit, qui a été classée monument historique, la **Markthalle am Marheinekeplatz**, à Kreuzberg, et le **Domäne Dahlem Hofladen**. Ces halles restent ouvertes jusqu'au soir six jours par semaine, du lundi au samedi, et les Berlinois s'y arrêtent le plus souvent pour venir acheter un ou deux aliments particuliers qu'ils n'ont pas trouvés en supermarché. Elles offrent au visiteur une bonne occasion de goûter les *Currywurst* (p. 232), un snack typique, car elles abritent les stands considérés comme les meilleurs de la ville.

MARCHÉS

Les marchés en plein air se tiennent deux fois par semaine. Le plus apprécié, le **Winterfeldtmarkt**, se déroule le mercredi de 8 h à 14 h et le samedi de 8 h à 18 h. Le samedi, il dure plus longtemps quand il y a affluence, ce qui est souvent le cas. Son charme tient entre autres à sa diversité car des marchands de fleurs, de fruits et légumes, de fromages, de vêtements ou d'ustensiles domestiques s'y côtoient. Des stands vendent saucisses grillées et *falafel*, et de nombreux bars permettent de se détendre en buvant un café ou un verre de bière.

Le **Türkisher Markt am Maybachufer** attire le mardi et le jeudi des familles turques de Kreuzberg et de Neukölln qui viennent y trouver des spécialités de leur pays d'origine. La Kollwitzplatz accueille les marchés les plus centraux. Le **Ökomarkt** et le **Neuer Markt** ont lieu le jeudi et le samedi, tandis que le **Markt am Wittenbergplatz** rassemble le jeudi des fermiers de toute la région venus vendre leur production. Vous n'y trouverez pas de fruits exotiques, mais c'est l'endroit où acheter en saison des tomates ou des pommes qui ont du goût, des cornichons de Spreewald *(Salzgurken)* préparés artisanalement, des asperges de la région de Beelitz et de délicieuses fraises de jardin. Le **Dömane Dahlem Ökomarkt**, marché bio, se tient le mercredi et le samedi.

ADRESSES

RAYONS DES GRANDS MAGASINS

KaDeWe's Feinschmecker Etage
Tauentzienstrasse 21-24.
Plan 10 E2.
Tél. 21210.

Galeries Lafayette Gourmet
Friedrichstrasse 23.
Plan 6 F4.
Tél. 20 94 80.

PÂTISSERIES ET CONFISERIES

Buchwald
Bartningallee 29.
Plan 4 F3.
Tél. 391 59 31.

Caffeehaus Am Roseneck
Hohenzollerndamm 92.
Tél. 89 59 69 22.

Fassbender & Rausch
Charlottenstrasse 60.
Plan 7 A4.
Tél. 20 45 84 43.

Kolbe & Stecher Bonbonmacherei
Heckmann Höfe,
Oranienburger Strasse 32.
Plan 7 A1.
Tél. 4405 52 43.

Leysieffer
Kurfürstendamm 218.
Plan 10 D1.
Tél. 885 74 80.

Leysieffer
Quartier 205,
Friedrichstr. 68
Plan 15 C4.
Tél. 20 64 97 17.

Opernpalais
Unter den Linden 5.
Plan 7 A3, 16 E3.
Tél. 20 26 83.

Wiener Conditorei Caffeehaus
Hagenplatz 3.
Tél. 89 72 93 60.

FROMAGES

Einhorn
Wittenbergplatz 5-6.
Plan 10 F2.
Tél. 218 63 47.

Giovanni's Käsekelleri
Monbijouplatz 2.
Plan 7 B2.
Tél. 030 33 77 10 51.

Maître Philippe
Emser Strasse 42.
Plan 9 B3, 9 C3.
Tél. 88 68 36 10.

Salumeria
Windscheidstrasse 20.
Plan 2 E5.
Tél. 324 33 18.

VINS

Der Rioja-Weinspezialist
Akazienstrasse 13.
Tél. 782 25 78.

Vendemmia
Akazienstrasse 20.
Tél. 787 125 35.

Viniculture
Grolmanstrasse 44-45.
Tél. 883 81 74.

CHARCUTERIE ET CONSERVES DE POISSON

Kropp Delikatessen und Feinkost
Karl-Marx-Strasse 82.
Plan 14 F5.
Tél. 623 1090.

Neuland Fleischerei Bachhuber
Güntzelstrasse 47.
Plan 9 C4.
Tél. 873 21 15.

Rogacki
Wilmersdorfer Strasse 145-146.
Plan 2 F4.
Tél. 343 82 50.

MARCHÉS COUVERTS

Arminiushalle
Arminiusstrasse 2-4.
Plan 4 E1.
🕒 *lun.-jeu. 7h30-18h, ven. 7h30-19h, sam. 7h30-14h.*

Dömane Dahlem Hofladen
Königin-Luise-Strasse 49, Dahlem.
Tél. 66 63 00 12.

Markthalle am Marheinekeplatz
Marheinekeplatz.
Plan 13 A5.
🕒 *lun.-ven. 8h-20h, sam. 8h-18h.*

Markthalle Tegel-Center
Gorkistrasse 13-17.
Tél. 43 43 849.
🕒 *lun.-ven. 8h-19h, sam. 8h-18h.*

MARCHÉS

Domäne Dahlem ökomarkt
Königin-Luise-Strasse 49, Dahlem.
Tél. 666 3000.
🕒 *mer. 12h-17h, sam. 8h-13h.*

Markt am Wittenbergplatz
Wittenbergplatz.
Plan 10 F2.
🕒 *jeu. 10h-18h.*

Ökomarkt am Kollwitzplatz
Prenzlauer Berg.
🕒 *jeu. 12h-19h.*

Neuer Markt am Kollwitzplatz
Prenzlauer Berg.
🕒 *sam. 9h-16h.*

Türkischer Markt am Maybachufer
Maybachufer.
Plan 14 E3, F4.
🕒 *mar. et ven. 11h-18h30.*

Winterfeldtmarkt
Winterfeldtplatz.
Plan 11 A3.
🕒 *mer. 8h-14h, sam. 8h-18h.*

SE DIVERTIR À BERLIN

Grande capitale conjuguant tradition culturelle et effervescence de la modernité, Berlin offre un tel choix de spectacles et de distractions qu'il peut répondre aux goûts les plus éclectiques. En été, les pistes cyclables permettent de circuler aisément à vélo. Bars et restaurants installent des tables en terrasse, et une atmosphère animée règne alors dans les alentours d'Unter den Linden et du Kufürstendamm et dans les quartiers de Kreuzberg et Prenzlauer Berg. La ville prend toutefois son vrai visage la nuit, et on danse jusqu'à l'aube, parfois même plus tard, dans ses très nombreuses boîtes de nuit. La vie nocturne s'organise autour de plusieurs grands pôles qui possèdent tous leur caractère. Prenzlauer Berg reste à la fois populaire et bohème, Friedrichshain a une vie nocturne animée, et Kreuzberg abrite un milieu gay très actif. Dans l'arrondissement de Mitte se côtoient les hauts lieux berlinois de l'opéra et du théâtre classique et des bars où l'on peut profiter d'une joyeuse ambiance sans se ruiner.

Musicien de rue

L'orchestre philharmonique de Berlin

RENSEIGNEMENTS PRATIQUES

L'offre culturelle est si vaste à Berlin qu'il est parfois difficile de choisir son lieu de sortie. Les bureaux de l'office de tourisme *(p. 278)* fournissent le calendrier des principales manifestations, mais mieux vaut consulter la presse spécialisée pour trouver des renseignements plus détaillés. Deux sites Internet en allemand, *www.berlinonline. de* et *www.berlin.de* (quelques pages en anglais) permettent de se renseigner avant le départ ou, sur place. Ils contiennent des informations sur les festivals et les rencontres sportives, ainsi que sur les films, pièces de théâtre, spectacles de cabaret et concerts à l'affiche.

En arrivant, regardez aussi les prospectus de votre hôtel.

MAGAZINES D'INFORMATIONS CULTURELLES

Les deux magazines de programme les plus complets, *Tip* et *Zitty,* sont des bimensuels qui paraissent en alternance le mercredi. Le quotidien berlinois *Berliner Morgenpost* propose quant à lui un supplément culturel, tout comme le *Taz,* le *Berliner Zeitung* et le *Tagesspiegel.*

Il n'existe pas de magazine d'information culturelle en français à Berlin, mais vous en trouverez en anglais. Procurez-vous un exemplaire du magazine *Exberliner*, qui contient des anecdotes et un programme culturel. Vous pourrez l'acheter dans les librairies de langue anglaise, ainsi que dans quelques cafés.

Le magazine d'art mensuel *Kunst* est le guide des galeries et des expositions. Il possède également un site Internet où sont répertoriées les informations (www. kunstmagazinberlin.de).

BILLETS

Les salles de spectacle mettent généralement les billets en vente deux semaines à

Le complexe de loisirs Admiralspalast, rénové *(p. 69)*

Le Jazzfest Berlin programme du jazz classique *(p. 268)*

l'avance. Si on ne peut passer les prendre à la billetterie, il est possible de les réserver par téléphone ; les places doivent alors être retirées au plus tard une heure (parfois une demi-heure) avant le début de la représentation. Pour les manifestations très prisées, tels les concerts de la Philharmonie, réservez longtemps à l'avance. Des réductions de 50 % s'appliquent dans certains cas aux étudiants, aux retraités et aux personnes handicapées munis des documents adéquats. **Showtime Konzert- und Theaterkassen** est une agence de location qui offre la possibilité d'acheter ses billets sans se déplacer jusqu'à la salle. Bien sûr ; elle prélève pour ce service une commission. Les billets de certains théâtres incluent le trajet en transports publics.

Même si le spectacle qui vous intéresse affiche complet, tentez votre chance juste avant le début de la représentation, **Hekticket Theaterkassen** vend des places pour le jour même, parfois jusqu'à une heure avant le début de la représentation. Quand il s'agit de billets retournés, la réduction peut aller jusqu'à 50 % du plein tarif. Vous pouvez aussi vous adresser à **Interklassik** ou **Koka 36**.

SPECTATEURS HANDICAPÉS

Tous les magazines de programme indiquent si les lieux de spectacle permettent un accès en fauteuil roulant.

Les plus grandes salles possèdent des places réservées en priorité aux personnes handicapées, mais elles sont en nombre limité, et il vous faudra préciser vos besoins au moment de l'achat du billet.

La majorité des stations de métro et de S-Bahn possèdent des ascenseurs, et elles sont clairement signalées sur les plans. Des rampes élévatrices équipent de plus en plus de bus. Si vous avez le moindre problème, n'hésitez pas à demander l'aide d'un employé de la BVG *(p. 294-297).*

TRANSPORTS PUBLICS DE NUIT

Berlin possède un système de transports publics particulièrement bien adapté aux besoins des noctambules. Le U-Bahn et le S-Bahn s'arrêtent en semaine vers 1 h, mais des bus et des trams

Porte de l'éléphant au Zoo de Berlin *(p. 150)*

continuent de circuler toutes les demi-heures. Ils ont des horaires coordonnés, et il existe deux grandes stations de correspondance : Hackescher Markt et Hardenbergplatz, près de la gare de chemin de fer Zoologischer Garten.

Le week-end, toutes les lignes de S-Bahn fonctionnent la nuit, sauf la 4 et la U55 (les rames passent toutes les 15 min). Les points de vente de tickets et les centres d'information fournissent des brochures qui donnent le détail complet des transports publics fonctionnant la nuit.

Les enfants apprécient le Museumsdorf Düppel *(p. 180)*

ADRESSES

AGENCES DE LOCATION

Hekticket Theaterkassen
Hardenbergstrasse 29d.
Plan 10 D1.
Tél. 230 99 30.
Alexanderplatz 8.
Plan 7 D2.
Tél. 230 99 30.

Interklassik
Au Maritim proArte Hotel,
Friedrichstrasse 150-152.
Plan 6 F3.
Tél. 204 45 40.

Koka 36
Oranienstrasse 29.
Plan 14 E2.
Tél. 61 10 13 13.
www.koka36.de

Théâtre

Pendant la république de Weimar, des créateurs comme Bertolt Brecht et Max Reinhardt firent de Berlin la capitale européenne du théâtre et le lieu d'expérimentation où il prit sa forme moderne. La scène théâtrale connut ensuite une période noire sous le régime nazi, qui ne la concevait que comme un outil de propagande. Le théâtre retrouva ses lettres de noblesse après la Seconde Guerre mondiale, à l'Est avec Bertolt Brecht et son Berliner Ensemble, et à l'Ouest où Peter Stein dirigeait la Schaubühne.

LE THÉÂTRE À BERLIN DEPUIS LA GUERRE

La construction du Mur par le gouvernement de la RDA en 1961 entraîna le dédoublement de toutes les grandes structures théâtrales de Berlin. La Volksbühne se trouvant à l'Est, l'Ouest se dota d'un équivalent baptisé Freie Volksbühne. La même chose se produisit avec l'Académie qui formait les jeunes acteurs.

Toutefois, les difficultés économiques causées par la réunification entraînèrent la fermeture de nombreux théâtres, qui dépendaient principalement de subventions. Chargées d'histoire, certaines institutions de l'ancien Berlin-Est ont survécu, notamment la Volksbühne dirigée par Frank Castorf et le Deutsches Theater repris par Thomas Langhoff, mais la Freie Volksbühne et le Schiller-Theater, qui fut avant la chute du Mur la plus grande scène d'Allemagne, durent fermer.

Ces bouleversements n'ont pas concerné les établissements indépendants qui ont réussi à tirer leur épingle du jeu dans les deux parties de la capitale. La saison de théâtre dure de septembre à juin et connaît son apogée en mai avec le Berliner Theatertreffen (p. 48), festival qui permet de découvrir des compagnies de langue allemande venues de tous horizons.

Les magazines *Tip* et *Zitty* annoncent les programmes. Ceux-ci apparaissent aussi sur des affiches jaunes visibles partout en ville, notamment dans les stations de U-Bahn.

GRANDES SCÈNES

Sous la direction de Thomas Langhoff, le **Deutsches Theater** et sa petite annexe, la **Kammerspiele**, entretiennent la réputation que Max Reinhardt donna au lieu. Le répertoire s'étend des tragédies grecques à des créations contemporaines. Il est parfois difficile d'obtenir des places.

Frank Castorf est resté à la tête de la **Volksbühne** qu'il dirigeait déjà du temps de la RDA, et il continue de faire de ce théâtre hautement symbolique un terrain d'innovation, adaptant romans, films ou pièces de jeunes auteurs, quand il ne met pas en scène des œuvres classiques dans un décor moderne. Les concerts, les conférences et les soirées de danse organisées dans le Salon rouge et le Salon vert ouvrent la Volksbühne à d'autres formes d'expression.

Après avoir joué un rôle central dans l'évolution de l'art dramatique en RFA, la **Schaubühne am Lehniner Platz** connaît actuellement une baisse de popularité alors que ses spectacles sont souvent d'une très grande qualité.

Créé en 1949, le **Berliner Ensemble** (ou BE) garde à son répertoire les pièces de son fondateur, Bertolt Brecht, et de l'écrivain Heiner Müller qui prit sa direction de 1970 à 1995. Il possède un superbe intérieur néobaroque, et les spectateurs peuvent rencontrer les acteurs après la représentation.

Le **Hebel am Ufer**, **Hau Eins** se distingue par une programmation éclectique qui inclut des productions contemporaines du monde entier et de la danse moderne.

Le **Maxim Gorki Theater** et le **Renaissance-Theater** ont une programmation ambitieuse. Le **Schlosspark Theater**, privatisé, a un répertoire intéressant.

PETITES SCÈNES ET THÉÂTRE ALTERNATIF

Berlin accueille de nombreuses compagnies qui interprètent les œuvres d'auteurs peu connus et montent des productions d'avant-garde.

Le **Hebel am Ufer**, **Hau Eins** est considéré par les Berlinois comme la meilleure scène alternative. Le **Bat-Studiotheater** et le **Kleines Theater** font partie des petits théâtres intéressants. Le **Theater 89**, le **Heimathafen Neukölln** et le **Vagantenbühne** sont également des théâtres réputés. Le **Theater am Kurfürstendamm**, ou le **Komödie am Kurfürstendamm** programment des pièces de boulevard, ce qui vous permettra, si vous êtes amateur, de passer une soirée détendue.

Pour ce qui est des spectacles en français, renseignez-vous auprès de l'**Institut français de Berlin**, chargé de promouvoir la présence d'artistes français sur la scène berlinoise (www.institut-francais.fr).

COMÉDIES MUSICALES, REVUES ET CABARET

Le **Friedrichstadtpalast** (dans la partie est de Berlin) et l'**Admiralspalast** accueillent les revues et les comédies musicales les plus ambitieuses. Le **Theater des Westens**, à Charlottenburg, est plus traditionnel. Le **Theater am Potsdamer Platz** est un théâtre moderne aménagé sur la Postdamer Platz en 1999.

Il est possible de voir aujourd'hui autant de spectacles de cabaret à Berlin que pendant les années 1920. Ce sont les créations de petites compagnies itinérantes qui se produisent dans les lieux comme le **Distel** et le **Stachelschweine**, deux établissements qui avaient déjà du succès avant la chute du Mur, l'un à l'Est, l'autre à l'Ouest. Parmi les nombreuses autres salles proposant des spectacles légers figurent le **Bar jeder Vernunft**, le Chamäleon Variété, le **Shake! Das Zelt am Ostbahnhof**, le **Scheinbar**, le **Wintergarten Variété** et le **Die Wühlmäuse**. Leur programmation est idéale pour passer une bonne soirée.

BILLETS

La majorité des théâtres permettent d'acheter ou de réserver des places quinze jours à l'avance. Il faut les retirer au plus tard une heure ou une demi-heure avant la représentation. Il existe partout en ville des agences de location qui évitent d'avoir à se déplacer jusqu'à la billetterie de la salle, mais elles prélèvent une commission. Même si le spectacle affiche complet, il reste toujours l'espoir de profiter le soir même d'une réservation annulée.

Une agence, **Hekticket Theaterkassen**, s'est spécialisée dans la vente de billets de dernière minute. S'il s'agit de billets déjà vendus, et retournés, elle les remet en circulation à moitié prix.

ADRESSES

GRANDES SCÈNES

Berliner Ensemble
Bertold-Brecht-Platz 1.
Plan 6 F2, 15 C1.
Tél. 28 408 155.

Deutsches Theater
Schumannstrasse 13a.
Plan 6 E2, 15 A1.
Tél. 28 44 12 25.

Hebbel am Ufer
Hau Eins
Stresemanstrasse 29.
Hau Zwei
Hallesches Ufer 32.
Hau Drei
Tempelhofer Ufer 10.
Plan 12 F2.
Tél. 259 00 10.
www.hebel-am-ufer.de

Maxim Gorki Theater
Am Festungsgraben 2.
Plan 7 A3, 16 E2.
Tél. 20 22 11 15.

Renaissance-Theater
Hardenbergstrasse 6.
Plan 3 C5.
Tél. 312 42 02.

Schaubühne am Lehniner Platz
Kurfürstendamm 153.
Tél. 89 00 23.

Schlosspark Theater
Schlossstrasse 48
Plan 2 E4.
Tél. 789 566 71 00.

Volksbühne
Rosa-Luxemburg-Platz.
Plan 8 D1.
Tél. 30 24 0655.

PETITES SCÈNES ET THÉÂTRES

Bat-Studiotheater
Belforter Strasse 15.
Tél. 755 41 77 77.

Heimathafen Neukölln
Karl-Marx-Strasse 141.
Tél. 56 82 13 33.

Institut français de Berlin
Maison de France,
Kurfürstendamm 211.
Plan 9 C2.
Tél. 885 902 0.

Kleines Theater
Südwestkorso 64.
Tél. 821 20 21.

Sophiensaele
Sophienstrasse 18.
Plan 7 B1.
Tél. 283 52 66.

Theater 89
Torstrasse 216.
Plan 6 F1.
Tél. 282 46 56.

Theater und Komödie am Kurfürstendamm
Kurfürstendamm 206/209. **Plan** 9 C2.
Tél. 88 59 11 88.

Vagantenbühne
Kantstrasse 12a.
Plan 10 D1.
Tél. 312 45 29.

COMÉDIES MUSICALES, REVUES ET CABARETS

Admiralspalast
Friedrichstrasse 101.
Plan 6 F2, 15 C1.
Tél. 47 99 74 99.

Bar jeder Vernunft
Schaperstrasse 24.
Plan 10 D2.
Tél. 883 15 82.

BKA Theater
Mehringdamm 34.
Plan 12 F4.
Tél. 202 20 07.

Chamäleon Variete
Rosenthaler
Strasse 40-41.
Plan 7 B2.
Tél. 40 00 59 30.

Die Wühlmäuse
Pommernallee 2-4.
Plan 1 B5.
Tél. 30 67 30 11.

Distel
Friedrichstrasse 101.
Plan 6 F2, 15 C1.
Tél. 204 47 04.

Friedrichstadtpalast
Friedrichstrasse 107.
Plan 6 F2, 15 C1.
Tél. 23 26 23 26.

Kalkscheune
Johannisstrasse 2 (derrière
Friedrichstadtpalast).
Plan 6 F2.
Tél. 59 00 43 40.

Scheinbar
Monumentenstrasse 9.
Plan 11 C5.
Tél. 784 55 39.

Shake!
Das Zelt am Ostbahnhof
Am Postbahnhof 1.
Tél. 290 47 84 12.

Stachelschweine
Europa-Center.
Plan 10 E1.
Tél. 261 47 95.

Theater am Potsdamer Platz
Marlene-Dietrich-Platz 1.
Tél. (0180) 544 44.

Theater des Westens
Kantstrasse 12.
Plan 2 E5, 9 A1, 10 D1.
Tél. (0180) 54 444.

Wintergarten Varieté
Potsdamer Strasse 96.
Plan 11 C2.
Tél. 588 43 40.

BILLETS

Hekticket Theaterkassen
Hardenbergstrasse 29d.
Plan 10 D1.
Tél. 23 09 930.

Alexanderplatz 8.
Plan 7 D2.
Tél. 230 99 30.

Cinéma

En novembre 1895, deux mois après que les frères Lumière eurent présenté leurs premiers films en France, les frères Emil et Max Skladanowsky firent découvrir le cinématographe à Berlin où un public fasciné se pressa bientôt au Wintergarten Variété-Theater pour admirer des courts métrages montrant des combats de kangourous, des enfants exécutant des danses folkloriques ou les prouesses d'acrobates. En 1918, la capitale allemande renfermait 251 salles de cinéma d'une capacité totale de 82 796 places. En 1925, l'industrie cinématographique employait 47 600 personnes. Cette même année, l'UFA (Universal Film Aktiengesellschaft) ouvrait les studios de Babelsberg, qui devinrent les plus importants d'Europe. La Grande Halle continue d'abriter des tournages.

GRANDS ÉCRANS ET PRODUCTIONS INTERNATIONALES

De nombreux cinémas sont situés sur la Breitscheidplatz, près du Ku'damm et de la Tauentzienstrasse. Des complexes multisalles ont été construits depuis la chute du Mur, dont le **CinemaxX Potsdamer Platz** et le **Cinestar Sony Center**. Les productions étrangères sont doublées en allemand plutôt que sous-titrées, mais quelques salles les projettent en version originale.

Le CinemaxX est, avec 19 écrans, le plus grand complexe de Berlin. Il est souvent bondé le week-end.

Près du CinemaxX, l'**Imax** possède le plus grand écran d'Allemagne. Il mesure 27 m de large pour une superficie d'environ 1 000 m². Le programme comprend un choix de films incluant des documentaires d'histoire naturelle, de voyages et d'aventures sous-marines, ainsi qu'une sélection de films en 3D.

Chaque année en février, la Potsdamer Platz est le théâtre du **Festival International du Film de Berlin**, ou Berlinale. Les Berlinois patientent souvent des heures pour obtenir un billet et assister à la projection de centaines de films. Les billets sont également vendus par Internet sur le site du festival.

À l'est, Friedrichshain et Prenzlauer Berg sont des hauts lieux de l'actualité cinématographique berlinoise. Et pour les nostalgiques de la RDA, le **Kino International** est un vestige des cinémas de l'époque communiste. Cette salle assez austère fut construite en 1963.

ART ET ESSAI

Pour les cinéphiles, de petits cinémas disséminés dans toute la ville présentent les dernières créations indépendantes, de grands classiques allemands et étrangers et des rétrospectives ayant souvent pour thème un acteur ou un metteur en scène. Nombre de ces cinémas, tels le **Hackesche Höfe Kino**, situé près du Hackescher Markt, et le **Central**, comprennent un café, offrant une halte agréable loin de l'agitation des rues. Celui du Hackesche Höfe Kino sert aussi des snacks et offre une vue superbe du quartier depuis un cinquième étage.

Sur la Postdamer Platz, l'**Arsenal** appartient à l'association des amis de la Cinémathèque allemande (Freunde der Deutschen Kinemathek). Il propose quatre projections quotidiennes que précède parfois un bref exposé d'introduction. Un programme mensuel distribué dans tous les bars en donne le détail. La formule restera la même, mais le cadre perdra sans doute de son charme, quand la Cinémathèque s'installera dans la Haus des Deutschen Kinemathek intégrée au Sony Center près de la Potsdamer Platz *(p. 128)*. Également à Schöneberg, l'**Odeon** a pour spécialité les cinémas anglais et américain, tandis que le **Cinéma Paris**, à Charlottenburg, programme de nombreux films français en version originale.

Les nombreux petits cinémas de quartier et kino-bars ne manquent pas de charme. Les plus réputés sont le **Tilsiter Lichtspiele** de Friedrichshain et le **Lichtblick Kino** de Prenzlauer Berg, qui passe *Casablanca* tous les samedis à minuit.

CINÉMA EN PLEIN AIR

Aux beaux jours, les cinémas de plein air s'installent dans les parcs et les lieux ouverts de toute la ville. Les plus agréables sont les **Freiluftkinos** de Kreuzberg et Friedrichshain, et l'**Openair** de Schloss Charlottenburg. Tous ces cinémas de plein air proposent un mélange de nouveautés et de classiques. La séance commence à la tombée de la nuit, aux alentours de 21 h.

CINÉMA NON COMMERCIAL

Quelques salles institutionnelles de la capitale allemande permettent de voir des films n'appartenant pas au circuit commercial traditionnel, des documentaires en particulier. Le **Zeughauskino** propose des documentaires intéressants et éducatifs en relation avec les expositions du Deutsches Historisches Museum (Musée de l'Histoire allemande *(p. 58-59)*, ainsi qu'un programme indépendant.

PRIX ET HORAIRES

Une place de cinéma coûte généralement entre 8 et 11 euros, et les étudiants et les personnes âgées ne bénéficient pas toujours de tarifs réduits. En revanche, beaucoup de cinémas proposent une réduction de 1 à 2 euros le mardi ou le mercredi, et certains organisent des « lundis bleus », où le coût de la place peut descendre jusqu'à 4 euros.

Les plus grandes salles prennent les réservations par téléphone, mais il faut payer son billet au moins un demi-heure avant le début de la séance. Rares sont les billetteries qui acceptent les cartes bancaires.

Dans la plupart des salles, trois projections ont lieu tous les soirs à partir de 18 h. Vingt minutes de réclames diverses précèdent le film.

INDUSTRIE CINÉMATOGRAPHIQUE

Pour un cinéphile, une visite de Berlin ne saurait être complète sans un pèlerinage à Potsdam, aux studios de l'UFA de Babelsberg.
Le **Studiotour Babelsberg** permet, au moyen d'extraits de films et d'éléments de décor, de se replonger dans l'atmosphère de l'époque où Marlene Dietrich devenait célèbre dans *L'Ange bleu* et où Fritz Lang tournait *Metropolis*.

Les visiteurs peuvent aussi voir des équipes de tournage au travail et des démonstrations des derniers effets spéciaux *(p. 205)*.

Bücherbogen, une librairie de la Savignyplatz installée sous les arcades du viaduc du S-Bahn, propose un bon choix de livres sur le cinéma en plusieurs langues. Autrement, vous pouvez vous rendre à la Bücherstube Marga Schoeller, une librairie située au n° 33 Knesebeckstrasse, près du Kurfürstendamm.

ADRESSES

GRANDS ÉCRANS ET PRODUCTIONS INTERNATIONALES

CinemaxX Potsdamer Platz
Potsdamer Strasse 5.
Plan 6 D5.
Tél. (0180) 524 63 62 99.

Cinestar Sony Center
Potsdamer Strasse 4.
Plan 6 D5.
Tél. 26 06 62 60.

IMAX
Potsdamer Strasse 4.
Tél. 26 06 62 60.

Kino International
Karl-Marx-Allee 33
(au coin de Schillingstrasse).
Plan 8 E3.
Tél. 24 75 600.

ART ET ESSAI

Arsenal 1-2
Potsdamer Strasse 2/ Sony Center.
Plan 10 F2.
Tél. 26 95 51 00.

Central
Rosenthaler Strasse 39.
Plan 7 B1.
Tél. 28 59 99 73.

Cinéma Paris
Kurfürstendamm 211.
Plan 9 A2, 10 D1.
Tél. 881 31 19.

Hackesche Höfe Kino
Rosenthaler Strasse 40-41. **Plan** 9 C2.
Tél. 283 46 03.

Lichtblick Kino
Kanstanienallee 77.
Tél. 44 05 81 79.

Odeon
Hauptstrasse 116. **Plan** 11 B5. **Tél.** 78 70 40 19.

Tilsiter Lichtspiele
Richard-Sorge-Strasse 25a. **Tél.** 426 81 29.

CINÉMA EN PLEIN AIR

Freiluftkino Friedrichshain
Volkspark Friedrichshain.
Plan 8 F1.
Tél. 29 36 16 29.

Freiluftkino Kreuzberg
Adalbertstrasse 73.
Plan 14 E1.
Tél. 29 36 16 20.

Openair Schloss Charlottenburg
Spandauer Damm 10.
Plan 2 E2.
Tél. (1805) 44 70 111.

FESTIVALS DU CINÉMA

Berlin International Film Festival
En février,
Potsdamer Platz.
Tél. 259 200.
www berlinale.de

INDUSTRIE CINÉMA-TOGRAPHIQUE

Bücherbogen am Savignyplatz
Stadtbahnbogen 593.
Tél. 31 86 95 11.

Studiotour Babelsberg
August-Bebel-Str. 26-53, Potsdam (entrée Grossbeerenstrasse).
Tél. (0331) 721 27 50.

FILMS CÉLÈBRES SUR BERLIN

Berlin Alexanderplatz
Allemagne 1931, réalisé par Phillip Jutzi d'après le roman d'Alexander Döblin.

Berlin Alexanderplatz
RDA 1980, réalisé par Rainer Werner Fassbinder.

Berlin, Chamissoplatz
RDA 1980, réalisé par Rudolf Thome.

Berlin - Ecke Schönhauser
RDA 1957, réalisé par Gerhard Klein.

Berliner Ballade (Ballade berlinoise)
Zone d'occupation américaine 1948, réalisé par Robert Stemmle.

Berlin Calling
Allemagne 2008, réalisé par Hannes Stöhr.

Berlin, die Symphonie einer Grossstadt (Symphonie d'une grande ville)
Allemagne 1927, réalisé par Walter Ruttmann.

Cabaret
États-Unis 1972, réalisé par Bob Fosse.

Coming Out
RDA 1988-1989, réalisé par Heiner Carow.

Der Himmel über Berlin (Les Ailes du désir)
RDA-France 1987, réalisé par Wim Wenders.

Die Legende von Paul und Paula (Paul et Paula)
RDA 1973, réalisé par Heiner Carow.

Eins, zwei, drei
États-Unis 1961, réalisé par Billy Wilder.

Goodbye Lenin !
Allemagne 2003, réalisé par Wolfgang Becker.

Kuhle Wampe
Allemagne 1932, dirigé par Slatan Dudow, scénario de Bertolt Brecht.

Menschen am Sonntag (Les Hommes le dimanche)
Allemagne 1930, réalisé par Robert Siodmak et Edgar G. Ulmer.

Lola rennt (Cours, Lola, cours)
Allemagne 1998, réalisé par Tom Tykwer.

Sonnenallee
Allemagne 1989, réalisé par Leander Haußmann.

Musique et danse classiques

Berlin possède trois orchestres symphoniques, dont l'un des plus grands au monde, l'Orchestre philharmonique de Berlin, et deux magnifiques salles de concert, la Philarmonie et la Konzerthaus. La ville compte aussi quatre opéras, dont un qui se consacre aux œuvres d'avant-garde. Tous possèdent leur propre compagnie de danse, qui partagent l'affiche avec des corps de ballet internationaux. La ville accueille aussi de nombreux festivals, dont les plus connus sont le Maerzmusik et le Classic Open Air Festival de Gendarmenmarkt. Les églises et salles de concerts de la ville programment également de nombreux concerts.

SALLES DE CONCERT

Peu de salles en Europe possèdent le prestige et l'acoustique de la **Philharmonie**, siège de l'Orchestre philharmonique de Berlin fondé en 1882 et rendu célèbre dans le monde entier par le chef autrichien Herbert von Karajan, auquel succéda Claudio Abbado en 1989. Depuis 2002, l'orchestre est sous la direction du chef britannique Sir Simon Rattle. Les places pour les concerts les plus populaires sont vite épuisées. Sa petite voisine, la **Kammermusiksaal**, accueille des formations de musique de chambre.

Rebaptisée **Konzerthaus Berlin**, l'ancienne Schauspielhaus *(p. 65)* est l'un des hauts lieux de la musique classique. Situé sur la place de Gendarmenmarkt, le bâtiment restauré après la Seconde Guerre mondiale abrite deux salles, dont l'une se consacre à la musique de chambre. L'**Universität der Künste** et la **Staatsbibliothek** programment elles aussi des concerts classiques.

De nombreuses églises berlinoises accueillent également des concerts. Dans le Mitte, le Berliner Dom ouvre son cadre spectaculaire à une excellente programmation. Tous ces spectacles sont annoncés dans les magazines *Tip* et *Zitty (p. 260)*.

OPÉRA ET BALLET CLASSIQUE

Le **Staatsoper Unter den Linden** *(p. 63)* est une merveille sous la direction de Daniel Barenboim. Mais ce magnifique édifice fait actuellement l'objet de travaux de restauration qui dureront jusqu'à fin 2013. Pendant ce temps, les représentations ont lieu au Schillertheater (Bismarckstrasse 110, Charlottenburg). Au programme figurent le répertoire classique allemand, l'opéra italien, le ballet classique et quelques œuvres contemporaines.

Le **Komische Oper** *(p. 68)* est réputé pour son répertoire plus léger, pour lequel on trouve presque toujours des places. Les ballets produits ici sont particulièrement novateurs.

Les productions du **Deutsche Oper Berlin** sont modernes et fascinantes, des grands opéras italiens à Saint-Saëns en passant par Mozart et Wagner. Situé comme son nom l'indique dans le quartier de Neukölln, le **Neuköllner Oper** propose une approche plus novatrice.

DANSE MODERNE

La danse moderne possède depuis longtemps un lieu, baptisé **Hebbel am Ufer**, sur Stresemannstrasse et Hallesches Ufer. Mais depuis quelques années, trois autres centres de danse d'avant-garde – la **Tanzfabrik**, dans Kreuzberg, et la **Sophiensaele** et le **Radialsystem**, dans le Mitte – n'ont plus rien à envier à son dynamisme, au même titre que l'International Choreographic Theater de Johann Kresnik, à la Volksbühne *(p. 263)*.

MUSIQUE CONTEMPORAINE

Le site Internet de l'association **Initiative Neue Musik Berlin e.V**. annonce les concerts de musique contemporaine à Berlin. **BKA**, près de Mehringdamm, et son programme hebdomadaire intitulé **Unerhörte Musik**, y figurent toujours.

FESTIVALS

Les Berliner Festwochen commencent au mois de septembre par la **Musikfest Berlin**, puis se poursuivent d'octobre à décembre par le festival de théâtre et de danse Spielzeiteuropa. Les plus grands orchestres et solistes du monde entier y participent.

Le festival de musique contemporaine **MaerzMusik** attire tous les ans au mois de mars les créations mondiales de jeunes talents et de compositeurs renommés.

Le festival Young Euro Classic est le rendez-vous des meilleurs jeunes orchestres symphoniques qui, tous les ans au mois d'août, convergent du monde entier vers la Konzerthaus.

Une fois par an, à l'occasion de la Lange Narcht der Opern und Theater, une soixantaine de scènes musicales et théâtrales berlinoises présentent jusque tard dans la nuit une succession de petites productions.

Chaque été, le festival de musique classique Berlin Klassiktage programme des concerts dans des lieux historiques de la ville.

Les amateurs de musique classique et d'opéra se feront une joie d'assister chaque été au formidable Classic Open Air Festival, qui se tient sur une scène installée pour l'occasion sur Gendarmenmarkt. Quant au festival Bach-Tage, il se déroule chaque année en septembre à Potsdam.

CONCERTS EN PLEIN AIR

La **Waldbühne**, la scène classique en plein air de Berlin, se situe dans un magnifique cadre de verdure près de l'Olympiastadion. Elle peut recevoir jusqu'à 20 000 personnes et accueille une fois par an l'Orchestre philharmonique de Berlin dans une ambiance décontractée. Après le coucher du soleil, quand les spectateurs allument les bougies prévues pour l'occasion, l'atmosphère devient magique.

CONCERTS DANS DES PALAIS ET DES BÂTIMENTS HISTORIQUES

Les festivals sont souvent l'occasion de récitals dans de magnifiques bâtiments historiques de la ville. Un concert au Berliner Dom *(p. 77)*, à l'Orangerie du Schloss Charlottenburg *(p. 160-161)* ou au Schloss Friedrichsfelde *(p. 174)* est une expérience inoubliable.

DIVERS

Le **Musikinstrumenten Museum** organise des concerts certains dimanches matins ainsi que des concerts de musique ancienne dans le cadre du cycle Alte Musik Live. Un dépliant présentant les différents événements musicaux du musée est diffusé dans tous les théâtres, les salles de concert et les magasins de disques.

Parmi eux, le magasin **Kulturkaufhaus Dussmann** offre le plus grand choix avec plus de 50 000 titres en stock. Les employés sont compétents et serviables. Il organise en outre des lectures, des conférences et d'autres événements culturels. **Gelbe Musik** est lui aussi plus qu'une boutique. Il comprend une galerie consacrée à la musique contemporaine et coordonne de nombreux concerts et récitals.

La Konzerthaus Berlin et le Komische Oper programment régulièrement des concerts classiques, des visites guidées et des démonstrations pour les enfants. Un calendrier de tous les événements de musique classique se déroulant à Berlin peut être consulté sur le site Internet www.klassik-in-berlin.de (disponible aussi en version anglaise).

ADRESSES

SALLES DE CONCERT

Konzerthaus Berlin
(Schauspielhaus)
Gendarmenmarkt 2.
Plan 7 A4, 16 D4.
Tél. 203 09 21 01/02.
www.konzerthaus.de

Philharmonie & Kammermusiksaal
Herbert-von-Karajan-Strasse 1.
Plan 6 D5.
Tél. 25 48 89 99.

Staatsbibliothek
Potsdamer Strasse 33.
Tél. 2660.

Universität der Künste
Hardenbergstrasse 33.
Plan 4 E3.
Tél. 31 85 23 74.

OPÉRA ET BALLET

Deutsche Oper Berlin
Bismarckstrasse 34-37.
Plan 3 A4.
Tél. 343 84 01.

Komische Oper
Behrenstrasse 55-57.
Plan 6 F4, 15 C3.
Tél. 47 99 74 00.

Neuköllner Oper
Karl-Marx-Strasse 131-133, Neukölln.
Plan 14 F5.
Tél. 688 90 777.

Staatsoper Unter den Linden
Unter den Linden 7.
Plan 7 A3, 16 D3.
Tél. 20 35 45 55
(jusqu'en 2013 : Bismarckstrasse 110 ;
plan 3 A4.)

DANSE MODERNE

Hebbel am Ufer
Hau Eins
Stresemannstrasse 29.
Hau Zwei
Hallesches Ufer 32.
Plan 12 F2.
Tél. 259 00 40.
www.hebel-am-ufer.de

Radialsystem
Holzmarktstrasse 33.
Plan 8 F5.
Tél. 288 788 50.

Sophiensaele
Sophienstrasse 18.
Plan 7 B1.
Tél. 283 52 66.

Tanzfabrik
Möckernstrasse 68.
Plan 12 E4.
Tél. 786 58 61.

MUSIQUE CONTEMPORAINE

Initiative Neue Musik Berlin e.V.
Klosterstrasse 68-70.
Plan 8 D3.
Tél. 242 45 34.
www.inm-berlin.de

Unerhörte Musik (BKA)
Mehringdamm 34.
Plan 12 F3.
Tél. 202 20 07.

FESTIVALS

Musikfest Berlin/ Spielzeiteuropa
Berliner Festspiele GmbH
Schaperstrasse 4.
Plan 10 D2.
Tél. 25 48 91 00.

MaerzMusik
Berliner Festspiele GmbH
Schaperstrasse 24.
Plan 10 D2.
Tél. 25 489 100.

CONCERTS EN PLEIN AIR

Waldbühne
Glockenturmstrasse 1.
Tél. (01805) 33 24 33.

DIVERS

Gelbe Musik
Chausseestrasse 128.
Plan 6 F1.
Tél. 211 39 62.

Kulturkaufhaus Dussmann
Friedrichstrasse 90.
Tél. 202 50.

Musikinstrumenten Museum
Tiergartenstrasse 1.
Plan 6 D5.
Tél. 25 48 10.

BILLETS

Hekticket
Uniquement billets de dernière minute ou à tarif réduit. *Tél. 230 99 30.*

KaDeWe Theaterkassen
KaDeWe department store (6e étage),
Tauentzienstrasse 21.
Plan 10 F2.
Tél. 212 122 77.

Karstadt
Karstadt department store (r.-d.-c.),
Kurfürstendamm 231.
Plan 10 D1.
Tél. 88 00 30.

Rock, jazz et world music

Berlin est réputée pour sa scène techno et son orchestre philharmonique, mais, entre ces deux extrêmes, toutes les formes de musique ont leur public. Il se passe rarement un mois sans un grand concert de rock organisé dans une salle de sport, au théâtre de verdure de la Waldbühne ou dans un stade. Les bars et les clubs (*p. 270-271*) qui accueillent des musiciens, de jazz notamment, abondent dans des quartiers comme Kreuzberg, Prenzlauer Berg et Schöneberg. Le programme de la Haus der Kulturen der Welt, institution fondée pour familiariser les Berlinois avec les cultures des autres continents, est ouvert aux sons du monde entier. Quel que soit le type d'établissement dans lequel vous voulez vous rendre, et le type de musique que vous désirez écouter, les magazines *Zitty* et *Tip* constituent la source d'information la plus complète.

GRANDS CONCERTS

Les têtes d'affiche du rock et du jazz passent tous par Berlin lors de leurs tournées européennes. Depuis la fermeture de l'immense Deuschlandhalle, les concerts ont lieu au **Max-Schmeling-Halle** et au **Velodrom** (*p. 273*). Avec 100 000 places assises, l'**Olympiastadion** (*p. 184*) reste réservé aux artistes qui attirent vraiment d'immenses foules. À côté, la **Waldbühne**, un théâtre de verdure de 20 000 places, accueille aussi bien des orchestres classiques que des groupes de rock. Il en va de même du **Kindl-Bühne Wuhlheide**. Dans un ancien dépôt d'autobus construit dans les années 20 à Treptow, la très vaste **Arena** accueille aussi bien des représentations théâtrales que des concerts.

En 2008, l'**O2 World** a été inauguré à Friedrichshain. Cette salle accueille bon nombre de grands concerts, ainsi que des événements sportifs et de grosses manifestations.

Consultez également les sites www.berlinonline.de et www.berlin.de, sans oublier les magazines *Zitty* et *Tip*.

AUTRES ÉVÉNEMENTS MUSICAUX

Beaucoup d'autres lieux proposent des concerts à Berlin, dont le **Lido** et le célèbre **SO36** de Kreuzberg. L'avenir de cette salle légendaire est menacé par l'embourgeoisement du quartier. Allez la voir avant qu'elle ne disparaisse. Schöneberg était réputé dans les années 1980 pour sa scène punk-rock et, bien que cette époque soit révolue, le quartier reste un pôle animé de la vie nocturne berlinoise. L'une des salles les plus populaires de Berlin est le **Tempodrom** (consultez les magazines de programme pour plus de détails).

Près du Columbiadamm, la **Columbiahalle** est bien adaptée à des événements de moyenne importance, à l'instar du **Knaack Club** qui borde la Greifswalder Strasse. Une atmosphère particulière règne à la **Passionskirche**, une église désaffectée de Kreuzberg.

La grande **Kulturbrauerei** de Prenzlauer Berg mérite elle aussi le détour. Cette ancienne brasserie abrite désormais une dizaine de salles proposant un mélange de world music, de rock et d'électro.

JAZZ

Chaque année à l'automne, le **Jazzfest Berlin** attire des amateurs de jazz de tous les horizons. Il propose une programmation traditionnelle de grand festival international, complétée par le **Total Music Meeting** consacré à des démarches plus expérimentales. En juin, Jazz across the Border, une manifestation organisée par la Haus der Kulturen der Welt, invite à oublier les frontières.

Berlin est surtout réputé pour ses clubs techno, mais les clubs de jazz y restent très populaires.

L'**A Trane** s'est constitué une clientèle de puristes, tandis que le **b-flat** a fondé sa réputation en invitant des artistes américains de renom. De petites formations jouent tous les soirs dans ces deux clubs.

Sur la Kantstrasse, le **Quasimodo** possède lui aussi une excellente acoustique, et une atmosphère détendue. De grands noms du jazz s'y sont produits. Son cadre intime et chaleureux le rend très agréable. Pour des questions de vibrations, les concerts n'y commencent qu'après 22 h, quand les représentations du Theater des Westens, tout proche, ont pris fin.

Certains établissements intègrent du jazz à une programmation variée, notamment le **Bilderbuch** sur l'Akazienstrasse. De plus petits bars, comme le **Kunstfabric Schlot** sur la Chausseestrasse, accueillent également des jazzmen. Le **Junction Bar**, à Kreuzberg, est un lieu de métissage entre différentes musiques, la soul, le rap et le jazz. Le **Badenscher Hof Jazzclub** de la Badensche Strasse plaira aux connaisseurs. Il propose en effet une programmation très intéressante de jazz, de modern jazz et de blues.

WORLD MUSIC

Grande capitale cosmopolite, Berlin possède une population d'origines de plus en plus diverses. Les amateurs de world music doivent venir à Berlin en mai, date du très suivi Karneval der Kulturen, dont l'événement phare est un fantastique défilé de musiciens et danseurs sur des rythmes extrêmement variés à travers les rues de Kreuzberg. Installée dans l'ancienne Kongresshalle de Tiergarten, la **Haus der Kulturen der Welt** *(p. 134)* existe depuis 1989. Ce centre culturel fondé par la ville et le ministère des Affaires étrangères a pour fonction principale de familiariser les Berlinois avec les cultures non européennes, en particulier celles d'Asie, d'Afrique et d'Amérique latine. Son action prend des formes très variées. Les concerts organisés dans son café, le **Café Global**, en font sans doute la meilleure adresse berlinoise où écouter des rythmes exotiques. On y vient aussi pour danser. Une brochure diffusée dans les librairies et les restaurants détaille le programme.

Depuis plusieurs années, le **Werkstatt der Kulturen**, qui organise entre autres le carnaval des Cultures de Kreuzberg *(p. 48)*, propose aussi des concerts sur la Wissmannstrasse.

Zitty et *Tip* donnent le détail des programmes des bars et des clubs qui se sont spécialisés dans la world music ou dans la musique d'un pays ou d'un continent en particulier.

Les discothèques aux sons latino-américains connaissent un succès grandissant. L'une des meilleures du genre, le **Havanna**, se trouve à Tiergarten.

La musique irlandaise possède également de nombreux amateurs et, pour en entendre, il vous suffira de vous rendre dans un pub irlandais comme le **Wild at Heart**, qui accueille des musiciens presque tous les soirs.

BILLETS

Il arrive que le prix des billets pour certains grands concerts soit très élevé, en particulier si vous voulez être sûr d'être bien placé. En revanche, le droit d'entrée dans certains petits clubs peut ne pas excéder 5 ou 12 euros, à moins toutefois que se produise ce soir-là un artiste ou un groupe commençant à être connu. Pour le prix d'entrée, vous aurez souvent droit à une consommation.

Comme partout, il faut réserver le plus tôt possible pour avoir une chance d'assister aux spectacles les plus prisés. Il existe de nombreuses agences de location dans les quartiers les plus animés de la ville.

ADRESSES

GRANDS CONCERTS

Arena
Eichenstrasse 4.
Tél. 533 73 30.

O2 World
Mühlenstrasse 12.
Tél. 20 60 70 88 44.

Waldbühne
Glockenturmstrasse 1.
Tél. (01805) 33 24 33.

AUTRES ÉVÉNEMENTS MUSICAUX

Columbiahalle et Columbiaclub
Columbiadamm 13-21.
Tél. 780 99 810.

Kindl-Bühne Wuhlheide
An der Wuhlheide 187.
Tél. 857 58 10.

Knaack Club
Greifswalder Strasse 224.
Tél. 442 70 60.

Lido
Cuvrystrasse 7.
Plan 6 E5.
Tél. 695 66 840.

Meistersaal
Köthener Strasse 38.
Plan 6 E5.
Tél. 325 999 710.

Passionskirche
Marheineckeplatz 1-2.
Plan 13 A5.
Tél. 09 40 12 41.

SO36
Oranienstrasse 190.
Plan 14 E2.
Tél. 61 40 13 06.

Tempodrom
Am Anhalter Bahnhof,
Möckernstrasse 10.
Plan 12 E1.
Tél. 747 370.

Tipi am Kanzleramt
Grosse Queralee,
Tiergarten. **Plan** 5 C3.
Tél. (0180) 327 93 58.

UFA Fabrik
Victoriastrasse 10-18.
Tél. 75 50 30.

Wild at Heart
Wiener Strasse 20
(Kreuzberg).
Tél. 610 747 01.

JAZZ

A Trane
Pestalozzistrasse 105.
Plan 3 C5.
Tél. 313 25 50.

Aufsturz
Oranienburger Strasse 67.
Plan 7 A1.
Tél. 280 474 07.

Badenscher Hof Jazzclub
Badensche Strasse 29.
Plan 10 D5.
Tél. 861 00 80.

b-flat
Rosenthaler Strasse 13.
Plan 7 B1.
Tél. 283 31 23.

Bilderbuch
Akazienstrasse 28.
Plan 11 A5.
Tél. 78 70 60 57.

Jazzfest Berlin
Schaperstrasse 24.
Plan 10 D2.
Tél. 25 48 90 .

Junction Bar
Gneisenaustrasse 18.
Tél. 694 66 02.

Kunstfabric Schlot
Edisonhöfe,
Chausseestrasse 18.
Plan 1 A4.
Tél. 448 21 60.

Quasimodo
Kantstrasse 12a.
Tél. 312 80 86.

Yorckschlösschen
Yorckstrasse 15.
Plan 12 E4.
Tél. 215 80 70.

WORLD MUSIC

Haus der Kulturen der Welt & Café Global
John-Foster-Dulles-Allee 10. **Plan** 5 C3.
Tél. 39 78 70.

Havanna
Hauptstrasse 30. **Plan** 11 A5. *Tél. 784 85 65.*

Kulturbrauerei
Schönhauser Allee 36.
Tél. 443 52 60.

Werkstatt der Kulturen
Wissmannstrasse 32.
Plan 14 E5.
Tél. 60 97 700.

Discothèques

Berlin, capitale européenne de la nuit, attire une clientèle internationale avec ses innombrables clubs. Les années qui ont suivi la chute du Mur ont vu apparaître une profusion de nouveaux lieux – du plus décalé au plus élégant, d'une ancienne salle de coffres à une centrale électrique abandonnée. Depuis, certains ont cédé la place à des activités plus lucratives, mais la fête continue et l'effervescence de la vie nocturne berlinoise ne tarit pas. La fête commence rarement avant minuit, mais en attendant, on peut toujours trouver des lieux pour se retrouver. Les clubs sont rarement voués à un seul style de musique. Ils préfèrent allouer certains jours de la semaine à certaines musiques. Pour en savoir plus, rendez-vous sur Internet ou consultez le gratuit *Partysan* et les tracts distribués dans les bars.

TECHNO

La fin de la légendaire Love Parade qui attirait chaque année plus d'un million de fêtards à Berlin n'empêche pas la ville de se voir encore comme la capitale de la techno et de considérer ses clubs et les lieux étonnants qu'ils occupent comme des atouts culturels.

En 2009, le *DJ Mag* britannique a élu **Berghain** meilleur club techno du monde. Cette ancienne centrale électrique se transforme le samedi soir en une cathédrale de la techno et de la house. L'entrée de ce lieu particulier est toutefois très sélective. À l'étage se trouve le **Panorama Bar**.

Tresor, le premier-né des clubs techno de Berlin, a quitté son ancienne salle des coffres pour un bâtiment post-industriel de Mitte, capable d'accueillir plusieurs milliers de personnes du mercredi au samedi.

À Kreuzberg, sur les rives de la Spree à côté du magnifique pont Oberbaumbrücke, le **Watergate** est le rendez-vous des DJ techno, D&B, minimal et house du monde entier. Ce temple de l'hédonisme s'est doté d'une super sono et d'effets visuels spectaculaires.

Le jeudi, dans Mitte, le **Sage Club** diffuse du rock. Spectacles vivants, DJ et soirées à thème ont fait sa réputation. Un dragon cracheur de feu veille sur l'une des pistes de danse.

DISCOTHÈQUES

Si vous préférez une discothèque, le **Sophienclub** fera votre bonheur. Il s'est fait une réputation grâce à un mélange de rock classique et indépendant, de soul, de R&B, de dance et de pop.

Le **FritzClub im Postbahnhof** est installé dans deux anciens entrepôts de poste pouvant accueillir jusqu'à 1 200 personnes – en majorité des étudiants de moins de 25 ans. Toujours à Friedrichshain, les voûtes en briques des catacombes du **Matrix** attirent une foule de jeunes fêtards. Son voisin, le **Narva Lounge**, se veut raffiné avec son bar à cocktails et ses banquettes en cuir blanc.

Sur la Potsdamer Platz, les allures de château médiéval du **Ritzy Adagio** séduiront les jeunes et les moins jeunes, alors que les trentenaires affectionneront le cadre du **Goya**, avec ses hauts plafonds et ses lustres.

AUTRES CLUBS

Perché au 12e étage d'un immeuble d'Alexanderplatz, le magnifique bar du **WeekEnd** offre une vue fantastique sur l'est de Berlin. Les DJ proposent du hip-hop, de l'électro, de la deep-house et du funk. La moyenne d'âge est jeune mais les prix élevés.

Pour une expérience typiquement berlinoise, essayez le très rétro **Kaffee Burger**, où est né le légendaire « Russendisko ».

Les soirées sont souvent animées par des DJ russes, et le cadre rappelle le réalisme allemand et soviétique des années 1950.

Maria am Ostbahnhof et son club **Joseph** proposent aussi bien des *free party* techno que des concerts de rock ou des festivals de culture numérique. Ils accueillent des spécialistes d'art, de musique et d'animation numériques venus présenter leurs œuvres au public – et se terminent immanquablement par une soirée de musique numérique. Le K17 est un club gothique, punk et électro qui pratique le mélange des genres sur ses quatre pistes de danse.

Le **Bohannon** est un club de Mitte sans prétention pour amateurs de soul et autres classiques. Ses deux bars sont fréquentés par une clientèle de joyeux trentenaires. Toujours près du Hackescher Markt, le très discret **Dante** est un restaurant en journée, et un excellent bar à cocktails le soir avant de se transformer en fin de soirée, lundi et mercredi, en un club de soul et de house.

Derrière l'Adlon Hotel, le **Felix Club Restaurant** est un club très huppé. La symbiose entre la cuisine italienne et la décontraction festive fait le bonheur des Berlinois nantis et branchés. Pour une ambiance plus underground, rendez-vous au **Cassiopeia**, dans le quartier branché de Friedrichshain. Au menu : club électro, house, funk, ska, rap et reggae de qualité et mur d'escalade en plein air. À Kreuzberg, le **SO36** reste une bonne adresse pour les soirées karaoké ou dansantes, les concerts punk ou rock et les soirées gays orientales.

L'**Oscar Wilde** occupe une célèbre salle de bal des années 1920 sur Friedrichstrasse. Derrière un pub irlandais de façade se cache un club aux soirées soul et hip-hop débridées.

Quelques dancings d'antan ont survécu. Le plus ancien est le **Clärchens Ballhaus**, dans Mitte. Une clientèle de tous âges vient y danser sur une musique éclectique.

LOUNGES

Si vous n'êtes pas sûr de vouloir danser toute la nuit, les lounges sont l'endroit idéal pour passer une soirée décontractée. Contrairement aux clubs, ils sont ouverts toute la journée.

Sur Tauenzienstrasse, près du KaDeWe, le **PURO Sky Lounge** a installé son décor très élégant et entièrement vitré sur le toit pour pouvoir profiter des couchers de soleil. Près de la Potsdamer Platz, l'élégant **Solar** offre une belle vue du haut de son 17e étage. L'appartement en terrasse très sélect avec vue à 360 degrés sur tout le quartier de la Potsdamer Platz du **40seconds** fait aussi restaurant et bar. À 23 h, les DJ prennent le relais. À Kreuzberg, **Spindler und Klatt** a installé ses banquettes dans un ancien entrepôt à grains. On y dîne de spécialités asiatiques. La terrasse donne sur le fleuve.

CLUBS GAYS ET LESBIENS

Berlin est une ville de tolérance. Chaque année, à la fin du mois de juin, le gigantesque défilé du Christopher Street Day attire un public qui dépasse largement la communauté homosexuelle de la ville et qui marque le point final des trois semaines de festivités du Berlin Pride Festival. Les innombrables bars, clubs et boîtes de nuit gays sont pour beaucoup regroupés autour de Nollendorfplatz à Schöneberg. Certains clubs hétéro comme le **Berghain/Panorama Bar** accueillent aussi une clientèle homosexuelle. Parmi les boîtes gays les plus populaires figurent le **SchwuZ**, sur Mehringdamm, et le **Connection**, sur Fuggerstrasse. Plusieurs clubs hétéro organisent régulièrement des soirées gays. Les meilleurs clubs pour lesbiennes sont l'**Ackerkelle**r et le Café Fatal du **SO36**, qui accueille aussi les gays le dimanche, jour de son thé dansant.

CLUB POUR ADULTES

Vous voulez savoir quelle tenue adopter avant de vous rendre au légendaire **Kit-Kat Club** ? L'usage veut que les clients se dépouillent d'une grande partie de leurs vêtements à l'entrée de ce club techno et trance. On vient ici pour danser mais aussi s'allonger et se détendre – et se livrer à toutes sortes de pratiques.

ADRESSES

TECHNO

**Berghain/
Panorama Bar**
Am Wriezener Bahnhof.
(Friedrichshain).
Tél. 290 005 97.

Sage Club
Köpenicker Strasse
76-78.
Tél. 278 50 52.
Plan 8 D5.
Tél. 278 98 30.

Tresor
Köpenicker Strasse 70.
Plan 8 E5.
Tél. 229 06 11.

Watergate
Falckensteinstrasse 49
(Kreuzberg).
Tél. 612 803 95.

DISCOTHÈQUES

Adagio
Marlene-Dietrich-
Place 1.
Plan 6 D5.
Tél. 259 29 550.

**FritzClub im
Postbahnhof**
Strasse der Pariser
Kommune 8.
Tél. 698 2 80.

Goya
Nollendorfpl. 5.
Plan 11 A2.
Tél. 419 939 000.

Matrix
Warschauer Platz 18
(U/S Warschauer Strasse).
Tél. 293 699 920.

Narva Lounge
Warschauer Platz 18.
Tél. 293 699 918.

Sophienclub
Sophienstrasse 6.
Plan 7 B1.
Tél. 282 45 52.

AUTRES CLUBS

Bohannon
Dircksenstrasse 40.
Plan 7 C2.
Tél. 695 05 287.

Cassiopeia
Revaler Strasse 99.
Tél. 226 855 05.

**Clärchens
Ballhaus**
Auguststrasse 24.
Plan 7 A1.
Tél. 282 92 95.

Dante
Am Zwirngraben 8-10.
Plan 7 B2, 16 F1.
Tél. 247 27 401.

**Felix Club
Restaurant**
Behrenstrasse 72.
Plan 2 F3, 6 E4.
Tél. 301 117 152.

Kaffee Burger
Torstrasse 60.
Plan 7 C1.
Tél. 280 455 39.

**Maria/Josef am
Ostbahnhof**
An der Schillingbrücke
33-34.
Plan 8 F5.
Tél. 212 38 190.

Oscar Wilde
Friedrichstr. 112a.
Plan 6 F1.
Tél. 282 81 66.

SO36
Oranienstrasse 190.
Plan 14 E2.
Tél. 614 013 06.

WeekEnd
Am Alexanderplatz 5.
Plan 8 D2.
Tél. 246 31 676.

LOUNGES

40seconds
Potsdamer Strasse 58.
Plan 11 C2.
Tél. 89 06 42 41.

PURO Sky Lounge
Tauentzienstrasse 9-11.
Plan 10 E1.
Tél. 263 678 75.

Solar
Stresemannstrasse 76.
Plan 12 E1.
Tél. 0163 765 27 00.

Spindler und Klatt
Köpenicker Strasse 16
(Kreuzberg).
Tél. 695 667 75.

CLUBS GAYS
ET LESBIENS

Ackerkeller
Bergstrasse 68.
Tél. 36 46 13 56.

Connection
Fuggerstrasse 33.
Plan 10 F2.
Tél. 218 14 32.

SchwuZ
Mehringdamm 61.
Plan 12 F4.
Tél. 629 08 80.

SO36 (voir Autres clubs)

CLUB POUR
ADULTES

Kit-Kat Club
Voir Sage Club (ven.-dim.).
Tél. 787 18 96.

Sports et activités de plein air

Berlin est une ville qui aime le sport. Chaque année, les grands événements sportifs qui s'y déroulent attirent de plus en plus de supporters et de compétiteurs. En avril, les meilleurs joueurs de tennis du monde s'affrontent lors de l'Open d'Allemagne à Berlin. En mai, la finale de la Coupe d'Allemagne de football de la Bundesliga se déroule à l'Olympiastadion. Les supporters des deux équipes arrivent en ville quelques jours avant le match et se retrouvent tous après le match pour une grande fête sur le Ku'damm. Et en septembre, le marathon de Berlin est désormais le troisième du monde toutes catégories – course à pied et rollers, valides et handisport.

VÉLO

Le terrain plat, les nombreux parcs et les quelque 850 km de pistes cyclables font de Berlin la capitale du vélo. En dehors des heures de pointe, les cyclistes peuvent embarquer leur bicyclette dans le S- et le U-Bahn et accéder ainsi facilement aux trois itinéraires les plus appréciés : le long de la Havel, à travers la forêt de Grünewald et autour du Müggelsee.

Dans tout Berlin, vous pourrez louer des bicyclettes pour 5 à 12 € par jour (p. 293) moyennant le dépôt d'une caution en liquide ou par chèque. Les meilleurs hôtels de la ville louent également des vélos à leurs clients. Le circuit entre Mitte, le centre historique, et le Ku'damm via le Tiergarten est une expérience inoubliable.

En janvier, les amateurs de deux-roues se retrouvent au **Velodrom** sur Paul-Heyse-Strasse pour les Berliner Sechs-Tage-Rennen. Ces six jours de course sont si populaires qu'ils se déroulent parfois à guichet fermé. Mieux vaut appeler avant de se déplacer. Pour tout renseignement sur les circuits, les événements et autres, contactez l'**ADFC (Allgemeiner Deutscher Fahrrad-Club).**

GOLF

Berlin est la ville de tous les sports, et le golf ne fait pas exception à la règle. Le club Driving Range est situé au coeur de la ville, sur Chausseestrasse, et reste ouvert de midi au coucher du soleil au printemps et en été. L'accès au terrain est gratuit, mais il faut laisser une caution pour louer des clubs. Un seau de 30 balles ne coûte que 1,50 euros et des cours particuliers et collectifs sont proposés.

Deux autres terrains de golf se trouvent à l'intérieur des limites de la ville : le **Golf und Landclub Berlin-Wannsee**, qui possède un terrain de 18 trous et un autre de 9 trous ; et le **Berliner Golfclub-Gatow**, qui ne possède qu'un parcours de 9 trous.

BAIGNADE

La Havel et les lacs de la ville sont d'excellents lieux de baignade. L'accès aux plages naturelles est gratuit, mais il n'y a ni toilettes ni cabines pour se changer.

En revanche, les plages artificielles sont surveillées par des maîtres-nageurs. La plus connue, la Strandbad Wannsee, a été aménagée dans les années 1920 et reste très populaire. D'autres plages très agréables bordent le Müggelsee.

L'une des plus belles piscines de Berlin est celle de **l'Olympiastadion** (p. 184), construite pour les Jeux olympiques de 1936. Si vous aimez plonger, l'un des bassins possède un plongeoir de 10 m de haut équipé d'un ascenseur. Sinon, vous pourrez vous installer sur les marches et profiter du soleil en admirant la vue.

Les trois autres plus belles piscines de Berlin sont situées dans Mitte, à Neukölln et à Wilmersdorf. La **Stadtbad Mitte**, sur la Gartenstrasse, occupe un bâtiment des années 1930 méticuleusement restauré. Son bassin de 50 m se prête aussi bien aux rencontres sportives qu'aux loisirs. Le bassin de la **Stadtbad Charlottenburg** est moins long et donc plus adapté à la détente qu'à la natation, mais les murs sont ornés de magnifiques peintures de la Sécession viennoise. Et si ce que vous aimez, c'est nager dans un cadre luxueux, la **Stadtbad Neukölln**, avec ses extraordinaires mosaïques décoratives, ses fresques et ses ornementations en marbre et bronze, est tout à fait ce qu'il vous faut.

Deux autres piscines sauront vous surprendre. Sur la Spree, à Treptow, **Badeschiff Arena** est une piscine flottante en plein air. En hiver, elle est couverte d'un toit qui lui donne des airs de vaisseau spatial.

Situé au sud-est de Berlin, le parc aquatique de **Tropical Islands** est un immense paradis artificiel installé dans un ancien hangar à zeppelins.

BADMINTON, SQUASH ET TENNIS

La capitale allemande compte tellement de courts de badminton, de squash et de tennis qu'il faut rarement aller très loin pour pratiquer son sport de raquette favori. Parcs et complexes sportifs louent presque tous des raquettes, et le prix d'entrée comprend en général l'accès au sauna. **Sportoase** possède 18 courts de badminton et 8 courts de squash, et **City Sports** cinq courts de tennis. Vous trouverez d'autres clubs dans l'annuaire.

AUTRES SPORTS

Pendant tous les week-ends du mois d'août, la John-Foster-Dulles-Allee du Tiergarten est fermée à la circulation et réservée aux rollers. Si vous voulez vous joindre à eux, de nombreuses boutiques proposent des chaussures et des protections à un prix raisonnable.

Si vous aimez canoter, vous trouverez des barques en location en bordure des lacs. Dans le Tiergarten, rendez-vous près du Café am Neuen See et au bord du Schlachtensee. Comptez en général aux alentours de 7 à 10 € l'heure.

GYMNASTIQUE

Des établissements ouvrent et ferment tous les jours, alors mieux vaut vérifier les adresses dans l'annuaire. La plupart des salles proposent une carte à la journée, mais si vous faites un long séjour, il sera probablement plus avantageux de devenir membre. **Ars Vitalis** est le meilleur club de remise en forme indépendant pour hommes et femmes et **Fitness First** est l'un des meilleurs clubs pour femmes. Il possède cinq salles dans toute la ville, toutes vastes et bien

équipées. La plus grande se trouve sur Tauenzienstrasse et possède une agréable terrasse dominant la ville. Le ticket journalier coûte 25 €.

RENCONTRES SPORTIVES

En règle générale, les équipes sportives berlinoises font partie des meilleures d'Allemagne et sont bien placées dans leurs championnats respectifs. En football, le Hertha BSC joue ses matchs à domicile à l'Olympiastadion. Les billets coûtent entre 6 et 18 €.

L'Alba Berlin est l'une des meilleures équipes de basket du pays. À la **Max-Schmeling-Halle**, il leur arrive de jouer devant 8 500 supporters. Lors des matchs internationaux, mieux vaut réserver ses places longtemps à l'avance. Les prix montent alors entre 10 et 52 €.

Berlin possède également deux bonnes équipes de kockey : les Berlin-Capitals et les Eisbären Berlin. Toutes deux jouent souvent à guichet fermé.

COURSES HIPPIQUES

Les amateurs de courses hippiques ont le choix entre deux hippodromes. À Mariendorf, le **Trabrennbahn** est ouvert toute l'année. Il y règne une ambiance très professionnelle. Le néophyte se sentira probablement plus à l'aise au **Galopprennbahn Hoppegarten**.

MARATHON

Le **Berlin-Marathon** rassemble chaque année en août une foule immense dans une ambiance qui donne envie de se joindre au groupe, même lorsque l'on n'est pas soi-même un adepte de la course à pied. La course réunit les coureurs les plus rapides du monde et de grands sponsors. En 1998, le record du monde de vitesse a été battu ici. Des milliers de personnes se massent le long du parcours pour encourager les coureurs, les rollers et les athlètes en fauteuil roulant – ces derniers prenant le départ avant le reste de la course.

ADRESSES

VÉLO

ADFC
Brunnenstrasse 28.
Tél. 448 47 24.

Velodrom
Paul-Heyse-Strasse.
Tél. 44 30 45.

GOLF

Berliner Golfclub-Gatow
Sparnecker Weg 100.
Tél. 365 00 06.

Golf und Landclub Berlin-Wannsee
Golfweg 22.
Tél. 806 70 60.

BAIGNADE

Badeschiff Arena
Eichenstrasse 4.
Tél. 533 20 30.

Stadtbad Charlottenburg
Krumme Strasse 9.
Tél. 34 38 38 65.

Stadtbad Mitte
Gartenstrasse 5. **Plan** 7 A1. *Tél.* 308 80 90.

Stadtbad Neukölln
Ganghoferstrasse 3.
Tél. 68 24 98 12.

Strandbad Wannsee
Wannseebadweg 25.
Tél. 70 71 38 33.

Tropical Islands
Tropical Islands Allée 1D, 15910 Krausnick.
Tél. (035477) 605 050.

BADMINTON, SQUASH ET TENNIS

City Sports
Brandenburgische Strasse 53. *Tél.* 873 90 97.

Sportoase
Stromstrasse 11-17.
Plan 4 F1, 4 F2.
Tél. 390 66 20.

Squash Factory

Warener Strasse 5.
Tél. 563 85 85.

MARATHON

Berlin-Marathon
Hanns-Braun-Strasse/ Adlerplatz.
Tél. 30 12 88 10.

RENCONTRES SPORTIVES

Max-Schmeling-Halle
Am Falkplatz.
Tél. 44 30 45.

GYMNASTIQUE

Ars Vitalis
Hauptstrasse 19.
Plan 11 A5.
Tél. 311 65 94 70.

Fitness First
Tauentzienstrasse 13.
Plan 10 E1.
Tél. 2145 94 42.

COURSES HIPPIQUES

Galopprennbahn Hoppegarten
Goetheallee 1.
Tél. (03342) 389 30.
◻ sam.-dim. 16h-22h.

Trabrennbahn Mariendorf
Mariendorfer Damm 222, Tempelhof.
Tél. 740 12 12.
◻ lun.18h30, dim. 13h30.

BERLIN AVEC DES ENFANTS

Berlin se prête bien à un séjour avec des enfants. Les parcs et les pistes cyclables leur permettent de faire du vélo et du patin, et ils disposent de nombreux lieux de distractions : jardins zoologiques, cirques, théâtres, cinémas et innombrables boutiques. Ils apprécieront aussi les musées dont les expositions leur

Jeune patineuse berlinoise

offrent un espace de jeu et d'action comme le musée de la Technique, le musée d'Ethnologie, le Museumsdorf Düppel ou le Kinder und Jugendmuseum. Les enfants de moins de 14 ans bénéficient presque toujours d'une réduction et les plus petits entrent souvent gratuitement. Certains restaurants leur réservent une zone de jeux.

Le petit train touristique de Potsdam

SOURCES D'INFORMATION

Berlin est bien équipé pour ses jeunes visiteurs. Dans les transports publics, les familles bénéficient de réductions et les enfants, selon leur âge, circulent gratuitement ou à prix réduit. Le personnel de **Berlin Tourismus Marketing GmbH** vous renseignera sur tous les avantages offerts aux enfants et sur les distractions et les manifestations qui leur sont destinées. Cet organisme propose plusieurs cartes de réduction sur les transports en commun et différents musées et sites. Certaines de ces cartes sont valables pour un adulte et jusqu'à trois enfants. Demandez en particulier la Berlin WelcomeCard et la CityTourCard *(p. 279)*.

ZOOS

Berlin renferme deux jardins zoologiques. Le **Zoo Berlin** *(p. 150)*, qui se trouve tout près de la Bahnhof Zoo *(p. 290)*, compte parmi les plus beaux d'Europe et comprend, entre autres, un magnifique aquarium.
Plus excentré, l'ancien zoo de Berlin-Est, le **Tierpark**

Berlin *(p. 174-175)*, offre un espace de promenade très étendu dans le parc d'un château : le Schloss Friedrichsfelde *(p. 174-175)*. On peut s'y rendre en métro.
D'autres enclos permettent de voir des animaux dans les parcs de Berlin. Dans le jardin situé derrière le Märkisches Museum *(p. 84)* vit une famille d'ours : les mascottes de la capitale allemande. Les oies, les cochons et les lapins de la ferme des enfants du Görlitzer Park, la **Kinderbauernhof Auf dem Görlitzer**, courent en liberté.

MUSÉES

Sauf rares exceptions, tous les musées de Berlin tiennent compte des enfants dans leur aménagement. Tous ne présentent cependant pas le même intérêt pour de jeunes visiteurs. Le **Deutsches Technikmuseum** *(p. 144)* se révélera sans doute le plus amusant, notamment le département appelé Spectrum qui leur permet de participer à 250 expériences scientifiques et techniques.
L'**Ethnologisches Museum** *(p. 178)* propose des expositions et des activités

spécialement destinées aux enfants. Certains jours, ils peuvent ainsi jouer avec des poupées mexicaines en papier mâché ou prendre part à un bain cérémoniel japonais. Reconstitution d'un village médiéval, le **Museumsdorf Düppel** *(p. 180)* offre une image très concrète de l'Histoire avec ses paysans et ses artisans au travail. La section des dinosaures du **Museum für Naturkunde** *(p. 109)* reste une valeur sûre, à l'instar des dioramas replaçant des animaux dans leur habitat naturel. Le **Kindermuseum Labyrinth** connaît aussi un grand succès.
Toujours très animé, le **Puppentheatermuseum** donne la possibilité aux jeunes visiteurs de participer à de petits spectacles de marionnettes.

THÉÂTRES

La scène berlinoise la plus intéressante pour les enfants et les adolescents est sans doute le **Grips Theater**, fondé

Jeux d'eau de la fontaine de Neptune près de l'hôtel de ville

Visite du village médiéval du Museumsdorf Düppel

en 1969. Son programme ambitieux attire un public nombreux, et l'une de ses créations, *Linie 1*, a été adaptée au cinéma. D'autres théâtres s'adressent à un jeune public, comme le **Theater an der Parkaue**, le **Theater o.N.**, le **Zaubertheater Igor Jedlin** et le **Puppentheater Berlin**. Plusieurs cirques se produisent également.

SPORTS

Le patin à glace et le rollers sont très pratiqués à Berlin, ainsi que le football et la natation. Vous avez la possibilité de nager dans les rivières, les lacs et les piscines de la ville (renseignez-vous auprès du **Berliner Bäderbetriebe**). Tous les arrondissement possèdent leur propre patinoire, mais l'**Horst-Dohm-Eisstadion** est particulièrement remarquable avec sa piste de 400 m et son vaste terrain de hockey.

FEZ Berlin propose aux enfants un programme quotidien d'activités.

AUTRES DISTRACTIONS

La ville ne manque pas de terrains de jeux. Chaque quartier en possède au moins un, avec des murs d'escalade, des tables de ping-pong et des mini-terrains de football.

Pour voir la ville d'en haut, qui résisterait à un goûter dans le café de la Fernsehturm *(p. 93)*, la tour de la Télévision située sur Alexanderplatz ? La salle tourne sur elle-même, avec une rotation complète d'une demi-heure. L'attente pour y monter peut être longue. Prendre l'ascenseur de la Funkturm au Messegelände *(p. 183)* offre également de superbes panoramas.

La troupe de cirque **Cabuwazi** propose des ateliers et des spectacles pour enfants sous cinq grands chapiteaux. Le plus grand se situe à Kreuzberg, dans Görlitzer Park.

Le musée **The Story of Berlin** présente de façon amusante l'histoire de Berlin à travers une exposition multimédia passionnante. Au **Berliner Gruselkabinett** (« cabinet des Horreurs »), le frisson est garanti. Les projections du **Zeiss-Planetarium** et du **Planetarium am Insulaner** plongent le spectateur au cœur de l'univers.

ADRESSES

RENSEIGNEMENTS
PRATIQUES

BERLIN MODE D'EMPLOI

Logo d'un office
de tourisme

La capitale allemande se montre très accueillante avec tous ses visiteurs. Les Berlinois sont en effet particulièrement hospitaliers, et la plupart parlent une langue étrangère, souvent l'anglais. Les offices de tourisme, situés dans les quartiers les plus animés, sont bien documentés, et vous y trouverez de nombreuses brochures. Pour bénéficier de réductions dans les transports, achetez un forfait à la journée ou à la semaine, ou procurez-vous la Berlin Welcome Card, qui offre en outre de nombreuses réductions dans les musées. Enfin, vous pourrez utiliser sans difficultés les téléphones publics, les parcmètres et les distributeurs de toutes sortes, qui ont des instructions d'emploi claires.

AMBASSADES ET CONSULATS

La plupart des grands pays ont une représentation officielle à Berlin, mais les ambassades sont éparpillées dans différents quartiers, héritage de la séparation de la ville en deux. Les ambassades plus récentes sont de magnifiques exemples d'architecture moderne, comme la mission conjointe des pays nordiques à Tiergarten, tandis que les plus anciennes rappellent l'époque de la Guerre froide, telle l'ambassade de la République Tchèque sur Wilhelmstrasse.

VISAS ET DOUANES

Pour entrer en Allemagne, les ressortissants de l'Union européenne et de la Suisse ont besoin d'une carte d'identité ou d'un passeport, mais pas de visa. Les Canadiens doivent présenter un passeport. La liste des pays dont les ressortissants doivent demander un visa pour des séjours de moins de 90 jours est disponible auprès des ambassades d'Allemagne. Les voyageurs en provenance de pays hors de l'UE souhaitant séjourner plus de 3 mois doivent faire une demande de visa auprès du consulat allemand avant leur départ. La quantité de tabac et d'alcool autorisée à l'importation est limitée. Pour les ressortissants des pays n'appartenant pas à l'UE, la limite par adulte est de 200 cigarettes, 50 cigares ou 250 g de tabac, 1 litre de spiritueux ou 4 litres de vin, et jusqu'à 430 € d'effets personnels. Au-delà, vous risquez de devoir vous acquitter de frais de douane.

INFORMATIONS TOURISTIQUES

À Paris, l'office national du tourisme allemand propose des renseignements par téléphone seulement et un site Internet. À Berlin, les deux principaux bureaux de l'office de tourisme se trouvent au **Neues Kranzler Eck** et à la **porte de Brandebourg**, mais il en existe aussi à **Hauptbahnhof** et dans le centre commercial **Alexa**. L'office de tourisme de Potsdam, **Potsdam Tourismus Service**, possède un bureau dans le centre-ville, sur la Brandenburger-Strasse.

Sur Internet, le **Berlin Tourismus Marketing gère** le site **VisitBerlin.de**, qui offre une source fiable de renseignements, et deux autres : berlin.de et btm.de.

HEURES D'OUVERTURE

Les bureaux sont ouverts de 9 h à 18 h, avec une pause d'une heure pour déjeuner. Les petits magasins sont ouverts de 9 h 30 ou 10 h à 20 h (16 h ou 17 h le samedi). Les commerces sont fermés le dimanche, sauf dans les gares principales comme Hauptbahnhof, Ostbahnhof et Friedrichstrasse. Pour les horaires d'ouverture des banques, reportez-vous à la page 284.

Le pass SchauLUST Museen permet l'accès illimité (3 jours) aux musées

VISITER LES MUSÉES ET LES BÂTIMENTS HISTORIQUES

Il existe plus de 150 musées et galeries d'art à Berlin, qui proposent en permanence de nouvelles expositions. Ce guide présente les institutions les plus importantes, mais vous pourrez vous renseigner sur les moins connues auprès des bureaux de l'office de tourisme, qui sont au courant de toute l'actualité culturelle de la capitale.

Centre d'informations touristiques à Berlin

◁ L'hôtel Spreebogen sur la rivière Spree

Petite croisière le long de la Spree

L'**Info-Telefon der Staatlichen Museen zu Berlin** et son site Internet sont une bonne source d'informations, et le Pergamonmuseum et le château de Sanssouci à Potsdam ont leur propre centre d'information.

Le **Stiftung Preussische Schlösser und Gärten Berlin-Brandenburg** chapeaute la plupart des grands parcs et châteaux de la région.

La majorité des musées et des monuments historiques sont ouverts tous les jours de 10 h à 17 h (parfois 18 h) sauf le lundi. Certains ont un autre jour de fermeture et beaucoup organisent une nocturne – souvent gratuite – le jeudi.

Pour bénéficier de tarifs réduits, procurez-vous le pass SchauLUST Museen Berlin, vendu dans les offices de tourisme. Il donne droit à trois jours d'accès illimité aux principaux musées nationaux, y compris la Museumsinsel, le Kulturforum, les musées de Dahlem et diverses institutions de Charlottenburg.

La Berlin WelcomeCard (voir le site www.visitberlin.de) et la **CityTourCard** donnent droit toutes deux à trois jours de transports et à des réductions sur de nombreux sites. Les conditions d'utilisation sont différentes, alors comparez-les pour savoir quelle offre vous convient le mieux.

Deux fois par an, fin janvier et fin août, lors de la Lange Nacht der Museenn de nombreux musées restent ouverts jusqu'à minuit. À cette occasion, des navettes spéciales transportent les visiteurs de l'un à l'autre.

VISITES GUIDÉES

Les visites de Berlin en autocar passent par les principaux bâtiments historiques. Le billet vous permet de descendre à n'importe quel arrêt et de remonter à bord où bon vous semble.

Une solution plus économique consiste à prendre un bus de la ligne 100, qui suit le même itinéraire *(p. 295)*.

Participer à une visite guidée à pied permet une approche plus intime de la ville.

Les visites guidées à vélo ou en Segway (un véhicule électrique monoplace) sont aussi d'excellents moyens de découvrir la capitale allemande. Plusieurs compagnies en proposent. Certaines font payer d'avance, d'autres sont « gratuites » mais demandent un pourboire à la fin de la visite (les guides sont souvent très peu payés).

Si vous vous trouvez à Potsdam *(p. 190-205)*, vous pouvez faire le tour de la ville en petit train au départ de la Kutscherhaus, près du parc de Sanssouci.

Les bus touristiques permettent de découvrir Berlin et ses environs

SAVOIR-VIVRE

Lors d'une première rencontre, les Allemands de l'ancienne génération sont assez cérémonieux et se présentent souvent par leur nom de famille en offrant une poignée de main formelle. Les jeunes, eux, sont plus décontractés.

Comme dans presque toute l'Europe, il est interdit de fumer dans les lieux publics, les cafés, les restaurants, les bars et les boîtes de nuit. Mais de nombreux établissements berlinois contournent la loi en se déclarant Raucherkneipe (pub fumeur) et il est assez courant de voir des fumeurs dans les lieux publics.

LANGAGE

L'allemand est la langue officielle du pays, et Berlin est l'endroit idéal pour améliorer son allemand *(p. 350-352)*, car les Berlinois ont l'habitude d'entendre les étrangers parler leur langue avec divers accents.

Une vespasienne rénovée dans l'arrondissement de Kreuzberg

TOILETTES PUBLIQUES

Il existe des toilettes publiques partout en ville. Dans certains endroits, y compris les cafés et les musées, les toilettes sont payantes. Le mot « Herren » inscrit dans un triangle à la pointe tournée vers le bas signale celles réservées aux hommes. L'enseigne des toilettes pour femmes porte le mot « Damen » ou « Frauen » dans un triangle à la pointe tournée vers le haut.

VOYAGEURS HANDICAPÉS

Tous les trottoirs et les boutiques de Berlin ne sont pas encore aménagés pour faciliter l'accueil des personnes handicapées, mais la majorité des cinémas, des musées et autres sites ont notamment un accès pour les fauteuils roulants.

Renseignez-vous auprès de **Mobidat Infoservice**. Le **Berliner Behindertenverband** et le **Landesbeauftragte für Menschen mit Behinderung** louent des fauteuils roulants et des bus spéciaux et proposent dans les services d'une personne à la journée.

GAYS ET LESBIENNES

Berlin est une ville de tolérance qui abrite l'une des communautés gays les plus grandes et les plus hétérogènes d'Europe. Les bars, cafés et clubs gays sont nombreux et très actifs dans toute la ville, en particulier près de la station Nollendorfplatz dans Schöneberg, autour de Mehringdamm et d'Oranienstrasse dans Kreuzberg, ainsi que dans tout Prenzlauer Berg et le Mitte.

Le magazine **Siegessäule** est une bonne source d'information.

Le Berlin Pride Festival a lieu fin juin et de nombreux autres événements se déroulent tout au long de l'année. Le **Schwules Museum** s'intéresse à l'évolution des droits des homosexuels et à la communauté gay.

La carte d'étudiant ISIC

VOYAGE À PETIT BUDGET

Berlin est l'une des capitales les moins chères d'Europe. On peut y vivre avec peu de moyens, notamment en mangeant pour quelques euros dans l'une des nombreuses *Volksküchen*, ou « cuisines populaires », installées dans certains anciens immeubles squattés des quartiers Est. Leurs adresses sont disponibles sur le site www.stressfaktor.squat. net.de

Les étudiants peuvent se procurer une carte étudiante internationale (**ISIC**) avant leur départ. Elle leur donnera droit à 50 % de réduction sur l'accès aux musées, et à des remises sur certains spectacles et sur les billets de train et d'avion. Pour les moins de 30 ans, la carte **EURO<26** offre également des tarifs préférentiels.

En Allemagne, d'excellents réseaux de covoiturage (*Mitfahrer*) permettent de voyager à peu voire pas de frais. Vous trouverez des informations sur le plus connu d'entre eux sur le site www.mitfahrergelegenheit.de Quant aux sites www.couchsurfing.com et www.hospitalityclub.org, ils proposent des échanges de logements.

HEURE LOCALE

Berlin, comme Paris et Bruxelles, vit à l'heure européenne, qui est en avance d'une heure sur celle du méridien de Greenwich (GMT). Les passages aux heures d'été et d'hiver ont lieu en même temps. Du fait du décalage de longitude, à Berlin le soleil se lève environ trois quarts d'heure plus tôt qu'à Paris.

ÉLECTRICITÉ

Les prises électriques allemandes répondent aux même normes que les prises françaises et sont alimentées en courant alternatif de 220 volts.

Éventaire au marché bio Öko-markt, à Kollwitzplatz

TOURISME RESPONSABLE

L'Allemagne est l'un des pays d'Europe les plus actifs en matière de protection de l'environnement. Près de 15 % de sa consommation énergétique provient de sources renouvelables, et ce chiffre devrait augmenter. Les Verts sont l'un des plus grands partis de Berlin, et l'un des plus puissants d'Europe, et les manifestations écologiques et politiques sont fréquentes.

La plupart des Berlinois sont des passionnés de vélo, de recyclage et de nourriture bio. Devant une telle mobilisation écologique, les occasions de participer aux efforts de réduction d'impact

Célébration du Berlin Pride Festival

pendant un séjour à Berlin ne manquent pas. Les lieux publics comme les gares sont souvent équipés de bacs de recyclage. Pour manger bio, rendez-vous sur l'un des nombreux marchés bio de la ville (en particulier l'**Öko-Markt** de Kollwitzplatz le jeudi et le samedi). L'origine des produits est garantie et la production est locale. Dans toute la ville, de nombreux restaurants cuisinent des aliments bio.

L'architecture écologique est en marche sur la Potsdamer Platz, où de nombreux bureaux sont dotés de toits végétaux et de systèmes de recyclage des eaux usées. Depuis sa rénovation, le Reichstag *(p. 134-135)* fonctionne aux énergies renouvelables.

Un certain nombre d'hôtels de la ville revendiquent des pratiques écologiques, notamment l'utilisation de produits d'entretien moins polluants, de meubles recyclés et non-toxiques ou d'énergies renouvelables. Certains labels environnementaux comme la **Green Key** guident les visiteurs dans leur choix. Vérifiez les certificats écologiques d'un hôtel avant de réserver – votre démarche incitera les hôtels à revoir leurs pratiques.

Berlin est entouré de réserves naturelles et de forêts offrant de nombreux hébergements faciles d'accès depuis le centre-ville. Il existe même un camping en plein centre, près d'Hauptbahnhof.

ADRESSES

AMBASSADES

Ambassade de France
Pariser Platz 5. **Plan** 6 E3.
Tél. 590 03 90 00.

Maison de France
Kurfürstendamm 211.
Plan 10 D1.
Tél. 885 90 30.

Ambassade de Belgique
Jägerstrasse 52-53.
Plan 7 A4. **Tél.** 20 35 20.

Ambassade du Canada
Leipziger Platz 17.
Plan 6 E5, 15 A5.
Tél. 20 31 20.

Consulat de Suisse
Otto-von-Bismarck
Allée 4A. **Tél.** 390 40 00.

SERVICES RELIGIEUX

Église américaine
Lutherkirche, Bülowstrasse
71-72. **Tél.** 813 20 21.

Église anglicane
St Georg, Preussenallee
17-19. **Tél.** 304 12 80.

Culte huguenot
Französischer Dom,
Friedrichstadtkirche,
Gendarmenmarkt.
Plan 7 A4.

Culte juif
Oranienburger Strasse 29.
Plan 7 A1. **Tél.** 88 02 80.

Culte musulman
Berliner Moschee,
Brienner Strasse 7-8.

Plan 9 A5.
Tél. 87 357 03.

Culte protestant
Berliner Dom, Lustgarten,
Plan 7 B3.
Tél. 202 691 36.
Kaiser-Wilhelm-
GedächtnisKirche,
Breitscheidplatz. **Plan** 10
E1.Marienkirche, Karl-
Liebknecht-Strasse.
Plan 7 C3.
Tél. 242 44 67.

Église catholique romaine
St-Hedwigs-Kathedrale,
Bebelplatz. **Plan** 7 A3,
16 D3. **Tél.** 20 348 10.

INFORMATIONS TOURISTIQUES

Office national allemand du tourisme (ONAT)
Tél. 01 40 20 01 88
(Paris). Rens. par tél. seul.
www.allemagne-
tourisme.com

ALEXA Shopping Center
Alexanderplatz,
Grunerstrasse 20
Plan 8 D3.
⏱ *lun.-sam. 10h-20h.*

Berlin Tourismus Marketing
Am Karlsbad 11.
Tél. 25 00 25 (24h/24).
www.visitberlin.de

Brandenburg Gate
Pariser Platz, Immeuble
Sud. **Plan** 6 E3, 15 A3.
⏱ *t.l.j. 10h-18h.*

Hauptbahnhof
Europaplatz 1, r.-d.-c.,
entrée nord.
Plan 6 D1.
⏱ *t.l.j. 8h-10h.*

Neues Kranzler Eck
Kurfürstendamm 21.
Plan 10 D1.
⏱ *lun.-sam. 10h-20h.*

Potsdam Tourismus Service
Brandenburger Strasse 3.
Tél. (0331) 27 55 80.

INFORMATIONS SUR LES MUSÉES

CityTourCard
www.citytourcard.com

Info-Telefon der Staatlichen Museen zu Berlin
Tél. 24 74 97 00.
www.smb.museum

Stiftung Preussische Schlösser und Gärten Berlin-Brandenburg
Tél. (0331) 969 42 02.
www.spsg.de

VISITES GUIDÉES

Segway Tours
Tél. 240 479 91.
www.citysegwaytours.
com/berlin

VOYAGEURS HANDICAPÉS

Berliner Behinder-tenverband
Jägerstrasse 63d.
Tél. 204 38 47.

Mobidat Infoservice
Tél. 747 771 12.
www.mobidat.net

Der Landesbeauf-tragte für Menschen mit Behinderung
Oranienstrasse 106.
Tél. 90 28 29 17.

GAYS ET LESBIENNES

Schwules Museum
Mehringdamm 61,
Kreuzberg.
Tél. 69 59 90 50.
www.schwules
museum.de

Siegessäule
www.siegessaeule.de

VOYAGE À PETIT BUDGET

EURO<26
www.euro26.org.de

ISIC
www.isiccard.com

TOURISME RESPONSABLE

Green Key
www.green-key.org

Öko-markt
Kollwitzplatz,
Prenzlauer Berg.
⏱ *jeu. 12h-19h,
sam. 9h-16h.*

Santé et sécurité

Insigne de policier

Berlin est une métropole relativement sûre. Les problèmes de sécurité graves sont rares et la délinquance s'exerce rarement contre les visiteurs. Les incidents les plus sérieux comme les incendies de voiture (qui ont fait la réputation de la ville) sont généralement dirigés contre les riches résidents des anciens quartiers défavorisés. Toutefois, comme dans toutes les grandes villes d'Europe, vous devez surveiller vos affaires, en particulier aux heures de pointe.

Policier   **Policière**

POLICE (COMMENT DÉCLARER UN DÉLIT)

Si vous êtes témoin d'un délit grave, composez le numéro d'urgence de la police, le **110**. En dehors des cas d'urgence, appelez le **4664 4664**. Un agent vous indiquera le poste de police le plus proche et vous expliquera la marche à suivre.

Une fois au poste de police, vous devrez répondre aux questions des agents, voire signer une déclaration. Vous devrez par exemple fournir certains détails, comme les numéros de série ou les photos des objets volés ou, dans les cas plus graves, revenir sur les lieux du délit.

Si vous êtes accusé d'un délit, vous avez le droit de demander à la police de contacter votre **ambassade** (p. 281), qui doit venir en aide et vous fournir une assistance juridique ou vous suggérer le nom d'un avocat. Vous n'êtes pas tenu de

répondre aux questions et tout interrogatoire doit être effectué en présence d'un traducteur.

PRÉCAUTIONS D'USAGE

À Berlin, comme dans la plupart des grandes villes, les touristes sont sollicités par des hommes ou des femmes qui leur demandent de l'argent. Mais ces personnes sont rarement menaçantes. Si vous souhaitez aider les sans-abris, il est plus utile de faire un don à un organisme caritatif (www. berlinerstadtmission.de).

En revanche, les pickpockets sont plus problématiques. La station de métro Kottbusser Tor est réputée être un haut lieu du trafic de drogue. Mieux vaut l'éviter en fin de soirée. Comme dans toutes les grandes villes, les stations de métro sont rarement engageantes le soir, mais les patrouilles de police sont fréquentes. Si vous avez besoin d'aide, adressez-vous à elles. En cas d'urgence, les quais sont équipés de boutons d'alarme.

EN CAS D'URGENCE

En cas d'urgence, le premier réflexe est de composer le **112**, le numéro d'urgence commun aux ambulances, aux pompiers et à la police, qui possède aussi son propre numéro d'urgence, le 110.

En cas d'incendie, composez le numéro et demandez la *Feuerwehr*, les **pompiers**, ou utilisez l'une des alarmes installées dans les lieux publics.

Il existe plusieurs compagnies d'**ambulance**, mais le centre d'appel d'urgence vous enverra l'unité la plus proche. Dans les cas moins urgents, vous pouvez aussi demander une ambulance ou un médecin en composant le numéro des **Services médicaux**, qui peut mettre jusqu'à deux heures avant d'intervenir.

Sur le quai des S- et U-Bahn, les alarmes sont reliées directement à un opérateur qui appelle lui-même les urgences concernées.

Un numéro d'information (p. 283) vous aidera à trouver une pharmacie de garde et votre ambassade pourra vous fournir l'adresse d'un médecin parlant le français. Les numéros du **centre anti-poison** et de **SOS Femmes** peuvent aussi se révéler utiles.

OBJETS TROUVÉS

Il existe à Berlin un bureau central des objets trouvés, le **Zentrales Fundbüro**, où parviennent tous les objets récupérés sur la voie publique. La régie municipale des transports, la Berliner Verkehrsbetriebe, possède toutefois son propre bureau, le **Fundbüro der BVG**, où vous devrez vous rendre si vous avez perdu quelque chose dans un bus, un tramway ou une rame du U-Bahn. Le **Zentrales Fundbüro der Deutschen Bahn AG**, basé à Wuppertal, conserve une partie des objets retrouvés sur les trains du S-Bahn.

Borne d'alerte des pompiers

Hélas, les touristes sont la première cible des pickpockets. Le mieux est donc de laisser vos objets précieux dans le coffre de l'hôtel. Les vols aggravés sont rares à Berlin, mais les pickpockets sont très actifs, en particulier dans le U-Bahn. Si vous avez la

Un camion de pompier allemand

Un fourgon cellulaire allemand

malchance d'être victime d'un vol, rendez-vous sans attendre à un poste de police. Vous aurez besoin d'une déclaration de vol pour vous faire rembourser par votre assurance. Si vous voyagez en voiture, ne laissez jamais un appareil photo ou un bagage visible sans surveillance et garez-vous si possible dans un parking surveillé.

PHARMACIES ET HÔPITAUX

Les pharmacies, ou *Apotheke*, ne manquent pas. On en trouve presque à tous les coins de rue et elles sont reconnaissables à la grande lettre « A » qui barre leur enseigne. Elles sont généralement ouvertes de 8 h à 18 h du lundi au samedi.

Chaque quartier compte au moins une pharmacie de garde, dont l'adresse est généralement affichée près de la porte de n'importe

Symbole d'une *Apotheke* (pharmacie)

quelle pharmacie ou disponible sur simple appel à **Info Pharmacies**.

Les pharmacies de garde vous reçoivent par une petite fenêtre et préparent vos médicaments pendant que vous attendez à l'extérieur. Pour ceux qui sont délivrés uniquement sur ordonnance, le pharmacien peut vous indiquer l'adresse du médecin le plus proche.

Si vous suivez un traitement, veillez à emporter suffisamment de médicaments pour votre séjour. Il existe de nombreuses « *Drogerie* », notamment de la chaîne Rossmann et DM. Elles ressemblent à des pharmacies mais ne vendent que des produits d'entretien et de beauté. Seules les *Apotheke* sont habilitées à délivrer des médicaments.

Tous les grands hôpitaux de Berlin sont équipés d'un service d'urgence. Le plus central est le **Charitie Mitte Campus**, dans Mitte. Pour obtenir l'adresse de l'hôpital le plus proche, appelez le numéro d'urgence des services médicaux. Pour une consultation ou un trajet en ambulance, vous devrez généralement vous acquitter de 10 €, même si vous êtes couvert par votre assurance.

ASSURANCE VOYAGE ET MALADIE

Tous les ressortissants de l'UE détenteurs de la Carte européenne d'Assurance maladie ont accès au système de soins allemand. Vous devrez faire l'avance des frais, puis vous serez remboursé. Il est indispensable de souscrire une assurance voyage avant de partir.

ADRESSES

SERVICES D'URGENCE

SOS Femmes
Tél. 615 42 43.

Pompiers et ambulance
Tél. 112.

Services médicaux
Tél. 31 00 31.

Centre anti-poison
Tél. 192 40.

Police
Tél. 110 (urgences).
Tél. 4664 4664.

OBJETS TROUVÉS

Fundbüro der BVG
Potsdamer Strasse 180-182.
Tél. 194 49.

Zentrales Fundbüro der Deutschen Bahn AG
Döppersberg 37,
42103 Wuppertal.
Tél. 01805 990 599.

Zentrales Fundbüro
Platz der Luftbrücke 6.
Tél. 90277 31 01.

PHARMACIES ET HÔPITAUX

Charitie Mitte Campus
Schumann Strasse 20-21.
Tél. 450 50.

Info Pharmacies
Tél. 11 880.

Pharmacie indépendante du centre-ville

Banques et monnaie

Logo de la ReiseBank

Il est difficile de voyager en Allemagne sans argent liquide car l'utilisation des cartes de crédit n'est pas aussi répandue qu'en France, même si elle a progressé ces dernières années. De nombreux commerçants – y compris les grands supermarchés – continuent de les refuser, au même titre que les cafés et les bars. En revanche, les distributeurs de billets sont présents partout en ville.

BANQUES ET BUREAUX DE CHANGE

La plupart des visiteurs utilisent leurs cartes de crédit par sécurité, mais vous pouvez également vous procurer des chèques de voyage dans une banque ou un bureau de change *(Wechselstube)*.

Les chèques de voyage offrent le moyen le plus sûr d'emporter de l'argent à l'étranger, à condition de conserver le reçu à part. Vous pourrez alors effectuer des achats ou régler une chambre d'hôtel.

Les grandes banques comme la **Deutsche Bank** et la **ReiseBank** pratiquent généralement les mêmes commissions mais certaines sont variables. Renseignez-vous avant la transaction.

Les banques n'ont pas des horaires uniformes, mais elles sont généralement ouvertes lundi, mercredi et vendredi de 9 h à 16 h, et mardi et jeudi de 9 h à 18 h.

Les bureaux de change sont souvent situés près des gares et des aéroports, autour de Joachimsthalerstrasse à l'ouest et Friedrichstrasse à l'est.

Distributeur de billets

Exchange AG et **ReiseBank AG** sont les mieux placés si vous souhaitez vous procurer des chèques de voyage.

DISTRIBUTEURS DE BILLETS

Les distributeurs sont faciles à trouver et à utiliser. La plupart sont installés à l'entrée des banques et sont accessibles 24 h sur 24. Les menus sont écrits en différentes langues. La plupart des distributeurs acceptent les principales cartes comme Visa, MasterCard et Cirrus, mais plus rarement les cartes American Express et Diners Club. Le logo des cartes acceptées est affiché sur le distributeur.

Sachez que certains distributeurs sont gérés par des sociétés privées qui prélèvent de fortes commissions et que certaines banques facturent les retraits effectués dans des banques étrangères. Soyez prudents aux distributeurs : méfiez-vous des personnes qui rôdent à proximité et composez votre code à l'abri des regards indiscrets.

CARTES DE CRÉDIT

Il n'est pas toujours possible de payer par carte de crédit à Berlin. Certains hôtels, magasins et restaurants les acceptent, mais pas tous. Le restaurant doit afficher sur sa porte le logo des cartes de crédit acceptées – s'il en accepte.

Visa et **Mastercard** sont les plus courantes, suivies d'**American Express** et de **Diners Club**.

Certains cafés et restaurants n'acceptent les cartes bancaires qu'à partir d'un montant minimum. Il est donc conseillé d'avoir du liquide sur soi si vous ne commandez qu'un repas léger.

ADRESSES

BANQUES ET BUREAUX DE CHANGE

Deutsche Bank
www.deutsche-bank.de

Exchange AG
Friedrichstrasse 172.
Tél. 20 45 57 21.

ReiseBank
www.reisebank.de

CARTES ET CHÈQUES PERDUS

VISA
Tél. 0800 811 8440.

MasterCard
Tél. 0800 819 1040.

American Express
Tél. (069) 97 97 10 00.

Diners Club
Tél. 0800 5070 /19.

Façade d'une banque à Berlin

EURO

La monnaie unique de l'Union européenne a été adoptée par 17 des 27 États membres : Allemagne, Autriche, Belgique, Chypre, Espagne, Estonie, Finlande, France, Grèce, Irlande, Italie, Luxembourg, Malte, Pays-Bas, Portugal, Slovaquie et Slovénie. Les billets sont les mêmes dans toute la zone euro et représentent tous un ouvrage architectural fictif illustrant une époque. Les pièces, elles, ont un côté identique (côté valeur), l'autre étant propre à chaque pays. Billets et pièces sont valables dans tous les pays de la zone euro.

Billets de banque

Les billets de banque existent en sept coupures. Le billet de 5 € (gris) est le plus petit, suivi de ceux de 10 € (rouge), 20 € (bleu), 50 € (orange), 100 € (vert), 200 € (brun-jaune) et 500 € (violet).

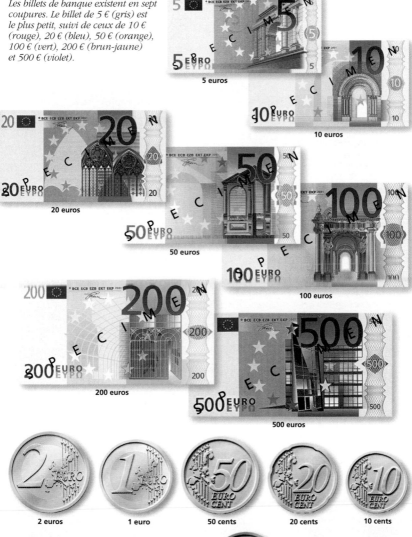

5 euros

10 euros

20 euros

50 euros

100 euros

200 euros

500 euros

2 euros

1 euro

50 cents

20 cents

10 cents

Les pièces

Il existe 8 pièces en euros : 1 euro et 2 euros, 50 cents, 20 cents, 10 cents, 5 cents, 2 cents et 1 cent. Les pièces de 1 et 2 euros sont dorées et argentées. Les pièces de 50, 20 et 10 cents sont dorées, et celles de 5, 2, et 1 cents sont cuivrées.

5 cents

2 cents

1 cent

Communications

Logo de Deutsche Telekom

En Allemagne, la Poste et les télécommunications offrent toutes deux des services très efficaces. Les lettres envoyées à l'intérieur du pays sont généralement distribuées dans les 24 h. Les cabines téléphoniques se raréfient, mais on en trouve encore dans les gares et dans certains lieux publics très fréquentés. La couverture du réseau de téléphonie mobile est excellente et les cartes SIM prépayées ne coûtent pas cher. Les cybercafés sont très nombreux et les réseaux d'information excellents. Les journaux, magazines et chaînes de télévision et de radio de qualité ne manquent pas. Pour obtenir des informations en français, rien ne vaut Internet. Le site VisitBerlin.de propose une version abrégée mais en français des pages allemandes et anglaises du site de l'office du tourisme de Berlin. C'est une excellente source d'information sur l'actualité dans la ville.

Cabine équipée d'un téléphone public à carte

APPELS LOCAUX ET INTERNATIONAUX

Le nombre des cabines publiques est en constante diminution, mais Deutsche Telekom maintient son service en Allemagne. Certaines cabines acceptent les pièces, mais les téléphones à cartes sont plus courants. Les kiosques à journaux, les bureaux de poste et les offices de tourisme vendent des cartes de téléphone prépayées. D'autres sociétés gèrent aussi un petit parc de cabines pour les appels internationaux. Elles acceptent les pièces et les cartes de crédit.

Téléphoner depuis une chambre d'hôtel est très coûteux. Pour les appels internationaux, le plus économique est de se rendre dans un centre qui propose à la fois Internet et le téléphone.

Ces cybercentres vendent généralement des cartes internationales utilisables dans n'importe quel téléphone. La qualité et le prix de ces cartes sont très variables. Demandez un reçu au moment de l'achat, au cas où votre carte se révélerait défectueuse.

TÉLÉPHONES MOBILES

Si vous voyagez avec votre téléphone mobile, l'achat d'une carte SIM locale, et donc d'un numéro de téléphone allemand, peut réduire la facture de vos appels locaux. Un mobile peut être utile en cas d'urgence, pour confirmer des réservations ou pour trouver une adresse. Plusieurs sociétés vendent des cartes SIM prépayées bon marché que vous pouvez insérer directement dans votre téléphone, notamment la carte **Base** (vérifiez les éventuelles restrictions auprès de votre opérateur avant de partir). On en trouve dans la plupart des supermarchés et des supérettes.

Pour créditer votre carte, il suffit d'acheter une recharge à la caisse du magasin. Pour cela, soit vous taperez votre numéro de téléphone sur un clavier à la caisse, soit vous recevrez un reçu comportant un code à composer sur votre téléphone.

Pour appeler un numéro en Allemagne depuis votre téléphone mobile, composez l'indicatif local (030 pour Berlin et 0331 pour Potsdam). Si vous utilisez un téléphone mobile étranger, commencez par l'indicatif national (+49), retirez le premier 0, puis composez le numéro que vous demandez.

INTERNET ET EMAIL

Les cybercentres sont présents dans toute la ville, en particulier dans les quartiers pluriethniques comme Kreuzberg. Vous pourrez y consulter votre messagerie à moindre frais. Le plus souvent, vous paierez à la fin de la consultation, mais mieux vaut s'informer des tarifs avant de se connecter car ils sont très variables.

Le centre-ville de Berlin expérimente le Wi-Fi gratuit. Il est accessible dans de nombreux cafés, bibliothèques et autres lieux publics. Un code d'accès est nécessaire, mais il est généralement donné gratuitement au client.

Un cybercafé de Berlin

NUMÉROS UTILES

- Indicatif de l'Allemagne : 00 49.
- Indicatif de Berlin : 030.
- Indicatif de Potsdam 0331.
- Renseignements nationaux : 11 8 33.
- Renseignements internationaux : 11 8 34.
- Urgences : 112.

- Pour appeler à l'étranger, faites le 00, l'indicatif du pays, puis le numéro complet du correspondant (sans le premier 0). Indicatif de la France : 33. Indicatif de la Belgique : 32. Indicatif du Canada : 1. Indicatif de la Suisse : 41.

Magazines allemands en vente dans un kiosque à journaux

SERVICES POSTAUX

Les bureaux de la poste sont faciles à repérer car ils portent un logo jaune vif, celui de la **Deutsche Post**, qui est également la couleur des boîtes aux lettres.

Comme dans les autres pays européens, tous les services traditionnels – envoi en recommandé, expédition de colis et de mandats – y sont proposés, ainsi que des services bancaires. Outre les timbres, les bureaux vendent des cartes de téléphone et des enveloppes prétimbrées. Après la fermeture, des distributeurs en plusieurs langues sont à votre disposition pour affranchir lettres et colis.

Quand vous postez un pli, vérifiez bien les indications sur les boîtes aux lettres. Certaines comportent deux fentes : l'une pour le courrier local, l'autre pour tout le reste.

Les horaires sont très variables, mais la plupart des bureaux de poste ouvrent de 8h à 18h en semaine et jusqu'à 13h le samedi, voire plus, y compris le dimanche, dans les gares principales et

dans le centre, comme sur Georgenstrasse, à **Bahnhof Friedrichstrasse**.

Les lettres en poste restante peuvent être retirées dans plusieurs bureaux de poste selon le code postal où elles sont adressées. Le code est le 10117 pour le bureau central de Friedrichstrasse, et le 10623 pour le bureau de Joachimstaler Strasse.

Dans toute l'Allemagne, la Deutsche Post est en concurrence avec une société privée, **PIN Mail**, qui propose des tarifs compétitifs pour la distribution du courrier et des colis. La devanture verte de ses bureaux est facile à repérer en différents points de la ville et leurs boîtes aux lettres se trouvent chez certains marchands de journaux.

JOURNAUX ET MAGAZINES

Les quotidiens sont vendus chez les marchands de journaux et dans certains magasins, mais aussi et surtout dans les nombreux kiosques de la ville. Le soir, on les trouve également dans les bars et les cafés.

Les plus vendus sont le *Berliner Zeitung*, *Der Tagesspiegel*, le *Berliner Morgenpost* et *BZ*. De nombreux kiosques vendent aussi des journaux étrangers, en particulier dans les aéroports et les gares, mais aussi dans les grands magasins.

Les deux grands magazines culturels *Zitty* et *Tip* couvrent l'essentiel de l'actualité des spectacles, des expositions et des conférences qui se déroulent à Berlin. Les offices du tourisme et Internet sont également une mine

d'informations sur l'actualité culturelle, notamment le site VisitBerlin.de

TÉLÉVISION ET RADIO

De nombreuses chaînes de télévision diffusent leurs programmes par ondes hertziennes à Berlin, dont les chaînes nationales ARD et ZDF, les chaînes privées ou régionales telles que RTL, RTL2, SAT1 et PRO7, et les chaînes thématiques (sport avec DSF et musique avec VIVA par exemple). Parmi les très nombreuses chaînes en toutes langues que le câble et le satellite permettent de regarder figurent Arte et TV5, qui diffuse un bouquet de programmes de pays francophones. Vous pourrez obtenir des nouvelles en français en écoutant Radio France Internationale (106 MHz).

ADRESSES

TÉLÉHONES MOBILES

BASE
www.base.de

INTERNET

Internet Café
Schönhauser Allee 188, Mitte.
⬜ t.l.j. 8h-4h.

SERVICES POSTAUX

Deustche Post
www.deutschepost.de

PIN Mail
www.pin-ag.de.

Poste
Bahnhof Friedrichstrasse,
Georgenstrasse 12.
⬜ lun.-ven. 6h-22h, sam.-dim. 8h-22h.

Heures de collecte

Fente autre courrier

Fente courrier local

Leur couleur jaune aide à repérer les boîtes aux lettres

ALLER À BERLIN

Il existe des liaisons aériennes directes quotidiennes entre les capitales européennes et Berlin, mais, depuis les villes de province, le vol comprend presque toujours une escale. Le trajet en train depuis Paris dure environ douze heures. La qualité du service assuré par la *Deutsche Bahn* fait du chemin de fer un bon moyen de se déplacer

Avion de la Lufthansa

en Allemagne, surtout en profitant des forfaits disponibles. L'autocar est un mode de transport très économique. En voiture, les autoroutes mettent Berlin à quelques heures de Paris, Genève ou Bruxelles, mais mieux vaut tenir compte des embouteillages qui se forment aux entrées de la ville les soirs de retour de vacances ou de week-end.

Sigles d'information indiquant les différents services de l'aéroport

PAR AVION

Berlin est desservie par de nombreux vols, mais Francfort reste le premier aéroport international du pays. La construction du nouvel aéroport Berlin-Brandenburg à Schönefeld va toutefois changer la donne. Il sera officiellement baptisé Willy Brandt, du nom de l'ancien maire de Berlin et chancelier ouest-allemand, et augmentera considérablement la capacité d'accueil des vols internationaux de la ville. D'ici sa mise en service (prévue pour fin 2011), Tegel reste le principal aéroport de Berlin.

Lufthansa (départs pour Berlin depuis la France, la Suisse et la Belgique) est la compagnie qui assure le plus grand nombre de vols avec l'Europe et le monde entier. Au départ de Paris, **Air France** propose plusieurs vols directs quotidiens pour Berlin. **Brussels Airlines** assure des liaisons depuis Bruxelles pour Berlin-Tegel.

Voyages-sncf.com, première agence de voyages sur Internet avec plus de 600 destinations dans le monde, vous propose ses meilleurs prix sur les billets de train, billets d'avion, chambres

d'hôtel, locations de voiture, séjours clés en main ou Alacarte®. Avec Voyages-sncf. com, accessible 24 h/24 h et 7 j./7, vous avez également accès à des services exclusifs qui facilitent la vie pour toutes vos réservations : l'envoi gratuit des billets à domicile, Alerte Résa pour être informé de l'ouverture des réservations et profiter du plus grand choix, le calendrier des meilleurs prix, l'affichage des prix 100 % TTC en toute transparence mais aussi des offres de dernière minute, de nombreuses promotions et ventes flashs toute l'année… Grâce à l'Eco-comparateur, en exclusivité sur www.voyages-sncf.com, vous pouvez comparer le prix, le temps de trajet et l'indice de pollution pour un même trajet en train, en avion ou en voiture.

BILLETS ET TARIFS

Pour obtenir des tarifs intéressants, consultez les sites Internet des compagnies *low cost* comme **Air Berlin**, **Easyjet** et **German Wings**.

Dans le hall principal de l'aéroport de Tegel

Tableau des départs dans le hall principal

Les spécialistes et organismes de voyages proposent aussi leurs produits sur Internet. Consultez notamment **BSP-Hotels**, **DB France** ou **Nouvelles Frontières**.

AÉROPORT DE TEGEL

L'aéroport de Tegel est situé à 8 km du centre. Il est prévu qu'il ferme après l'ouverture du nouvel aéroport Berlin-Brandenburg (fin 2011). Ses différents terminaux sont reliés par des passerelles. Dans le terminal principal se trouvent une banque et un bureau de change, un bureau de poste et plusieurs boutiques.

Le centre est facilement accessible en bus ou en taxi

L'aéroport de Tegel est actuellement le premier aéroport international de Berlin

au départ du hall principal. Le bus Express X9 se rend au Kurfürstendamm, et les bus rapides TXL à Unter den Linden et Alexanderplatz. Le bus 128 relie l'aéroport à la station de métro Kurt-Schumacher-Platz, sur la ligne U6, et le bus 109 dessert la station Jakob-Kaiser-Platz, sur la ligne U7, et poursuit sa route jusqu'à la gare de Zoologischer Garten. Le trajet en bus entre l'aéroport et le centre dure 25 à 30 minutes et coûte 2,10 €. En taxi, comptez entre 20 et 30 €.

AÉROPORT DE SCHÖNEFELD

Situé à 20 km au sud du centre, l'aéroport de Schönefeld sera bientôt intégré au nouvel aéroport de Berlin-Brandenburg. Tout le trafic aérien sera alors transféré vers les nouveaux terminaux. D'ici là, Schönefeld va continuer d'être desservi essentiellement par des compagnies charter et low-cost.

La gare de Flughafen Berlin Schönefeld est située à deux pas du terminal. De là, l'Airport Express et les trains régionaux rapides RE7 et RB14 rallient Hauptbahnhof en moins de 30 min entre 4 h 30 et 23 h pour le prix de 2,80 € (p. 296), puisque l'aéroport de Schönefeld est situé dans la zone C.

Vous pouvez également prendre les S-Bahn S9 et S45 pour rejoindre d'autres lignes. En semaine, le S-Bahn s'arrête juste après minuit. Si votre avion arrive plus tard, il vous faudra prendre plusieurs bus de nuit pour rejoindre le centre.

L'autre possibilité est de prendre les bus 171 ou X7 jusqu'à la station de métro Rudow sur la ligne U7. Ou encore le SXF1, qui fait la navette toutes les 20 min entre 5 h et 23 h avec la gare de Südkreuz pour 6 € (le S45 effectue la même liaison pour moins de la moitié du prix, mais le trajet est plus long). En taxi, comptez 30 à 40 € pour rejoindre le centre de Berlin.

AÉROPORT DE BERLIN-BRANDENBURG

Le nouvel aéroport international de Berlin (ouverture prévue fin 2011) sera situé près de l'actuel aéroport de Schönefeld. Il aura sa propre gare, où seront transférées les dessertes de l'actuel aéroport, à l'exception de la gare de Flughafen Berlin Schönefeld, d'où partent les trains régionaux (RE7 et RB14). L'Airport Express aura trois départs par heure. À terme, les trains à grande vitesse de l'ICE (p. 290) relieront l'aéroport à toute l'Allemagne.

Comptoir d'enregistrement des premières classes

La locomotive d'un train ICE (Inter-City Express)

VOYAGER EN TRAIN

Des trains directs à destination de Berlin partent tous les jours des capitales de l'Europe du Nord. Le trajet dure environ douze heures depuis Paris et dix heures depuis Bruxelles. Au départ de Genève, il faut changer à Bâle et compter huit heures supplémentaires jusqu'à Berlin.

Les Chemins de fer allemands (Deutsche Bundesbahn) desservent des destinations comme Prague et Varsovie depuis Berlin.

Même si les tarifs du train ne sont pas aussi concurrentiels que les tarifs aériens, renseignez-vous sur les réductions possibles.

En France, la SNCF (36 35) propose entre autres des tarifs « Prem's », très intéressants.

La **Deutsche Bahn**, la compagnie de chemins de fer allemands, est à la tête d'un réseau d'une efficacité légendaire qui sillonne tout le pays. Regional Bahn (RB) et Regional Express (RE) desservent la périphérie de Berlin et la région de Potsdam, tandis qu'Inter City (IC) et European City (EC) desservent les destinations

plus lointaines. Les trains d'Inter City Express (ICE) sont le mode de transport ferroviaire le plus coûteux, mais également le plus rapide et le plus confortable – un vrai luxe.

Si vous envisagez de voyager dans plusieurs pays, renseignez-vous sur la carte **Inter-Rail**, qui permet de circuler librement pendant 22 jours ou un mois à l'intérieur de certaines zones. En outre, elle donne droit à une réduction de 50 % sur le trajet jusqu'à la frontière.

Il existe plusieurs formules dont vous pourrez obtenir le détail au guichet d'une gare.

Si vous comptez prendre le train en Allemagne, la carte Euro-Domino permet, quel que soit votre âge, de circuler librement pendant trois, cinq ou huit jours (sur une période d'un mois) à l'intérieur du pays, ces jours pouvant être séparés. Les jeunes de moins de 26 ans bénéficient d'une réduction supplémentaire.

Les Chemins de fer allemands, la Deutsche

Bundesbahn, proposent des offres spéciales à différentes périodes de l'année, particulièrement en été, avec des tarifs week-end ou pour les familles. Le plus simple consiste à s'informer sur place dans les gares. On trouve également des réductions sur les réservations en ligne.

La gare **Hauptbahnhof**, qui a ouvert en 2006 à Berlin, est l'une des plus importantes gares d'Europe. Ce splendide complexe est la gare de tous les trains de la Deutsche Bahn pour l'Allemagne ou l'étranger. Plusieurs lignes de S-Banh (S3, S5, S7, S9 et S75) relient la gare à Berlin. La petite ligne U55 relie la gare au Bundestag et à la porte de Brandebourg. Il est prévu qu'elle soit prolongée jusqu'à Alexanderplatz pour rejoindre la ligne U5. La gare abrite aussi des magasins, des restaurants, des agences de location de voiture, une

DB

Logo de la Deutsche Bahn (Chemins de fer allemands)

banque et beaucoup de services de nuit. L'ancienne gare de Berlin-Ouest, la Bahnhof Zoo, est maintenant une gare régionale mais avec ses nombreuses connexions de U-Bahn et de S-Bahn, elle reste le plus important carrefour ferroviaire de la partie occidentale de la ville. Le pavillon de la **BVG** (p. 295) abrite un centre de renseignements des transports publics.

Certains trains en provenance du sud et de l'est arrivent à l'Ostbahnhof (l'ancienne Hauptbahnhof). Desservie par le S-Bahn, cette gare renferme également une poste.

À condition de l'utiliser dès votre arrivée, votre billet de train pour Berlin vous donne le droit de prendre gratuitement le S-Bahn jusqu'à une autre gare. Pour toute information, notamment sur les horaires, téléphonez à la **Deutsche Bahn Information** (*voir tableau ci-contre*).

Le toit aérien de la gare Hauptbahnhof

VOYAGER EN AUTOCAR

L'autocar longues-distances est le mode de transport le plus économique, mais pas le plus reposant. Le réseau d'autoroutes desservant Berlin rend toutefois le trajet relativement court, d'autant qu'il se fait de nuit : depuis Paris, il faut compter envrion treize heures, soit à peine plus que le train. Des arrêts réguliers permettent de se dégourdir les jambes. **Voyages 4A** et **Club Alliance** sont les spécialistes des week-ends. **Eurolines** assure 4 navettes hebdomadaires, **Gulliver's Reisen** un voyage quotidien. Climatisation et dossiers inclinables sont devenus la norme.

La principale gare routière de Berlin, la **Zentral-Omnibus-Bahnhof**, se trouve près de l'International Congress Centrum, à l'ouest de la ville, accessible via le train, à la station Messe Nord/ICC S-Bahn. Des cars en partent dans toutes les directions pour rejoindre d'autres destinations en Allemagne, ainsi que des grandes villes étrangères. Les principales compagnies sont **Eurolines**, **Berlin Linien Bus**, **Student Agency Bus** et **Ecolines**. Sur les longs trajets de nuit, certaines proposent des fauteuils plus confortables avec un petit supplément.

LA VOITURE

Les autoroutes *(Autobahnen)* qui relient Berlin à la majorité des grandes villes d'Europe rendent le trajet rapide et sûr. Elles sont gratuites en Allemagne. L'itinéraire le plus court depuis Paris (920 km) et Bruxelles (710 km) passe par Liège et Cologne. Depuis Genève (1 090 km), il faut rejoindre Zürich puis Munich.

Une autoroute circulaire *(Berliner Ring)* fait le tour de Berlin et est reliée aux autoroutes desservant Dresde, Nüremberg, Munich, Hanovre et Hambourg. De ce périphérique, de nombreuses sorties sont indiquées vers les différents quartiers du centre. Toutefois, hors des heures de pointe, il est généralement

Autocars longues-distances à Berlin

plus rapide de couper directement à travers la ville pour atteindre une destination à l'intérieur de l'agglomération. Des embouteillages se forment souvent aux entrées de Berlin le dimanche soir et les jours de retour de vacances. À condition d'éviter quelques points noirs comme le Kurfürstendamm, Unter den Linden et les approches de la Potsdamer Platz, la circulation reste relativement fluide. En fait, trouver où stationner dans le centre constitue le principal problème.

Alors que la vitesse n'est pas limitée sur les autoroutes, où les Allemands roulent couramment à 200 km/h, la police se montre pointilleuse sur le respect de la limitation en agglomération (50 km/h). Elle effectue aussi régulièrement des Alcootest, en particulier en cas d'accident. Pour toute assistance, contactez **ADAC Auto Assistance** *(p. 293)*.

Pour conduire en Allemagne, les ressortissants d'un pays européen n'ont pas besoin d'un permis international. Toutefois, ils doivent pouvoir présenter un certificat d'enregistrement du véhicule (carte grise en France) et une carte internationale d'assurance automobile (carte verte). Les grandes gares et les aéroports abritent des agences de location de voitures *(p. 293)*.

Panneaux routiers indiquant diverses destinations dans Berlin

ADRESSES

TRAINS

Deutsche Bahn Information
Tél. 0180 5 99 66 33.

Inter-Rail
www.interrail.net

Hauptbahnhof
Bureau à l'entrée nord, r.-d.-c.
Plan 6 D1. *Tél.* 29 70.

AUTOCARS

Berlin Linien Bus
Mannheimer Str. 33/34.
Tél. 861 93 31.
www.berlinlinienbus.de

Club Alliance
Tél. 01 45 48 89 53 (France).

Ecolines
Tél. (069) 401 59 055.
www.ecolines.net

Eurolines
55, rue Saint-Jacques
75005 Paris.
Tél. 0 892 899 091 (France).
Tél. (069) 7903 501 (Allemagne).
www.eurolines.com

Gulliver's Reisen
www.gullivers.de

Student Agency Bus
www.studentagencybus.com

Voyages 4A
Tél. 05 59 23 90 37 (France).
www.voyages4a.com

Zentral-Omnibus-Bahnhof (Cental Bus Station)
Am Funkturm, Masurenallee 4-6.
Plan 1 C5.
Tél. 301 03 80.

CIRCULER À BERLIN

Explorer Berlin avec un Vélo Taxi

Il est facile et agréable de circuler dans Berlin. Les transports en commun sont d'une remarquable efficacité, mais la ville peut aussi se découvrir à vélo ou à pied puisque ses principaux sites sont concentrés dans le centre. Au-delà, les quartiers périphériques sont desservis par les transports en commun. Le U- et le S-Bahn sont les plus rapides, mais le tram et le bus sont aussi fiables. Si vous avez la chance de trouver un bus à impériale, vous pourrez profiter de la vue. En revanche, conduire dans Berlin n'est pas une partie de plaisir. Les interminables travaux de voirie et chantiers de construction ainsi que l'insuffisance des places de stationnement dans le centre provoquent de gros embouteillages dans toute la ville. Le mieux est donc d'éviter de prendre la voiture.

Feux à un passage piéton

TOURISME VERT

On peut se passer de voiture à Berlin. Les transports en commun sont nombreux et efficaces, même en périphérie, et il existe des cartes à la journée, à la semaine ou au mois (*p. 294*). Pour les longs trajets, le réseau ferroviaire rapide est dense et les systèmes de covoiturage (*Mitfahrer*, www. mitfahrgelegenheit.de) sûrs et efficaces. Le meilleur moyen de visiter Berlin est toutefois le vélo. La ville compte plus de 600 km de pistes cyclables, et là où automobilistes et cyclistes se partagent la chaussée, les premiers respectent les seconds. Les vélos se louent à la journée, à la semaine ou même à l'heure chez **DB Call-A-Bike**, un organisme public géré par la Deustche Bahn (*p. 293*).

Plusieurs centaines d'Umwelt Taxis (taxis écologiques) circulent dans Berlin. Ils portent l'inscription Erdgas, ou gaz naturel – un carburant moins polluant. Les Segway (*p. 279*) et les Vélo Taxi (*p. 293*) sont eux aussi des moyens de transport verts.

BERLIN À PIED

Les conducteurs allemands se montrent respectueux du code de la route et tiennent compte des piétons quand ceux-ci ont la priorité. Ce respect de la loi s'applique dans l'autre sens, et il est très mal vu de traverser une rue lorsque la signalisation est au rouge.

En fait, plus que des voitures, il faut faire attention aux vélos quand on se promène à pied. En effet, beaucoup de pistes cyclables passent sur les trottoirs plutôt que sur la chaussée, et mieux vaut éviter de marcher dans ces couloirs tracés à la peinture.

Quand vous recherchez une adresse, sachez que les numéros de rue vont croissant sur un trottoir, puis décroissant sur le trottoir d'en face. À chaque coin de rue, un panneau en indique le nom et les numéros du pâté de maison.

Les personnes handicapées peuvent s'adresser à **Mobidat Infoservice** ou à la **Berliner Behindertenverband**, notamment pour la location de chaises roulantes et autres services d'aide à la mobilité.

BERLIN EN VOITURE

Les embouteillages sont monnaie courante dans le centre, mais la circulation reste assez facile. Le centre-ville (à l'intérieur de la ligne périphérique de S-Bahn) est en zone verte et n'est accessible qu'aux véhicules porteurs d'une vignette écologique. Cette vignette est vendue sur le site www.umweltplakette.de. La plupart des voitures de

Be- u. Entladen
Ein- u. Aussteigen
frei

Mo - Fr
7 - 19h

Arrêt et stationnement interdit du lundi au vendredi de 7 h à 19 h

mit Parkschein oder
Anwohnerparkausweis
für Zone 2
Mo-Fr   9-19h
Sa   9-14h
Advents-Sa 9-19h

Stationnement autorisé, avec un ticket, pendant les heures de bureau et le week-end

Parcmètre

Le stationnement est payant dans la plupart des rues de 9 h à 19 h en semaine et de 9 h à 14 h le samedi.

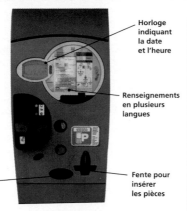

Horloge indiquant la date et l'heure

Renseignements en plusieurs langues

Le ticket sort ici

Fente pour insérer les pièces

location la possèdent déjà.

La vitesse est limitée en agglomération à 50 km/h, et les conducteurs berlinois respectent cette limitation. Vous ne les verrez pas non plus passer un feu à l'orange.

Si vous vous rendez dans une station essence, il vous faudra payer avant de pouvoir utiliser la pompe.

Si vous désirez louer une voiture, les grandes compagnies telles qu'**Avis**, **Europcar**, **Sixt** et **Hertz** ont des succursales dans les aéroports, les gares et en centre-ville. En cas de panne, contactez **ADAC Auto Assistance**.

STATIONNER

Trouver une place où se garer en centre-ville pose souvent problème, surtout à l'heure du déjeuner. Vous pouvez toutefois tenter votre chance sur l'allée centrale du Ku'damm ou près d'Alexanderplatz. Il vous faudra prévoir de la monnaie pour les parcmètres. Les parkings couverts sont payants, et ils ont souvent l'aspect d'immeubles de plusieurs étages.

Des agents de circulation patrouillent en permanence dans les rues, n'hésitant pas à faire enlever des véhicules par la fourrière. Si votre voiture a été emportée par la fourrière, adressez-vous à la **Berlin Police**. Mais mieux vaut commencer par la chercher dans les rues alentours, car les voitures sont parfois juste déplacées et non enlevées.

BERLIN À VÉLO

La plupart des artères principales ont une piste cyclable et des feux de signalisation.

Les vélos peuvent être transportés dans les U- et S-Bahn et le tram, à condition de prendre un ticket vélo (*Fahrrad*). En revanche, ils sont interdits dans le bus, sauf les bus de nuit.

La Deutsche Bahn a mis en place un service de location de vélos baptisé **DB Call-a-Bike** dans les gares et aux grands carrefours. Pour louer un vélo, composez le numéro indiqué dessous et donnez les références de votre carte de crédit pour obtenir un code d'accès et déverrouiller le vélo. Vous devez appeler au début et à la fin de chaque course. Le coût va de 8 centimes la minute à 9 € pour 24 h. Vous pouvez aussi vous adresser à certains magasins de cycles, comme **Fahrradstation**, ou prendre un **Velo Taxi**, sorte de pousse-pousse des temps modernes.

BERLIN À PIED

Berliner Behindertenverband
Jägerstrasse 63d.
Tél. 204 38 47.

Mobidat Infoservice
Tél. 747 771 12.

BERLIN EN VOITURE

ADAC Auto Assistance
Tél. (01802) 22 22 22.

Avis
Tél. 23 09 370 ou (01805) 55 77 55 (n° international).
www.avis.com

Europcar
Tél. (01805) 22 11 22.
www.europcar.com

Hertz
Tél. 26 11 053.
www.hertz.com

Sixt
www.sixt.com

FOURRIÈRE

Berlin Police
Tél. 4664 98 78 00.

BERLIN À VÉLO

DB Call-a-Bike
Tél. 07000 522 5522.

Fahrradstation
Dorotheenstrasse 30.
Tél. 28 38 48 48. ◯ lun.-ven.
10h-19h, sam. 10h-16h.

Velo Taxi
Tél. 400 5620.
◯ avr.-oct.
www.velotaxi.com

Vélos de location de DB Call-a-Bike

Bus, trams et taxis

Se déplacer en bus à Berlin est très efficace.
Les véhicules sont à l'heure et desservent bien la ville.
Aux heures de pointe, ils peuvent parfois être bondés.
Il existe des couloirs de bus un peu partout. Empruntez
un bus à impériale si vous souhaitez découvrir la ville.
Ils offrent une excellente première approche des sites
et des monuments. Le tramway est également un
moyen de transport parfait pour se déplacer dans les
parties du centre et de l'est de la ville ; tout comme les
bus et les lignes S-Bahn, ils font partie de la BVG et
nécessitent les mêmes tickets de transport.

De nombreuses brochures sont disponibles au bureau de la BVG

TITRES DE TRANSPORT

La régie des transports publics
a divisé l'agglomération
berlinoise en trois zones.
La zone A correspond au
centre-ville, la zone B à la
périphérie et la zone C à
Potsdam et à ses environs.

La formule la plus classique
pour voyager est le ticket
simple, valable 2 heures sur
tous types de transports en
commun, dont le S- et le
U-Bahn, avec changements
illimités, mais dans une seule
et même direction.
Vous devez donc
prendre un autre
ticket pour
le retour.
Les tickets sont
moins chers pour
les trajets courts
(Kurzstrecke) -
seulement trois
arrêts en train et
six arrêts en bus
ou en tram.
Les tickets sont vendus aux
distributeurs automatiques
installés dans les stations
de U- et S-Bahn ou à bord
des trams ou auprès des
chauffeurs de bus. Vous
devez composter votre ticket
avant d'entamer votre trajet

dans l'un des appareils
rouges ou jaunes situés près
des distributeurs
automatiques, à l'entrée
du quai et à bord des bus.
Les enfants de moins de
14 ans bénéficient d'un tarif
réduit *(Ermässigungstarif)* et
les moins de 6 ans voyagent
gratuitement.

Le ticket journalier
(Tageskarte) est valable de
l'heure du compostage à 3 h
le lendemain matin. Les cartes
hebdomadaires *(7-Tage-
Karte)* présentent l'avantage
de voyager gratuitement avec
un adulte et jusqu'à trois
enfants après 20 h
en semaine et tout
le week-end.

Plusieurs cartes
touristiques
combinent
transports en
commun et
réductions dans
les musées et les
sites. Les plus
courantes sont
la Berlin WelcomeCard et
la CityTourCard *(p. 279)*.
Pour plus d'informations,
rendez-vous sur le site
Internet de la **BVG** ou dans
une agence BVG, ou appelez
les **renseignements** *(voir le
tableau ci-contre)*.

Ticket Berlin WelcomeCard

Les arrêts de bus sont
indiqués par la lettre H
(Haltestelle). Les horaires sont
affiché à tous les arrêts, où un
écran digital indique la durée
d'attente.
Les véhicules
portent non seulement le
numéro de la ligne qu'ils
suivent, mais aussi leur
destination. Il faut y prêter
attention car ils sont
nombreux à suivre des
parcours plus courts hors
heures de pointe.

Il n'est pas toujours
nécessaire de héler les bus
aux arrêts, mais c'est
préférable. La montée se fait
par l'avant et les tickets
peuvent être achetés auprès
du chauffeur. Si vous êtes en
correspondance et si vous
avez déjà composté votre
ticket, présentez-le. Les arrêts
sont annoncés et affichés
à l'avance. Appuyez sur le
bouton « Halt » (« Stop ») pour
descendre, car la plupart
des arrêts ne sont desservis
que sur demande. Pour sortir,
appuyez sur le bouton
d'ouverture des portes.

Un bus à Berlin

LES DIFFÉRENTS BUS

Berlin possède plusieurs types
de bus, mais tous utilisent
les mêmes tickets. Les bus
normaux portent un numéro
à trois chiffres et passent
toutes les 20 minutes entre
5 h du matin et minuit.
Les itinéraires importants sont
desservis par les Metronus,
marqués par la lettre M suivie
du numéro de l'itinéraire.
Ils passent toutes les 10 à
20 minutes 24 h sur 24.
Les bus Express portent la
lettre X et circulent toutes
les 5 à 20 minutes.

Les bus de nuit entament
leur service après minuit et
sont très fiables. Ils portent la
lettre N et passent toutes les

demi-heures jusqu'à 4 h du matin, heure à laquelle redémarre le U-Bahn. Les tickets peuvent être achetés directement auprès du chauffeur.

LES LIGNES 100 ET 200

Les bus à impériale de ces lignes rejoignent Prenzlauer Berg depuis la Bahnhof Zoo, en passant par la plupart des sites historiques intéressants. Les véhicules desservent Museumsinsel, Unter den Linden, la porte de Brandebourg, le Reichstag, la Potsdamer Platz, le Tiergarten et la Kaiser-Wilhelm-Gedächtniskirche.

La BVG propose également un circuit de 40 minutes dans le centre de Berlin à bord d'un bus à l'ancienne baptisé Zille-Express. Les commentaires sont en allemand et en anglais. Le bus circule d'avril à octobre avec un départ toutes les heures entre 10 h 30 et 17 h 30 de la porte de Brandebourg. Le trajet coûte 5 € et est gratuit pour les moins de 10 ans.

TRAMWAYS

Le tram (*Strassenbahn*) circule uniquement dans Mitte et les quartiers Est de la ville – conséquence de la décision de Berlin-Ouest, à l'époque du Mur, d'abandonner un réseau pourtant très étendu. Le tram ne dessert donc qu'un tiers

Des trams modernes circulent désormais dans l'ancien Berlin-Est

Arrêt de tram
Des panneaux indiquent le numéro de la ligne, son itinéraire et ses horaires. Des bus utilisent aussi certains de ces arrêts.

Symbole d'un arrêt de tram (Haltestelle)

Numéros et destinations des lignes de bus

Plan des transports

Horaires de chaque ligne

de la ville, mais il est pratique, en particulier pour aller de Mitte à Prenzlauer Berg. La ligne M10 entre Prenzlauer Berg et Friedrichshain est également très utile.

Les Metrotrams, marqués d'un M suivi du numéro de la ligne, desservent des itinéraires importants toutes les 10 à 20 minutes 24 h sur 24. D'autres lignes fonctionnent entre 5 ou 6 h du matin et minuit toutes les 20 minutes.

Le réseau de tram est un mélange de rames modernes et accessibles aux chaises roulantes et de rames anciennes équipées d'escaliers. Pour en savoir plus, consultez les horaires à la recherche d'un symbole de chaise roulante. Les tickets de tram sont les mêmes que les tickets de bus, et de S- et U-Bahn et sont vendus dans les distributeurs à bord des rames.

TAXIS

Se déplacer en taxi est une manière confortable mais coûteuse pour circuler dans Berlin. Les taxis berlinois ont tous la même couleur crème et portent sur le toit une grosse enseigne. Vous pouvez facilement en arrêter un dans la rue ou appeler une centrale de réservation, via **Taxi Funk Berlin** ou **Würfelfunk**.

Le tarif est affiché au compteur. Pour un trajet de moins de 2 km, vous pouvez demander un forfait *Kurzstrecke* (trajet court) de 4 € - uniquement valable si vous avez hélé le taxi dans la rue et si vous en informez le chauffeur au départ.

Les taxis berlinois sont de couleur crème avec un insigne jaune

ADRESSES

NUMÉROS UTILES

BVG Information
(BVG-Kundendienst)
Tél. 194 49.
www.bvg.de

BVG Pavilion
Hardenbergplatz.
◯ *t.l.j.* 6h-22h.

Renseignements sur les tickets
S-Bahn Berlin
Bahnhof Alexanderplatz.
Tél. 29 74 33 33.
◯ *lun.-ven.* 6h-20h, *sam.-dim.* 9h-18h.

TAXIS

Taxi Funk Berlin
Tél. 44 33 22.

Würfelfunk
Tél. 210 101.

Voyager en U-Bahn, S-Bahn et avec les trains régionaux

Destination et numéro de quai (*Gleis*) sur un panneau du U-Bahn

Le U-Bahn fonctionne comme un métro et circule en sous-sol. Son réseau est contrôlé par la régie berlinoise des transports publics, la Berliner-Verkehrsbetriebe (BVG) dont dépendent également les bus et les trams. Le S-Bahn ressemble au RER parisien et circule jusqu'en banlieue. Il était administré par la RDA jusqu'à la chute du Mur, et il a nécessité une importante modernisation. Il appartient à la société Deutsche Bahn. Les deux réseaux (U-Bahn et S-Bahn) sont étroitement interconnectés, et les billets sont les mêmes pour tous les trains.

Trains à l'arrivée et au départ sur la ligne de U-Bahn 6

U-BAHN

Le métro de Berlin est très dense et comporte au total dix lignes dont les stations sont souvent très proches les unes des autres. Une partie du réseau est aérien.

Aux heures de pointe, les trains se succèdent à quelques minutes d'intervalle. Le trafic est interrompu entre 0 h 30 et 4 h du matin, heure à laquelle les bus de nuit prennent le relais. Le week-end, toutes les lignes fonctionnent 24 h sur 24, à l'exception des deux lignes courtes U4 et U55.

S-BAHN

Le S-Bahn est plus rapide que le U-Bahn et les stations plus espacées les unes des autres. Les trains circulent toutes les 10 ou 20 min, voire plus souvent aux heures de pointe. Sur les 15 lignes de S-Bahn, toutes vont au-delà des limites de la ville et quatre (S3, 5, 7 et 75) suivent une ligne centrale entre Westkreuz et Ostkreuz. Le Ring (S41 et 42) fait le tour de la ville. Comptez une heure pour un tour complet.

Le S-Bahn a souffert des réductions budgétaires de ces dernières années. Aussi, si le S-Bahn a du retard et que vous devez prendre le train, sachez que vous n'aurez pas de ticket de train à acheter. Vous utiliserez le ticket S-Bahn, valable sur les trains régionaux (RE et RB) qui desservent la plupart des stations de la ligne centrale qui circule entre Ostbahnhof et Zoologischer Garten.

TICKETS

Les tickets et les forfaits permettant d'emprunter le S-Bahn et le U-Bahn sont les mêmes que ceux des bus et des tramways. Seule différence : le *Kurzstrecke* ne donne droit qu'à un trajet de 3 stations.

À l'entrée de chaque station, des distributeurs vendent des tickets à l'unité, des cartes à la journée ou à la semaine, et autres. Les composteurs rouges ou jaunes sont situés près de ces machines ou à l'entrée de chaque quai.

Aucune barrière n'empêche de monter sans ticket. Resquiller n'est toutefois pas sans risque. Des contrôleurs en civil parcourent les rames en permanence. Les passagers sans titre de transport valide encourent une lourde amende, d'un minimum de 40 €.

SIGNALISATION

De grands panneaux rectangulaires où un « U » blanc se détache sur un fond bleu permettent de repérer facilement les stations de métro. Les stations de S-Bahn sont signalées par des panneaux ronds portant un « S » blanc sur fond vert.

Sur les plans, des couleurs distinguent les lignes. La destination finale est indiquée sur les trains et sur les quais. Avant de monter dans une rame, vérifiez le numéro de la ligne et le terminus car il est très facile de se tromper de direction.

Vous trouverez des plans du quartier et des cartes de l'ensemble du réseau dans toutes les stations et des plans de métro dans les rames.

La porte des wagons ne s'ouvre pas automatiquement. Vous devez pousser un bouton ou tirer sur une poignée métallique pour l'ouvrir. Quand les portes se

Ligne 5 du S-Bahn à destination de Pichelsberg

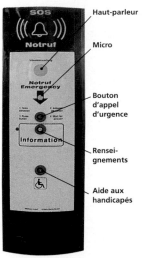

Haut-parleur

Micro

Bouton d'appel d'urgence

Renseignements

Aide aux handicapés

Borne d'information et d'urgence du S-Bahn et du U-Bahn

ferment, une sonnerie se déclenche et le conducteur du train annonce « *Zurück bleiben !* » (Reculez !). Entre deux stations, l'arrêt suivant est annoncé par une voix et affiché sur des écrans électroniques.

TRAINS RÉGIONAUX

Sous l'autorité de la Deutsche Bahn *(p. 290)*, la Regional Bahn et la Regional Express (RB et RE) desservent la région de Berlin, du Brandebourg et des environs.

Le train est un excellent moyen de se rendre à Potsdam *(p. 190-205)* et dans les autres petites villes autour de Berlin. Les billets sont en vente aux distributeurs automatiques situés sur les quais de la gare ou au guichet. Le week-end, des tarifs spéciaux sont proposés. Il existe notamment un billet pour cinq personnes valable toute une journée. À Berlin, les trains sont utilisables avec un ticket de U- et de S-Bahn, ce qui est très pratique en cas de retard du S-Bahn.

Les trains régionaux ne partent que de quelques gares, dont Hauptbahnhof, Friedrichstrasse, Alexanderplatz, Ostbahnhof, Zoologischer Garten, Gesundbrunnen et Südbahnhof.

CIRCULER EN U-BAHN ET EN S-BAHN

1 Cherchez sur un plan la station qui vous intéresse, puis la ligne à laquelle elle appartient. Regardez son terminus pour prendre la bonne direction.

Plan du U-Bahn et du S-Bahn
(voir rabat arrière de couverture)

2 Appuyez sur le bouton correspondant au billet que vous désirez. L'écran affiche le prix à payer. Payez en espèces ou avec votre carte de crédit.

Fente pour les cartes de crédit

Fente pour les billets de banque

Tickets et monnaie

3 Les tickets achetés aux machines n'ont pas le même aspect que ceux pris aux guichets, mais portent les mêmes informations sur leur type et leur prix.

Carte hebdomadaire (à gauche) et journalière

4 Avant de monter à bord, vous devez valider votre titre de transport dans l'une des machines à composter rouges ou jaunes du quai.

Ticket

5 Suivez les flèches jusqu'au quai. C'est la destination de la rame qui vous indiquera quel côté choisir.

Panneau indiquant les destinations des trains au départ

Numéros et destinations de lignes de S-Bahn

Panneau indiquant où attendre les rames de U-Bahn affichées

6 Une fois arrivé, suivez les panneaux marqués « Ausgang » pour atteindre une sortie. Quand il y en a plusieurs, la signalisation indique les rues sur lesquelles elles débouchent.

Suivre la flèche vers la sortie

Berlin au fil de l'eau

Si Berlin ne possède pas de réseau de voies d'eau aussi dense que ceux d'Amsterdam ou de Venise, la Spree, la Havel, les canaux et les nombreux lacs que comptent la ville et ses environs permettent des promenades très variées, sur des bateaux de toutes dimensions, non seulement dans le centre, mais aussi, entre autres, jusqu'à Potsdam, Spandau ou le Müggelsee.

Cloche
de bateau

Bateau-promenade sur la Spree

DÉCOUVRIR BERLIN EN BATEAU

Pour passer un après-midi de détente à Berlin, rien ne vaut une croisière le long de la Spree et du Landwehrkanal. De nombreuses compagnies en proposent dont, parmi les plus fiables : **Reederei Bruno Winkler, Stern und Kreis, Reederei Hartmut Triebler** et **Reederei Riedel.** Elles possèdent toutes leur propre embarcadère, mais suivent des itinéraires similaires.

Vous découvrirez sous un autre angle les édifices historiques de l'arrondissement de Mitte, notamment le Berliner Dom et les bâtiments de la Museumsinsel, avant de prendre la direction du nouveau quartier gouvernemental et du Reichstag. Peu avant d'atteindre le Landwehrkanal apparaissent la Haus der Kulturen der Welt, encadrée par la verdure du Tiergarten, et la ville nouvelle du quartier de Moabit. Le canal longe le Jardin zoologique et le chantier de la Potsdamer Platz, puis traverse Kreuzberg et rejoint la Spree à l'Oberbaumbrücke.

La plupart des bateaux ont un pont inférieur fermé et, sur le pont supérieur, un bar en plein air. Renseignez-vous avant le départ, car les commentaires ne sont pas toujours multilingues.

FERRIES PUBLICS

Aux nombreuses compagnies de navigation privées s'ajoutent six compagnies publiques intégrées au réseau de transports publics. Elles portent un F stylisé et acceptent les mêmes tickets que le train et le bus, et elles assurent pour la plupart la liaison entre les deux rives du fleuve dans les quartiers Est dépourvus de ponts. La ligne F10 effectue un circuit

particulièrement agréable à un prix beaucoup plus économique qu'une coûteuse croisière entre Wannsee (près de Potsdam) et le village lacustre d'Alt-Kladow.

CROISIÈRES SUR LA SPREE ET LA HAVEL

Les voies d'eau qui sillonnent Berlin et sa périphérie permettent de nombreuses autres promenades. L'une des plus agréables emprunte la Spree à travers le cœur historique de Mitte jusqu'à Treptow, Charlottenburg et Spandau. De là, on peut suivre la Havel jusqu'à Grunewald et le lac de Wannsee, puis continuer jusqu'à la pittoresque Pfaueninsel et Potsdam. La compagnie Stern und Kreis organise notamment ce genre de croisières. Reederei Bruno Winkler et Reederei Hartmut Triebler en proposent de semblables au départ de Spandau et de Charlottenburg.

D'autres balades au fil de l'eau rejoignent Spandau et Wannsee depuis le port de Tegel. On peut aussi naviguer de Treptow à Köpenick. Traverser la totalité de Berlin en partant de Tegel, au nord, pour finir à Köpenick au sud-est demande entre cinq et six heures.

CROISIÈRES HORS DU CENTRE

Tout autour de Berlin, rivières et canaux forment un vaste réseau au sein des forêts et des zones agricoles et urbaines. Une des

Sur une des voies d'eau de Berlin en été

De gros bateaux-promenades circulent aussi sur la Spree

promenades va de Treptow à Woltersdorf et passe par le plus grand lac de la région, le Müggelsee, l'endroit idéal pour venir se reposer par une chaude journée d'été. Ses rives abritent plusieurs plages artificielles, et des cafés permettent de prendre un rafraîchissement en contemplant les bateaux de plaisance qui sillonnent le plan d'eau. De nombreuses vedettes proposent des promenades.

Un autre itinéraire suit le Teltowkanal de Treptow à Potsdam, d'où la **Weisse Flotte Potsdam** propose des circuits en ville et jusqu'à Wannsee, ainsi que des balades à Caputh, Werder et d'autres destinations au sud et à l'ouest de Potsdam.

Logo de Reederei Riedel

LOCATION DE BATEAU

Il est possible de louer un petit bateau pour quelques heures ou plus. À l'est, sur les rives du Müggelsee, la compagnie **Bootsverleih Spreepoint** loue des bateaux à moteur aux détenteurs de permis bateau, et à Köpenick, **Solar Boat Pavilion** propose quant à elle des excursions fluviales.

Pour une visite du centre-ville, la **Spree Shuttle** organise des croisières privées sur les principaux sites.

Potsdam, ses lacs et ses rivières sont truffés de sociétés de location de bateau : vous trouverez les adresses auprès du Centre d'information touristique de Potsdam (*p. 281*).

ADRESSES

COMPAGNIES DE BATEAUX-PROMENADES

Reederei Bruno Winkler
Mierendorffstrasse 16.
Tél. *349 95 95.*
www.ReedereiWinkler.de

Reederei Hartmut Triebler
Bratringweg 29.
Tél. *37 15 10 52.*

Reederei Riedel
Planufer 78.
Tél. *693 46 46.*
www.reederei-riedel.de

Stern und Kreis
Schiffahrt GmbH Berlin
Puschkinallee 15.
Tél. *536 36 00.*
www.sternundkreis.de

Weisse Flotte Potsdam
Lange Brücke 6.
Tél. *(0331) 275 92 10.*

LOCATION DE BATEAU

Bootsverleih Spreepoint
Müggelseedamm 70.
Tél. *64 11 291.*
www.schiffahrt-in-potsdam.de

Solar Boat Pavilion
Müggelheimer Strasse/
Schlossplatz.
Tél. *0171 53 411 38.*

Spree Shuttle
Lausitzer Strasse 36.
Tél. *611 80 01.*
www.spree-shuttle.de

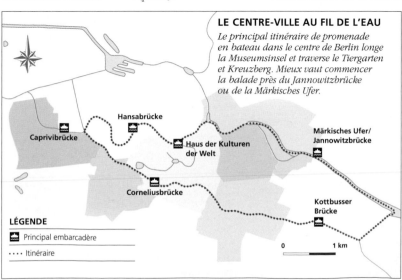

LE CENTRE-VILLE AU FIL DE L'EAU

Le principal itinéraire de promenade en bateau dans le centre de Berlin longe la Museumsinsel et traverse le Tiergarten et Kreuzberg. Mieux vaut commencer la balade près du Jannowitzbrücke ou de la Märkisches Ufer.

Hansabrücke

Caprivibrücke

Haus der Kulturen der Welt

Märkisches Ufer/ Jannowitzbrücke

Corneliusbrücke

Kottbusser Brücke

LÉGENDE

⛴ Principal embarcadère

···· Itinéraire

0   1 km

ATLAS DES RUES

Tout au long de ce guide, vous trouverez des références cartographiques renvoyant aux plans de cet atlas, indiquées pour les sites de visite, les hôtels *(p. 216-229)*, les restaurants *(p. 230-249)*, les boutiques *(p. 250-259)* et les salles de spectacles *(p. 260-275)*. Les pages 302 à 307 fournissent un répertoire complet des rues représentées sur les plans. La carte d'ensemble ci-dessous précise la zone couverte par chacun d'eux et donne la légende des symboles utilisés. Sur les plans apparaissent ainsi les stations de U-Bahn et de S-Bahn, les principaux édifices et les repères utiles comme les bureaux de poste. Les noms de rues, sur les plans comme dans l'index, sont donnés en allemand. *Strasse (Str.)* signifie rue, *Platz* place, *Brücke* pont et *Bahnhof* gare.

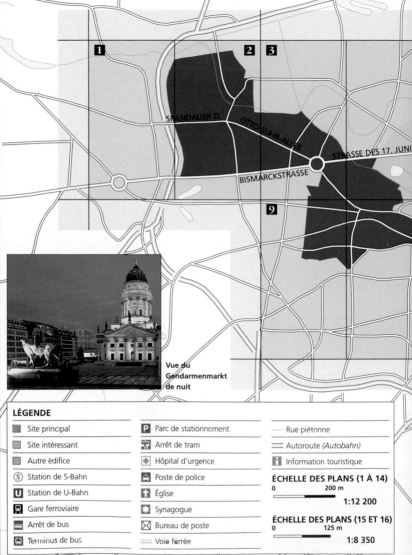

Vue du Gendarmenmarkt de nuit

LÉGENDE

◼ Site principal	🅿 Parc de stationnement	— Rue piétonne
◻ Site intéressant	🚊 Arrêt de tram	═ Autoroute *(Autobahn)*
◼ Autre édifice	✚ Hôpital d'urgence	ℹ Information touristique
Ⓢ Station de S-Bahn	🚓 Poste de police	**ÉCHELLE DES PLANS (1 À 14)**
Ⓤ Station de U-Bahn	✝ Église	0　　　　200 m
🅁 Gare ferroviaire	✡ Synagogue	1:12 200
🚌 Arrêt de bus	⊠ Bureau de poste	**ÉCHELLE DES PLANS (15 ET 16)**
🚌 Terminus de bus	▭▭▭ Voie ferrée	0　　　125 m
		1:8 350

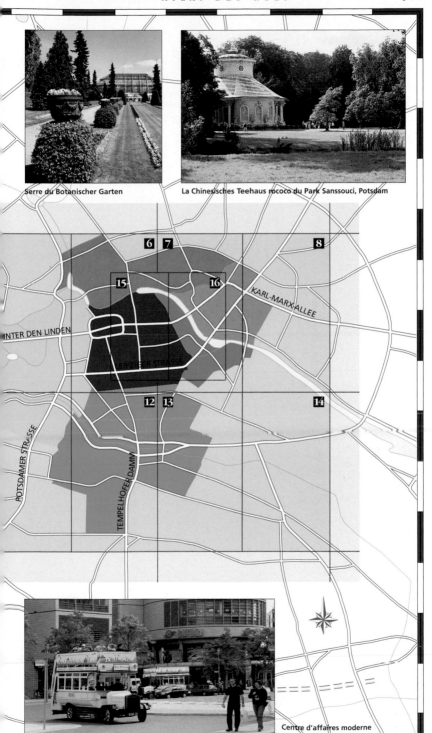

Serre du Botanischer Garten

La Chinesisches Teehaus rococo du Park Sanssouci, Potsdam

6 7 8

15 16

KARL-MARX-ALLEE

UNTER DEN LINDEN

LEIPZIGER STRASSE

12 13 14

POTSDAMER STRASSE

TEMPELHOFER DAMM

Centre d'affaires moderne
de la Potsdamer Platz

Atlas des rues

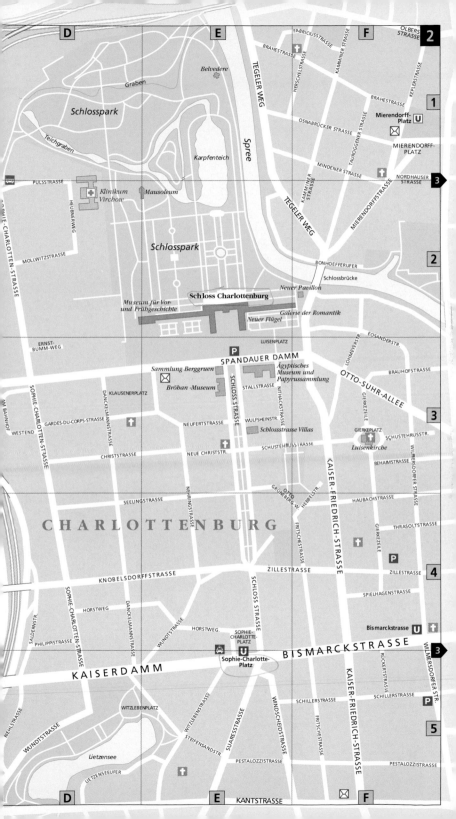

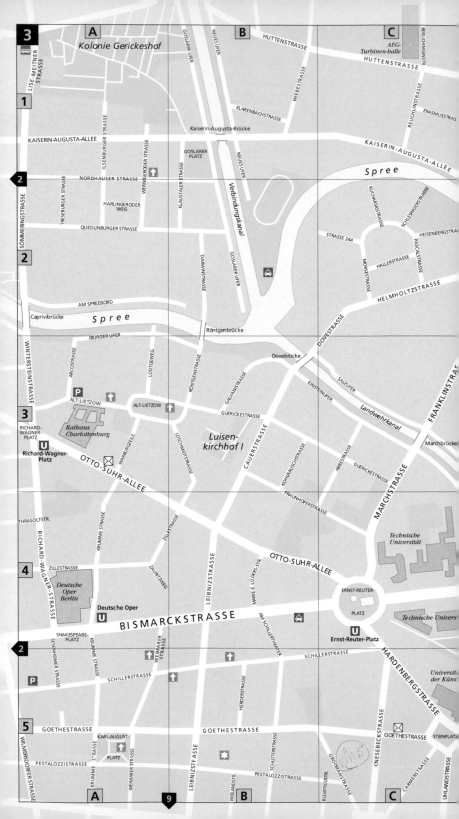

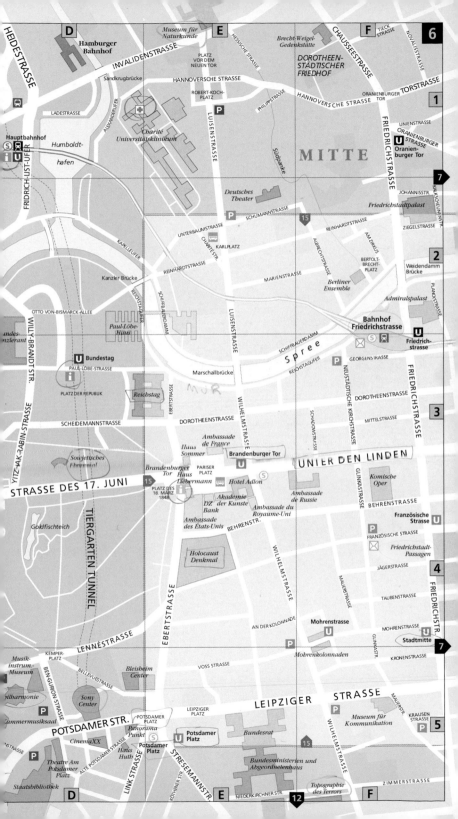

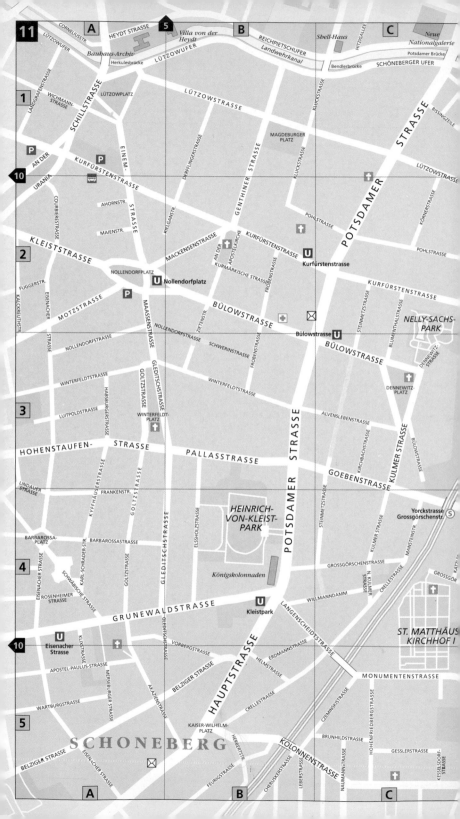

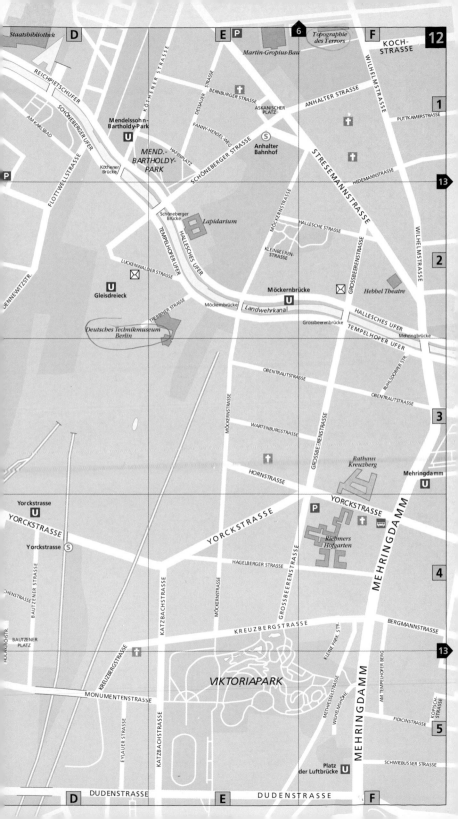

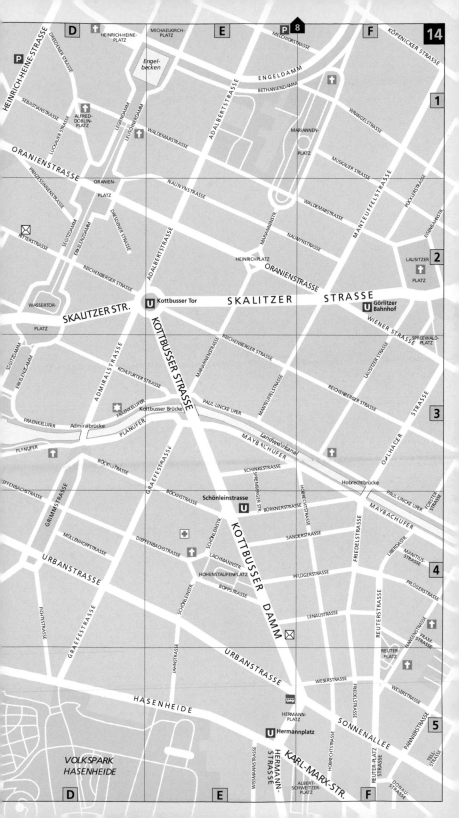

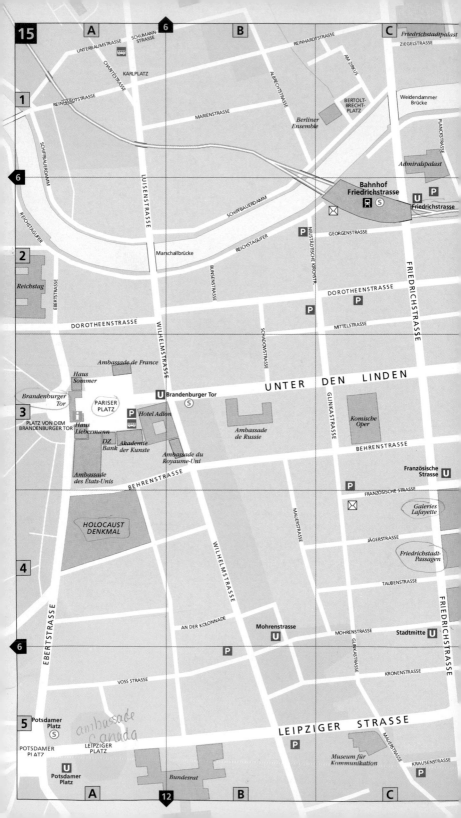

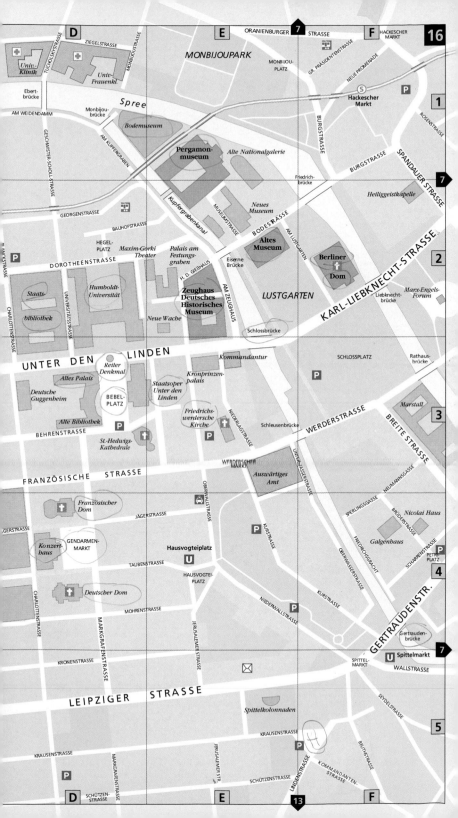

Index

Les numéros de page en **gras** renvoient aux entrées principales

Remerciements

L'éditeur remercie les organismes, institutions et particuliers suivants dont la contribution a permis la préparation de cet ouvrage :

Réalisation artistique : Kate Poole.
Direction éditoriale : Vivien Crump.
Direction artistique : Gillian Allan.
Consultant : Gordon McLachlan.
Vérification : Jürgen Scheunemann.
Traduction : Magda Hannay, Anna Johnson, Ian Wisniewski.
Correction : Stewart Wild.
Index : Hilary Bird.

Collaboration artistique et éditoriale :
Gillian Andrews, Brigitte Arora, Marta Bescos Sanchez, Tessa Bindloss, Arwen Burnett, Lucinda Cooke, Nicola Erdpresser, Emer Fitzgerald, Jessica Hughes, Priya Kukadia, Delphine Lawrence, Jude Ledger, Carly Madden Catherine Palmi, Franziska Marking, Kate Molan, Ellen Root, Symon Ryder, Sands Publishing Solutions, Sadie Smith, Andrew Szudek, Leah Tether, Helen Townsend, Conrad van Dyk, Hugo Wilkinson.

PAO : Samantha Borland, Lee Redmond.

Illustrations d'appoint : Pawel Pasternak.

Photos d'appoint : Amir Aktar, Francesca Bondy, Claire Jones, Catherine Marshall, Ian O'Leary, Jürgen Scheunemann.

Texte d'appoint : Joel Dullroy, Claudia Himmelreich, Jürgen Scheunemann.

Avec le concours spécial de :
L'éditeur remercie les employés des musées, magasins, hôtels, restaurants et autres organismes de Berlin pour leur aide précieuse. Il tient en particulier à remercier : Heidrun Klein du Bildarchiv Preussischer Kulturbesitz ; Frau Betzker et Ingrid Jager du Bröhan Museum ; Margit Billeb du Centrum Judaicum ; le Brücke-Museum ; la Deutsche Press Agency (DPA) ; Renate Forster du Deutsches Technikmuseum Berlin ; Andrei Holland-Moritz de Forschung- und Gedenkstätte Normannenstrasse (Stasi-Museum) ; Matthias Richter du Konzerthaus et l'Orchestre symphonique de Berlin ; le Georg Kolbe Museum ; Carl Kamarz du Stiftung Preussische Schlösser und Gärten Berlin et les palais de Berlin et Potsdam ; Thomas Wellmann du musée de la Ville de Berlin ; l'Hamburger Bahnhof ; Annette Jäckel de la chaîne DeragHotels pour les photos intérieures du DeragHotel Grosser Kurfürst ; Reinhard Friedrich ; Hans Jürgen Dyck de la Haus am Checkpoint Charlie ; Gaby Hofmann du Komische Oper Berlin ; Gesine Steiner du Museum für Naturkunde ; Ute Grallert du Deutsches Historisches Museum ; Elke Pfeil du Brecht-Weigel-Museum ; Ingrid Flindell du Käthe-Kollwitz-Museum ; Sylvia U Moller de la Villa Kastania ; Manuel Volsk du Savoy Hotel ; Sabine Rogge du Grand Hotel Esplanade Berlin ; Claude Borrmann de l'Hotel Palace Berlin ; Gerald Uhligow de l'Einstein Café ; l'Hotel Adlon ; l'Hotel Brandenburger Hof et le restaurant Die Quadriga ; l'Hotel Kempinski ; le Rockendorf's Restaurant ; le Westin Grand Hotel.

Autorisation de photographier :
L'éditeur remercie les responsables qui ont autorisé des prises de vues dans leur établissement : Margaret Hilmer de la Berliner Dom ; la Kaiser-Wilhelm-Gedächtniskirche ; les Galeries Lafayette ; le KaDeWe ; Frau Schneider du BVG (régie des transports urbains) ; la Deutsche Bundesbahn pour l'autorisation de photographier la Bahnhof Zoo ; le Dorotheenstädtischer Friedhof pour l'autorisation de photographier les tombes ; le Flughafen Schönefeld pour l'autorisation de photographier l'aéroport ; Annie Silbert du Zoologischer Garten Berlin pour l'autorisation de photographier les animaux et les attractions ; le Hilton Hotel, Carlos Beck du Sorat Artotel, Berlin ; Manuel Volsk du Savoy Hotel, Berlin ; Sabine Rogge du Grand Hotel Esplanade ; Claude Borrmann de l'Hotel Palace Berlin ; Gerald Uhligow de l'Einstein Café ; le restaurant Olive ; le restaurant Bamberger Reiter ; Sklepo pour l'autorisation de photographier sa boutique et les porcelaines ; Count Lehmann du Senatsverwaltung für Bauen, Wohnen und Verkehr pour la fourniture des renseignements cartographiques et l'autorisation d'utiliser les plans ; Mme Grazyna Kukowska de ZAIKS pour l'autorisation de reproduire les œuvres d'art.

Crédit photographique :
h = en haut ; hc = en haut au centre ; hd = en haut à droite ; hg = en haut à gauche ; cgh = au centre à gauche en haut ; ch = au centre en haut ; cdh = au centre à droite en haut ; cg = au centre à gauche ; c = au centre ; cd = au centre à droite ; cgb = au centre à gauche en bas ; cb = au centre en bas ; cdb = au centre à droite en bas ; bg = en bas à gauche ; b = en bas ; bc = en bas au centre ; bd = en bas à droite.

Malgré tout le soin que nous avons apporté à dresser la liste des auteurs des photographies publiées dans ce guide, nous demandons à ceux qui auraient été involontairement oubliés ou omis de bien vouloir nous en excuser. Cette erreur sera corrigée à la prochaine édition de l'ouvrage.

L'éditeur remercie les particuliers, sociétés et photothèques qui ont autorisé la reproduction de leurs photographies : *Richtkräfte* (1974-1977) par Joseph Beuys, © DACS, Londres 2006 110hd ; *Genova* (1980) de Sandro Chia, © DACS, Londres/VAGA., New York 2006 110cg ; *Untitled* (1983) de Keith Haring, © The Estate of Keith Haring 110bg ; sculpture près du Brücke-Museum de Bernard Heligerd, © DACS, Londres 2006 179hd ; *Pariser Platz in Berlin* (1925-1926) de Oskar Kokoschka, © DACS, Londres 2006 67bg ; *Mère et enfant* de Käthe Kollwitz, © DACS, Londres 2006 154c ; *Jeune Fille sur la plage* de Edvard Munch, © ADAGP, Paris et DACS, Londres 2006 117h ; *Tête de faune* (1937) de Pablo Picasso, © Succession Picasso/DACS, Londres 2006 34hd, *Femme au chapeau* (1939) de Pablo Picasso, © Succession Picasso/DACS, Londres 2006 159hg ; *First Time Painting* (1961) de Robert Rauschenberg, © DACS, Londres/VAGA, New York 2006 111bg ; *Ferme à*

Daugart (1910) de Karl Schmidt-Rottluff © DACS, Londres 2006 126hg ; *Mao* (1973) de Andy Warhol © Andy Warhol Foundation for the Visual Arts, Inc./ARS, New York et DACS, Londres 2006 111bd.

ADMIRALPALAST : S. Greuner 260bd ; ALAMY IMAGES : David Crausby 283bg, CroMagnon 10hc ; Europhotos garde avant hg, 112 ; Imagebroker/ Hartmut Schmidt 287hd ; Leslie Garland Picture Library 134bd ; Joern Sackerman 11b ; ALLSTAR : Cinetext 141h ; AMJ HOLDING GMBH & CO. KG : Steffen Janicke 65bd ; ANA E BRUNO : 231cd ; AKG LONDON : Dieter E. Hope garde avant cg et 166, Lothar Peter garde avant cbd ; ANTHONY BLAKE PHOTO LIBRARY : garde avant ccd.

BERGER + PARKINEN ARCHITEKTEN ZIVILTECHNIK GMBH : 42bd ; BERLIN TOURISMUS MARKETING GMBH : 278bg, 279hg, 280cd, 286bd, 292hc ; C. Joosten 292hc, visitBerlin.de 278cdb, visitBerlin. de/adenis 279hg, visitBerlin.de/Koch 163bd, 290bg, visitBerlin.de/Meise 278bg ; BERLINER DOM : 76bd ; BERLINER FESTSPIELE : Bianka Göbel 261h ; BERLINER SPARKASSE : 284bg ; BERLINER VERKEHRSBETRIEBE (BVG) : 294bg, 294cgh, 297hd, 297c, 297cd, 297cdh ; BERLINISCHE GALERIE : *Stadtwandelverlag* (2004), © Brigitte et Martin Matschinsky-Denninghoff 139b ; BILDARCHIV PREUSSISCHER KULTURBESITZ : 9c, 22-23c, 31hd, 32hd, 32bd, 34hd, 34bd, 35h, 35b, 54cb, 67b, 73ch, 80ch, 82hg, 82b, 83hg, 85b, 115cdh, 118hg, 118hd, 122cb, 123cgb, 126h, 158cdh, 162h, 165hg, 178hd, 178b ; Jorg P. Anders 20hc, 20cg, 21h, 29cg, 30cg, 73cdh, 114c, 114b, 117h, 122hg, 122hd, 122ch, 122b, 123h, 123cd, 123b, 124h, 124ch, 124b, 125h, 125cb, 187b ; Hans-Joachim Bartsch 118cgh, 118c, 120hg, 121cd ; Margarete Busing 34c ; Ingrid Geske-Heiden 32hg, 75hd, 121b ; Klaus Goken 60h, 33cdb, 78h, 80b, 81b ; Dietmar Katz 45cdb ; Johannes Laurentius 75b ; Erich Lessing 72h, 80h, 81cb ; Jürgen Liepe 33cdh, 75cgh, 80cb, 82h, 83b, 118b, 164b ; Saturia Linke 34hg ; Georg Niedermeiser 80h, 81ch ; Arne Psille 118c, 119h, 119b, 120c, 120b, 121h ; Steinkopf 114hd ; G. Stenzel 83hd ; Jens Ziehe 110h, 111c ; Jürgen Zimmermann 29hg ; BRECHT-WEIGEL GEDENKSTÄTTE : 46h, 109b ; BRIDGEMAN ART LIBRARY : 47c, 175b ; BRÖHAN-MUSEUM : 165cb.

CENTRUM JUDAICUM : 102h ; COMMISSION EUROPÉENNE : 285 ; CORBIS : Christian Charisius 280bg ; Sygma/Aneebicque Bernard 233h ; Adam Wolfitt 232cd ; Michael S. Yamashita 233c.

DEUTSCHE BAHN AG : 293bd ; DEUTSCHE PRESS AGENCY (DPA) : 10bg, 46ch, 46cb, 46bg, 47h, 47cdb, 47b, 48hc, 48cgh, 48b, 50h, 50b, 67h, 151bd, 199b ; DEUTSCHES HISTORISCHES MUSEUM (ZEUGHAUS) : 8-9, 24cb, 24bg, 25hd, 25b, 25cgb, 26-27b, 27hd, 28hg, 28cd, 28cb, 28db, 29hd, 29bg, 46hd, 47cdh, 58hg, 58hd, 58ch, 58cb, 58bd, 59h, 59ch, 59cb, 59b ; DEUTSCHES TECHNIKMUSEUM BERLIN : 33bg, 136.

FILMPARK BABELSBERG : 205cgh, 205cdb, 205bg ; FIT TO PRINT, BERLIN : 283hg.

GEDENKSTÄTTE UND MUSEUM SACHSENHAUSEN : 169b ; GEORG KOLBE MUSEUM : 183hd ; GULLIVERS BUS GMNH : 291hd. HAMBURGER BAHNHOF : 110ch, 110cb, 110b, 111h, 111cdh, 111cdb, 111b ; HAUS AM CHECKPOINT CHARLIE : 39bd ; HAUS DES WANNSEE-KONFERENZ : 181hd ; HOTEL ADLON : 68h ; HOTEL PALACE BERLIN : 219hd ; HAYDER ADAM 233bd.

IMAGEWORKSHOP BERLIN : Vincent Mosch 131bd.

JEWISH MUSEUM BERLIN : 143bd ; Deutsches Technikmuseum Berlin 143cg ; Jens Ziehe, Berlin 142cg ; Leo Baeck Institute, New York 142hd.

KÄTHE-KOLLWITZ-MUSEUM : 154b ; KADEWE : 51b ; KOMISCHE OPER MONIKA RITTERSHAUS : 49b, 68b ; KONZERTHAUS BERLIN : 65.

MEYER NILS : 29cdb, 40hd ; MUSEUM FÜR NATURKUNDE : 109h.

PRESS ASSOCIATION PICTURE LIBRARY 261hg ; PRESSEFOTOSPETERS : 10c ; PRESSE- UND INFORMATIONSAMT DES LANDES BERLIN : BTM 249c ; BTM/Drewes 45bg ; BTM/Koch 45hg, 129hg ; G. Schneider 51c ; Landesarchive Berlin 129bd ; Meldepress/Ebner 126b ; PARTNER FÜR BERLIN : FTB-Werbefotografie 128cg, 143cd, 143bd.

RAINER KIEDROWSKI : Nils Koshofer 30, 112 ; ROBERT HARDING PICTURE LIBRARY : 52-53, 274hc, Walter Rawlings 208cg ; ROCCO FORTE HOTEL DE ROME : 216bd.

SCHNEIDER, GÜNTER : 41hd, 52-53 ; SCHIRMER, KARSTEN : 260cg ; JÜRGEN SCHEUNEMANN : 49cd, 138hd, 139hg ; STA TRAVEL GROUP : 280hc ; STAATLICHE MUSEEN ZU BERLIN-PREUSSISCHE KULTURBESITZ/KUNSTGEWERBEMUSEUM : Hans-Joachim Bartsch 119cg ; Irmgard Muca-Funke 121hg ; ; STADTMUSEUM BERLIN : 23hd, 24h, 26cgh, 133hd ; Hans-Joachim Bartsch 18, 19b, 20c, 21hg, 21bd, 27bd, 85h ; Christel Lehmann 18hg, 18cb ; Peter Straube 88b, 90hd ; STASI-MUSEUM : 174cd ; STIFTUNG PREUSSISCHE SCHLÖSSER UND GÄRTEN BERLIN 16h, 21c, 160h, 160c, 161ch, 161c, 161b, 188cgb, 194hg, 194cgh, 194cgb, 194bd, 195cdh, 195bd, 195bg, 198h, 200cgb, 200b, 201cdh, 201cdb, 201bg, 201bd.

TELEGRAPH COLOUR LIBRARY : Bavaria-Bildagentur garde avant cbc, Messerschmidt garde avant h ; TONY STONE IMAGES : Doug Armand 214.

VIEW PICTURES : William Fife 43bg ; VILLA KASTANIA : 217b.

THE WESTIN GRAND 218b ; WÓJCIK PAWEL : 235bg ; STUART N.R. WOLF : 181hd.

COUVERTURE : Première de couverture : Neale Clark/Getty Images (visuel principal et dos) ; Krasowit/Shutterstock (détourage). Quatrième de couverture : Mattès René/hemis.fr (hg et cg) ; Borgese Maurizio/hemis.fr (bg).

Toutes les autres images : © DK Images. Pour plus d'informations : **www.dkimages.com**

Lexique

En cas d'urgence

Où est le téléphone ?	Wo ist das Telefon ?
Au secours !	Hilfe !
S'il vous plaît, appelez un docteur !	Bitte rufen Sie einen Arzt
S'il vous plaît, appelez la police !	Bitte rufen Sie die Polizei
S'il vous plaît, appelez les pompiers !	Bitte rufen Sie die Feuerwehr
Arrêtez !	Halt !

L'essentiel

Oui	Ja
Non	Nein
S'il vous plaît	Bitte
Merci	Danke
Excusez-moi	Verzeihung
Bonjour	Guten Tag
Au revoir	Auf Wiedersehen
Bonsoir	Guten Abend
Bonne nuit	Gute Nacht
À demain	Bis morgen
À la prochaine	Tschüss
Qu'est-ce que c'est ?	Was ist das ?
Pourquoi ?	Warum ?
Où ?	Wo ?
Quand ?	Wann ?
aujourd'hui	heute
demain	morgen
mois	Monat
nuit	Nacht
après-midi	Nachmittag
matin	Morgen
année	Jahr
là	dort
ici	hier
semaine	Woche
hier	gestern
soir	Abend

Quelques phrases utiles

Comment allez-vous ? (familier)	Wie geht's ?
Bien, merci	Danke, es geht mir gut
À bientôt	Bis später
Où est/sont… ?	Wo ist/sind… ?
À quelle distance se trouve… ?	Wie weit ist es… ?
Parlez-vous français ?	Sprechen Sie fränzosisch ?
Je ne comprends pas	Ich verstehe nicht
Pouvez-vous parler plus lentement s'il vous plaît ?	Könnten Sie langsamer sprechen ?

Quelques mots utiles

grand	gross
petit	klein
chaud	heiss
froid	kalt
bon	gut
mauvais	böse/schlecht
ouvert	geöffnet
fermé	geschlossen
gauche	links
droite	rechts
tout droit	geradeaus

Au téléphone

Je voudrais téléphoner	Ich möchte telefonieren
Je rappellerai plus tard	Ich versuche noch einmal später
Puis-je laisser un message ?	Kann ich eine Nachricht hinterlassen ?
répondeur	Anrufbeantworter
télécarte	Telefonkarte
récepteur	Hörer
mobile	Handi
occupé	besetzt
faux numéro	falsche Verbindung

Le tourisme

bibliothèque	Bibliothek
billet d'entrée	Eintrittskarte
cimetière	Friedhof
gare	Bahnhof
galerie	Galerie
renseignement	Auskunft
église	Kirche
jardin	Garten
palais/château	Palast/Schloss
place	Platz
arrêt de bus	Haltestelle
jour férié	Nationalfeiertag
théâtre	Theater
entrée libre	Eintritt frei

Les achats

Avez-vous/Y a-t-il… ?	Gibt es… ?
Combien cela coûte-t-il ?	Was kostet das ?
À quelle heure ouvrez-vous/ fermez-vous ?	Wann öffnen Sie ? schliessen Sie ?
ceci	das
cher	teuer
bon marché	preiswert
taille	Grösse
numéro	Nummer
couleur	Farbe
brun	braun
noir	schwarz
rouge	rot
bleu	blau
vert	grün
jaune	gelb

Les magasins

antiquaire	Antiquariat
pharmacie	Apotheke
banque	Bank
marché	Markt
agence de voyages	Reisebüro
grand magasin	Warenhaus
droguerie	Drogerie
coiffeur	Friseur
marchand de journaux	Zeitungskiosk
librairie	Buchhandlung
boulangerie	Bäckerei
poste	Post
boutique/magasin	Geschäft/Laden
photographe	Photogeschäft
self-service	Selbstbedienungs- laden
magasin de chaussures	Schuhladen
magasin de vêtements	Kleiderladen, Boutique
alimentation	Lebensmittel- geschäft
verre, porcelaine	Glas, Porzellan

À l'hôtel

Avez-vous une chambre libre ?	Haben Sie noch ein Zimmer frei ?
avec des lits jumeaux ?	mit zwei Betten ?
avec un lit double ?	mit einem Doppelbett ?
avec une baignoire ?	mit Bad ?
avec une douche ?	mit Dusche ?
J'ai réservé	Ich habe eine Reservierung
clé	Schlüssel
portier	Pförtner

Au restaurant

Avez-vous une table pour… ?	Haben Sie einen Tisch für… ?
Je voudrais réserver une table	Ich möchte eine - Reservierung machen
Je suis végétarien	Ich bin Vegetarier
Garçon !	Herr Ober !
L'addition, s'il-vous plaît	Die Rechnung, bitte
petit déjeuner	Frühstück
déjeuner	Mittagessen
dîner	Abendessen
bouteille	Flasche
plat du jour	Tagesgericht
plat principal	Hauptgericht
dessert	Nachtisch
tasse	Tasse
carte des vins	Weinkarte
chope	Krug
verre	Glas
cuillère	Löffel
cuillère à café	Teelöffel
pourboire	Trinkgeld
couteau	Messer
hors-d'œuvre	Vorspeise
l'addition	Rechnung
assiette	Teller
fourchette	Gabel

Lire le menu

anguille	Aal
pomme	Apfel
jus de pomme avec de l'eau gazeuse	Apfelschorle
orange	Apfelsine
abricot	Aprikose
artichaut	Artischocke
aubergine	Aubergine
banane	Banane
steak	Beefsteack
bière	Bier
saucisse	Bockwurst
soupe aux haricots	Bohnensuppe
eau-de-vie	Branntwein
pommes de terre sautées	Bratkartoffeln
saucisse grillée	Bratwurst
petit pain	Brötchen
tcheunpain	Brot
bouillon	Brühe
beurre	Butter
champignon	Champignon
saucisse sauce curry	Currywurst
fenouil	Dill
œuf	Ei
crème glacée	Eis
canard	Ente
fraises	Erdbeeren
poisson	Fisch
truite	Forelle
boulette de viande	Frikadelle
oie	Gans
crevette	Garnele
rôti	gebraten
grillé	gegrillt
bouilli	gekocht
fumé	geruchert
volaille	Geflügel
légumes	Gemüse
gruau	Grütze
goulasch	Gulasch
cornichon	Gurke
agneau rôti	Hammelbraten
poulet	Hähnchen
hareng	Hering
framboises	Himbeeren
miel	Honig

café	Kaffee
veau	Kalbfleisch
lapin	Kaninchen
carpe	Karpfen
purée de pommes de terre	Kartoffelpüree
fromage	Käse
caviar	Kaviar
ail	Knoblauch
boule de pâte	Knödel
chou	Kohl
laitue	Kopfsalat
crabe	Krebs
gâteau	Kuchen
saumon	Lachs
foie	Leber
mariné	mariniert
confiture	Marmelade
raifort	Meerrettich
lait	Milch
eau minérale	Mineralwasser
carotte	Möhre
noix	Nuss
huile	Öl
olive	Olive
persil	Petersilie
poivre	Pfeffer
pêche	Pfirsich
prune	Pflaumen
frites	Pommes frites
fromage blanc	Quark
radis	Radieschen
rosbif	Rinderbraten
roulade de bœuf	Rinderroulade
bœuf	Rindfleisch
côtelette	Rippchen
chou rouge	Rotkohl
navet	Rüben
œufs brouillés	Rührei
jus	Saft
salade	Salat
sel	Salz
pommes de terre à l'eau	Salzkartoffeln
cerises	Sauerkirschen
choucroute	Sauerkraut
vin mousseux	Sekt
moutarde	Senf
épicé	scharf
kebab	Schaschlik
crème fouettée	Schlagsahne
ciboulette	Schnittlauch
escalope de porc ou de veau	Schnitzel
porc	Schweinefleisch
asperge	Spargel
œuf sur le plat	Spiegelei
épinards	Spinat
thé	Tee
tomate	Tomate
pastèque	Wassermelone
vin	Wein
raisin	Weintrauben
sorte de saucisse de Francfort	Wiener Würstchen
sandre	Zander
citron	Zitrone
sucre	Zucker
biscotte	Zwieback
oignon	Zwiebel

LES NOMBRES

0	null
1	eins
2	zwei
3	drei
4	vier

5	fünf	
6	sechs	
7	sieben	
8	acht	
9	neun	
10	zehn	
11	elf	
12	zwölf	
13	dreizehn	
14	vierzehn	
15	fünfzehn	
16	sechzehn	
17	siebzehn	
18	achtzehn	
19	neunzehn	
20	zwanzig	
21	einur:dzwanzig	
30	dreissig	
40	vierzig	
50	fünfzig	
60	sechzig	
70	siebzig	
80	achtzig	
90	neunzig	
100	hundert	
1 000	tausend	
1 000 000	eine Million	

LE JOUR ET L'HEURE

une minute	eine Minute
une heure	eine Stunde
une demi-heure	eine halbe Stunde
lundi	Montag
mardi	Dienstag
mercredi	Mittwoch
jeudi	Donnerstag
vendredi	Freitag
samedi	Samstag/Sonnabend
dimanche	Sonntag
janvier	Januar
février	Februar
mars	März
avril	April
mai	Mai
juin	Juni
juillet	Juli
août	August
septembre	September
octobre	Oktober
novembre	November
décembre	Dezember
printemps	Frühling
été	Sommer
automne	Herbst
hiver	Winter

Plan du U-Bahn et du S-Bahn

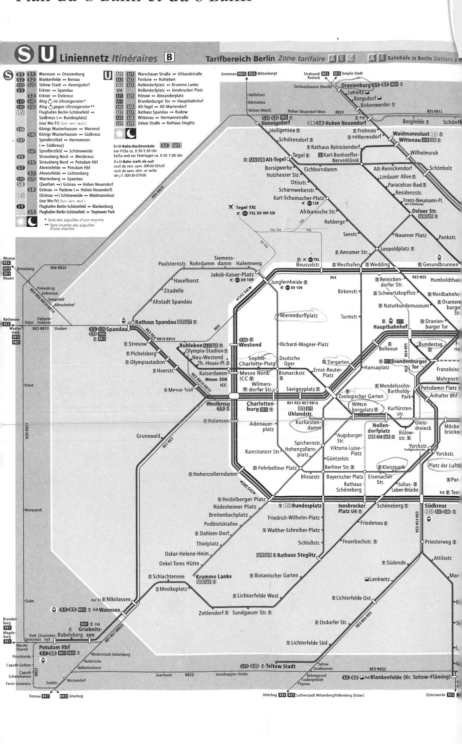

GUIDES 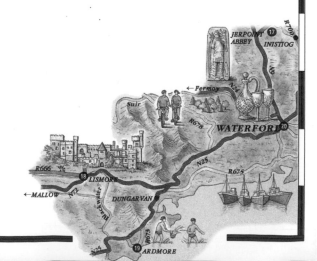 VOIR

PAYS

AFRIQUE DU SUD • ALLEMAGNE • AUSTRALIE • CANADA • CHINE
COSTA RICA • CROATIE • CUBA • ÉGYPTE • ESPAGNE • FRANCE
GRANDE-BRETAGNE • INDE • IRLANDE • ITALIE • JAPON • MAROC
MEXIQUE • NORVÈGE • NOUVELLE-ZÉLANDE
PORTUGAL, MADÈRE ET AÇORES • SINGAPOUR
SUISSE • THAÏLANDE • TURQUIE
VIETNAM ET ANGKOR

RÉGIONS

AQUITAINE • BALÉARES • BALI ET LOMBOK
BARCELONE ET LA CATALOGNE • BRETAGNE • CALIFORNIE
CHÂTEAUX DE LA LOIRE ET VALLÉE DE LA LOIRE
ÉCOSSE • FLORENCE ET LA TOSCANE • FLORIDE
GRÈCE CONTINENTALE • GUADELOUPE • HAWAII
ÎLES GRECQUES • JÉRUSALEM ET LA TERRE SAINTE
MARTINIQUE • NAPLES, POMPÉI ET LA CÔTE AMALFITAINE
NOUVELLE-ANGLETERRE • PROVENCE ET CÔTE D'AZUR
SARDAIGNE • SÉVILLE ET L'ANDALOUSIE • SICILE
VENISE ET LA VÉNÉTIE

VILLES

AMSTERDAM • BERLIN • BRUXELLES, BRUGES, GAND ET ANVERS
BUDAPEST • DELHI, AGRA ET JAIPUR • ISTANBUL
LONDRES • MADRID • MOSCOU • NEW YORK
NOUVELLE-ORLÉANS • PARIS • PRAGUE • ROME
SAINT-PÉTERSBOURG • STOCKHOLM • VIENNE • WASHINGTON